广东改革开放40年研究丛书

广东经济特区改革发展40年

Guangdong Jingji Tequ Gaige Fazhan 40 Nian

陶一桃　伍凤兰　闫振坤　等　著

· 广州 ·

版权所有　翻印必究

图书在版编目（CIP）数据

广东经济特区改革发展40年/陶一桃，伍凤兰，闫振坤等著.—广州：中山大学出版社，2018.12

（广东改革开放40年研究丛书）

ISBN 978-7-306-06511-7

Ⅰ.①广… Ⅱ.①陶…②伍…③闫… Ⅲ.①经济特区—经济发展—研究—广东 Ⅳ.①F127.65

中国版本图书馆 CIP 数据核字（2018）第 278023 号

出 版 人：王天琪
责任编辑：王旭红
封面设计：林绵华
版式设计：林绵华
责任校对：李艳清
责任技编：何雅涛
出版发行：中山大学出版社
电　　话：编辑部 020-84110283，84111997，84110779，84113349
　　　　　发行部 020-84111998，84111981，84111160
地　　址：广州市新港西路 135 号
邮　　编：510275　　　传　真：020-84036565
网　　址：http://www.zsup.com.cn　　E-mail:zdcbs@mail.sysu.edu.cn
印 刷 者：广州家联印刷有限公司
规　　格：787mm×1092mm　1/16　24.125 印张　395 千字
版次印次：2018 年 12 月第 1 版　2018 年 12 月第 1 次印刷
定　　价：106.00 元

如发现本书因印装质量影响阅读，请与出版社发行部联系调换

广东改革开放40年研究丛书

主　任　傅　华

副主任　蒋　斌　宋珊萍

委　员　(按姓氏笔画排序)

　　　　丁晋清　王天琪　王　珺　石佑启

　　　　卢晓中　刘小敏　李宗桂　张小欣

　　　　陈天祥　陈金龙　周林生　陶一桃

　　　　隋广军　彭壁玉　曾云敏　曾祥效

创造让世界刮目相看的新的更大奇迹

——"广东改革开放40年研究丛书"总序

中国的改革开放走过了40年的伟大历程。在改革开放40周年的关键时刻,习近平总书记亲临广东视察并发表重要讲话,这是广东改革发展史上具有里程碑意义的大事、喜事。总书记充分肯定广东改革开放40年来所取得的巨大成就,并提出了深化改革开放、推动高质量发展、提高发展平衡性和协调性、加强党的领导和党的建设等方面的工作要求,为广东新时代改革开放再出发进一步指明了前进方向,提供了根本遵循。深入学习宣传贯彻习近平总书记视察广东重要讲话精神,系统总结、科学概括广东改革开放40年的成就、经验和启示,对于激励全省人民高举新时代改革开放旗帜,弘扬敢闯敢试、敢为人先的改革精神,以更坚定的信心、更有力的举措把改革开放不断推向深入,创造让世界刮目相看的新的更大奇迹,具有重要意义。

第一,研究广东改革开放,要系统总结广东改革开放40年的伟大成就,增强改革不停顿、开放不止步的信心和决心。

广东是中国改革开放的排头兵、先行地、实验区,在改革开放和现代化建设中始终走在全国前列,取得了举世瞩目的辉煌成就,展现了改革开放的磅礴伟力。

实现了从一个经济比较落后的农业省份向全国第一经济大省的历史性跨越。改革开放40年,是广东经济发展最具活力的40年,是广东经济总量连上新台阶、实现历史性跨越的40年。40年来,广东坚持以经济建设为中心,锐意推进改革,全力扩大开放,适应、把握、引领经济发展新常态,坚定不移地推进经济结构战略性调整、经济持续快速健康发展。1978—2017年,广东GDP从185.85亿元增加到89879.23亿元,增长约482.6倍,占全国的10.9%。1989年以来,广东GDP总量连续29年稳居全国首位,成为中国第一经济大省。经济总量先后超越新加坡、中国香港和台湾地区,

2017年超过全球第13大经济体澳大利亚，进一步逼近"亚洲四小龙"中经济总量最大的韩国，处于世界中上等收入国家水平。

实现了从计划经济体制向社会主义市场经济体制的历史性变革。改革开放40年，是广东始终坚持社会主义市场经济改革方向、深入推进经济体制改革的40年，是广东社会主义市场经济体制逐步建立和完善的40年。40年来，广东从率先创办经济特区，率先引进"三来一补"、创办"三资"企业，率先进行价格改革，率先进行金融体制改革，率先实行产权制度改革，到率先探索行政审批制度改革，率先实施政府部门权责清单、市场准入负面清单和企业投资项目清单管理，率先推进供给侧结构性改革，等等，在建立和完善社会主义市场经济体制方面走在全国前列，极大地解放和发展了社会生产力，同时在经济、政治、文化、社会和生态文明建设领域的改革也取得了重大进展。

实现了从封闭半封闭到全方位开放的历史性转折。改革开放40年，是广东积极把握全球化机遇、纵深推进对外开放的40年，是广东充分利用国际国内两个市场、两种资源加快发展的40年。开放已经成为广东的鲜明标识。40年来，广东始终坚持对内、对外开放，以开放促改革、促发展。从创办经济特区、开放沿海港口城市、实施外引内联策略、推进与港澳地区和内地省市区的区域经济合作，到大力实施"走出去"战略、深度参与"一带一路"建设、以欧美发达国家为重点提升利用外资水平、举全省之力建设粤港澳大湾区，广东开放的大门越开越大，逐步形成了全方位、多层次、宽领域、高水平的对外开放新格局。

实现了由要素驱动向创新驱动的历史性变化。改革开放40年，是广东发展动力由依靠资源和低成本劳动力等要素投入转向创新驱动的40年，是广东经济发展向更高级阶段迈进的40年。改革开放以来，广东人民以坚强的志气与骨气不断增强自主创新能力和实力，把创新发展主动权牢牢掌握在自己手中。从改革开放初期，广东以科技成果交流会、技术交易会等方式培育技术市场，成立中国第一个国家级高科技产业集聚的工业园区——深圳科技工业园，到实施科教兴粤战略、建设科技强省、构建创新型广东和珠江三角洲国家自主创新示范区，广东不断聚集创新驱动"软实力"，区域创新综合能力排名跃居全国第一。2017年，全省研发经费支出超过2 300亿元，居全国第一，占地区生产总值比重达2.65%；国家级高新技术企业3万家，跃居全国第一；高新技术产品产值达6.7万亿元。有效发明专利量及专利综合实力连续多年居全国首位。

实现了从温饱向全面小康迈进的历史性飞跃。改革开放40年，是全省居民共享改革发展成果、生活水平显著提高的40年，是全省人民生活从温饱不足向全面小康迈进的40年。1978—2017年，全省城镇居民、农村居民人均可支配收入分别增长了98倍和81倍，从根本上改变了改革开放前物资短缺的经济状况，民众的衣食住行得到极大改善，居民收入水平和消费能力快速提升。此外，推进基本公共服务均等化，惠及全民的公共服务体系进一步建立；加大底线民生保障资金投入力度，社会保障事业持续推进；加快脱贫攻坚步伐，努力把贫困地区短板变成"潜力板"，不断提高人民生活水平，满足人民对美好生活的新期盼。

实现了生态环境由问题不少向逐步改善的历史性转变。改革开放40年，是广东对生态环境认识发生深刻变化的40年，是广东生态环境治理力度不断加大的40年，是广东环境质量由问题不少转向逐步改善的40年。广东牢固树立"绿水青山就是金山银山"的理念，坚决守住生态环境保护底线，全力打好污染防治攻坚战，生态环境持续改善。全省空气质量近3年连续稳定达标，大江大河水质明显改善，土壤污染防治扎实推进。新一轮绿化广东大行动不断深入，绿道、古驿道、美丽海湾建设等重点生态工程顺利推进，森林公园达1 373个、湿地公园达203个、国家森林城市达7个，全省森林覆盖率提高到59.08%。

40年来，广东充分利用毗邻港澳的地理优势，大力推进粤港澳合作，率先基本实现粤港澳服务贸易自由化，全面启动粤港澳大湾区建设，对香港、澳门顺利回归祖国并保持长期繁荣稳定、更好地融入国家发展大局发挥了重要作用，为彰显"一国两制"伟大构想的成功实践做出了积极贡献。作为中国先发展起来的区域之一，广东十分注重推动国家区域协调发展战略的实施，加大力度支持革命老区、民族地区、边疆地区、贫困地区加快发展，对口支援新疆、西藏、四川等地取得显著成效，为促进全国各地区共同发展、共享改革成果做出了积极贡献。

第二，研究广东改革开放，要深入总结广东改革开放40年的经验和启示，厚植改革再出发的底气和锐气。

改革开放40年来，广东在坚持和发展中国特色社会主义事业中积极探索、大胆实践，不仅取得了辉煌成就，而且积累了宝贵经验。总结好改革开放的经验和启示，不仅是对40年艰辛探索和实践的最好庆祝，而且能为新时代推进中国特色社会主义伟大事业提供强大动力。40年来，广东经济社会发展之所以能取得历史性成就、发生历史性变革，最根本的原因就在于党中央的正确领导和对广东工作的高度重视、亲切关怀。改革开放以来，党中央始终鼓励广东大胆探索、大胆实践。特别是进入新时代以来，每到重要节点和关键时期，习近平总书记都及时为广东把舵定向，为广东发展注入强大动力。2012年12月，总书记在党的十八大后首次离京视察就到了广东，做出"三个定位、两个率先"的重要指示。2014年3月，总书记参加第十二届全国人大第二次会议广东代表团审议，要求广东在全面深化改革中走在前列，努力交出物质文明和精神文明两份好答卷。2017年4月，总书记对广东工作做出重要批示，对广东提出了"四个坚持、三个支撑、两个走在前列"要求。2018年3月7日，总书记参加第十三届全国人大第一次会议广东代表团审议并发表重要讲话，嘱咐广东要做到"四个走在全国前列"、当好"两个重要窗口"。2018年10月，在改革开放40周年之际，习近平总书记再次亲临广东视察指导并发表重要讲话，要求广东高举新时代改革开放旗帜，以更坚定的信心、更有力的措施把改革开放不断推向深入，提出了深化改革开放、推动高质量发展、提高发展平衡性和协调性、加强党的领导和党的建设四项重要要求，为新时代广东改革发展指明了前进方向，提供了根本遵循。广东时刻牢记习近平总书记和党中央的嘱托，结合广东实际创造性地贯彻落实党的路线、方针、政策，自觉做习近平新时代中国特色社会主义思想的坚定信仰者、忠实践行者，努力为全国的改革开放探索道路、积累经验、做出贡献。

坚持中国特色社会主义方向，使改革开放始终沿着正确方向前进。我们的改革开放是有方向、有立场、有原则的，不论怎么改革、怎么开放，都始终要坚持中国特色社会主义方向不动摇。在改革开放实践中，广东始终保持"不畏浮云遮望眼"的清醒和"任凭风浪起，稳坐钓鱼船"的定力，牢牢把握改革正确方向，在涉及道路、理论、制度等根本性问题上，在大是大非面前，立场坚定、旗帜鲜明，确保广东改革开放既不走封闭僵化的老路，也不走改旗易帜的邪路，在根本性问题上不犯颠覆性错误，使改革开放始终沿着正确方向前进。

坚持解放思想、实事求是，以思想大解放引领改革大突破。解放思想是正确行动的先导。改革开放的过程就是思想解放的过程，没有思想大解放，就不会有改革大突破。广东坚持一切从实际出发，求真务实，求新思变，不断破除思想观念上的障碍，积极将解放思想形成的共识转化为政策、措施、制度和法规。坚持解放思想和实事求是的有机统一，一切从国情省情出发、从实际出发，既总结国内成功做法又借鉴国外有益经验，既大胆探索又脚踏实地,敢闯敢干,大胆实践,多出可复制、可推广的新鲜经验,为全国改革提供有益借鉴。

坚持聚焦以推动高质量发展为重点的体制机制创新,不断解放和发展社会生产力。改革开放就是要破除制约生产力发展的制度藩篱,建立充满生机和活力的体制机制。改革每到一个新的历史关头,必须在破除体制机制弊端、调整深层次利益格局上不断啃下"硬骨头"。近年来,广东坚决贯彻新发展理念,着眼于推动经济高质量发展,不断推进体制机制创新。例如,坚持以深化科技创新改革为重点,加快构建推动经济高质量发展的体制机制;坚持以深化营商环境综合改革为重点,加快转变政府职能;坚持以粤港澳大湾区建设合作体制机制创新为重点,加快形成全面开放新格局;坚持以构建"一核一带一区"区域发展格局为重点,完善城乡区域协调发展体制机制;坚持以城乡社区治理体系为重点,加快营造共建共治共享社会治理格局,奋力开创广东深化改革发展新局面。

坚持"两手抓、两手都要硬",更好地满足人民精神文化生活新期待。只有物质文明建设和精神文明建设都搞好、国家物质力量和精神力量都增强、人民物质生活和精神生活都改善、综合国力和国民素质都提高,中国特色社会主义事业才能顺利推向前进。广东高度重视精神文明建设,坚持"两手抓、两手都要硬",坚定文化自信、增强文化自觉,守护好精神家园、丰富人民精神生活;深入宣传贯彻习近平新时代中国特色社会主义思想,大力培育和践行社会主义核心价值观,深化中国特色社会主义和中国梦宣传教育,教育引导广大干部群众特别是青少年坚定理想信念,培养担当民族复兴大任的时代新人;积极选树模范典型,大力弘扬以爱国主义为核心的民族精神和以改革创新为核心的时代精神;深入开展全域精神文明创建活动,不断提升人民文明素养和社会文明程度;大力补齐文化事业短板,高质量发展文化产业,不断增强文化软实力,更好地满足人民精神文化生活新期待。

坚持以人民为中心的根本立场,把为人民谋幸福作为检验改革成效的根本标准。改革开放是亿万人民自己的事业,人民是推动改革开放的主体力量。没有人民的支持和参与,任何改革都不可能取得成功。广东始终坚持以人民为中心的发展思想,坚持把人民对美好生活的向往作为奋斗目标,坚持人民主体地位,发挥群众首创精神,紧紧依靠人民推动改革开放,依靠人民创造历史伟业;始终坚持发展为了人民、发展依靠人民、发展成果由人民共享,让改革发展成果更好地惠及广大人民群众,让群众切身感受到改革开放的红利;始终坚持从人民群众普遍关注、反映强烈、反复出现的民生问题入手，紧紧盯住群众反映的难点、痛点、堵点，集中发力，着力解决人民群众关心的现实利益问题，不断增强人民群众获得感、幸福感、安全感。

坚持科学的改革方法论，注重改革的系统性、整体性、协同性。只有坚持科学方法论，才能确保改革开放蹄疾步稳、平稳有序地推进。广东坚持以改革开放的眼光看待改革开放，充分认识改革开放的时代性、体系性、全局性问题，注重改革开放的系统性、整体性、协同性。注重整体推进和重点突破相促进相结合，既全面推进经济、政治、文化、社会、生态文明、党的建设等诸多领域改革，确保各项改革举措相互促进、良性互动、协同配合，又突出抓改革的重点领域和关键环节，发挥重点领域"牵一发而动全身"、关键环节"一子落而满盘活"的作用；注重加强顶层设计，和"摸着石头过河"的改革方法相结合，既发挥"摸着石头过河"的基础性和探索性作用，又发挥加强顶层设计的全面性和决定性作用；注重改革与开放的融合推进，使各项举措协同配套、同向前进，推动改革与开放相互融合、相互促进、相得益彰；注重处理好改革发展与稳定之间的关系，自觉把握好改革的力度、发展的速度和社会可承受的程度，把不断改善人民生活作为处理改革发展与稳定关系的重要结合点，在保持社会稳定中推进改革发展，在推进改革发展中促进社会稳定，进而实现推动经济社会持续健康发展。

坚持和加强党的领导，不断提高党把方向、谋大局、定政策、促改革的能力。中国特色社会主义最本质的特征是中国共产党的领导，中国特色社会主义制度的最大优势是中国共产党的领导。坚持党的领导，是改革开放的"定盘星"和"压舱石"。40年来，广东改革开放之所以能够战胜各种风险和挑战，取得举世瞩目的成就，最根本的原因就在于坚持党的领导。什么时候重视党的领导、加强党的建设，什么时候就能战胜困难、夺取胜利；什么时候轻视党的领导、漠视党的领导，什么时候就会经历曲折、遭受挫折。广东坚持用习近平新时代中国特色社会主义思想武装头脑，增强"四个意识"，坚定"四个自信"，做到"两个坚决维护"，始终在思想上、政治上、行动上同以习近平同志为核心的党中央保持高度一致；注重加强党的政治建设，坚持党对一切工作的领导，不断增强党的政治领导力、思想引领力、群众组织力、社会号召力，提高党把方向、谋大局、定政策、促改革的能力和定力，确保党总揽全局、协调各方。

第三，研究广东改革开放，要积极开展战略性、前瞻性研究，为改革开放再出发提供理论支撑和学术支持。

改革开放是广东的根和魂。在改革开放40周年的重要历史节点，习近平总书记再次来到广东,向世界宣示中国改革不停顿、开放不止步的坚定决心。习近平总书记视察广东重要讲话,是习近平新时代中国特色社会主义思想的理论逻辑和实践逻辑在广东的展开和具体化,是我们高举新时代改革开放旗帜、以新担当新作为把广东改革开放不断推向深入的行动纲领,是我们走好新时代改革开放之路的强大思想武器。学习贯彻落实习近平总书记视察广东重要讲话精神,是当前和今后一个时期全省社会科学理论界的头等大事和首要政治任务。社会科学工作者应发挥优势,充分认识总书记重要讲话精神的重大政治意义、现实意义和深远历史意义,以高度的政治责任感和历史使命感,深入开展研究阐释,引领和推动全省学习宣传贯彻工作往深里走、往实里走、往心里走。

加强对重大理论和现实问题的研究,为改革开放再出发提供理论支撑。要弘扬广东社会科学工作者"务实、前沿、创新"的优良传统,增强脚力、眼力、脑力、笔力,围绕如何坚决贯彻总书记关于深化改革开放的重要指示要求,坚定不移地用好改革开放"关键一招",书写好粤港澳大湾区建设这篇大文章,引领带动改革开放不断实现新突破;如何坚决贯彻总书记关于推动高质量发展的重要指示要求,坚定不移地推动经济发展质量变革、效率变革、动力变革;如何坚决贯彻总书记关于提高发展平衡性和协调性的重要指示要求,坚定不移地推进城乡、区域、物质文明和精神文明协调发展与法治建设;如何坚决贯彻总书记关于加强党的领导和党的建设的重要指示要求,坚定不移地把全省各级党组织锻造得更加坚强有力、推动各级党组织全面进步全面过硬;等等,开展前瞻性、战略性、储备性研究,推出一批高质量研究成果,为省委、省政府推进全面深化改革开放出谋划策,当好思想库、智囊团。

加强改革精神研究,为改革开放再出发提供精神动力。广东改革开放40年波澜壮阔的伟大实践,不仅打下了坚实的物质基础,也留下了弥足珍贵的精神财富,这就是敢闯敢试、敢为人先的改革精神。这种精神是在广东改革开放创造性实践中激发出来的,它是一种解放思想、大胆探索、勇于创造的思想观念,是一种不甘落后、奋勇争先、追求进步的责任感和使命感,是一种坚韧不拔、自强不息、锐意进取的精神状态。当前,改革已经进入攻坚期和深水区,剩下的都是难啃的硬骨头,更需要弘扬改革精神才能攻坚克难,必须把这种精神发扬光大。社会科学工作者要继续研究、宣传、阐释好改革精神,激励全省广大党员干部把改革开放的旗帜举得更高更稳,续写广东改革开放再出发的新篇章。

加强对广东优秀传统文化和革命精神的研究,为改革开放再出发提振精气神。总书记在视察广东重要讲话中引用广东的历史典故激励我们担当作为,讲到虎门销烟等重大历史事件,讲到洪秀全、文天祥等历史名人,讲到广东的光荣革命传统,讲到毛泽东、周恩来等一大批曾在广东工作生活的我们党老一辈领导人,以此鞭策我们学习革命先辈、古圣先贤。广大社会科学工作者要加强对广东优秀传统文化和革命精神的研究,激励全省人民将其传承好弘扬好,并化作新时代敢于担当的勇气、奋发图强的志气、再创新局的锐气,创造无愧于时代、无愧于人民的新业绩。

广东有辉煌的过去、美好的现在,一定有灿烂的未来。这次出版的"广东改革开放40年研究丛书"(14本),对广东改革开放40年巨大成就、实践经验和未来前进方向等问题进行了系统总结和深入研究,内容涵盖总论、经济、政治、文化、社会、生态文明、教育、科技、依法治省、区域协调、对外开放、经济特区、海外华侨华人、从严治党14个方面,为全面深入研究广东改革开放做了大量有益工作,迈出了重要一步。在隆重庆祝改革开放40周年之际,希望全社会高度重视广东改革开放问题的研究,希望有更多的专家学者和实际工作者积极投身到广东改革开放问题的研究中去,自觉承担起"举旗帜、聚民心、育新人、兴文化、展形象"的使命任务,推出更多有思想见筋骨的精品力作,为推动广东实现"四个走在全国前列"、当好"两个重要窗口",推动习近平新时代中国特色社会主义思想在广东大地落地生根、结出丰硕成果提供理论支撑和学术支持。

"广东改革开放40年研究丛书"编委会
2018年11月22日

代序　经济特区与中国道路

习近平总书记在主持十八届中央政治局第二次集体学习时指出:"改革开放是前无古人的崭新事业,必须坚持正确的方法论,在不断实践探索中推进。"①

2018年,习近平总书记在广东考察时期提出:"要掌握辩证唯物主义和历史唯物主义方法论,以改革开放的眼光看待改革开放,充分认识新形势下改革开放的时代性、体系性、全局性问题,在更高起点、更高层次、更高目标上推进改革开放。"②

经济特区作为特殊政策的产物,在中国近代史上是一个承载着理性与狂热、思考与盲目的划时代的标志。它标志着中国社会由计划经济向市场经济转型的开始,标志着闭锁了30年的国门的真正开放,标志着思想解放与观念更新的到来,标志着一个经济已经濒临崩溃的大国开始走上科学发展的道路。因此,从改革开放之初的社会政治背景来看,经济特区无疑是中国社会实现计划经济向市场经济转变,从而全方位启动社会转型的必由之路;从现代化道路的探索来看,经济特区无疑是彻底摆脱理想与现实的冲突,从而迈上旨在实现共同富裕的中国特色社会主义道路的必由之路;从中国制度变迁的道路选择来看,经济特区无疑是在传统的意识形态曾占据主导地位的传统的社会主义国家里,打破传统体制的僵化与意识形态的教条,从而自上而下地完成转型社会制度变迁的必由之路;从发展的

---

① 参见习近平《习近平谈治国理政》,外文出版社2014年版,第67页。
② 《以改革开放的眼光看待改革开放——论学习贯彻习近平总书记广东考察重要讲话精神》,载人民网(http://paper.people.com.cn/rmrb/html/2018-10/30/nw.D110000renmrb_20181030_3-04.htm)。

战略来看，经济特区无疑是在一个极左思想曾牢牢占据支配地位的国度里，真正摒弃"人定胜天""为发展而发展"的盲目发展观，从而走上科学发展的必由之路。

一

以市场经济体制确立为主线的中国社会的制度变迁，构成了经济特区成长、发展的艰辛而灿烂的历程。以深圳为典型代表的中国经济特区曲折但成绩卓越的改革开放的实践，不仅揭示了一条实现现代化的有特色的中国道路产生的独特路径、主要特征以及未来发展态势，同时也以其路径选择的正确和发展的辉煌，掷地有声地促进了马克思主义的中国化、时代化。

我所说的"中国道路"就是指在中国选择创办经济特区这条道路来完成体制转型，实现经济发展。更确切地说就是在一个已有30年计划经济的历史，同时传统意识形态又毋庸置疑地占据主导地位的计划经济的大国里，把创办经济特区作为以冲破传统体制为目标的制度变迁的突破口，旨在全国范围内逐步完成计划经济向市场经济的转型，使中国社会尽快全面走上市场经济的道路，真正成为一个经济繁荣、制度昌明的法制的社会主义市场经济国家。

关于中国现代化道路问题，不仅为学者们所普遍关注，更是几代政治家和有志之士为之奋斗终生的理想所在。我们曾有过"师夷长技以制夷"的真诚与无奈，更有过"超英赶美"的狂热与尴尬，但目标与实现目标道路的南辕北辙让穷怕了的中国人不得不反思已选择的道路的正确性。有的学者在比较了19世纪和20世纪主要国家现代化特点后指出，19世纪资本主义现代化道路是以私有产权和市场竞争相结合，经历数百年自然形成的。私有制、市场导向、逐渐变革是这一模式的基本特征。20世纪，一些落后国家走上社会主义，通过以激进的政治革命为先导的、自上而下的强制工业化进程，企图在纯粹公有制基础上通过国家计划和激进改革的苏联模式，快速实现现代化。这一模式在短暂的成功后便遭遇危机。[①] 学者们普遍认为，中国直到20世纪90年代，才找到一条被实践证明是正确的现代化道路。这就是邓小平所规划的以改革开放为宗旨的创办经济特

---

① 参见罗荣渠《20世纪回顾与21世纪前瞻——从世界现代化进程视角透视》，载《战略与管理》1996年第3期。

区，走一条中国特色的社会主义现代化道路。①

回顾历史，40年前开始的改革开放，是从在中国这样一个计划经济的汪洋大海中创立市场经济的绿洲开始的。深圳作为计划经济最为薄弱的地方，凭借着地理位置优势（毗邻港澳、远离计划经济中心）首先成了市场经济的绿洲。当中国改革开放的总设计师，中国制度变迁的思考者、发轫者邓小平同志第三次复出时，他所面临的最严峻挑战与考验就是在一个社会经济已经走到"崩溃边缘"的大国里全面实现现代化。盲目而狂热的社会主义实践和当时中国社会经济发展的现状都已经清楚地证明，计划经济不行，盲目的赶超发展战略也不行，小农经济的平均主义更加不行。在一个落后的由计划经济的平均主义维系着的普遍贫困的大国里，摆脱贫困的唯一出路就是打破体制内部造成普遍贫困的制度机制，走一条非均衡的发展道路，这条非均衡的发展道路正如邓小平所说："让一部分人、一部分地区先富起来"。

创办经济特区打破了传统体制下导致普遍贫穷的一般均衡状态，使非均衡发展的社会变革成为中国社会最佳的制度变迁的路径选择，从而也使中国这个历经了30年计划经济的大国能在较短的时间里开始由普遍贫困的"计划"走向"部分人先富"的"市场"。创办经济特区作为一种自上而下的正式制度安排，不仅大大减少了制度变迁的阻力，降低了制度创新的成本，还成功地规避了改革带来的风险，从而使制度变迁的绩效在短时间内就能迅速显现出来，并卓有成效，成为全国的典范。

"中国道路"应该是一条体现中国特色的实现现代化之路。"中国特色"所表明的是国别性、民族性、历史性与国际性，而不是对现代化本质内涵与固有价值判断的否定。因此"中国特色"只能"特"在实现目标的道路上，"特"在为达到目标的路径选择上，而不是目标本身。"中国特色"是对人类普世价值的认同，而绝不是对国际惯例的否定。深圳经济特区已不是作为一座城市，而是作为一个民族迈向现代化的模式被写进中国改革开放的编年史中。

二

从更广泛的意义上说，尤其是针对计划经济时期传统体制和发展方式

---

① 参见张艳国《毛泽东邓小平现代化思想比较研究论析》，载《武汉大学学报（哲学社会科学版）》2004年第3期。

来讲，创办经济特区是走向科学发展的关键抉择，它开启了中国社会科学发展的道路。深圳经济特区的成长与发展正是在教训与挫折中不断调整发展战略，优化产业结构，转变发展方式，探索由经济增长型社会逐步走向全面发展的福利型社会的过程。科学发展的理念已经把"发展观"从增长方式的转变拓展到了社会发展，从经济领域扩展到了社会生活的各个领域。深圳以其自身发展的历程诠释了中国道路的路径与内涵。

由计划经济向市场经济的转型，正是中国社会由赶超战略向非均衡发展战略的转型。相对于计划经济时期的"盲目发展观"而言，创办经济特区无疑开启了中国社会通往科学发展的正确道路。针对一些地区、一些人片面理解"发展是硬道理"，以牺牲环境和削弱公民福利为代价谋取发展的"片面发展观"而言，科学发展观的提出无疑确定了可持续增长的发展道路。科学发展观不仅仅是对"人定胜天"这一极左思想的否定，对"不惜一切谋发展"的盲目发展观的彻底矫正，更重要的是确立了"发展是硬道理"这一体现人类生存、生活重要动力与目的的正确发展理念。科学发展观的本质是发展，而不是不发展，科学发展观绝不是针对"发展是硬道理"这一正确判断而言的，它强调的是社会发展选择方式、方法、模式、路径的科学性与正确性，而绝不是要不要发展的争论。可以坚定地说，只有确立了科学发展的理念，才有中国经济特区的产生，才有亿万人民对普遍富裕的追求，才有中国改革开放40年的辉煌。

纵观深圳经济特区发展的历程，正是在教训和挫折中不断调整发展战略、优化产业结构、转变经济发展方式，探索由经济增长型社会逐步走向全面发展的福利型社会的转变过程。深圳经济特区的起步是从"三来一补"开始的，选择这样的发展方式是由当时的要素禀赋所决定的。改革开放初期的深圳只是一个计划经济比较薄弱的名不见经传的小渔村。在那个时期的深圳所拥有的生产要素中，具有相对优势的就是低廉的劳动力和土地，而缺乏的则是资金、技术和管理。时逢香港经济的产业更新换代与结构调整，以加工业为主体的劳动密集型产业在开放政策的引导下，及时而又恰如其分地落户于亟须制造业的深圳，并在转移产业的同时把资金、技术、管理和现代企业制度逐渐转移到了成长中的深圳。承继市场经济发达地区和国家的产业更新链条，深圳不仅降低了经济发展的起步成本，也大大降低了向市场经济学习的成本，确定了外向型经济的特征。同时，"输入"的加工制造业，还以其派生需求催生了第三产业的兴起与发展。

到了 1993 年,深圳对外贸易的 87% 来自"三资企业"①的净出口和"三来一补"的征费收入;第三产业占深圳 GDP 的 46%,吸收劳动力占深圳从业人员的 32.2%。②

当深圳经济踏上高速增长的轨道时,自身自然资源先天不足的约束很快显现出来,并引起决策者们的切实关注。自然资源的先天不足意味着任何以自然资源要素消耗、使用为增长方式的选择都会在稀缺规律的作用下,使人们不得不为财富的创造和发展支付较高的价格,经济增长的代价也会由于财富创造成本的高昂而一同提高。同时,深圳作为率先进入市场经济的新兴城市,既不能重复传统工业的发展模式与道路,又有责任去探索、尝试一种崭新的经济增长方式与财富创造途径,并以此示范全国。

从以"三来一补"为主体到以高新技术产业为支柱,深圳不仅适时选择了一条可持续发展的道路,而且以制度变迁中的政府政策(专项资金设立和政策优惠等)的主导力量解决了初期高投入的资金缺口问题,减轻了高新技术企业独担风险的压力。深圳以改革者的特有的宽阔的胸怀营造了高新技术产业落户、成长、发展、创新的制度环境,吸引了一大批国内外著名高新企业落户深圳;以变革者的远见卓识为高新技术产业的后续发展提供了扎实的智力保证,一些知名大学和科研机构在深圳生根筑巢。到了 2000 年,深圳计算机磁头产量居世界第三位,微电子计算机产量占全国的 25%,程控交换机产量占全国的 50%,基因干扰素产量占全国的 60%,同时还是全国最大的打印机、硬盘驱动器、无绳电话的生产基地,并已形成了电子信息、生物技术、新材料、机电一体化和激光五大高新技术支柱产业。③

可以说,在相当长的时间里,模仿是我国高新技术产值增长的主要途径。然而对于一个国家来说,真正的国际竞争力不可能依靠模仿。产业自身的创造力,即原始创新能力、集成创新能力、引进消化吸收再创新能

---

① 根据中华人民共和国商务部令 2018 年第 6 号《外商投资企业设立及变更备案管理暂行办法》第三十三条:"香港特别行政区、澳门特别行政区、台湾地区投资者投资不涉及国家规定实施准入特别管理措施的,参照本办法办理。"香港、澳门、台湾地区投资企业不属于外商投资企业,但参照外商投资企业管理。因此,本书中有关对外开放的阐述,例如"外商""外资"等,涉及香港、澳门、台湾地区投资的内容,是基于参照外商投资企业的角度来进行表述的。

② 参见陶一桃、鲁志国《中国经济特区史论》,社会科学文献出版社 2008 年版,第 99 页。

③ 参见陶一桃、鲁志国《中国经济特区史论》,社会科学文献出版社 2008 年版,第 99 页。

力，才是企业永久生命力和国家持久竞争力的根本源泉。于是，自主创新作为一种充分体现可持续发展理念的战略思考被提了出来。

从理论上讲，自主创新是一种高于模仿的创新活动，它是一种新的生产函数的建立，或者说是将一种从来没有过的生产要素和生产体系的"新组合"引入生产过程中。它强调的是发明在经济活动中的应用，并给生产的当事人带来利润。因此，自主创新强调的是对核心技术的自我研发与拥有，强调的是在价值创造过程中的技术附加值和专利附加值。从这个意义上说，自主创新既是经济增长方式转变的必然要求，又是这一转变的重要途径。这是因为无论自主创新采取"中性技术进步"（要素投入比例不变）、"劳动节约型技术进步"的方式，还是采取"资本节约型技术进步"的方式，都是在不增加或减少要素使用的前提下增加产出，从而提高资源的使用效率。这意味着我们不能满足于对国外先进技术的简单"模仿"，更不能停留在改革开放初期的以设备进口为主的粗放、低级的技术引进的模式上，而要重新思考、确定经济增长模式，实现"软技术"出口，提高自主创新（核心技术创造）对国内生产总值（gross domestic product，简称 GDP）的贡献率。

如果说从以劳动密集型为特征的"三来一补"加工制造业的形成，到以资本、技术密集型为特征的高新技术产业的发展和自主创新理念的形成，以及在经济领域中，以经济增长方式的转变来实现社会经济的发展的话，那么科学发展理念的提出则把"发展观"从增长方式的转变拓展到了社会发展，从经济领域扩展到了社会生活的各个领域。可以说，经历了成功的辉煌与财富的积累，以科学发展的认知与和谐发展的理念来解决、矫正发展中存在的问题，已经成为深圳这座城市为了前进的思考与反思。

深圳经济特区已经步入稳步增长的成熟时期。在过去的多年里，深圳经济保持着15%以上的增长速度，经济总量也从始建之初的1.96亿元上升到2009年的8 201.23亿元，人均GDP也从1979年的606元上升到2009年的9.3万元。① 可以说，深圳是沿着一条高速增长的轨道，

---

① 1979—2008年的GDP、人均GDP数据来自《深圳统计年鉴·2008》（http://www.yearbookchina.com/navibooklist－N2009030061－1.html），2009年的GDP、人均GDP数据来自深圳统计网站（http://www.sztj.com/pub/sztjpublic/tjsj/tjyb/default.html）。

把财富和富裕带给奋斗着的人们。我们知道，GDP是社会发展的物质基础，但绝不可能是社会发展的最终目标。没有社会福祉的提升，GDP和人均GDP的增长只能是一个缺乏灵魂和人文关怀的单纯物质的增长。

如果说劳动密集型经济让深圳收获了由低成本带来的抢占市场的价格优势竞争力，那么全球金融危机则不仅将劳动密集型经济所固有的产品资本与技术附加值低缺乏核心竞争力这一源于经济增长方式本身的问题进一步突显了出来，也把转变经济发展方式作为走向科学发展的必然的战略选择郑重地提了出来。

"比较优势"是不同国家和地区谋得经济发展的一个重要原则。所谓的"比较优势"是由要素相对稀缺程度所决定的要素价格的比较优势。当一个国家或地区劳动力资源比较富裕时，劳动力的成本或价格也就比较低廉，在没有资本和技术要素禀赋优势的情况下，首先使用自身所特有的低廉劳动力，就成为经济起步时期最佳的、最低发展成本的自然选择。可以说，劳动力资源比较优势状况，正是深圳乃至全国改革开放初期经济起步和最初发展的主要选择。

稀缺性是经济学的基本前提和一般原理。经济学研究的就是一个社会如何利用稀缺资源以生产有价值的物品、服务，并将它们在不同的人中间分配。但是，大多经济落后的发展中国家所面临的并不是自然禀赋意义上的资源缺乏问题，而是要素结构意义上的资源约束问题。所谓要素结构意义上的资源约束，是指"要素禀赋结构低下"，即在一个国家或地区的经济发展中，缺少如资本、技术、教育、管理、法制等较高级的要素，而没有受过教育或受教育程度不高的一般劳动力则较为丰富。因此，经济结构低下的根本原因不在结构本身，而在于"要素禀赋结构"的低下。结构低下不是经济结构低下的原因，而是"要素禀赋结构"低下的结果或现实表现。如果一个国家的要素存量中只有简单的劳动力，那么劳动密集型经济就是自然的选择。任何经济都不能只凭愿望人为地改变经济结构，因为"改变要素的质量和结构，才是提升产业结构的现实的、逻辑的前提"①。尼采说："在哲学家中，没有比理智的诚实更为稀罕的了。"② 人类社会的前进不仅需要勤奋与热情，更需要思考与理性。

---

① 樊纲：《中国经济特区研究》，中国经济出版社2009年版，第19～20页。
② 尼采：《权力意志——重估一切价值的尝试》，商务印书馆1991年版，第590页。

三

当人的经济价值提升时，我们的社会就会处于一些新的、更好的机会领域。政府不能一厢情愿地主导社会经济，而应该在尊重市场的同时创造制度环境，完成公共物品的供给，营建社会福利机制。发展是改革的结果，又是深化改革的物质前提，但发展不能取代改革。没有与经济体制相适应的政治体制的改革，经济体制改革就不可能真正成功。在实现现代化的特殊的"中国道路"上，在营建法制的公民社会的历程中，深圳作为一个率先发展的城市还应该担负起明天的希望。

霍华德·舒尔茨认为："任何经济的长期变动对制度改变所产生的影响会比工资相对于租金变动的影响都更为深远。……人的经济价值的提高产生了对制度的新的需求，一些政治和法律制度就是用来满足这些需求的。"① 由于人力资本在寻求自身的参与权时要求表明社会制度的状况，许多制度作为经济增长的激励结果而被创造出来。比如，在一个成熟的市场经济中，人们对货币的便利需求已转向对权利的需求；随着经济增长日益依赖于知识的进步，人们对能够生产、分配那些知识的制度的需求会转向对其权利的需求；随着人类生活水平的提高，每个人对其免于事故的额外保障性需求转向对权利的需求，对健康与人身保险的需求也是如此；随着社会的进步，人们对个人权利所附加的法律保障的需求（如免受警察的侵犯，损失个人的隐私）也转向对权利的需求，正如人们对公民权利的需求一样；人作为生产的一个要素，在获取工作方面需要更大的平等，尤其对那些高技术的工作，人们希望通过在职培训和高等教育，使社会在获取高技术的工作方面要求有更小的歧视。②

人力资本的非物质性决定，它的生存、生长是需要生活制度环境的。它在为社会创造财富，也向社会提出对自身具有保障性的制度要求；它在促进着社会经济的增长，也在完成着自身经济价值的提升，并且这种源于经济发展和制度绩效的人的经济价值的提升，又会以激励的方式促进更有利于人力资本生存的社会制度环境的生成。良好的社会制度环境不仅有利

---

① T.W舒尔茨：《制度与人的经济价值的不断提高》，载《美国农业经济杂志》1968年12期。

② T.W舒尔茨：《制度与人的经济价值的不断提高》，载《美国农业经济杂志》1968年12期。

代序　经济特区与中国道路

于人力资本的形成与再创造，还有助于提高人力资本投资的报酬率。同时，相应于人的经济价值提高的制度变迁，呼唤新的经济模型和增长方式出现。从这个意义上说，经济发展方式转变的真正力量不是主观愿望，而是构成经济社会内在机制与动因的人的经济价值的提升。

阿玛蒂亚·森在《以自由看待发展》一书中指出："发展可以看作扩展人们享有的真实自由的一个过程。聚焦于人类自由的发展观与更狭隘的发展观形成了鲜明的对照。狭隘的发展观包括的发展就是国民生产总值（GNP）的增值、或个人收入的提高、或工业化、或技术进步、或社会现代化等观点。……但是，自由同时还依赖于其他决定因素，诸如社会的经济的安排（例如教育和保健设施），以及政治的和公民的权利（例如参与公共讨论的检视的自由）。……发展要求消除那些限制人们自由的主要因素，即：贫困以及暴政，经济机会的缺乏以及系统化的社会剥夺，忽视公共设施以及压迫性政权的不宽容和过度干预。"[1] 阿玛蒂亚·森以学者的良知、道德和智慧回答了人类社会发展的目标问题，他的答案是以人为中心，社会发展的最高目标和价值标准就是自由。财富、收入、技术进步、社会现代化等固然是人们追求的目标，但它最终只属于工具性的范畴，是为人的发展、人的福利服务的。

中国社会改革是在较低的人均收入水平上展开的，一方面尚未形成庞大的中产阶级，另一方面贫富差距日益显著并分化。因此，经济增长中的贫困现象和经济繁荣中的低福利问题，"过早"地成为政府必须用制度来解决的社会问题。应该肯定地说，政府必须把社会福利制度的营建作为实现普遍富裕的保障，而不是作为普遍富裕的结果来看待。对任何社会来说，创造财富的同时制造贫穷，实现繁荣的同时降低部分人的幸福感，比普遍贫穷更为可怕。福利制度不是经济发展的奢侈品，他本身就构成了发展的重要内容和实质自由的组成部分。其实，无论改革之初提出的解放生产力的口号，还是今天倡导的以人为本、和谐社会的发展理念，本质都是解放人，给社会经济的主体——人以"享受有理由珍视的那种生活的可行能力"。在创造财富中获得权利，在增长财富中获得尊重，在贡献社会中分享社会的剩余，在正常的社会机制中感受做人的尊严。

市场与人的基本自由具有内在的关联性，人们仅仅从效率出发赞美市

---

[1] 阿马蒂亚·森：《以自由看待发展》，中国人民大学出版社2002年版，第1～200页。

场机制是不全面的。或许市场失灵又成为人们否定市场的重要依据，但市场失灵并不是对市场机制的否定，而是对市场机制的坚守——市场只能去做市场能做的事，政府则应该去做市场无法做到、做好的事。在以自上而下的授权为特征的强制性制度变迁中，政府权力的作用是不可缺少的。但是，面对市场规律，政府权力的任何强势都不再是对市场失灵的矫正，而是对市场规律的破坏。政府不能一厢情愿地主导社会经济，而应该在尊重市场的同时创造制度环境，完成公共物品的供给，营建社会福利机制。

  我们的社会不会因为缺少奇迹而枯萎，却会因为缺少创造奇迹的思想而失去持续生命力。经济特区作为奇迹和创造奇迹思想的特殊标志，不仅给中国社会带来了无限生命力，还给这个民族带来了创造奇迹的无限期望。

2018 年 11 月于深圳桑泰丹华府

目录

第一章　改革开放的酝酿与经济特区的初创 /1
第一节　改革开放的背景 /1
第二节　邓小平、习仲勋与广东经济特区的兴建 /21
第三节　广东经济特区兴建的初始禀赋条件 /48
小结 /52

第二章　广东经济特区改革发展的初步探索 /54
第一节　经济特区的开局 /55
第二节　传统体制的重点突破 /81
第三节　广东经济特区在开放条件下的率先发展 /107
小结 /117

第三章　社会主义市场经济确立初期下的广东经济特区 /120
第一节　中国改革开放的重大转折 /120
第二节　制度改革创新 /131
第三节　市场体系建设 /145
第四节　政府职能转换 /155
小结 /171

第四章　社会主义市场经济发展完善期下的广东经济特区 /173
第一节　党的十六大以来广东经济特区发展面临的新形势 /173
第二节　深圳、珠海和汕头经济特区的转型探索 /186
第三节　综合配套改革的深圳实践 /201
小结 /216

第五章 国际金融危机以来广东经济特区的转型与创新 /218
第一节 国际金融危机以来广东经济特区面临的总体形势 /218
第二节 国际金融危机以来广东经济特区的转型与创新实践 /229
第三节 后危机时代广东经济特区转型与创新面临的挑战 /249
小结 /254

第六章 广东经济特区模式的"内涵"深化和"外溢"发展 /256
第一节 广东经济特区发展的"内涵"深化 /256
第二节 广东经济特区发展的"外溢"发展 /266
小结 /281

第七章 广东经济特区改革发展的成就与贡献 /284
第一节 广东经济特区的经济发展成就 /284
第二节 广东经济特区的社会发展成就 /300
第三节 广东经济特区的文化发展成就 /307
第四节 广东经济特区的改革创新成就 /310
第五节 广东经济特区的生态文明建设成就 /320
第六节 广东经济特区改革发展的历史贡献 /327
小结 /333

第八章 广东经济特区的新使命 /335
第一节 党的十九大以来经济特区建设面临的新形势 /335
第二节 新时期广东在社会主义现代化建设中的新定位 /343
第三节 新时代广东经济特区的历史使命 /349
小结 /356

参考文献 /358

后　记 /360

第一章　改革开放的酝酿与经济特区的初创

改革开放是党在新的时代条件下带领全国各族人民进行的新的伟大革命。习近平总书记强调："改革开放是决定当代中国命运的关键一招，也是决定实现'两个一百年'奋斗目标、实现中华民族伟大复兴的关键一招。"①"没有改革开放，就没有中国的今天，也就没有中国的明天。改革开放中的矛盾只能用改革开放的办法来解决。"②

第一节　改革开放的背景

一次次抗争，一次次失败，中华民族追求梦想的道路艰难曲折。为了实现民族复兴，亿万人魂牵梦萦，几代人上下求索，奋勇不屈的中国人民在黑暗中艰难前行。中华民族的昨天，可以说是"雄关漫道真如铁"。③

一、改革开放前中国的基本状况

习近平总书记在参观"复兴之路"展览时对近代100多年来中国人民寻梦、追梦、圆梦的历史进行了生动述说："中华民族的昨天，可以说是'雄关漫道真如铁'。近代以来，中华民族遭受的苦难之重，付出的牺牲之大，在世界历史上都是罕见的。"

---

① 中共中央宣传部：《习近平新时代中国特色社会主义思想三十讲》，学习出版社2018年版，第94页。
② 中央文献研究室：《习近平谈治国理政》，外文出版社2014年版，第69页。
③ 中共中央宣传部：《习近平新时代中国特色社会主义思想三十讲》，学习出版社2018年版，第33～35页。

中华人民共和国成立后，国民经济一方面面临着困难重重、千疮百孔的局面，另一方面遭受着国际资本主义国家的制裁与封锁，学习和借鉴苏联模式成为唯一的选择。自1957年年底第一个五年计划完成，我国基本建立起相对完善的计划经济体制，计划经济就成为改革开放前的典型特征。

（一）经济背景：陷入短缺经济

习近平总书记在新进中央委员会的委员、候补委员学习贯彻党的十八大精神研讨班上的讲话中总结道："苏联模式在特定的历史条件下促进了苏联经济社会快速发展，也为苏联军民夺取反法西斯战争胜利发挥了重要作用。但由于不尊重经济规律等，随着时间推移，其弊端日益暴露成为经济社会发展的严重体制障碍。""中华人民共和国成立后，以毛泽东同志为核心的党第一代中央领导带领全党全国各族人民，在迅速医治战争创伤、恢复国民经济的基础上，创造性地进行社会主义改造，建立起社会主义基本制度。但是，在如何建设社会主义，这一崭新课题上，由于党在指导思想上'左'的错误，诸多关于社会主义建设的正确思想没有得到贯彻落实，甚至发生了'文化大革命'那样全局性、长时间的严重错误，使我们党在探索社会主义历程中遭到严重挫折。"[①] 最终使整个中国经济到了崩溃的边缘。

在以计划经济为核心的20年中，中国经济主要体现出两个特点：其一，国家经济波动完全从属于政治斗争，陷入"放、乱、收、死"的恶性循环；其二，国家实行高度集中垄断的对外贸易制度，严重制约了我国对外经济的发展。

1. 国家经济波动从属于政治斗争，陷入"放、乱、收、死"的恶性循环

从图1-1可以看出，20世纪60年代初至70年代中叶，我国经济发展相比较于美国、日本，呈现出大起大落式的剧烈波动。1961年，国内发生了比较严重的通货膨胀，居民消费指数上涨16%，日常消费品供应紧张，通货膨胀的主要原因是商品供应不足及货币发行过量，GDP负增

---

① 中共中央宣传部：《习近平总书记系列重要讲话读本》，学习出版社、人民出版社2016年版，第22页。

第一章　改革开放的酝酿与经济特区的初创

长超过25%。1963—1965年，国家调整工作取得实效，产业结构得到改善，经济运行较为平稳，各项经济指标恢复到了"大跃进"前的水平，GDP出现较大幅度增长，最高达到18%。然而，好景不长。1966年"文化大革命"开始，人民正常生活遭到破坏，经济管理机构陷于瘫痪，各种规章制度形同虚设，交通运输阻塞，能源的生产和供应下降，大批的工矿企业处于停产或半停产状态，正常经济生活秩序完全被打乱，国家经济又一次陷入低谷，GDP负增长，最低低于-5%。1969—1972年，为了调动地方积极性，迅速恢复和发展经济，我国在经济管理体制上实行了第二次"权力下放"。主要体现在：精简国家机构，下放企业管理权；下放财政、物资和基建投资权；简化税收、信贷劳动工资制度。1971年"九一三"事件之后，周恩来主持中央日常工作，进行经济调整：调整了"四五"计划的一些高指标，限制"权力下放"改革并收回了部分权力，经济出现了难得的转机，GDP增长率一度接近20%。但1974年，"批林批孔"运动又造成了政治动乱，经济生活又一次遭受了巨大冲击：工业欠产、铁路交通阻塞、港口压船严重、生产秩序混乱、财政出现赤字、市场供应紧张，GDP再一次转为负增长。

2. 高度集中垄断的对外贸易制度

从1949年中华人民共和国成立到1978年改革开放前，中国实行高度集中的、以行政管理为主的对外贸易体制，其特点体现在：高度集中、国家集外贸经营权和管理权为一体，政企不分、国家财政统负盈亏。这主要归因于苏联的经济体制及其对外贸易模式的影响及殖民地、半殖民地的历史教训。

尽管高度集中的对外贸易制度在避免国际收支逆差、保护国内市场免受国际市场不稳定因素影响、保护幼稚工业等方面起过一定的积极作用，但是，随着社会生产力的发展，该制度与现代化大生产的矛盾愈发显著，制约着对外贸易及社会经济的发展。据统计，1979年中国进出口总额为293.4亿美元，其中出口为136.6亿美元，出口额仅占世界出口额的0.83%，居世界第32位。

从图1-2可以看出，随着改革开放的进程不断深化，我国进出口贸易得到了突飞猛进的发展，从1980年的381亿美元增加为1990年的1 155亿美元，增长到原来的3倍。与同期的日本、美国的进出口贸易总额相比，比重从14.0%、7.9%分别上升到22.1%、12.7%。2005年，我国的进出口贸易额15 832亿美元，超过日本，并接近美国同期进出口贸

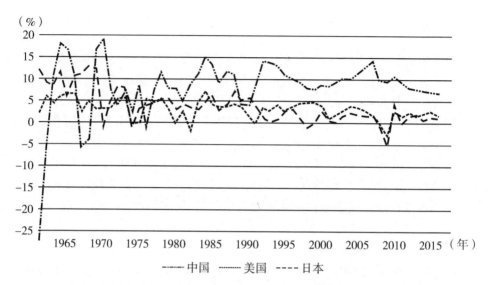

图1-1 1967—2016年中美日GDP增长率比较

资料来源：世界发展银行。

易总额的一半。2015年，我国的进出口贸易总额达到47 087亿美元，是1980年的123.6倍，接近当年日本进出口贸易总额的3倍，与美国基本持平。这充分说明了，改革开放前高度集中垄断的对外贸易制度对我国经济发展的束缚是巨大的、影响深远的。

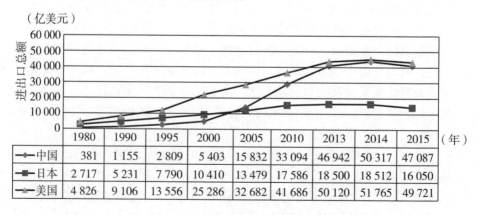

图1-2 1980—2015年中日美进口贸易总额

数据来源：《国际统计年鉴·2001》《国际统计年鉴·2016》。

第一章 改革开放的酝酿与经济特区的初创

（二）制度背景：计划经济体制

1. 计划经济体制的核心内容

第一，建立以公有制占据主导地位的所有制结构。社会主义改造完成之后，在1956年中国国民收入中，公有制经济的比重曾经在90%以上，个体经济比重下降为7.1%，私营经济更是降到0.1%以下。到1957年，中国高度统一的计划管理体制已基本确立起来。①第二，建立以部门管理为主的管理体制，形成了高度集中的中央机关管理权限。在以部门管理为主的管理体制下，管理权限高度集中在中央机关。具体包括：中央直接投资和经营管理、中央直接支配财力和物力、中央集中管理劳动用工和工资制度等方面。第三，建立以指令性计划为主的经济调控体系。主要包括：建立了自上而下的计划经济体系、对国营企业实行直接的计划管理、国家对农业也采取指令性计划、银行成为国库的出纳。第四，建立中央政府主导的分配体系。依据马克思主义的经典理论，社会主义社会的分配方式应当以按劳分配为主。在个人分配领域，分配方式上采取按劳分配。在国家宏观经济领域，经济结构呈现明显的城乡分化和二元结构。

2. 计划经济体制的三大配套制度

计划经济秩序的建构离不开社会控制，要使一个庞大的国家像一个企业一样运转起来，关键是看其中央政府如何控制社会生产的两大要素——生产资料和劳动者。即要求必须解决国家对劳动者的有效控制以及劳动者与生产资料的有效结合问题。中华人民共和国成立后，在逐步确立起计划经济体制的同时，创建了一系列与之配套的控制系统。其中，最为重要的是三大制度——农村人民公社制度、城镇单位制度及城乡分治二元户籍制度。

（1）农村人民公社制度。人民公社制度建于"大跃进"时期混乱的"人民公社化运动"，②在其运行的20多年的时间中，作为我国农村最根本的制度体系说明了其与计划经济体制有着良好的匹配度和兼容性。

---

① 参见林中萍、黄振奇《关于由计划经济体制向社会主义市场经济体制过渡问题》，载《教学与研究》1994年第3期。

② "人民公社化运动"的时间短暂，但人民公社制度体系却在全国范围内长期保留下来，直到20世纪80年代初期被农村家庭联产承包责任制所取代。

人民公社的制度框架来源于"三级所有、队为基础",其在产权组织与运行方面体现出以下特征:第一,坚持单一的公有形式;第二,各级管理者由行政任命,而非由社员大会或社员代表大会选举产生;第三,经营一般是自给性的,很少发生市场交易,仅有的商品部分按照给定的计划价格由政府统购统销;第四,集中统一安排劳动力,限制农业劳动力流动;第五,报酬分配上以工分制度体现平均原则。人民公社更多地具有共有产权或社团产权(communal property rights)的特征,而不是所谓的集体产权(collective property rights)。人民公社带有全民所有制成分,逐渐代替集体所有制。因此,人民公社与农民合作经济组织不同,它在一开始就处在国家的控制之下。① 人民公社对人力资源所有权的控制,使其对社员的组织参与具有比高级社更为严厉的"锁定"性质。尤其是人民公社组织与农村社区是重叠的,从而使这种"锁定"性极大化,这就意味着初级社存在的退出威胁效应(互助式农村合作,是可退出的)在人民公社已完全消失。②

本质上,人民公社农业经营模式是公社、生产大队领导下的生产队经营,公社一般每年为各生产大队制定生产计划,生产大队再把计划目标细化,作为基本核算单位的生产队缺乏经营决策权和生产计划安排权,生产什么、生产多少主要由上级决定。国家除了获得税收以外,还掌握了生产队的剩余索取权,使后者在市场交易过程中丧失了在品种、数量,尤其是价格方面的谈判能力。这使国家可以用低于自由市场的牌价收购粮食等农产品,同时以高价(相对于农产品)售出工业品,从而通过"工占农利"实现工业化资金的原始积累。③

(2)城镇单位制度。截至1956年年底,私营工商业者所有的生产资料全部转归国家使用和管理,原有企业成为附着在行政体制和党的体制中的"单位"。"单位"成为中国城市社会中一种特殊的组织形式和社会调控形式,它既成为社会调控体系中以实现社会整合和扩充社会资源总量为

---

① 参见周其仁《中国农村改革:国家和所有权关系的变化——一个经济制度变迁史的回顾》上,载《管理世界》1995年第3期。
② 参见罗必良《人民公社失败的制度经济学原理——一个分析框架及其应用》,载《华南农业大学学报(社科版)》2002年第1期。
③ 参见刘庆乐《双重委托代理关系中的利益博弈——人民公社体制下生产队产权矛盾分析》,载《中国农村观察》2006年第5期。

目的的制度化组织形式,又成为国家与个人之间的联络站点。①

单位制度设计是为了强化对资源的控制,尤其是对城市劳动力要素的控制。当商品经济、市场关系、自由劳动、契约合同、私人资本以及社会结构自治都丧失了合法性后,整个社会的运转就建立在单位体制的结构之上。在单位制度中,个人归属于单位,而单位是国家对社会进行直接行政管理的组织手段和基本环节。一切微观社会组织都是单位,控制和调节整个社会运转的中枢系统由与党的组织系统密切结合的国家行政组织构成。所有基层单位都表现为国家行政组织的延伸,社会的整合依靠自上而下的行政权力,单位成为行政机构的内部组织形式。国家的意志按照行政隶属关系下达到各个单位,再通过单位而贯彻于全社会。如果离开了单位,整个社会将无法正常运转,计划经济社会大工厂的运行更是无从谈起。

单位制度的形成使经济组织与社会组织的形态合一,劳动者被"锁定"而无法实现自由流动,各地区在中国经济社会中呈现"同质化"倾向。人民公社制度确保了国家对农村的控制,使计划经济大工厂的农业部分得以运转起来,城市单位制度则固化了城市经济要素,农村与城市的"双元"分割态势基本形成。总体上看,人民公社和单位制度分别是计划经济社会大工厂在农村和城市得以运行的基本制度设计。

(3) 城乡分治二元户籍制度。户籍制度是指与户口或户籍管理相关的一套政治经济和法律制度,其中包括通过户籍来证明个人身份、执行资源配置和财富分配。广义的户籍制度还要加上定量商品粮油供给制度、劳动就业制度、医疗保健制度等辅助性措施,以及在接受教育、转业安置、通婚、子女落户等方面衍生出的许多具体规定。它们构成了一个利益上向城市人口倾斜,包含社会生活多个领域、措施配套、组织严密的城乡分治的制度体系。政府的许多部门都围绕这一制度行使职能。②

我国户籍制度是一种经济制度,是对劳动力这一生产要素的制度安排。一方面,户籍制度是以农村人民公社制度为基础的,对劳动力这个生产要素来说,劳动者也毫无剩余索取权,劳动力的使用权和收益权均属于

---

① 参见路风《中国单位体制的起源和形成》,载《中国社会科学季刊》(香港) 1993 年第 4 期。
② 参见翁仁木《对我国户籍制度变迁的经济学思考》,载《宁夏社会科学》2005 年第 3 期。

集体。另一方面,户籍制度与城镇单位制度紧密相连,单位成为户籍制度的必要衍生物和现实功能载体。一个人一旦进入单位,单位就有代表国家对其生老病死等各方面负责。20世纪50年代,中国政府推行重工业优先发展战略,相应地把城乡经济关系变成了计划控制的组成部分,城乡之间劳动力流动被人为阻断。在中国还无力为全体国民提供同等的福利待遇时,不难看出,这一套人为的国民经济流程必然要求将城乡居民分离开来,限制人口自由流动,实行严格的户籍管理。①

如果把中国的计划经济体制比喻成一驾马车的话,人民公社制度与单位制度就像这驾马车的两个轮子,而户籍制度是连接着两个轮子的车轴。农村人民公社制度、城镇单位制度和城乡分治二元户籍制度的建立确保了中国计划经济体制在相当长的历史时期能够有效运行。

(三)小结:低效率与短缺并存

社会经济的"低效率"运行造成了中国农民的普遍贫穷。基于众多因素的考虑,中国工业化发展的历史重任又落在了人民公社(国家主导性的农业补贴工业)。人民公社为中国工业化提供了数千亿元的原始资本积累,加快了工业化进程的步伐。尽管这体现了人民公社制度下农村集体经济有效率的一面。但是不可否认,内生性工业战略发展的"弊端"也显而易见,进而直接引致了农民收入水平的普遍低下,贫穷成为常态。主要表现为以下方面。

第一,农民生活贫困。从人的发展角度而言,人民公社体制长期低效率运行,农民的生活日益贫困,1978年中国农村约有1.2亿人每天平均只能挣到1角1分钱,1.9亿人每天平均只能挣到1角3分钱,2.7亿人每天平均挣到1角4分钱。许多农民家庭"面朝黄土背朝天",早出晚归,辛辛苦苦一整年,却连最基本的温饱都满足不了,农村家庭恩格尔系数高达67.7%。在这样的时代背景下,中国经济发展远远落后于世界经济强国。

第二,农民政治主动参与度极低。在人民公社制度下的农村集体经济中,毫无经济自主权的农民,在政治上总是处于集体的"从属"和"附

---

① 参见蔡昉、都阳、王美艳《户籍制度与劳动力市场保护》,载《经济研究》2001年第12期。

第一章 改革开放的酝酿与经济特区的初创

属"地位,并紧紧依赖于政府,尽管农民的被动员性和参与程度极高,但其主人翁意识受到极大压抑。

第三,农民社会心理尤为"脆弱"。在农村集体经济体制的制约下,随着贫困程度的加深,农民对美好生活的向往逐渐"消失"。面对与自身利益不符的政策限制,农民"无奈"地在体制内做"脆弱"的抗争,费尽心思地想着各种方法"对着干",比如"隐瞒私分""偷懒磨洋工""伸手要粮食"等。面对强大的集体权威,农民主体意识广泛地被削弱,只能以不易察觉的方式改变人民公社的农村集体经济对自身的"束缚"。

二、改革开放前广东的基本状况

在中华人民共和国成立之初,广东社会经济与全国基本一致——整个社会处于十分贫穷落后的状态。总体来看,1949 年广东总人口 2 782.72 万人,GDP 仅 20.27 亿元;经济以农业为主,生产力水平低下,粮食平均亩①产仅 47.8 千克,水产品人均仅 7.5 千克,工业仅有一些小型的采掘、食品和日用品企业;基础设施非常落后,沿海港口货物吞吐量只有 31 万吨,全省境内甚至没有一条可贯通一个地区的公路。1949—1957 年,广东经济获得了较快发展。土地改革后人民当家作主,生产关系的变革促进全省生产力水平的提升。截至 1957 年年底,GDP 增加到 58.64 亿元,人均 GDP 提高到 179 元,制糖、造纸和有色金属矿产等工业重点发展,1957 年全省全社会工业总产值达到 37.93 亿元(现价,按不变价计算),比 1949 年增长 3.2 倍,全民和集体单位职工年人均工资 528 元,比 1949 年提高 64%。1958—1978 年,广东经济发展较为缓慢,年均增长仅 4.4%,落后于全国平均水平;人均 GDP 为 369 元,略低于全国。1978 年全省农民人均纯收入不到 200 元,城镇居民家庭人均年收入仅 400 元。具体可以从经济、城市和社会发展,经济人文环境和贸易政策等方面概括如下。

(一)经济发展:缺乏活力

1. 所有制结构——公有制绝对主导

改革开放前,公有制经济统领国民经济各行业。1978 年,全省 GDP

---

① 1 亩≈666.667 平方米。

为185.85亿元，公有制经济（国有经济和集体经济的总和，下同）增加值为183.40亿元，占比高达98.7%，其中国有经济、集体经济分别占比51.2%、47.5%；非公有制经济增加值为2.45亿元，仅占1.3%。

2. 产业结构——"一降二升三稳定"

第一产业增加值年均增长3.4%，从1949年的60.1%下降为1976年的29.8%；第二产业年均增长12.6%，至1977年提升到46.9%；第三产业由于侧重物质生产而轻视服务业发展，年均增长仅为4.5%，1949年第三产业占GDP的比重为27.0%，在之后的30年中，这一比重波动区间为21.3%～28.6%，较之第一、二产业比重基本保持稳定。

3. 需求结构——重积累轻消费特征明显

从发展速度上看，以1952年为100.0%的消费总额指数，1978年为272.0%，同期积累总额指数为789.9%，消费约为积累的1/3。

4. 区域结构——区域平衡发展

出于当时的国内外环境因素的考虑，区域平衡发展、生产力平衡布局、缩小地区差距成为社会经济发展的主旋律。1979年，广东四大区域总量分别为97.50亿元、24.81亿元、29.07亿元、30.37亿元，四者之比为53.6∶13.7∶16.0∶16.7。当年各市人均GDP基尼系数0.23，非常接近0.2绝对平均标准的上限，处于一个均衡发展的局面，区域发展差距极小。

5. 收入分配——"大锅饭"和"铁饭碗"

在公有制一统天下的背景下，农村居民实行分配上的平均主义"大锅饭"，大家是"干多干少一个样，干与不干一个样"；城市居民一旦进了（国有和集体）企业就好比有了"铁饭碗"，并且由国家直接干预调节企业的内部分配。

（二）城市发展：几近停滞

在现代化建设的征程中，广东走出了一条适合省情的城市化路径，其劳动力集聚和城市化历程曲折，大致可以分为以下三个阶段。

1949—1957年城市化起步阶段：随着国家工作重心转入城市生产建设，广东地区城市化发展较快，1957年全省非农业人口597.13万人，比1949年增长36.5%，年均递增4%；在全部户籍人口中所占比重18.6%，提高近3个百分点。

第一章　改革开放的酝酿与经济特区的初创

1958—1965年城市化发展大起大落：以"大跃进"为标志的大量农村劳动力进城导致城市人口急剧增加，1958—1960年底全省非农业人口年均递增11.8%，所占比重迅速提高到22%；1961—1965年为减轻城镇负担，广东精简企业，推行动员城镇人口回乡等政策，1965年广东非农业人口679.99万人，比1960年高峰时减少83.63万人，非农业人口比重回落到17.6%，回落了4.4个百分点。

1966—1978年城市化发展停滞：由于国家政治、经济动荡，大批城市工厂外迁，大量城市知青下乡，导致该时期广东非农业人口年均递增1.5%，低于总人口2.1%的增速。1978年非农业人口比重回落到16.3%，比1966年还低1.1个百分点。①

（三）社会发展：四次逃港

1．"大逃港"事件

由于1949年10月19日深圳获得解放而中英交恶，双方于1951年便封锁边界。在接下来的20年里，深圳共出现4次大规模偷渡逃港事件，分别是：

（1）第一次发生在1957年前后实行公社化运动时期，一次外逃了5 000多人。

（2）第二次发生在1961年的经济困难时期，一次外逃了1.9万人。

（3）第三次发生在1972年，一次外逃了2万人。

（4）第四次发生在1979年撤县建市初期，外逃3万人。

2．"大逃港"原因

贫穷、饥荒和对岸巨大的收入差距无疑是"大逃港"事件最主要的成因。1957年宝安县委通过《关于限制农村资本主义发展的几项规定》对社员和社外农民的种种限制②、1959—1961年三年经济困难引发的粮食

---

① 劳动力集聚与广东城市化道路的抉择，参见《广东统计年鉴·2004》，中国统计出版社2004年版。

② 限制社员自留地和副业收入，副业收入不能超过全家全年总收入的30%；社外农民不准开荒，不准弃农经商，"以彻底堵塞资本主义漏洞"；"男全劳动力"一年要完成260个工作日；农民家中如果有金银首饰，都要报告政府，然后收为国有。

广东经济特区改革发展 40 年

严重减产，导致社员不得不屈服于饥饿①与贫困而外逃，再加上深圳与香港近百倍的收入差距②，更刺激和加剧了外逃事件的发生。

3. 政策松动

1962 年，一位《人民日报》的记者在上级委派下，赴深圳和香港调研，对比发现，香港并非相关文件③描述的"香港"，遂花了一个星期向中央提交了 4 篇内参，把自己看到和认识到的情况向中央报告，以期"吸取教训，反思历史，调整政策"。在此事半年以后，原本铁板一块的政策，开始有所松动。有国家领导人指示，对逃港者放宽不究，并且禁止边防部队向逃港者开枪。到了 1978 年，习仲勋主政广东，经过大量的走访，亲身感受到了当地居民对提高生活水平的渴望，意识到光靠严防死守不可能有效地遏制偷渡，必须另辟蹊径。随后，广东省委主要负责人向中央提出了在深圳设立经济特区的想法。深圳经济特区成立十周年时，习仲勋曾总结："千言万语说得再多，都是没用的，把人民生活水平搞上去，才是唯一的办法。不然，人民只会用脚投票。"

（四）经济人文环境：开放度高

1. 商品经济意识浓厚

珠江三角洲地区古属百越，是一块蛮荒之地，秦汉以后逐步得到开发，至明代，其社会经济的发展水平已经赶上了中原并后来居上成为全国富庶的地区之一。该地区具有发展农业经济得天独厚的自然条件，长夏无冬，降水丰沛，土地平坦肥沃，人们种稻种茶，植桑捕鱼，精耕细作。高度发展的农业经济逐渐形成了专业分工，走上了商品化的道路。农民们"土地所宜，争以为业"，出现了各种商品生产专业户，如"龙（眼）荔（枝）之民""鱼花户""糖户"，他们懂得规模经营和商品交换。在农业

---

① 为了缓解饥饿，广东地区的人民曾经吃过蕉渣、禾秆、木瓜皮、番薯藤，甚至吃过观音土。对饥饿的群众谈"社会主义的优越性"，是多么苍白无力，没有说服力。

② 当时，宝安县一个农民一天的平均收入，大约是 7 角钱，而香港农民一天的收入，平均为 70 港币，两者间悬殊近 100 倍。当地流传的民谣唱道："辛辛苦苦干一年，不如对面 8 分钱"（指寄信到香港叫亲属汇款回来）。更耐人寻味的是，新界原本没有罗芳村，居住在这里的人竟然全是从深圳罗芳村逃过去的居民。

③ 如在《人间地狱——香港》中有这样描述的："一、香港是世界上最荒淫的城市；二、香港黑社会横行；三、香港是最大的制毒贩毒基地；四、香港自杀者是世界上有数的。"

发达，出现商品化的基础上，珠江三角洲地区的商品贸易也发展起来，出现大量的墟、市、镇。内地商人纷纷"走广"，采购"广货"，广东商人不仅到内地经商，还把"广货"源源不断地输往东亚和欧洲各国。珠江三角洲地区的商人积极发展对外贸易，"夷夏之防"观念淡薄，大胆与洋人做生意。早在明朝万历至崇祯年间，广州就举办过类似"广交会"形式的冬、夏两季定期市，当时中外客商云集。

　　清代，珠江三角洲地区的商品经济得到进一步发展。至清中叶，南海顺德、东莞等主要县多达30%的人口直接或间接地进入商品流动中。人称"四大名镇"之首的佛山镇，人口60万，有陶瓷、纺织、铸造、制药、烟花、爆竹、染纸、制伞等300多种手工业，有数千家商店，有6圩12市，设有中国18省会会馆和23间外国商馆。商品不仅销往越南等东南亚国家，还远销大洋洲、美洲。1758年，清政府实行广州一口通商政策，珠江三角洲地区发展对外贸易有更优越的条件，其与海外的商品联系进一步到西欧、美洲。1840年鸦片战争后，中国国门被迫打开，广州是五口通商之地，资本主义势力进入珠江三角洲地区，该地区逐步纳入世界资本主义市场体系，当地人民纷纷种茶植桑，改进缫丝、制茶工艺，增进出口，以适应国际市场的需要。

2. 社会心态更为开放

　　与商品经济意识相联系，珠江三角洲地区的社会心态开放。为了做生意，当地商人足迹遍布全中国，为了发展对外贸易，他们远渡重洋，把市场开拓到东南亚、大洋洲、欧洲、美洲和非洲。20世纪90年代，全世界海外华侨华人3 000多万，一半以上原籍是广东，这是广东社会心态开放的最有力的证明。与此同时，内地商人、海外商人也纷纷来到珠江三角洲做生意。该地区自明清以来就成为中外文化的一个交汇点，使珠江三角洲的人能够更多地接触外来事物，眼界比较开阔，且该地区的人心态比较开放，对于新事物，不论是外来的，还是改革中新出现的，都能以一种较为平静的、理智的心态去对待，容易接受新事物，这为改革开放局面的形成创造了有利条件。进一步来说，珠江三角洲华侨众多，与港澳、海外联系广泛，信息灵通，更加了解港澳和国外情况，国际视野开拓。

（五）贸易政策：灵活大胆

1. 小额贸易政策的试行与成果

三年严重经济困难导致国家经济形势日趋危急，1959年4月当选国家主席的刘少奇，以及当时的中共中央总书记邓小平开始努力扭转激进政策，地方上一批务实派官员（比如广东省委第一书记陶铸等）采取了一些灵活的政治经济政策。深圳市宝安区档案馆解密的一批档案文件就有相关记载。

20世纪60年代初期，在陶铸的支持下，宝安县已经尝试全县对外开放，与香港发展小额贸易。由于1956年起边境封锁，宝安县的对外贸易近乎停止。1959年，香港出现劳工短缺，内地出现饥荒，导致宝安县民众大量逃港。针对这些情况，县委经过反复研究，制定了一个适当放宽边防管理的政策，得到群众的积极拥护。1959年5—6月间，陶铸来到宝安县考察，宝安县委第一书记李富林向他汇报了经济极度困难导致水肿多、饿死人，以及边境偷渡屡禁不止，依靠军队也解决不了问题等情况，并向陶铸反映一些边防群众到香港度荒的同时偷带油糖回来，对于帮助解决极度的经济困难起了很大作用。李富林向陶铸建议，能否放松边防管理，让群众带些油糖副食品回来渡过这个难关。陶铸说可以，这样总比饿肚子好。1959年9月，陶铸又一次来到宝安县，李富林向陶铸汇报说，边防群众去香港光花亲人的钱也不好，我们能否出口点小商品去换取外汇，我们稻草回田①，到了香港能赚钱，野花、草蜢、河冲什鱼、稻草等出口，既可以解决人民群众的生活问题，又可以解决收益，一举两得，不影响国家大宗贸易。这个想法得到了陶铸的同意。之后，开始放松边防管理，群众从香港自带东西回来度荒的也渐渐多起来。②

宝安县于1961年6月开始出口稻草到香港换取化肥，有时也出口一些价值较高的农副产品。很快，群众的生活好了，逃港现象少了。尝到甜头的宝安县委决定更大规模对香港开放，开放了沿海一线横岗、沙头角、

---

① 稻草回田是一种改良土壤的"土方法"，是在水稻收割后，将稻草切成三段，洒在田间，再向田内灌水，耕地并保持田间水分，确保稻草腐烂成肥料。此处是指回田用的稻草都可以卖到香港赚钱。

② 参见申晨《"逃港风潮"与建立深圳特区》，载《中国档案》2008年第10期。

第一章 改革开放的酝酿与经济特区的初创

布吉、深圳等14个公社和沙河农场，之后再进一步开放龙岗、平湖、观澜、龙华等8个公社，同时开放南澳、盐田、沙头角、罗湖等13处口岸。1965年广东省委的调查显示，宝安县自放宽边防管理后，对外贸易发展迅速，同时促进了农业生产。三年经济困难时期，宝安县不但基本上没有出现饿死人的现象，还借粮给博罗、海丰、惠阳等地。

2.《关于适当放宽进出口管理政策意见（草案）》的提出

为了彻底改变边防地区党群关系，切实解决边防地区人民群众在恢复和发展生产中必须解决的问题，以提高生产水平和生活水平，充分发挥群众生产积极性，宝安县委决定从实际出发，进一步推动"小额贸易"，积极开放边防，谋求更大的发展。1961年8月13日，宝安县召开边防工作会议，这次会议是在宝安县"大跃进"和"人民公社化运动"三年来造成严重经济困难和开始纠正"左"倾错误的历史背景之下召开的，这是对宝安县对外开放历史具有深远影响的一次非常重要的会议。县委同意这次会议提出的《关于适当放宽进出口管理政策意见（草案）》，提出适当放宽边防管理政策，切实解决边防地区人民群众恢复和发展中必须解决的问题，并提出三项措施。一是坚决恢复边沿区生产队下海过境生产的权利；二是恢复和发展边沿地区民间非贸易性关系和物资交换关系，切实解决边沿地区人民群众在恢复和发展生产中必须解决的问题，进一步调动群众的生产积极性，为国家创造更多的财富；三是从有利生产和方便群众出发，适当放宽进出口人员，切实地解决边沿群众的切身利益问题。会上做出部署，准备全县大开放，与香港发展"小额贸易"。1959—1964年，陶铸曾6次来到宝安县，为宝安县的发展"支着儿"。1961年6月，陶铸在视察宝安县时说："香港和宝安是城乡关系，香港是宝安的城市，宝安是香港的郊区。在深圳要建立游览区，让香港人到深圳游览。"在陶铸等人的支持下，宝安县实行"对外开放"政策，既是在大饥荒背景下，地方官员对激进政策的积极"修正"，也是希望通过经济形势的好转，达到减少逃港人数的目的。

3. 小额贸易的收缩与消失

然而，好景不长，极左思想的阴云再次袭来。1961年11月3日，广东省委常委、副省长魏今非致信宝安县委，指出边防生产队自行运出的产品品种过多，要求收缩"小额贸易"政策。1962年3月14日，宝安县正式规定过境耕作农民携带入境的物品实行"3个5"，即每月限5次，每次重量不超过 5 千克,物品估值人民币 5 元以内的,免税放行。在 1962 年 10 月传达党的十中全会精神,加强边防管理,以及 1963 年年初广东省委全面布置开展打击"投机倒把运动"后,宝安县大规模的贸易活动在极左思想的重重压力之下基本被叫停。1964 年开展"小四清"运动时,又被进一步批判,一些基层干部受到了错误的处理。1964 年 9 月,广东省委派出联合工作组到宝安县深入调查此事。1965 年 4 月,联合工作组向省委建议责成县委第一书记李富林在全县扩大会议上对开放一事深刻检讨。经过"左倾"思想的层层打压,这个有利于广大人民群众根本利益的短暂的开放门缝被迫关闭。1 年后,宝安县进入 10 年"文化大革命",社会经济发展再度陷入困境。

三、京西会议与中国改革开放的酝酿

习近平总书记指出:"回顾几千年的历史,丰衣足食一直都是中国老百姓最朴素的追求和愿望。"① 穷则思变。正如马克思所说:"在科学的入口处,正像在地狱的入口处一样,必须提出这样的要求:这里必须根绝一切犹豫;这里任何怯懦都无济于事。"②

(一)京西会议召开——筹建经济特区

1979 年 12 月 17 日,国务院第一次召开筹建经济特区的专题汇报会——京西会议。会议由谷牧主持,吴南生是主要的汇报人。参加会议的有广东的王全国、范希贤、秦文俊,福建的郭超及中央有关方面的负责人。令人耳目一新的是,吴南生首次提出了一个新概念:经济特区。他详细解释了把"出口特区"改为"经济特区"的理由:"……中央批转广东省委的报告中是说要办'出口特区',我们同各方面同志和朋友多次交换意见,都觉得改称为'经济特区'较好。特区固然要以办工厂企业为主,但也要搞楼宇住宅和其他经济事业。在深圳特区,拟规划工业区、科学技术研究区、住宅区,以及商业、行政和文化区。住宅区主要是提供给科学

---

① 中共中央宣传部:《习近平新时代中国特色社会主义思想三十讲》,学习出版社 2018 年版,第 116 页。
② 中共中央马克思恩格斯列宁斯大林著作编译局:《马克思恩格斯选集》第 2 卷,人民出版社 2012 年版,第 640 页。

家、投资者、高级技术人员、华侨居住,为他们创造投资、工作、休息的良好环境。这也是一种吸引力。而且根据国外的经验,经营住宅比较容易上手,如果先建一批住宅出租或出卖,特区整个建设所需资金就有来源了。建立科研区,看来也十分必要。台湾已在新竹市一带划出20多平方公里的地方,作为'科学工业实验园',区内办科研,也办工业和住宅,条件比其他工业区更优惠,目的在于吸引省外科技人才到台湾定居。我们也应该这样做。因此,把'出口特区'改为'经济特区',其含义更确切些。"

紧接着吴南生在《关于试办深圳、珠海、汕头出口特区的初步设想(初稿)》中,强烈地"建议中央有关单位尽快提出一些立法和章程",其中最主要的就是特区法、特区条例①的起草。为此,召开了包括香港知名人士在内的座谈会并将其送省委审定,里面明确了对于特区投资者,包括港澳同胞、海外侨胞,正确的态度应该是:一要让他们赚钱,二才是爱国,不能要求人家第一是爱国,第二才是赚钱。办特区应该让投资者赚钱,他们有钱赚,才会大批来,只有他们赚到钱,特区也才能赚到钱,这是相辅相成的辩证关系。在特区条例有无必要提请全国人大审议通过的问题上,针对反对者认为《广东省经济特区条例》(以下简称《特区条例》)是广东省的地方法规,要全国人大通过,无此先例的意见,吴南生对谷牧说:"社会主义搞特区是史无前例的,如果这个条例没有在全国人大通过,我们不敢办特区。"最后吴南生直接电话求援全国人大常委会委员长叶剑英,恳求说:"叶帅呀,办特区这样一件大事,不能没有一个国家最高立法机构批准的有权威的法规呀!"叶帅在说了三个字"知道了"之后,把吴南生的"道理"摆到了全国人大:"特区不是广东的特区,特区是中国的特区。"1980年8月26日,叶剑英亲自主持了五届人大第十五次会议,国家进出口管理委员会副主任江泽民受国务院委托,在会上作了有关建立经济特区和制定《特区条例》的说明,《特区条例》获准通过。1980年8月26日成了中国经济特区的成立纪念日。此后,《纽约时报》以节制的惊叹写道,铁幕拉开了,中国大变革的指针正轰然鸣响。②

---

① 广东省第五届人民代表大会第二次会议审议并原则通过了《广东省经济特区条例》。
② 参见陈宏《1979—2000 深圳重大决策和事件民间观察》,长江文艺出版社 2006 年版。

(二) 改革开放酝酿——明确发展方向

"文化大革命"结束后,人心思变、中国必变,已是"沛然莫之能御"之历史大势——人们所不能确定的只是这个变化的走向和结果何时明朗而已。进入1978年,预示中国即将发生决定性积极新变化的因素持续叠加:这年上半年,因大规模出国考察切身感知的中外经济科技之间的巨大差距已然造成了心灵上的强烈震撼,几乎同时展开的真理标准问题大讨论又给长期以来人们精神上的枷锁"松绑","改革"的呼声渐起,"变化"的要求高涨;到了1978年下半年,变革的节奏更为快速,变革的方向也愈发清晰,特别是国务院务虚会、全国计划会议、中央工作会议等一系列重要会议的相继召开,更是在党和国家最高决策层进一步累积和凝聚了变革的共识。在经由这几次会议接续酝酿和准备的基础上,中共十一届三中全会最终做出了改革开放的决策,明晰、确定了下一步中国发展的走向,并由此打开了此后40年来中国历史性巨变的战略通道。

(三) 任仲夷、习仲勋对特区改革的重要贡献

1. 任仲夷——改革开放的开拓者

广东省委原第一书记任仲夷66岁上任,站在时代大潮的最前沿,以敢为天下先的胆识和智慧中流击水,成为这个时代的开拓者和先行者。查阅中国统计年鉴:1978年广东省的经济总量列全国第23位,到任仲夷离任的1985年,广东已经赫然位居榜首。短短的几年时间,这是一个怎样超常规的跨越!只有细细体味过去种种,才能知晓改革的成功来之不易。

(1) 开拓之一——"排污不排外"。面对"鱼骨天线事件",在委派张作彬深入调研后,任仲夷提出:一是不提倡看香港电视,要与中央保持一致;二是要办好自己的广播电视节目,丰富群众的文娱生活。在这个讲话里,还提出了著名的"排污不排外"的观点。自觉"排污"是必要的、明智的,但决不能因噎废食,笼统地反对一切外来思想文化。对于拆除鱼骨天线和干扰香港的电视频道,他只字未提。从此以后,香港电视在任仲夷的任期内再也没有受到强行干扰,鱼骨天线也成了南粤大地一道独特的风景线,在悄悄地却是猛烈地发酵传统的岭南意识。正是这个时候,珠江三角洲像一个硕大的香喷喷的蛋,依靠毗邻港澳的独特地理优势和侨乡众多的人文优势,以较低的土地价格和充足的廉价劳动力吸引大量外资的直

第一章　改革开放的酝酿与经济特区的初创

接进入,尤其吸引了港澳台制造业的大规模转移,掀起了改革开放之后的第一轮经济大潮。

(2) 开拓之二——创建深圳经济特区。在"搬掉罗湖山,填平罗湖洼地"工程中,任仲夷敏锐地发觉经济特区的领导班子不够协调,同时在梁湘明确表示不去深圳、愿意继续留任广州的情况下,他两次约见梁湘,并选调一批专业对口、德才兼备的精锐干部为其搭配领导班子,将深圳经济特区建设送入快车道。当1982年春深圳市政府与外商合资开发土地遭遇重大阻力①的情况下,平时很少到访经济特区的任仲夷竟然在一个多月里连续三次来到深圳,除与市委领导班子全体成员见面外,重点就是与梁湘谈话,给予梁湘支持与鼓励,并创造了"深圳速度",成就了梁湘"深圳英雄"的称号。

(3) 开拓之三——勇于开拓吸引外资。随着1981年广东旅游部门开始组织内地公民赴香港旅游,拉开香港明星进入广东演出的序幕,当著名歌手罗文在舞台上一把抓过麦克风,拉起电线,边跳边唱,煞是陶醉却被痛批为"资产阶级腐朽台风"时,任仲夷却说:"难道站着唱就是社会主义,走着唱就是资本主义?"他结合马克思所言提出"我们共产党的省委应该只管唱什么,不应该管怎么唱"。当时尚渐起渐盛,街头巷尾处处飘起了港台流行的抒情歌曲,浓浓的情歌情调,款款而行的是烫发头、喇叭裤、迷彩服、高跟鞋、超短裤……恰逢国务院副总理万里来广州督导疏港,见此景象,不免劝说任仲夷"管一管",任仲夷却笑言"只管大事,生活小事随他";当香港霍英东在广州投资第一家五星级酒店并向全社会开放遭遇尴尬②宴请任仲夷时,身边的人纷纷劝他不要去,以免遭人诟病"与资本家穿连裆裤"时,任仲夷笑谈,广州与香港不是把兄弟,是亲兄弟,不仅同穿一条连裆裤,还同喝一口奶(共饮珠江水)。此后,李嘉诚、胡应湘等港商投资的酒店也先后落户广州,接着,广州东方宾馆等五

---

① 1982年的春天,深圳市政府与外商合资开发土地,并出台了相关地方法规,一时间,舆论如鞭似刀,黑云压城,"深圳除了九龙关门口仍挂着五星红旗,一切都已经资本主义了。""姓梁的把国土主权卖给了外国人,是卖国贼!"正在这时,中央针对广东开展了大规模的反走私斗争,而深圳又深陷其中。

② 白天鹅宾馆开业之初,不少广州人还没有见过牙签、餐巾纸等一次性用具,顺手就牵走了,卫生间的厕纸也成了抢手货,每天损失几百卷。更让店方痛惜的是,一些男青年穿着时髦的带有铁掌钉的皮鞋,在大理石地面上随意踩踏,留下了难以修补的斑斑点点。

星级酒店纷纷建成。

2. 习仲勋——经济特区的实践者

1979年1月16日,广东省派吴南生、丁励松前往汕头地区宣传全会精神,协助汕头市委拨乱反正,平反冤假错案。这个在地图上几乎处于广东省"头"部的城市,作为"粤东之门户,华南之要冲",恩格斯眼中的"远东惟一一座具有商业色彩"的城市,曾有"小上海"之美称,在解放初期,商业化程度和经济条件与香港差距不大,却在短短的30年被香港甩开了一大截。正因为此,他琢磨如何才能尽快让汕头富裕起来。在新加坡朋友的启发下,吴南生萌发了将汕头独立划出办出口加工区、吸引外商直接投资的想法,他发着高烧向习仲勋、杨尚昆同志和广东省委作电报汇报。2月28日下午,吴南生从汕头回广州,当天晚上,习仲勋同志就到吴南生家中和他交换了意见。省委在讨论时一致同意这一大违"天条"的设想,并且更为激进,认为广东不仅应在汕头办出口加工区,还应该在深圳、珠海办。"要搞,全省都搞!"习仲勋横下一条心,当即表态:"先起草意见,4月中央工作会议时,我带去北京。"在出席中央工作会议之前,习仲勋和吴南生先向正在广州的叶剑英元帅汇报了广东的设想,叶剑英元帅非常高兴,催着他们说:"你们要快些向小平同志汇报。"4月5—28日,中央在北京召开各省、市、自治区党委第一书记及主管经济工作的负责人和中央党政军负责人参加的中央工作会议。4月8日,习仲勋在中南组发言。他说:"现在中央权力过于集中,地方感到办事难,没有权,很难办。"接着他提出:"广东邻近港澳,华侨众多,应充分利用这个有利条件,积极开展对外经济、技术交流。在这方面,希望中央给点权,让广东先走一步,放手干。"中共中央主席华国锋听了一愣,问习仲勋:"你们想要什么权?"习仲勋说:"如果广东是一个'独立的国家',可能几年就搞上去了,但是在现在的体制下,就不容易上去。"① 习仲勋接着讲了广东的经济现状,谈了开放、搞活广东经济的设想,得到了政治局的赞许和支持,华国锋同志也表态,广东可以先走一步。党中央、国务院下决心,想给广东搞点特殊政策,与别的省不同一些,自主权大一些。

各个小组会议发言后,谷牧同志向邓小平同志汇报说:"广东省委提

---

① 习仲勋:《〈改革开放在广东〉序言》,载林若《改革开放在广东——先走一步的实践与思考》,广东高等教育出版社1992年版,第2页。

出,要求在改革开放中'先行一步',划出深圳、珠海、汕头等地区实行特殊的经济政策措施,以取得改革开放、发展经济的经验。并且最终提出将广东那几个地方叫'特区'。"谷牧当晚把这一消息告诉了习仲勋。第二天上午,习仲勋揣着一肚子疑惑来找谷牧,问:"叫作'特区'了,那以后广东还管不管?是不是直接由中央管?"谷牧笑着说:"不是,还是由广东管。"其间,经过陕、甘、宁边区作为政治特区的实践,进一步将深圳、珠海、汕头等地区确定为"经济特区"。

第二节　邓小平、习仲勋与广东经济特区的兴建

"秋木之长者,必固其根本;欲流之远者,必浚其泉源。"找到一条好的道路不容易,走好这条道路更不容易。习近平总书记强调,过去,我们照搬过本本,也模仿过别人,有过迷茫,也有过挫折,一次次碰壁、一次次觉醒,一次次实践、一次次突破,最终走出了一条中国特色社会主义成功之路。①兴办经济特区,是我们党和国家为推进改革开放和社会主义现代化建设作出的重大决策。经济特区在建设中国特色社会主义伟大历史进程中谱写了勇立潮头、开拓进取的壮丽篇章,在体制改革中发挥了"试验田"作用,在对外开放中发挥了重要"窗口"作用,为全国改革开放和社会主义现代化建设作出了重大贡献。②

一、党的十一届三中全会与中国改革开放的开启

2013年1月,习近平总书记在党的十八大会议精神研讨班上总结:我们党做出进行改革开放的历史性决策、开创和发展中国特色社会主义。党的十一届三中全会以后,以邓小平为核心的党的第二代中央领导集体,重新确立了解放思想、实事求是的思想路线,彻底否定了"以阶级斗争为纲"的错误理论和实践,以巨大的政治勇气和理论勇气提出进行改革开放……党的十一届三中全会开启了改革开放历史新时期。党在中华人民

---

① 中共中央宣传部:《习近平新时代中国特色社会主义思想三十讲》,学习出版社2018年版,第27页。

② 习近平:《在庆祝海南建省办经济特区30周年大会上的讲话》(2018年4月13日),载新华网(http://www.xinhuanet.com/politics/leaders/2018-04/13/c_1122680106.htm)。

共和国成立以来历史上具有深远意义的伟大转折是以此为开端的；党在思想、政治、组织等领域的全面拨乱反正，是从此开始的；伟大的社会主义改革开放，是由此揭开序幕并起步的；建设中国特色社会主义的新道路，是以此为起点开辟的；指导改革开放和社会主义现代化建设的强大理论武器——建设中国特色社会主义理论，是在这次全会前后开始逐步形成和发展起来的。总而言之，中国共产党从此开始了建设中国特色社会主义的新探索。

（一）党的十一届三中全会

1. 会议重点

1978年12月18—22日，党的第十一届中央委员会第三次全体会议在北京举行。会议的中心议题是讨论把全党的工作重点转移到社会主义现代化建设上来。这次会议重新确立解放思想、实事求是的思想路线；做出把党和国家的工作重心转移到经济建设上来，实行改革开放的伟大决策；会议实际上形成了以邓小平为核心的党中央领导集体。

2. 会议意义

党的十一届三中全会结束了粉碎"四人帮"之后两年中党的工作在徘徊中前进的局面，实现了1949年以来党的历史的伟大转折。这个伟大转折是全局性的、根本性的，集中表现如下：第一，本届全会确立了实事求是的思想路线。高度评价了关于真理标准问题的讨论，指出实践是检验真理的唯一标准，是党的思想路线的根本原则，重新确立了马克思主义的实事求是的思想路线。第二，本届全会恢复了党的民主集中制的传统。讨论并着重提出了健全社会主义民主和加强社会主义法制的任务。本届全会决定根据党的历史经验，健全党的民主集中制，健全党规党法，严肃党纪；全体党员和党的干部，人人遵守纪律，是恢复党和国家正常政治生活的起码要求；为了保障人民民主，必须加强社会主义法制，使民主制度化、法律化，使这种制度和法律具有稳定性、连续性和极大的权威，做到有法可依、有法必依、执法必严、违法必究。第三，本届全会做出了实行改革开放的新决策。提出了加快农业改革、发展农业的一系列政策措施，并同意将《中共中央关于加快农业发展若干问题的决定（草案）》等文件发到各省、市、自治区讨论和试行。第四，本届全会正视历史，凝聚了改革的力量。由此开始了系统地清理重大历史是非的拨乱反正，肯定了老一辈革命家对党和人民的贡献，凝聚了改革的力量。

（二）中国改革开放的开启（1978—1992年）

1978年的中国，是中华民族5 000年历史上具有重要意义的一年，是中华民族走向富裕道路的开始。这一年，有无数中国人的命运因中国的变化而改变。由此开始，中国每前进一步都引起全世界的关注。改革开放，是1978年12月党的十一届三中全会起中国开始实行的对内改革、对外开放的政策。中国的对内改革首先从农村开始。1978年11月，安徽省凤阳县小岗村开始实行"农村家庭联产承包责任制"，拉开了我国对内改革的大幕。1992年邓小平南方谈话的发布标志着中国改革进入了新的阶段，同年10月召开的党的十四大宣布新时期最鲜明特点是改革开放，中国改革进入新的改革时期。

1. 主要内容

改革开放是邓小平理论的重要组成部分，是中国社会主义建设的一项根本方针，是中国共产党在社会主义初级阶段基本路线的基本点之一，是中国走向富强的必经之路。改革，包括：经济体制改革，即把高度集中的计划经济体制改革成为社会主义市场经济体制；政治体制改革，包括发展民主，加强法制，实现政企分开、精简机构，完善民主监督制度，维护安定团结。开放，主要指对外开放，在广泛意义上还包括对内开放。

2. 政策形成

（1）全会召开。1978年12月18—22日，党的十一届三中全会在北京举行。

（2）经济特区设立。1979年7月15日，中共中央、国务院批转广东省委、福建省委关于对外经济活动实行特殊政策和灵活措施的报告，决定在深圳、珠海、汕头和厦门试办特区。8月13日，国务院颁发《关于大力发展对外贸易增加外汇收入若干问题的规定》，主要内容是扩大地方和企业的外贸权限，鼓励增加出口，办好出口特区。1980年5月16日，中共中央、国务院批准《广东、福建两省会议纪要》，定名为"经济特区"。1980年8月26日，《特区条例》颁布，这宣告着经济特区正式成立。

（3）家庭联产承包责任制确立。1982年1月1日，党的中央批转《全国农村工作会议纪要》，指出农村实行的各种责任制，包括小段包工定额计酬，专业承包联产计酬，联产到劳，包产到户、到组，包干到户、到组等，都是社会主义集体经济的生产责任制；1983年中央下发文件，指出联产承包制是在党的领导下中国农民的伟大创造，是马克思主义农业合作化理论在中国实践中的新发展。

（4）有计划的商品经济提出。1984年10月20日，党的十二届三中全会在北京举行。会议一致通过《中共中央关于经济体制改革的决定》，明确提出：进一步贯彻执行对"内搞活经济、对外实行开放"的方针，加快以城市为重点的整个经济体制改革的步伐，是当前中国形势发展的迫切需要。改革的基本任务是建立起具有中国特色的、充满生机和活力的社会主义经济体制，促进社会生产力的发展。

（5）全民所有制企业改革启动。1986年12月5日，国务院出台《关于深化企业改革增强企业活力的若干规定》，该规定提出全民所有制小型企业可积极试行租赁、承包经营，全民所有制大中型企业要实行多种形式的经营责任制。各地可以选择少数有条件的全民所有制大中型企业进行股份制试点。

（6）"一个中心、两个基本点"基本路线的提出。1987年10月25日至11月1日，中国共产党第十三次全国代表大会举行，赵紫阳作《沿着有中国特色的社会主义道路前进》的报告。报告阐述了社会主义初级阶段理论，提出了党在社会主义初级阶段的基本路线：以经济建设为中心，以四项基本原则为立国之本，以改革开放为强国之路。制订了到21世纪中叶分三步走、实现现代化的发展战略，并提出了政治体制改革的任务。

（7）"科学技术是第一生产力"的提出。1985年3月13日，中共中央做出《关于科学技术体制改革的决定》。该决定指出，现代科学技术是新的社会生产力中最活跃和决定性的因素，全党必须高度重视并充分发挥科学技术的巨大作用。同时规定了当下科学技术体制改革的主要任务。1988年9月5日邓小平在会见捷克斯洛伐克总统胡萨克时，提出了"科学技术是第一生产力"的著名论断。

（8）社会主义市场经济体制改革目标确立。1992年10月12—18日，中国共产党第十四次全国代表大会在北京举行，江泽民作《加快改革开放和现代化建设步伐，夺取有中国特色社会主义事业的更大胜利》的报告。报告总结了党的十一届三中全会以来14年的实践经验，确定建立社会主义市场经济体制改革的目标，提出用邓小平同志建设有中国特色社会主义理论武装全党。大会通过《中国共产党章程（修正案）》，将建设有中国特色社会主义的理论和党的基本路线写进党章。党的历史上第一次明确提出了建立社会主义市场经济体制的目标模式。

二、邓小平的经济特区思想

邓小平不仅仅是经济特区的缔造者，也是建立我国经济特区的首倡者。他是我国经济特区的设计师，为我国经济特区建设提出了根本方针和指导思想，并形成了完整的经济特区思想。

（一）经济特区建设必须坚持"社会主义方向"

1986年6月12日，邓小平指出："开始的时候广东提出搞特区，我同意了他们的意见，我说名字叫经济特区，搞政治特区就不好了。"① 作为经济特区，顾名思义，主要是在经济方面不同于其他地区，在区内实行特殊的经济政策、经济管理体制和灵活的经济措施。在政治上，经济特区同其他地区一样，都是在中国共产党领导之下坚持四项基本原则，不存在特有的社会性质。1989年，邓小平又指出："八十年代初建立经济特区时，我与广东同志谈，要两手抓，一手要抓改革开放，一手要抓严厉打击经济犯罪，包括抓思想政治工作。"② 1992年，邓小平又指出："要坚持两手抓，一手抓改革开放，一手抓打击各种犯罪活动。这两只手都要硬。""广东二十年赶上亚洲'四小龙'，不仅经济要上去，社会秩序、社会风气也要搞好，两个文明建设都要超过他们，这才是有中国特色的社会主义。"③ 他还告诫说："在整个改革开放的过程中，必须始终注意坚持四项基本原则。""特区搞建设，花了十几年时间才有这个样子，垮起来可是一夜之间啊。垮起来容易，建设就很难。在苗头出现时不注意，就会出事。"④ 他同时指出："现在，有右的东西影响我们，也有'左'的东西影响我们，但根深蒂固的还是'左'的东西。""把改革开放说成是引进和发展资本主义，认为和平演变的主要危险来自经济领域，这些就是'左'。右可以葬送社会主义，'左'也可以葬送社会主义。中国要警惕

---

① 邓小平：《邓小平文选》第三卷，人民出版社1993年版，第239页。
② 邓小平：《邓小平文选》第三卷，人民出版社1993年版，第306页。
③ 邓小平：《邓小平文选》第三卷，人民出版社1993年版，第378页。
④ 邓小平：《邓小平文选》第三卷，人民出版社1993年版，第379页。

右，但主要是防止'左'。"①

（二）经济特区建设必须坚持"放而不收"

邓小平一贯认为建设经济特区的方针政策不是收而是放。邓小平指出："在广东、福建两省设置几个特区的决定，要继续实行下去。"② 1984年，邓小平指出："我们建立特区，实行开放政策，有个指导思想要明确，就是不是收，而是放。""厦门特区的地方划得太小，要把整个厦门岛搞成特区。"③ 他还指出："除现在的特区之外，可以考虑再开放几个港口城市，如大连、青岛。这些地方不叫特区，但可以实行特区的某些政策，我们还要开发海南岛，如果能把海南岛的经济迅速发展起来，那就是最大的胜利。"④ 1985年，邓小平又指出："我们的方针不是收，而是继续放，也许今后要放得更大。外国有的评论家说，中国的现行政策是不可逆转的。我认为这个看法是正确的。"⑤ 1986年，邓小平指出："对外开放还是要放，不放就不活，不存在收的问题。"⑥ 1987年，邓小平指出："中国执行的开放政策是正确的，得到了很大的好处。如果说有什么不足之处，就是开放得还不够。我们要继续开放，更加开放。"⑦

1984年4月，海南"洋浦风波"发生后不久，邓小平在中共海南省委关于设立洋浦经济开发区的汇报材料上批示："我最近了解情况后，认为海南省的决策是正确的，机会难得，不宜拖延，但须向党外不同意见者说清楚。手续要迅速周全。"⑧ 1989年，邓小平说："我过去说过要再造几个'香港'，就是说我们要开放，不能收，要比过去更开放，不开放就发展不起来。""总之，改革开放要更大胆一些。"⑨ 1992年1月28日至2月18日，邓小平在视察上海同上海市负责同志谈话时指出："那一年确定四个经济特区，主要是从地理条件考虑的。""如果当时就确定在上海

---

① 邓小平：《邓小平文选》第三卷，人民出版社1993年版，第375页。
② 钟坚：《大试验：跨世纪的中国经济特区》，武汉出版社1995年版，第42页。
③ 邓小平：《邓小平文选》第三卷，人民出版社1993年版，第52页。
④ 邓小平：《邓小平文选》第三卷，人民出版社1993年版，第52页。
⑤ 邓小平：《邓小平文选》第三卷，人民出版社1993年版，第114页。
⑥ 邓小平：《邓小平文选》第三卷，人民出版社1993年版，第165页。
⑦ 邓小平：《邓小平文选》第三卷，人民出版社1993年版，第202页。
⑧ 邓小平：《邓小平文选》第三卷，人民出版社1993年版，第407页。
⑨ 邓小平：《邓小平文选》第三卷，人民出版社1993年版，第297页。

第一章 改革开放的酝酿与经济特区的初创

也设经济特区,现在就不是这个样子。""浦东如果像深圳经济特区那样,早几年开发就好了。""抓紧浦东开发,不要动摇,一直到建成。"① 1992年,邓小平还反省道:"回过头看,我的一个大失误就是搞四个经济特区时没有加上上海。要不然,现在长江三角洲,整个长江流域,乃至全国改革开放局面,都会不一样。"② "谁要改变三中全会以来的路线、方针、政策,老百姓不答应,谁就会被打倒。这一点,我讲过几次。"③

（三）经济特区建设必须坚持"由内到外"

1985年,邓小平就指出:"我们特区的经济从内向转到外向,现在还刚起步,所以能出口的好的产品还不多。只要深圳没有做到这一步,它的关就还没有过,还不能证明它的发展是很健康的。"④ 1987年,邓小平又指出:"深圳搞了七八年了,取得了很大的成绩。""他们自己总结经验,由内向型转为外向型,就是说能够变成工业基地,并能够打进国际市场。这一点明确以后,也不过两三年的时间,就改变了面貌。""那里的工业产品百分之五十以上出口,外汇收支可以平衡。"⑤

（四）经济特区建设必须坚持"多种形式"

在邓小平经济特区思想中,经济特区发展有多种形式。1984年,邓小平就指出:"厦门特区不叫自由港,但可以实行自由港的某些政策,这在国际上是有先例的。""除现在的特区外,可以考虑再开放几个港口城市,如大连、青岛。这些地方不叫特区,但可以实行特区的某些政策。"⑥ 1986年,邓小平在视察天津经济技术开发区时题词:"开发区大有希望。"他指出:"天津开发区很好嘛,已经创出了牌子,投资环境有所改善,外国人到这里投资就比较放心了。"⑦ 1988年,邓小平指出:"现在有一个

---

① 邓小平:《邓小平文选》第三卷,人民出版社1993年版,第366页。
② 邓小平:《邓小平文选》第三卷,人民出版社1993年版,第376页。
③ 邓小平:《邓小平文选》第三卷,人民出版社1993年版,第371页。
④ 邓小平:《邓小平文选》第三卷,人民出版社1993年版,第133页。
⑤ 邓小平:《邓小平文选》第三卷,人民出版社1993年版,第239页。
⑥ 邓小平:《邓小平文选》第三卷,人民出版社1993年版,第52页。
⑦ 邓小平:《邓小平文选》第三卷,人民出版社1993年版,第165页。

香港,我们在内地要造几个'香港'。"① 他不仅首倡建立了深圳、珠海、汕头、厦门、海南等综合性经济特区,而且推动建立了沿海开放城市、保税区、经济技术开放区、高新技术园区等其他形式的经济特区。20世纪90年代后期,我国还建立了加工出口区,使经济特区遍布全国各地。

（五）经济特区建设必须借鉴"国际经验"

1978年,邓小平就指出："任何一个民族,一个国家,都需要学习别的民族、别的国家的长处,学习人家的先进科学技术。""现在世界上的先进技术、先进成果我们为什么就不能利用呢?我们要把世界一切先进技术、先进成果作为我们发展的起点。"② 1983年,邓小平指出："要弄清楚什么是资本主义。资本主义要比封建主义优越。有些东西并不能说是资本主义的。"③ 1992年,邓小平指出："我们要向资本主义发达国家学习先进的科学、技术、经营管理方法以及其他一切对我们有益的知识和文化,闭关自守、故步自封是愚蠢的。"④ 1992年,邓小平指出："社会主义要赢得与资本主义相比较的优势,就必须大胆吸收和借鉴人类社会创造的一切文明成果,吸收和借鉴当今世界各国包括资本主义发达国家的一切反映现代社会化生产规律的先进经营方式、管理方法。"⑤

（六）经济特区建设必须克服"恐资症"

1985年,邓小平就指出："有人说中国的开放政策会导致资本主义。""我们的回答是,我们的开放政策不会导致资本主义。实行对外开放政策,会有一部分资本主义的东西进入。但是,社会主义的力量更大,而且会取得更大的发展。"⑥ 1992年,邓小平指出："改革开放迈不开步子,不敢闯,说来说去就是怕资本主义的东西多了,走了资本主义道路。要害是姓'资'还是姓'社'的问题。""对办特区,从一开始就有不同意

---

① 邓小平:《邓小平文选》第三卷,人民出版社1993年版,第267页。
② 邓小平:《邓小平文选》第二卷,人民出版社1994年版,第91页。
③ 邓小平:《邓小平文选》第二卷,人民出版社1994年版,第351页。
④ 邓小平:《邓小平文选》第三卷,人民出版社1993年版,第44页。
⑤ 邓小平:《邓小平文选》第三卷,人民出版社1993年版,第373页。
⑥ 邓小平:《在会见香港核电投资公司代表团时的谈话》,载《人民日报》1985年1月20日。

见，担心是不是搞资本主义。深圳的建设成就，明确回答了那些有这样那样担心的人。特区姓'社'不姓'资'。"① 对于经济特区存在的"三资"企业问题，邓小平指出："有的人认为，多一分外资，就多一分资本主义，'三资'企业多了，就是资本主义的东西多了，就是发展了资本主义。这些人连基本常识都没有。""'三资'企业受到我国整个政治、经济条件的制约，是社会主义经济的有益补充，归根到底是有利于社会主义的。"② 在谈到市场经济、证券、股市等问题，邓小平指出，这些东西姓"社"还是姓"资"？允许看，但要坚决地试。他认为改革开放是否成功，"判断的标准，应该主要看是否有利于发展社会主义社会生产力，是否有利于增强社会主义国家的综合国力，是否有利于提高人民的生活水平"③。

（七）经济特区建设必须发挥"示范带动"作用

1985年，邓小平指出："我们的政策是让一部分人、一部分地区先富起来，以带动和帮助落后的地区，先进地区帮助落后地区是一个义务。"④ 1988年，邓小平指出："沿海地区要加快对外开放，使这个拥有两亿人口的广大地带较快地发展起来，从而带动内地更好地发展，这个是一个事关大局的问题。"⑤ 1992年，他再次指出："共同富裕的构想是这样提出的：一部分地区有条件先发展起来，一部分地区发展慢点，先发展起来的地区带动后发展的地区，最终达到共同富裕。"⑥ 邓小平反复强调，经济特区还有一个重要功能，就是在发展自己的同时，也要带动落后地区的发展。

（八）经济特区是对外开放的"窗口"和"基地"

1984年，邓小平说："特区是个窗口，是技术的窗口，管理的窗口，知识的窗口，也是对外政策的窗口。从特区可以引进技术，获得知识，学到管理，管理也是知识。特区成为开放的基地，不仅在经济方面、培养人

---

① 邓小平：《邓小平文选》第三卷，人民出版社1993年版，第372页。
② 邓小平：《邓小平文选》第三卷，人民出版社1993年版，第373页。
③ 邓小平：《邓小平文选》第三卷，人民出版社1993年版，第372页。
④ 邓小平：《邓小平文选》第三卷，人民出版社1993年版，第155页。
⑤ 邓小平：《邓小平文选》第三卷，人民出版社1993年版，第277～288页。
⑥ 邓小平：《邓小平文选》第三卷，人民出版社1993年版，第373～374页。

才方面使我们得到好处，而且会扩大我国的对外影响。"① 这是邓小平对经济特区在我国现代化建设中的地位和作用的精辟概括，对创办经济特区的目的和意义的深刻揭示。

（九）经济特区是体制改革的"试验场"

1985年6月，邓小平指出："深圳经济特区是个试验，路子走得是否对，还要看一看。它是社会主义的新生事物，搞成功是我们的愿望，不成功是一个经验嘛。""这是个很大的试验，是书本上没有的。"② 1985年7月，邓小平又指出："深圳是个试验，经济特区还是一个试验""我们的整个开放政策也是一个试验，从世界的角度来讲，也是一个大试验。"③ 他要求经济特区"改革开放胆子要大一些，敢于试验，不能像小脚女人一样。看准了的，就大胆地试，大胆地闯。深圳的重要经验就是敢闯。"④ "不争论，大胆地试，大胆地闯。"⑤

三、习仲勋与广东经济特区

习仲勋是经济特区建设和发展的开拓者和实践者。作为伟大的时代思想的试验田中的"拓荒牛"，以习仲勋为代表的一代实践者，在思想上为邓小平理论的发展做出了贡献，在实践上将"改革精神"和"创新精神"种植在深圳的沃土中，呵护其成长为"城市的精神"。

（一）经济特区路径的必要性

对于中国而言，经济特区路径是实事求是原则下经济改革的必要选择。与邓小平强调"革命和建设都要走自己的路"⑥ 一样，习仲勋指出改革应该因地制宜，"中国这么大的国家，各省有各省的特点，有些应根据

---

① 邓小平：《邓小平文选》第三卷，人民出版社1993年版，第51～52页。
② 邓小平：《邓小平文选》第三卷，人民出版社1993年版，第130页。
③ 邓小平：《邓小平文选》第三卷，人民出版社1993年版，第133页。
④ 邓小平：《邓小平文选》第三卷，人民出版社1993年版，第372页。
⑤ 邓小平：《邓小平文选》第三卷，人民出版社1993年版，第374页。
⑥ 邓小平：《邓小平文选》，人民出版社2008年版，第94页。

省的特点来搞"①，不可能同时在全国所有地区展开改革。一哄而上的改革容易重蹈"大跃进"的覆辙，导致改革力量和资源分散，不能在关键改革上突破。所以习仲勋提出应该"积极试验""先搞试点，而不是一哄而上"②。只能通过某些地区先行改革并带动周边地区跟进改革，从而需要走经济特区路径。

（二）经济特区路径的内涵

第一，明确推广示范功能是经济特区的基本使命。习仲勋在土地改革中有意识地发掘和推广地方经验。在改革开放时期，习仲勋明确指出"广东要从全国的大局出发""广东的改革开放，是与我们党和国家的命运紧密地联系在一起的"③。广东先走一步就是为了"利用广东的有利条件，发挥广东的优势，在改革经济管理体制方面先走一步，为全国探索一点经验"④。习仲勋对特区示范效应的认识生动地阐释了邓小平指出的"特区是个窗口，是技术的窗口，管理的窗口，知识的窗口"⑤，体现了广东领导集体的智慧。

第二，明确放权分权是打破计划经济，走向市场化改革的重要举措。经济特区发展离不开发挥地方积极性，而放权、分权是特区改革的基本要件。习仲勋指出"要大力支持下面的创新精神，要尊重广大干部和群众的实践经验"⑥，将"放宽政策"作为探索灵活经济的出路。习仲勋强调"各部门下达的指令和要求，对特区要尽可能考虑到和照顾到它的特殊情况；如有同特区的情况不适合的，允许特区采取灵活办法，变通办理"⑦。放权、分权是打破计划经济，走向市场化改革的重要举措。

第三，明确认识到让地方政府在探索改革道路中的作用。习仲勋指出"清远县扩大企业自主权的经验之所以值得注意，就是他们那不是坐等上

---

① 《习仲勋革命生涯》编辑组：《习仲勋革命生涯》，中国文史出版社2002年版，第534页。
② 习仲勋：《习仲勋文集》，中共党史出版社2013年版，第678页。
③ 习仲勋：《习仲勋文集》，中共党史出版社2013年版，第1310页。
④ 习仲勋：《习仲勋文集》，中共党史出版社2013年版，第1312页。
⑤ 邓小平：《邓小平文选》，人民出版社2008年版，第51页。
⑥ 习仲勋：《习仲勋文集》，中共党史出版社2013年版，第678页。
⑦ 习仲勋：《习仲勋文集》，中共党史出版社2013年版，第689页。

级给他一个现成的好办法,而是勇于实践,去试验,去闯,上面有些部门提出不同意见时,他们也冷静地分析,继续认真搞试点"①。肯定地方政府创造能力,认为改革方案和方法是需要经济特区政府积极尝试探索出来的,而不是上级政府直接给的。这也是特区路径与一般经验推广模式的差异所在。

（三）经济特区路径的优越性

第一,降低改革全局风险,促使改革发生。习仲勋指出广东的改革"要从全国的大局出发,把这件事搞好。现在不是搞不搞的问题,也不是小搞、中搞,而是要大搞、快搞,不能小脚女人走路"②。不过,"即使大改革也必须从小改、小革做起,这也算是我们的一条经验吧"③。因为"即使试点不成功,也可以取得经验教训,利于进一步试验"④。

第二,经济特区竞争是推动改革进步的重要激励机制。经济特区解决了分权改革中的无序竞争,有利于激励地方政府先行改革。因为"全国除广东、福建这种形式的试点外,还有其他形式的试验,目的都是为了摸索改革经济体制的规律"⑤,"如果我们不解放思想,不敢大胆创新,不抓住时机、发愤图强、艰苦奋斗,就肯定要落在先进省、市、区的后面,'先行一步'也将成为空话"⑥。

（四）倡导改革者精神

改革事业离不开改革者精神。习仲勋鼓励经济特区改革精神,指出"如不立志改革,没有创新精神,根本无法先走一步,不可能探索道路,也就当不了先驱者和排头兵"⑦。这事实上就是要发挥地方积极性,探索改革方向和道路。习仲勋提出的"闯的精神"与邓小平的"杀出一条血路",可谓异曲同工。习仲勋提出"改革是一项十分艰巨的任务,难免出

---

① 习仲勋:《习仲勋文集》,中共党史出版社2013年版,第556页。
② 习仲勋:《习仲勋文集》,中共党史出版社2013年版,第555页。
③ 习仲勋:《习仲勋文集》,中共党史出版社2013年版,第679页。
④ 习仲勋:《习仲勋文集》,中共党史出版社2013年版,第678页。
⑤ 习仲勋:《习仲勋文集》,中共党史出版社2013年版,第555页。
⑥ 习仲勋:《习仲勋文集》,中共党史出版社2013年版,第678页。
⑦ 习仲勋:《习仲勋文集》,中共党史出版社2013年版,第687页。

现某些失误，但改革的方向必须坚定不移，不能踏步不前，更不能走回头路"①，"只要对人民有利、对国家有利，我们就干，胆子大一点"②。正如习近平所说，改革固然需要慎重，"但也不能因此就谨小慎微、裹足不前，什么也不敢干、不敢试"，搞改革"不可能都是四平八稳、没有任何风险"，改革难度越大，"越要有进取意识、进取精神、进取毅力，越要有'明知山有虎，偏向虎山行'的勇气"③。改革者精神是特区改革的不可或缺的宝贵品质。

四、广东经济特区的创建脉络

广东经济特区创建的"硬核"＝"社会主义"＋"市场经济"，即坚持社会主义道路，建立市场经济体制。

党的十一届三中全会以后，广东同全国一样，工作着重点和人民注意力逐步转向社会主义现代化建设。与全国很多地区不同的是，中央赋予广东和福建两省经济特殊政策和灵活措施，为全国作先行一步的探索。凭借这一"尚方宝剑"，广东的改革开放在"摸着石头过河"的实践中，有了一个好的开端。主要可以沿着广东提出、中央批准，中央实行和广东执行的路径厘清广东经济特区的创建脉络。

（一）广东提出、中央批准实行经济特殊政策和灵活措施

经济特殊政策和灵活措施并非空穴来风，而是有一个酝酿、提出，在实践中逐步完善的过程。它是在"以阶级斗争为纲"向"以经济建设为中心"的历史转折关头，中央统筹全局、审时度势，广东大胆呼吁、积极争取，上下联动的结果。

1. 中央提出改革过于集中的经济管理体制和经营管理方法

党的十一届三中全会指出，实现现代化是一场广泛、深刻的革命，要求大幅度地提高生产力，多方面改革同生产力发展不相适应的生产关系和上层建筑，改变一切不适应的管理方式、活动方式和思想方式；同时提出

---

① 习仲勋：《习仲勋文集》，中共党史出版社2013年版，第640页。
② 习仲勋：《习仲勋文集》，中共党史出版社2013年版，第455页。
③ 中共中央文献研究室：《习近平关于全面深化改革论述摘编》，中央文献出版社2014年版，第39～40页。

对我国权力过于集中的经济管理体制和经营管理方法进行改革,努力采用世界先进技术和设备,在自力更生的基础上发展同世界各国平等互利的经济合作。改革过于集中的经济管理体制和经营管理办法是经济特区发展的必经之路。具体如下:

(1) 1949年以来实行的高度集中的计划经济体制导致地方和企业没有经营管理自主权,劳动者没有积极性,效益低下,弊端丛生。已有的改革措施治标不治本,难以发挥各地区、各部门、各企业的积极性。

(2) 中央在形成改革开放共识的同时,已经开始在寻找向"活"的方面改革的途径和突破口,探讨打开国门、与世界接轨的可能和方式。邓小平一直在思考,改革开放的突破口和试验场。

(3) 缓解日益突出的财政困难,是中央决定赋予广东和福建两省经济特殊政策和灵活措施的直接动因。同时,出于政治层面的考虑,中央也决定在广东和福建两省实施经济特殊政策和灵活措施。

2. 广东期望获得中央打破先例的特有政策和"放权"

1979年1月8—25日,中共广东省委召开四届二次常委扩大会议,贯彻中央工作会议和中共十一届三中全会精神,联系广东的实际,研究如何实现党的工作着重点转移到社会主义现代化建设上来。广东省委第一书记习仲勋在总结讲话中明确提出:"我省毗邻港澳,对于搞四个现代化来说,这是很有利的条件。我们可以利用外资,引进先进技术设备,搞补偿贸易,搞加工装配,搞合作经营。中央领导同志对此已有明确指示,我们要坚决搞,大胆搞,放手搞,以此来加快我省工农业的发展。"① 会后调研中,习仲勋对同去调研的同志说:"有了中共十一届三中全会的精神,如果广东还是慢步或原地踏步,我们心里也不安。"在吴南生提出在汕头搞"出口加工区"的想法时,习仲勋表态说:"要搞,全省都搞。"②

1979年3月3日,广东省委常委讨论了这一问题。习仲勋、吴南生向正在广州的叶剑英汇报了广东省委的意见,叶剑英很高兴,指示他们快些向邓小平汇报③。1979年4月2日,省委常委开会,讨论"向中央提出

---

① 习远平:《远去的岁月,不会远去的背影》,载《深圳特区报》2017年1月12日。
② 卢荻:《习仲勋主政南粤》,载《百年潮》2002年第9期。
③ 中共广东省委党史研究室:《中国共产党广东历史大事记》(1949年10月—2004年9月),人民出版社2005年版,第284页。

解决广东问题"的报告,研究如何把广东搞活、搞上去。吴南生在发言中谈到"从广东位置、国家要求与华侨要求,我们'先走一步'提几个大的要求,搞几年。有了初步经验,如认为可行,全国可推广。……几年内,中央给一个限度,给个基数,在此基础上让我安排。……不要求全国作规定,只要求给广东特殊规定"①。主持会议的杨尚昆肯定了常委们的意见,认为广东"先走一步,让地方松动一点,中央拿的可能更多一点,也可为全国创造经验"②。

1979年3月5—28日,习仲勋与王全国在北京参加中央工作会议期间,正式向中央提出广东要求实行经济特殊政策、灵活措施以及创办贸易合作区的建议。习仲勋着重讲了正确处理中央与地方的关系,给地方"放权"的问题。他讲,"如果广东是一个'独立的国家'(这当然是借用的话),可能几年就搞上去了,但是在现在的体制下,就不容易上去"③。他认为,不仅经济体制,整个行政体制上也要考虑改革,中国这么大的国家,各省有各省的特点,有些就应根据各省的特点来搞。这也符合毛主席讲的"大权独揽,小权分散"的原则。王全国建议,"运用国际惯例,将深圳、珠海和汕头划为对外加工贸易区"。这引起了中央领导和与会人员的关注。1979年4月17日,邓小平出席中央政治局召集的中央工作会议各组召集人汇报会议,听取习仲勋等人的汇报时插话指出:广东、福建实行经济特殊政策,利用华侨资金、技术,包括设厂,这样搞不会变成资本主义。因为我们赚的钱不会装到华国锋同志和我们这些人的口袋里,我们是全民所有制。如果广东、福建两省8 000万人先富起来,没有什么坏处。④他赞成广东的设想,鼓励广东"要杀一条血路来"。

1979年5月中旬,谷牧带领工作组到广东,在听取广东的汇报和试办经济特区的初步设想后,就广东实行经济特殊政策和灵活措施的必要

---

① 广东省政协文史资料委员会:《经济特区的由来》,广东人民出版社2002年版,第187页。

② 罗木生:《广东改革开放与发展的若干思考》,广东经济出版社2001年版,第34～35页。

③ 习仲勋:《〈改革开放在广东〉序言》,载林若《改革开放在广东——先走一步的实践与思考》,广东高等教育出版社1992年版,第2页。

④ 中共中央文献研究室:《邓小平年谱1975—1997》上,中央文献出版社2004年版,第506页。

性、经济体制改革要解决的若干问题和办法、立法工作、地区规划和当前要给广东解决的具体问题等做了多次调研和谈话，进一步明确了起草文件的指导思想。他特别强调"广东也完全有这些条件"，"更要改革快一些""要比（中央最近）那些决定更开放一些"，"不能再'睡觉'了，再不能没有觉悟了"①。与此同时，广东省委召开了四届三次常委扩大会议和地、市、县三级干部会议，研究了广东在经济体制管理上先走一步等问题，以统一党员领导干部的认识，为实行经济特殊政策和灵活措施奠定思想基础、做好各方面的准备。

在邓小平的倡议下，中央工作会议正式讨论了这一重大问题，并形成了《关于大力发展对外贸易增加外汇收入若干问题的规定》，同意广东的要求，正式提出试办"出口特区"和对广东、福建两省实行"特殊政策和灵活措施"②，决定派谷牧率领一个强有力的工作组前往两省，在调查、研究、算账的基础上，会同两省省委共同起草文件报中央。

以中央工作会议为标志，特殊政策和灵活措施破茧而出。会后，中央和地方紧锣密鼓，加快了工作步伐。

3. 一个重要的决策

（1）文件的出台。在1979年4月中央工作会议期间，在习仲勋的指示下，张汉青打电话给广东省委、省革委，将中央批准广东在改革经济管理体制方式先行一步的消息传回，方便省里做好相关准备工作。1979年5月3日，广东省委常委传达中央工作会议精神。习仲勋通报说，中央对体制问题，特别是广东的体制改革非常关心，广东要进行体制改革，可以搞一个新的体制，试验进行大的改革③。6月6日，广东省委向中共中央、国务院上报了《关于发挥广东优越条件，扩大对外贸易，加快经济发展

---

① 谷牧：《关于起草广东实行特殊政策、灵活措施的文件的几点意见》（1979年5月14日、5月20日），载中共广东省委办公厅编印《中央对广东工作指示汇编（1979—1982年）》，1986年版，第9～10页。

② 谷牧：《关于起草广东实行特殊政策、灵活措施的文件的几点意见》（1979年5月14日、5月20日），载中共广东省委办公厅编印《中央对广东工作指示汇编（1979—1982年）》，1986年版，第9～10页。

③ 广东省政协文史资料委员会：《经济特区的由来》，广东人民出版社2002年版，第192页。

第一章 改革开放的酝酿与经济特区的初创

的报告》①。报告在分析广东具有的扩大对外贸易、加快经济发展的优越条件的基础上,提出了到 1985 年的初步规划设想,要求实行包括计划、外贸、财政、金融、物资、商业流通、劳动工资、物价政策这 8 个方面在内的新的经济管理体制和试办出口特区,强调要切实加强党对经济工作的领导。7 月 15 日,中共中央、国务院批转广东和福建两个省委的报告,文件指出:"中央确定,对两省对外经济活动实行特殊政策和灵活措施,给地方以更多的主动权,使之发挥优越条件,抓紧当前有利的国际形势,先走一步,把经济尽快搞上去。这是一个重要的决策,对加速我国的四个现代化建设,有重要的意义。"② 这标志着经济特殊政策和灵活措施正式出台,"先行一步"正式起步。

(2) 文件的历史意义。该文件明确了在中国统一的主权内,在全国"一盘棋"、统一的计划内,广东可以采取经济特殊政策和灵活措施,特别是在对外经济活动上可以采取特殊政策和灵活措施,同时在对内体制、政策上也可以搞特殊的东西,还可以划出几块地方搞出口特区,比一般的地方放宽得多。这是"我们党的历史上、国家的历史上从来没有过的"③,是"一个重大的突破和创举"④。

文件采取批转的形式,既体现了中央对广东的期望,又满足了广东的愿望,是中央与地方互动的产物、集体智慧和心血的结晶。它大体规定了经济特殊政策和灵活措施的基本框架和主要内容,是引领广东"摸着石头过河"的"拐杖"、"先行一步"的"尚方宝剑"。正因如此,此文件在广东改革开放历史乃至在中国改革开放历史都占有重要的地位,是一份

---

① 报告中引人注目、难能可贵之处有三方面:一是在提出广东优势的同时,着重分析了广东经济发展缓慢的原因;二是在提出初步规划设想的同时,着重要求实行新的经济管理体制;三是在提出实行经济特殊政策、灵活措施和试办出口特区的同时,着重强调要切实加强党对经济工作的领导。

② 中国共产党中央委员会、中华人民共和国国务院:《中共中央、国务院批转广东省委、福建省委关于对外经济活动实行特殊政策和灵活措施的两个报告》(1979 年 7 月 19 日),载中共广东省委办公厅编印《中央对广东工作指示汇编(1979—1982 年)》,1986 年版,第 18 页。

③ 谷牧:《谷牧在广东、福建两省和经济特区工作会议上的讲话》(1981 年 5 月 27 日、6 月 12 日),载中共广东省委办公厅编印《中央对广东工作指示汇编(1979—1982 年)》,1986 年版,第 155 页。

④ 任仲夷:《任仲夷在中央召开的关于广东、福建两省工作会议上的讲话》(1984 年 12 月 7 日),载张岳琦、李次岩《任仲夷论丛》第二卷,广东人民出版社 2000 年版,第 93 页。

当之无愧的纲领性文件。

（二）中央下决心实行经济特殊政策和灵活措施

实行经济特殊政策、灵活措施是新事情，没有经验可循，对此，中央有清醒的认识。中央明确由谷牧分管这方面事务，新成立的国家进出口管理委员会具体负责此项工作。

1. 在实践中发展"特殊政策和灵活措施"

当时文件相对较为原则、抽象，对有些问题写得不具体，也没有交代得很清楚，有其历史局限性。后来，中央根据形势变化，多次召开专门会议，对广东实行经济特殊政策和灵活措施给予有力的指导，对实践中遇到的困难和问题予以及时的解决，以利于总结经验，不断完善。择其要者，有3次重要会议、3个重要文件。

（1）《广东、福建两省会议纪要》：经济特殊政策和灵活措施施行伊始，有关方面在一些问题上认识还不够一致，执行中产生不同看法，有不同意见，特别是领导工作没跟上，防范措施不够，出现了如走私漏税、黑市外汇、非法套汇等问题。基于此，1980年5月16日，中共中央、国务院批准《广东、福建两省会议纪要》，核定广东每年财政上缴10亿元，比50号文少2亿元；采纳了广东的建议，将"出口特区"正式定名为"经济特区"。

（2）《中央书记处会议纪要》：1980年9月24—25日，中央书记处由胡耀邦主持会议，专题听取广东省委习仲勋、杨尚昆、刘田夫有关工作汇报，并就如何在广东实行经济特殊政策和灵活措施进行了讨论。针对中央一些部门"不搞调查研究，而是搞发号施令为主"，"本来不应该管的一些具体的事，也去管"，导致广东无所适从，特殊政策不"特殊"、灵活措施不"灵活"的突出问题，中央赐予"黑虎铜锤"便宜行事①；针对现在干部对搞经济特殊政策和灵活措施不适应，中央坚持认为"广东要搞快，广东的干部有这条件"，"不需要从外面调很多干部去"②。9月28

---

① 参见《中央书记处同志听取广东工作汇报的谈话纪要》（1980年9月25日），载中共广东省委办公厅编印《中央对广东工作指示汇编（1979—1982年）》，1986年版，第99页。

② 参见《中央书记处同志听取广东工作汇报的谈话纪要》（1980年9月25日），载中共广东省委办公厅编印《中央对广东工作指示汇编（1979—1982年）》，1986年版，第103页。

日中央印发了《中央书记处会议纪要》，明确宣告"中央授权给广东省，对中央各部门的指令和要求采取灵活办法，适合的就执行，不适合的可以不执行或变通办理"①。

（3）《广东、福建两省和经济特区工作会议纪要》：到1981年，广东、福建两省实行经济特殊政策和灵活措施已近两年，时间虽然还不长，但已经取得比较显著的成绩，积累了一些经验。但同时，对两省实行经济特殊政策和灵活措施，许多人戴着有色眼镜看问题，许多人用僵化的思想去对待新事物，一些人包括广东本地也存在"怕搞乱了""怕广东富了，对别的地方有影响""怕广东实行特殊政策会冲击全国"等各种各样的担心和顾虑②；中央一些部门不愿放权，认为广东、福建的做法超出了50号文的范围，一些规定还没有完全落实，许多管理工作和具体措施还跟不上，特别是国务院各部委这一时期的不少文件都加上"广东、福建不例外"。在这个背景下，5月27日至6月14日，国务院在北京召开广东、福建两省和经济特区工作会议。会议上条块之间展开了"正面交锋"，理论和实践发生了"激烈碰撞"，1981年7月19日，中共批转了《广东、福建两省和经济特区工作会议纪要》，该文件"较好地协调和解决了中央有关部门和两省条块之间的关系，进一步松绑放权，以利于两省真特殊、真灵活、真先走"③。

2. 增强"特殊政策和灵活措施"的权威性、具体性和可操作性

中央对广东的发展寄予很大的期望，对经济特殊政策和灵活措施作了许多重要论述。概括这一时期中央关于广东工作的一系列指示和决定，出发点是努力发挥广东的优势和条件，方向是不断增强经济特殊政策和灵活措施的权威性、具体性和可操作性，目的是放手让广东为全国经济"对外实行开放、对内实行搞活"的政策闯出一条新路。主要精神包括：第一，实施经济特殊政策和灵活措施是全党工作的一个重要组成部分；第二，广东、福建要成为全国"四化"建设的先驱者和排头兵；第三，中央确定的这个政策是不会变的；第四，防止和抵制资本主义思想的侵

---

① 参见《中央书记处会议纪要》（1980年9月28日），载中共广东省委办公厅编印《中央对广东工作指示汇编（1979—1982年）》，1986年版，第110页。

② 任仲夷：《任仲夷在中央召开的关于广东、福建两省工作会议上的讲话》（1982年6月10日），载张岳琦、李次岩《任仲夷论丛》第二卷，广东人民出版社2000年版，第75～80页。

③ 刘田夫：《刘田夫回忆录》，中共党史出版社1995年版，第467页。

蚀和影响。

（三）广东创造性地执行经济特殊政策和灵活措施

中央赋予广东以经济特殊政策和灵活措施的重大决策，宛如一夜春风，吹绿了南粤大地。广大干部群众欢欣鼓舞，港澳同胞和海外侨胞奔走相告，大家纷纷表示愿以实际行动把广东经济尽快搞活、搞上去，把失去的时间夺回来。1980年冬，提出并初步奠定广东经济特殊政策和灵活措施格局的两位领导人——习仲勋、杨尚昆被调至中央工作，坚持、执行经济特殊政策和灵活措施的重任落到了他们的继任者任仲夷、梁灵光的肩上。他们没有辜负邓小平的期望，"摸出了规律，搞出了一个样子"。

1. 排除"左"的干扰和阻力

为贯彻经济特殊政策和灵活措施，加强对经济工作的领导，广东建立省经济工作会议办公制度。当时，广东还存在一个突出问题就是"左"的思想在干部中影响很深，许多陈旧的、过时的观念根深蒂固，对新政策、新措施很不理解，甚至存在这样那样的误解。如农村怕"富"，认为富则"修"，就会两极分化，就是复辟资本主义；工业怕"利"，提倡只算政治账，不算经济账，批判利润挂帅；财贸怕"活"，强调统购统销，统收统支，独家经营；教育怕"智"，批判智育第一，鼓吹知识越多越反动，反对学习科学文化知识；文化艺术怕"放"，违背"双百方针"，实行文化禁锢政策；政法不讲法，无法无天，不按法律办事；等等。①

伟大变革，思想先行。广东执行经济特殊政策和灵活措施的进程，实质是破旧立新、解放思想的过程。在这方面，当时主要抓了3件事。

第一，用党的十一届三中全会的精神统一思想。摆事实，讲道理，用全省政治安定、思想解放、经济活跃、人民生活有所改善等越来越明显的成绩，说明"三中全会的精神，已变为巨大的物质力量"②；用广东在实际工作中出现的一些问题，如思想有些乱、国民经济比例失调、歪风邪气有所抬头等，分析由于解放思想不够、对三中全会精神没有全面正确地贯彻所带来的危害。强调贯彻党的十一届三中全会精神只是初步"开头"

---

① 姚人为：《治"左"的良方》，载《企业经济》1981年第10期。
② 中共广东省委党史研究室：《中国共产党广东省历届代表大会及全会文献汇编》第二卷，中共广东省委党史研究室2014年编印，第646页。

第一章 改革开放的酝酿与经济特区的初创

而绝不是"过头",当前存在的问题是支流而不是主流;申明政策的连续性和稳定性,要求继续宣传和坚定不移地贯彻执行党的十一届三中全会精神和十一届三中全会以来中央所制定的路线、方针、政策,避免摇摆和折腾,不走"左"的回头路;按照邓小平提出的"解放思想、开动机器、实事求是、团结一致向前看"的方针,澄清模糊认识和重大是非问题,统一对形势的看法,"认真研究广东的情况和问题,积极地揭矛盾,提办法……把广东的工作搞上去,并且做到先走一步"①。

第二,在革故鼎新中确立改革开放的新思维。多次召开理论务虚会,举办各种学习班,以振聋发聩的语言,特别是口号,教育引导干部破除"左"的思想束缚,转变观念、转换脑筋,以新思路开辟新局面。具体包括:1979年,针对干部群众既想富又怕富的矛盾心理,大胆指出"要敢于讲社会主义的'生财之道',要敢于让一部分人先富裕起来";1980年,针对部分干部对于家庭联产承包责任制的不同看法,引导干部树立生产力标准的观念和商品经济观念;1981年,提出经济工作"三个更加",即"对外更加开放,对内更加放宽,对下更加放权",做到特殊政策真特殊,灵活措施真灵活,先走一步真先走;1982年,提出"两个坚定不移"和"排污不排外",即"对外开放和对内搞活经济坚定不移,打击经济领域的犯罪活动坚定不移","合营不合污、排污不排外";1983年,提出继续清除"左"的影响,划清政策界限,发展农村商品生产;1984年,比较系统地阐述了"允许'变通',不许'变相'"。指出,"在正常工作中,必须严肃认真地执行现行政策的规定,在执行中发挥积极性、创造性。但是,至少有三种情况允许变通。其一,政策规定有许多条,为了办成于国、于民都有利的事情,有时要多方查阅各种规定,这一条不行就用那一条,要积极找根据把好事办成,而不应到处找根据去卡,使好事多磨。其二,政策规定本身有幅度、允许灵活的,则应向有利于生产发展和搞活经济的方面去理解,灵活执行,而不应相反。其三,确实利国利民的改革,如果从现有文件中找不到根据,还可以试点,在试点中允许突破现有规

---

① 中共广东省委党史研究室:《中国共产党广东省历届代表大会及全会文献汇编》第二卷,中共广东省委党史研究室2014年编印,第648页。

定"①。在"变通"问题上提出,要一计不成,再生一计,但要计计不离党的政策,计计不离国家、集体、个人利益,计计都促进生产的发展。

第三,补上真理标准问题大讨论的课。1978年广东的真理标准问题大讨论为实现工作重点的转移奠定了思想基础,但发展不平衡,没有持之以恒地坚持下来。改革开放起步的几年,的确是大转折、大变革的几年。这样大的转折和变革,必然伴有不同思想的斗争。其间最有影响的是1981年4—5月召开的省委常委学习会。任仲夷针对当时的思想动向和干部的思想实际,对清理"左"的思想影响阐述了一系列重要观点。任仲夷分析了"左"的错误与其特点和原因,指出了基本理论上"左"的错误观点,说明了纠正"左"的错误的方法和途径。正视生产力和生产关系、经济基础和上层建筑的关系,采用具体问题具体分析的方法,通过加强学习,理论联系实际,总结经验教训,开展批评与自我批评②,解决"左"的问题。

2. 把实行经济特殊政策和调整国民经济统一起来

在1979年4月中央工作会议决定赋予广东经济特殊政策和灵活措施的同时,提出在全国范围内用3年的时间,对国民经济进行"调整、改革、整顿、提高"。1980年12月,中央工作会议进一步分析了全国的经济形势,决定经济上进一步调整,政治上进一步安定的重大方针。这就使广东执行经济特殊政策和灵活措施的工作一开始就被置于调整的背景下进行。为指导广东正确处理实行经济特殊政策和调整国民经济的关系,1980年12月25日,邓小平指出"在广东、福建两省设置几个特区的决定,要继续实行下去。但步骤和办法要服从调整,步子可以走慢一点"③。

当时,广东实行经济特殊政策和灵活措施已经深入人心,并已初见成效。广大干部群众初步尝到"特殊"和"灵活"的甜处,一方面衷心拥护党的这些正确的决策,另一方面也担心政策会变。在这个关系广东进与退、"死"与"活"的重大考验面前,广东根据重工业少、大型建设少、

---

① 任仲夷:《任仲夷在中共广东省委召开的市地委书记会议上的讲话》(1984年6月14日),载张岳琦、李次岩《任仲夷论丛》第二卷,广东人民出版社2000年版,第223～224页。

② 任仲夷:《任仲夷在中共广东省委常委学习会上的发言》(1981年5月5日),载张岳琦、李次岩《任仲夷论丛》第三卷,广东人民出版社2000年版,第27～30页。

③ 邓小平:《贯彻调整方针,保证安定团结》(1980年12月25日),载邓小平《邓小平文选》第二卷,人民出版社1994年版,第358、362～363页。

第一章　改革开放的酝酿与经济特区的初创

利用外资多等实际情况，做出了把进一步调整国民经济同实行经济特殊政策统一起来的决策和选择。1981年1月召开的中共广东省代表会议，研究和部署了这个问题，广东省委书记王全国代表省委作题为《关于贯彻经济调整方针的意见》的报告，广东省委第一书记任仲夷作了《经济要调整，政治要安定》的总结讲话。

针对特殊政策和灵活措施要求增大地方的权力与调整强调集中统一、原来广东实行财政包干与现在国家要求财政上借的新矛盾，广东首先在各地区、各部门提高认识、统一思想。任仲夷在会上指出，广东的经济和全国的经济是一个整体，局部利益必须服从全局利益，服从调整国民经济这个大局，做出必要的牺牲，为国家分担困难。他特别强调，调整对实行特殊政策的广东也是完全必要的。调整同党的十一届三中全会纠正"左"倾错误、一切从实际出发的总方针是一致的，是顺利进行现代化建设的必要条件。"越是实行特殊政策，就越应当摆脱多年来经济工作中'左'的指导思想的束缚，越应当纠正不顾实际可能，不分析经济工作中各种因素的相互关系，急于求成、欲速不达的做法，越要实事求是、解放思想。"

针对干部群众担心的广东的特殊政策还能不能搞下去，改革能不能进行下去的问题，广东一方面"希望中央和国务院有关部门都能支持和维护中央的这个政策"，"重大的方针政策不要轻易改变"，另一方面要求"各地区和省直各有关部门都要认真研究在你们的工作中怎样具体地体现特殊政策和灵活措施"[1]，"反对借口调整而慢慢来的消极情绪"。同时，表明改革不动摇的决心，"强调调整，决不意味着改革的停顿，而是要以调整为中心，使调整和改革相辅而行。"

针对调整中出现的"放和收""死和活""进和退"的困惑，广东坚持"两点论"，正确处理各种关系，把经济调整同执行特殊政策结合起来。在"放和收"的关系上，明确"主要的还是要放，不是收"；在"集中"与"搞活"的关系上，要求把两者统一起来，做到集中统一不能含糊、搞活经济不能动摇，"管而不死、活而不乱"，划清界限，继续给企业和社队以自主权，给各级以必要的办事权力，继续坚持改革的方向，实行"有利于克服困难、有利于调整、有利于生产发展、有利于满足人民

---

[1] 中共广东省委党史研究室：《中国共产党广东省历届代表大会及全会文献汇编》第二卷，中共广东省委党史研究室2014年编印，第762页。

需要的搞活"①；在"退"与"进"的关系上，坚持"有退有进、退中有进"，该退的要退够，但整个国民经济应当是"进"的，特别是生产上应该前进。

3. 变杀气腾腾为热气腾腾

到1982年，广东实行经济特殊政策和灵活措施收到显著成效。具体表现在：体制改革迈出步伐，市场调节的范围扩大；对外经济合作有较大发展，经济特区的建设初步打开了局面；人们思富、敢富、致富，经济生活水平提高，思想观念发生了深刻的变化。

在各方面工作开始步入轨道，城乡大地热气腾腾的同时，也出现了一些新情况和新问题。个别沿海地方出现了渔民不打鱼、工人不做工、农民不种地、学生不上学，一窝蜂似的在公路沿线、街头巷尾兜售走私货的现象。比较典型的是海丰县遮浪公社和汕尾镇。遮浪公社在走私最严重的时候，80%的劳动力、52%的党员都参与走私。另据银行等部门估算，1980年8月至1981年5月，仅汕头、惠阳两地区收购的走私物品就达9亿元。

1982年2月11—13日，中央书记处召集广东、福建两省的省委常委到北京开座谈会，专题研究打击走私贩私、贪污受贿的问题。"会议是在极其严肃的气氛中进行的，发了反走私等好几份文件，还有书记处研究室编的《旧中国租界的由来》，非常耐人寻味"②。与会者"听到了会上严厉地批评广东，也听到了对广东的改革开放存在着各种各样的看法和非议"③。会上，任仲夷和刘田夫本着实事求是的态度，详细汇报了广东出现走私贩私、投机倒把、贪污受贿的情况，以及省委对上述情况所采取的措施，也谈了实行经济特殊政策、灵活措施以来所取得的成就和下一步的打算。同时，争取到中央不收回给予广东的特殊政策。

两省会议是广东改革开放初期一次极为重要的会议。在当时的情况下，正视两省实行经济特殊政策和灵活措施以来出现的新问题，指导两省大张旗鼓地开展反走私贩私、反贪污受贿等工作，提醒两省在搞活经济的同时注意加强管理，是十分及时和必要的。两省会议之后，广东的改革开

---

① 中共广东省委党史研究室：《中国共产党广东省历届代表大会及全会文献汇编》第二卷，中共广东省委党史研究室2014年编印，第763页。
② 刘田夫：《刘田夫回忆录》，中共党史出版社1995年版，第475页。
③ 杜瑞芝：《让子孙后代记住任仲夷这个名字》，载《炎黄春秋》2007年第1期。

放进入到一个非常时期,面临着极其复杂的形势,遇到了前所未有的严峻考验。在经济特殊政策和灵活措施能不能继续实行、改革开放能不能坚持的关键时刻,广东一方面积极争取中央的支持,一方面努力干好本身的工作;一方面雷厉风行地打击走私,一方面实事求是地处理违法犯罪分子;一方面认真反思、积极解决出现的问题,一方面对实践进行新思考、做出新探索,经受住了考验,闯过了关。具体做法如下。

一是重申改革开放、搞活经济坚定不移。对实行经济特殊政策、灵活措施以来出现的问题,广东的做法是:高度重视、清醒认识,态度鲜明、立场坚定,总结经验、吸取教训,抓经济大要案雷厉风行、实事求是,以纠正党内不正之风教育为主、管理并重,不搞政治运动、不惊慌失措。1982年3月20日至4月3日,广东召开省、地(市)、县三级党政主要领导干部会议。任仲夷在会上提出"两个坚定不移"的方针,即"打击经济领域的违法犯罪活动,坚定不移;对外开放和对内搞活经济,坚定不移"。5月3日,他在走私贩私一度最为猖獗的海丰县调研时,又提出"执行让群众富裕起来的政策,也是坚定不移的",和前面"两个坚定不移"一起形成"三个坚定不移"。为避免"一治就乱""一管就死"的恶性循环,他将过去提出的"对外开放,对内搞活,越活越管,越管越活"的16字方针,发展为"对外开放,对内搞活,思想先行,管要跟上,越活越管,越管越活"24字方针,要求"对外开放要坚持,搞活经济要继续,思想工作要领先,管理工作要同步,做到管而不死,活而不乱"[①]。

二是严厉打击经济领域中的严重犯罪活动。为把这场斗争引向深入,同时避免扩大化,在工作上,广东强调把重点放在打击走私贩私、贪污受贿等经济犯罪问题上,紧急行动起来,集中力量抓大案、要案;在政策方法上,注重调查研究,坚持实事求是,做到证据确凿,稳准狠地打击违法犯罪活动;在领导力量上,统筹安排,坚持抓生产和各项经济工作不放松,把县以上各级党委分成两条战线,一条战线抓打击经济领域的违法犯罪活动,一条战线抓生产和日常工作。截至1982年11月,全省揭露出经济犯罪案件6 800多宗,其中大案、要案622宗。在反走私斗争中,截获

---

① 任仲夷:《任仲夷在广东省三级干部会议上的讲话》(1982年4月1日),载张岳琦、李次岩《任仲夷论丛》第二卷,广东人民出版社2000年版,第302~303页。

走私船只693艘，罚没走私款物总值9 700多万元①。依法严肃处理了汕头地委政法委员会副主任、原海丰县委书记王仲和原海丰县委副书记叶妈坎等人涉及的违法乱纪、贪污受贿重大案件。到1983年，公开的大规模的走私贩私活动已基本刹住，党风、社会风尚、社会治安实现了好转。

三是建立健全各种规章制度。广东在查办走私贩私、贪污受贿案件时，举一反三，把建章立制摆在重要位置。经过调查研究，广泛听取干部和群众的意见，对走私物品收缴、边境小额贸易、同外商合作捕捞、来料加工、补偿贸易，以及商业、外贸经营、工业企业管理等方面的政策进行了反思和完善。"政策修改的方向应当使它向着更有利于促进生产的发展，更符合国家、集体、个人三者的利益，更能调动群众的积极性"②，反对本位主义、分散主义和无政府主义。针对"加强统管"的要求，广东提出"对经济工作，既要搞活，又要管严，做到活而不乱，管而不死"，要用"两个同步"（开放、搞活与加强监督管理同步）和"三严"（执法更严、纪律更严、管理更严）保证"三放"（对外更加开放、对内更加放宽、对下更加放权）的贯彻执行，反对"三特"（搞特殊化、搞特权、做特殊党员），有力地堵塞了借口经济工作中的散乱倾向从而"收缩"特殊政策和灵活措施的可能。

四是保护和鼓励有创造性的干部。"干革命、搞建设，都要有一批勇于思考、勇于探索、勇于创新的闯将。没有这样一大批闯将，我们就无法摆脱贫穷落后的状况，就无法赶上更谈不到超过国际先进水平。"③ 在打击经济领域的违法犯罪活动时，广东顶住压力，不搞争论、不下指标、不分任务，坚持有什么问题就解决什么问题，谁有问题就查处谁；对干部在工作中的缺点、毛病包括因经验不足而造成的工作失误，只要不属经济犯罪，就给他们改正错误的机会，注意保护他们的积极性；凡属省里过去有过规定而出现的工作失误，省委首先检讨自己的失误，主动承担责任，不

---

① 中共广东省委党史研究室：《中国共产党广东历史大事记》（1949年10月—2004年9月），广东人民出版社2005年版，第342页。

② 任仲夷：《改革，前进，开创新局面——在中国共产党广东省第五次代表大会上的报告》（1983年2月24日），载中国共产党广东省第五次代表大会秘书处编印《中国共产党广东省第五次代表大会文件汇编》，1983年版，第19页。

③ 邓小平：《解放思想，实事求是，团结一致向前看》（1978年12月13日），载邓小平《邓小平文选》第二卷，人民出版社1994年版，第143页。

第一章 改革开放的酝酿与经济特区的初创

上推下卸。其结果是，变"杀气腾腾"为"热气腾腾"，变"人心惶惶"为"朝气蓬勃"，有效地保护了一大批有强烈改革意识、创造精神、干劲足、闯劲大的干部，稳定了大局。

五是积极争取中央及中央各部门的支持。在此前后，广东加强了请示报告。1982年春节，邓小平在广东休息和视察时，听取任仲夷等人的汇报，就实行经济特殊政策、灵活措施和试办特区表态说："如果你们觉得好，就继续办下去。"① 两省会议后，原中纪委副书记章蕴专门到广东住了半个多月，给中央写了一份调查报告，提出要继续清除"左"的影响，对行之有效的政策保持稳定性。邓小平在1982年12月22日就这个报告特意批示"可印发政治局、书记处各同志"，后来，他又在章蕴一封反映广东的上缴任务一再加码，"条条"限制日益增多，特殊政策、灵活措施的余地越来越小的信上批示，"这个情况应引起重视，请国务院、财经小组一议"②。

1982年10月30日，陈云在广东《关于试办经济特区的初步总结》上作了"很好"的批示。1982年11月15日，广东、福建两省专门就实行经济特殊政策、灵活措施和试办特区的情况给中央书记处作了汇报，取得中央领导及中央各部门的理解和支持。同时，广东也利用王震、谷牧等中央领导莅粤检查工作之机，汇报贯彻中央精神、改进工作、加强管理的情况，增强他们对广东能依靠自己的努力解决问题的信心。其间，广东省委书记、副省长王全国先后于1982年7月6—19日、9月14日，两次到北京汇报经济工作，促成了国务院有关部门从财政、税收、处理积压进口物资、市场安排、开征商品出口税、调整外贸出口换汇成本包干基数等方面，帮助广东解决经济工作存在的实际问题，取得了"广东、福建在中央总的方针、政策指导下，还是要'特殊'一些、'灵活'一些"的保证。

以上工作说明"在中国的改革开放过程中，一旦出现了什么问题，就有可能把这问题归罪于改革，从而使改革走回头路。广东这次也有这种

---

① 中共广东省委党史研究室：《中国共产党广东历史大事记》（1949年10月—2004年9月），广东人民出版社2005年版，第336页。
② 中共中央文献研究室：《邓小平年谱1975—1997》下，中央文献出版社2004年版，第877、879页。

走回头路的可能性。"① 然而，广东通过自己的努力，在这场考验中稳住了阵脚，不但基本纠正了前期出现的问题，保持了经济健康向上发展的势头，而且继续了经济特殊政策、灵活措施，坚守了改革开放的阵地，为广东后来的发展奠定了良好的局面。

第三节 广东经济特区兴建的初始禀赋条件

经济特区选址是一项相当复杂的综合性很强的工作，必须组织多工种、多学科通力合作，进行深入的调查、研究，才能取得预期的效果。《广东省经济特区条例》选择在深圳、珠海、汕头三市分别划出一定区域，设置特区，以鼓励外商投资兴办工业或其他经济事业，有其综合的考量，不仅考虑了3个城市的自身条件②，同时结合了国内外有关国家和地区的经验教训并进行了相应的专业调查研究工作。具体来说，着重考虑了下列因素。

第一，优越的地理位置。优越的地理位置是设置特区的前提，确定特区的地址，首先要考虑设区地的区划和城市，然后再决定具体城市的具体设区地址。特区最好设在经济比较发达，尤其是轻工业和农业基础较好，对外联系便利，一向与国外往来较多，有外贸传统的地区。尽管在我国沿海有不少港口都适宜设特区，但是在地理上邻近香港的地方，在特区建设方面具有许多特殊有利条件可以利用，在侨乡城市设特区也有不少别的地方所缺少的有利因素。

第二，便利的交通运输。出口加工区因原料大多数依赖进口，且产品以外销国际市场为主，故将加工区设在海港附近、充分利用廉价的海运是重要条件之一。同时，还必须考虑港口要有完善的停泊条件和装卸设备，且最好是地处国际海上航线的要冲，以方便大量船舶出入港口，确保原料

---

① 杨继绳：《邓小平时代：中国改革开放二十年纪实》上卷，中央编译报社1998年版，第257页。

② 自身条件包括其地理位置及地理条件（自然、社会经济条件）、对外联系的便利条件（包括海、陆、空交通，在广东还要考虑设区地距离港澳的远近和与东南亚地区的联系等）、发展加工工业的基础条件（包括劳动力、技术力量、原有工业基础、城市设施、水和电的供应等）、设区地周围经济发展的水平（如农业发展程度、旅游业发展条件）以及与设区有关的自然条件（地形、气候、资源）等其他因素。

第一章 改革开放的酝酿与经济特区的初创

的及时供应和产品及时运销国际市场。尽管有少数以电子工业为主的加工区，因产品适宜空运而建在国际机场附近，但是在当时的历史环境下，便捷的海运无疑是我国特区选址极为重要的条件，优良海港是特区最理想的地址。同时为方便外商往来和适应部分体积小、价值高的产品运输，特区附近还必须有可供空运的机场做配套。

第三，丰富的劳动力资源。出口加工区绝大多数的工业都是劳动密集型的工业，因此必须以大量的廉价劳动力为基础。结合我国当时的发展实际需要，只能以劳动密集的工业类型为主，特区必须设在劳动力资源丰富、劳动素养和文化水平较高的地方，这有利于在短期内培训出大批合格的熟练工人，也有利于解决这些地方多余劳动力的就业问题。特区设置还必须尽量避免从外地调入大批劳动力，以免增加特区建设的投资和管理上的困难。

第四，良好的城市基础。特区最好建在轻工业和市政设施基础较好的中小型城市附近，这样可以原有城市为依托，利用其原有设施，减少特区建设费用，缩短建设周期。

一、深圳经济特区兴建的初始禀赋条件

深圳原是宝安县的县城，人口仅 2 万多，是一个边陲小镇。深圳经济特区南邻香港新界，北面按照梧桐山脉的走向与内地划线，考虑到小梅沙滩是一个发展旅游业的风景点，于是将小梅沙划入。这样深圳就形成一块东西长 49 千米，南北最宽仅 7 千米，面积为 327.5 平方千米的狭长地带，主要发展工业、旅游业、房地产业、商业和其他各项事业。

第一，深圳拥有毗邻港九（香港岛和九龙半岛）的优越地理位置。深圳经济特区最有利的条件是毗邻港九的优越地理位置，这对特区建设起很好的促进作用。香港是世界金融中心之一，深圳设置经济特区后，有利于争取港资和外国财团在港机构的投资；香港有些加工工业已具有世界先进水平，有利于引进技术和管理经验；香港是国际贸易中心之一，有利于购买各种工业设备和原材料；香港是一个世界大港，不但可利用其优越的海运、空运条件来转运原料和产品，而且外商往来也极其方便。香港地域狭小，地价昂贵，随着通货膨胀，人力成本提高，某些劳力密集型产品竞争能力日益下降，故近在咫尺的深圳自然成为对香港极具吸引力的投资场所。这是其他经济特区所无法比拟的。

第二，深圳拥有便利的交通，充足的水电供应。深圳交通方便，拥有可直通广州和香港的铁路、公路。当时，蛇口港有在建的3 000吨级泊位码头，不久即将投入使用；深圳水源充足，东引工程和深圳水库、西丽水库可满足用水需要；深圳供电有保证，除广东电网供电外，还可从香港输入部分电力。旧深圳镇和蛇口附近都有面积较大的缓坡岗地，稍加平整就可供特区使用。

但是，深圳也存在不利于经济特区兴建的因素：深圳市政设施很差，海运条件不理想。深圳原来只是一个2万多人口的小城镇，只有几家小工厂，工业总产值不到2 000万元。这导致在深圳建经济特区，基本等于新建一座城市，耗资巨大。此外，深圳城市原有人口少，劳力不足，技术力量薄弱，难以就地满足经济特区发展对劳动力的需求，需要从外地调入。深圳的海运条件也不理想。深圳湾畔的蛇口港，近岸水深不足2米，经人工疏浚也只能勉强建3 000吨泊位码头，今后绝大部分出入口货物仍需经香港转运。在南头附近填海筑港，工程相当艰巨，投资很大，难以实现。大鹏湾和大亚湾虽有深水岸段，但山岭逼近海岸，陆域十分狭窄，陆上交通不便，且距深圳市区较远，又因受山岭所隔，很难找到合适的港址。

二、珠海经济特区兴建的初始禀赋条件

第一，珠海拥有优越的地理区位和历史文化。珠海位于珠江西岸，东望香港，南接澳门，西邻五邑，北接广州，地理位置十分优越，是东南亚的几何中心。珠海气候宜人，四季如春，常年碧绿。珠海香洲，一百多年前，是中国从大陆经济、大陆文化走向海洋经济、海洋文化的一个缩影。改革开放后，是中国从封闭经济、封闭文化走向开放经济、开放文化的窗口。珠海经济特区位于珠江出海口西岸，呈半月形的狭长地带，靠山面海，港湾较多，陆地从东到西长12.6千米，南北最宽处为2.37千米，面积为6.81平方千米。

第二，珠海拥有毗邻澳门的优越地理位置。珠海被选为经济特区，最主要的原因是珠海市与澳门比较接近（珠海市的中心香洲距澳门仅7千米），而且离香港也不远（海上距离62千米），前者在伶仃洋西岸，后者在伶仃洋东岸，这一优越条件，使珠海市有可能就近吸引澳门方面的投资，这是汕头和厦门经济特区所不及的。进一步，澳门全境（包括澳门半岛及氹仔、路环两小岛）面积仅15.52平方千米，可是人口于1979年

第一章　改革开放的酝酿与经济特区的初创

已达36万，其中95%集中于仅有5.42平方千米的半岛部分，人口高度密集。澳门当局试图开发氹仔、路环两岛，建大桥，筑海堤，将三部分连成一体，企望将半岛部分的人口向这两个小岛迁移以减少半岛部分的人口压力，却因为氹仔、路环两岛多丘陵低山，缺少平原，经济基础较差等客观因素而失败，未达目的反倒将两个小岛的居民引向半岛，从而使澳门半岛用地日益紧张，地价明显上涨，设厂和住宅建设日感困难。在珠海设立经济特区，允许外资设厂和从事其他经济事业，对近在咫尺的澳门具有相当大的吸引力。

第三，澳门发展历史为珠海经济特区建设提供重要的参考和借鉴。一方面，由于澳门一向以赌博业为其主要收入，从20世纪60年代中期以来，澳门工业有一定的发展，但1977年工业总产值仅21亿澳门币（即0.4亿港币），工业类型又以成衣、针织等轻工业为主，工厂规模较小（71%的工业生产单位为6人以下的小厂），且几乎都是香港的分厂，或是专为香港加工半成品的工厂，在资金、技术、原材料及产品运输与销售等方面深深地依赖香港。另一方面，澳门没有优良港口，导致其经济发展受到极大的限制。与香港相比，两者同处珠江口，均是殖民地城市，澳门建港历史比香港早，但香港发展较快，澳门却变化不大，除了其他因素外，有无优良港口是一个至关重要的因素。尽管澳门已开始筹建深水港，但受到自然条件的限制，澳门人工深水港也很难与香港相竞争，这对珠海经济特区的建设是有重要的参考价值的。

三、汕头经济特区兴建的初始禀赋条件

汕头市是粤东的政治经济文化中心。汕头经济特区选址时，曾考虑过多种方案，经过反复比较，最后选择了龙湖村方案，即划出龙湖村西北角1.6平方千米的沙丘地带作为出口加工区范围。这一方案的好处是靠近市区，可依靠老市区的工业基础和生活服务设施：靠近水厂、电站和外砂机场，较易形成一个良好的投资环境。

第一，汕头作为侨乡有利于吸引侨资。汕头位于东南沿海，是我国适宜设置经济特区的地址之一。汕头历史上与国外通商较早，对外交通方便，历来是我国与东南亚贸易的重要港口。汕头附近的闽南和粤东地区，是我国最主要的侨乡，这里的发展与海外华侨的贡献是分不开的。华侨（包括外籍华人）热爱祖国和家乡，一向有在家乡兴办产业的传统。在侨

乡设置经济特区，更容易取得华侨的支持，对吸引侨资非常有利，侨资可成为我国经济特区外资的重要来源。

第二，汕头拥有丰富的劳动力资源。丰富的劳动力资源是其突出的有利条件之一。汕头是一个 63 万人口的中等城市，附近地区人口十分稠密，当地居民教育较普及，文化水平较高，劳动力素养好，拥有一定技术力量。这对于发展劳动力密集工业来说，确是相当宝贵的资源。

第三，汕头拥有较好的轻工业基础。汕头的食品、感光化学、电子工业和抽纱、绣衣、陶瓷等手工业产品，有不少早已畅销国外市场；汕头城市建设也有一定基础，经济特区建设初期，完全可以把原有城市作为依托，不必像深圳、珠海那样要白手起家，可用较少的投资，而以较快的速度把经济特区办起来。

第四，汕头拥有较好的海运条件。汕头是一个较好的外贸港口，汕头港内水深 8～10 米的深槽线紧邻湾岸，可建万吨级泊位码头，且避风条件极好，海运条件远比深圳、珠海优越。加上附近地区农业发达，发展旅游业的条件也很好。

但是，汕头经济特区因港湾口门内外的拦门沙成为进港航道的严重障碍，导致 5 000 吨以上轮船不能自由进出，亟待整治。同时，汕头地区没有大型电厂，缺电相当严重，且没有铁路与内地相通，对经济特区建设会有一定的影响。

小　　结

作为本书的开篇章节，本章是全书内容的逻辑起点，为后续内容的铺开奠定了坚实的基础，主要介绍了改革开放的背景、国家决定搞改革开放、建设经济特区的理论发展及地区实践和广东经济特区建设的初始禀赋条件。

第一节，从改革开放前的全国及广东的现状出发，结合京西会议，描述了改革开放酝酿期的基本情况，阐述我国进行改革开放的大背景，回答了我国为什么会进行改革开放，即中国进行改革开放的必然性。第二节，从党的十一届三中全会出发，结合邓小平同志提出建设经济特区的基本思想和习仲勋同志在广东的经济特区实践，厘清了广东经济特区创建脉络，

第一章　改革开放的酝酿与经济特区的初创

回答了我国在确立改革开放的基本国策之后,作为改革开放的重要抓手——经济特区发展和建设的基本情况。第三节,重点介绍了深圳、珠海和汕头作为经济特区具备哪些先天优势,各城市的先天禀赋条件是什么,回答了国家率先决定在这些地区进行经济特区试点的原因。

第二章　广东经济特区改革发展的初步探索

　　以经济体制改革为重点，发挥经济体制改革的牵引作用。经济建设仍然是全党的中心工作。坚持以经济建设为中心不动摇，就必须坚持以经济体制改革为重点不动摇。经济体制改革对其他方面改革具有重要影响和传导作用，重大经济体制改革的进度决定着其他方面很多体制改革的进度，具有牵一发而动全身的作用。在全面深化改革中，要坚持以经济体制改革为主轴，努力在重要领域和关键环节改革上取得新突破，以此牵引和带动其他领域改革，使各方面改革协同推进、形成合力，而不是各自为政、分散用力。①

　　广东经济特区的初创经历了一段无声而缓慢的社会"人心思变"的发酵过程，20 世纪 70 年代末借党的十一届三中全会的春风，迎来了政治架构的改革开局，20 世纪 80 年代初初步达成了二者相契合的美好政治愿望，但改革的旅程刚刚起步，面对国内各种体制上的沉重积习，找到改革突破口方是国家体制改革的第一要务。

　　作为经济特区改革的试点，广东既是一个地理区域的改革，又是带有全局政治意味的建设中国特色社会主义的局部尝试，其自萌芽以来就天然带有"经济特区"的本体色彩。"经济特区"初期背靠优势的地理位置，依赖优质的政治资源，以引进外资为着力点，打破区域内僵化的计划经济体制在经济发展上的阻滞，尝试进行市场化改革，搞活经济，提高经济发展的自由度和竞争度。因此，广东经济特区改革的初步探索是一场市场经济体制由"政治化设想"到"建成法制化"的波澜壮阔的中间历史过程，要求我们必须牢牢抓住改革发展的市场供给和市场需求的主线，遵循从商

---

① 习近平：《习近平谈治国理政》第一卷，外文出版社 2018 年版，第 93～94 页。

第二章 广东经济特区改革发展的初步探索

品市场到要素市场改革的经济规律,秉怀"摸着石头过河"的心态与勇气,坚定建立社会主义市场经济体系的信念,为这一美好未来夯实体制基础。

第一节 经济特区的开局

坚持社会主义市场经济改革方向,核心问题是处理好政府和市场的关系,使市场在资源配置中起决定性作用和更好发挥政府作用。这是我们党在理论和实践上的又一重大推进。①

1980年8月26日,《特区条例》出台,并规定,"为发展对外经济合作和技术交流,促进社会主义现代化建设,在广东省深圳、珠海、汕头三市分别划出一定区域,设置经济特区",这标志着广东经济特区经济体制改革序幕正式开启。

20世纪80年代初,广东省委书记任仲夷将中央给予广东的经济特殊政策和灵活措施发展为"三个更加",即"对外更加开放,对内更加放宽,对下更加放权"②,该改革思路的本质是用有计划的商品经济取代过去高度集中的产品经济模式,即"经济体制改革的目标模式是建立和完善社会主义市场经济体制,从而把市场作为资源配置、调节经济的基础"③,确保广东经济特区的开局牢牢把握住经济体制改革的市场化方向。市场化体制改革必然包含商品市场和要素市场两大内容,以此激发、解放社会生产力,正如邓小平指出:"社会主义也可以搞市场经济……这是社会主义利用这种方法来发展社会生产力。"④ 就广东而言,经济特区的体制改革是一种全新的顺应时代潮流的发展方式,而不是一场制度变更的革命,特区的功能定位及经济模式并没有超脱其政治性质的框架。1984年10月20日,党的十二届三中全会发布《中共中央关于经济体制改革的决议》,该决议明确:"社会主义经济,应当是有计划的商品经济。它既不

---

① 中共中央文献研究室编:《十八大以来重要文献选编》上,中央文献出版社2016年版,第551页。
② 卢荻:《广东改革开放的三个发展阶段及主要成就》,载《特区经济》2001年第7期。
③ 邵汉青:《探索者之路》,海天出版社1995年版,第20页。
④ 蒋斌、梁桂全:《敢为人先——广东改革开放30年研究总论》,广东人民出版社2007年版,第5页。

是僵化的计划经济,也不完全是市场调节的市场经济。"进一步明确了广东经济特区的市场化改革方向。

经济体制的改革事关中国经济建设的全局,"文化大革命"时期的创伤时刻牵扯着每一个经历过的人的神经。在这个历史的关键时期,广东经济特区宣布成立,带着疑问与决心踽踽前行。

一、建筑管理体制的改革探索

经济特区建设初期,中央物质有限,邓小平当时说:"中央没有钱,你们自己去搞,杀出一条血路来。"广东经济特区成立的目的就是利用外资来发展本地的经济,但外资的投入是需要好的建设环境的,而当时深圳、珠海、汕头基础设施极不完备,"七通一平"工程都没有起步,引进外资的策略难以开展,因此,进行大规模的基础设施建设成为改革的第一步。但计划经济体制下基础建设由政府统一配置,效率极其低下,同时财政上的负担已然不能支持经济特区大规模的基础设施建设。经济特区的基础设施建设必须靠自己。基于此,广东经济特区的建筑管理体制改革选择走引入"市场机制""竞争机制"的改革路径,即一方面开放建筑市场、建材市场,另一方面在具体项目立项实施过程中采取招投标承包责任制。具体来看,经济特区的建筑管理体制主要从5个方面围绕建筑业市场化进行改革,分别是:项目建设的组织管理形式、国家预算内的投资管理形式、工程建设的承发包、建筑产品价格与建筑资质审查以及基建物资供应。

(一)项目建设的组织管理形式

项目建设的组织管理形式属于上层结构的问题,统筹建筑管理体制改革。其改革大致经历了3个过程。一是政府基建管理部门对施工企业的管理从直接管理过渡到间接管理,实行政企分开,走专业化、社会化、企业化的道路。如深圳经济特区建立之初先后成立了5家开发公司:城市住宅开发公司、工业发展服务公司、信托投资公司、广东核电服务总公司、南海石油深圳开发服务总公司,而前2家公司成为深圳城市建设的主力军。① 二是开放建筑市场,允许国内外设计、施工队伍进

---

① 陶一桃、鲁志国:《中国经济特区史要》,商务印书馆2010年版,第45页。

第二章　广东经济特区改革发展的初步探索

入经济特区。汕头经济特区管委会也先后成立了几家国营企业，如汕头特区发展总公司、农业发展联合公司、进出口公司、物资公司、商业服务公司等。由于经济特区建设资源有限，1980年以来，深圳先后从北京、上海、天津等城市及本省各地区引进了超过10万人的建筑队伍，使深圳施工力量壮大到132家企业，共有13万余人。① 三是进一步下放招标组织权给基建单位。允许建筑公司、工程承包企业、建筑设计单位等多个市场主体参与招投标，不再单一指定全民所有制单位施工。② 如，1981年1月29日深圳市建筑工程施工进行重大改革，把行政分配任务、预算加签证的老办法改为工程招标承包制。③

（二）国家预算内的投资管理形式

在国家预算内的投资管理形式上，广东经济特区引发了财政体制的改革，主要是引入了新的投资主体和投资方式。经济特区改革初期，在资金严重不足且中央无追加投资的背景下，广东改变了过去依靠政府计划拨款的投资体制，引入市场机制，实行"集资办事，有偿使用"的投资体制改革办法。该模式最早起源于1981年年初，广州—珠海、广州—深圳两条干线上公路的渡口改建为桥的建设资金筹集事件。珠江三角洲地区河网密布、渡口多且等渡时间长，所以将"改渡建桥"提上日程，在任仲夷的支持下决定对广深、广珠的6个渡口实行"贷款建桥，过桥收费"的政策，并成立了"广珠公路改建指挥部"。同年8月，广东省交通厅公路建设公司与澳门南光公司签订《关于贷款建设广珠公路四座大桥的协议》，第一次贷款1.5亿港元，后来追加5625万港元，并由广东省公路部门贷款1亿港元建设广深公路上的中堂、江南两座大桥，开创了利用外资建桥的先河。④

此后，广东以"谁投资，谁受益"的模式，逐渐形成了"以路养路"

---

① 参见郭树声、赵昭《深圳市建筑工程招标投标情况调查报告》，载《建筑经济》1985年第12期。
② 参见干志坚《深入开展基本建设和建筑业管理体制改革》，载《计划经济研究》1986年第1期。
③ 参见陶一桃《深圳经济特区年谱》上册，中国经济出版社2015年版，第20页。
④ 参见中国人民政治协商会议广东省委员会《敢为人先——广东改革开放的一千个率先》，人民出版社2005年版，第97页。

"以桥养桥""以水养水""以电养电"等发展格局,形成了多元化多渠道的集资体制,兴建了一大批交通、能源等基础设施。至1987年,大约48平方千米的土地(大部分在深圳经济特区的南部和西部),都已开发完毕或正在开发之中。① 据统计,1981—1990年,广东省借款用以公路、桥梁建设的就达81.24亿元,共修建桥梁1 200座,总长7万多米,新建、改建二级以上公路1 800多千米,公路交通状况得到明显的改善。②

(三)工程建设的承发包

建筑管理体制的探索并没有在满足筹资方式多元化、多渠道上止步,解决资金问题后,建筑管理就直接面临着施工问题,如火如荼的基建热潮让本就保守的行政指配制度更显力不从心和不合时宜。基于此,广东经济特区大胆地在建筑管理体制市场化的道路上更进一步,采用招标承包责任制。招标承包责任制最早起源于1981年深圳的20层国际商业大厦项目,当时行政分配的建筑公司一再坐地起价,深圳市委书记兼市长梁湘果断地仿造蛇口工业区给专业公司承包通水、通电、通路和平整土地等基础工程建设任务的做法,对国际商业大厦项目进行公开招标,最后,第一冶金建设公司以每平方米398元的标价得标。在项目建设过程中,通过实行由各个施工分队分层、分段进行经济承包,提前完成任务者奖励、拖延者则罚款的办法提高职工积极性,将盖楼效率从最初的20天1层提升到5天1层。在随后的国贸大厦建设项目中,开启了3天1层的建设速度,被誉为"深圳速度",并在此后逐渐普及起来。建筑招标承包责任制解决了过去建筑管理体制的弊端,增强了企业活力;降低了造价,提高了效率,缩短了工期;提升了工程队的技术和管理水平。

(四)建筑产品价格与建筑资质审查

1984年,国内推行招标承包责任制,引进市场机制,出现了带有竞争性的招标承包价格,实行有计划的商品经济和价格杠杆相结合的双轨制招标方式,是建筑业经营方式的深层改革带动建筑产品价格改革,但是建

---

① 参见傅高义《先行一步,改革中的广东》,广东人民出版社2008年版,第113页。
② 参见中国人民政治协商会议广东省委员会《敢为人先——广东改革开放的一千个率先》,人民出版社2005年版,第98页。

第二章 广东经济特区改革发展的初步探索

筑招标承包责任制和筹资方式多元化引起了一系列问题：建筑队伍发展失控、工程发包失控、建筑市场由卖方市场转为买方市场，买方盲目压价、卖方让利竞争、原已偏低的建筑产品价格水平与其价值偏离的幅度更大，导致建筑企业经济效益多年连续下滑以及大中型骨干企业损失巨大等。① 由于之前工程取费制②的不利影响，1989年，在深圳市政府颁布并实施的《关于深圳市工程招标中若干问题的规定》中，提出了按工程实物量计价的投标报价方式。1989年年底，深圳市政府颁布实施的《深圳市工程招标计价方法》，在尊重现行预算定额制度的基础上，让招标单位围绕材料费、施工措施费、间接费等按照市场价格和企业的优势投标竞争，实行部分放开竞争，部分计划控制的价格确定方式，单价法与实物量法混合采用的计价形式，固定价合同与可调价合同相结合的办法，在投标报价形式上向国际惯用的分类表述形式靠拢③，这是一种过渡性措施。

此外，深圳经济特区进一步健全制度保障，抓住注册登记和资格审查工作，保证了队伍能通过正常手段到深圳承揽工程。④ 1989年7月1日，深圳市政府出台《关于深圳市从即日起实行固定资产投资项目建设许可证制度的决定》。⑤ 为了解决建筑机械管理制度上的相关问题，深圳市基本建设办公室于1987年规定对在经济特区施工的各类打桩机及其操作员实行审查发证制度。⑥ 在建筑资质管理这块，还涉及工程质量等级评定办法的改革，深圳市1987年颁布了《深圳市建设工程质量等级评定方法》，明确将主体和装饰两部分内容一起作为评定优秀或良好的主要内容，改变过去一些企业"重主体轻装饰"的做法。⑦

---

① 参见王文元《建筑产品价格改革的回顾与思考》，载《建筑经济》1987年第9期。
② 国家和各级地方政府颁布的工程预算定额为计价基础，以施工图预算加签证为计价方式。
③ 参见陈广言《深圳特区工程招标投标的管理》，载《建筑经济》1991年第11期。
④ 参见郭树声、赵昭《深圳市建筑工程招标投标情况调查报告》，载《建筑经济》1985年第12期。
⑤ 参见陶一桃《深圳经济特区年谱》上册，中国经济出版社2015年版，第223页。
⑥ 参见《广东经济特区十年》编辑委员会《广东经济特区十年》，广东科技出版社1990年版，第68页。
⑦ 参见《广东经济特区十年》编辑委员会《广东经济特区十年》，广东科技出版社1990年版，第68页。

(五) 基建物资供应

据统计，1979—1984年深圳基本建设所需建筑材料仅有少部分来自国家计划分配。其中，钢材仅占5.3%，水泥11.2%，木材20.9%[①]。为保证建筑市场的稳定和10万建筑大军的正常施工，深圳市在开放材料市场上做了两方面的工作：一方面，在建材市场管理上，打破"独家"经营的局面，改变以往基建物质公司一家供料的物资供应体制，特区建设公司、特区开发公司、进出口服务公司、建材工业公司等都可以自行采购、销售建筑材料，大大充裕了经济特区建材供应的货源；另一方面，在建材管制上，除了少数属于国家投资的材料指标外，其他建筑材料进入市场，实行市场调节。给予施工单位在市场上自由采购物资的主动权；在建材外援上，采取内引外联发展地方建材工业的方式，鼓励外地建材厂家，把建材投放到深圳市场上。其中，1979—1984年深圳通过与内地协作串换、联合经营以及施工队伍组织的方式获取钢材23.39万吨、水泥157.48万吨、木材4.63万立方米，分别占总用量的41.20%、58.20%、26.00%[②]。在建筑管理上，深圳逐步形成了与多元投资体制和招标承包责任制配套的建材市场供应体制。

(六) 小结

仅就建筑管理体制改革而言，深圳的改革探索作为广东省经济特区建设的开局，有其特定的历史及经济意义。这一改革体现了广东省委面对经济特区外向型经济模式的发展目标，以及承担全国改革开放地区"窗口"示范作用重大历史使命中的才智卓然、勇猛果决。由于广东经济特区大规模的建设投入，建筑业在第二产业中的占比快速增长到18.27%，带来的直接影响是产业结构的调整（见表2-1、表2-2），第一产业占比逐步下降，第二产业稳定，第三产业稳步提升，奠定了经济结构的雏形。

---

① 参见郭树声、赵昭《深圳市建筑工程招标投标情况调查报告》，载《建筑经济》1985年第12期。

② 参见郭树声、赵昭《深圳市建筑工程招标投标情况调查报告》，载《建筑经济》1985年第12期。

表2-1 1979—1992年广东省各产业占GDP比重 单位:%

年份	第一产业	第二产业	第三产业
1979	31.82	43.79	24.39
1980	33.23	41.08	25.69
1981	32.48	41.45	26.07
1982	34.76	39.83	25.41
1983	32.88	41.29	25.83
1984	31.66	40.89	27.45
1985	29.77	39.80	30.43
1986	28.22	38.34	33.44
1987	27.41	39.02	33.57
1988	26.53	39.83	33.64
1989	25.46	40.12	34.42
1990	24.67	39.50	35.83
1991	21.97	41.34	36.69
1992	19.03	44.96	36.01

资料来源:《新中国60年统计资料汇编·广东卷》。

表2-2 1979—1992年广东省第二产业的情况

年份	第二产业（亿元）	工业（亿元）	建筑业（亿元）	建筑业在第二产业中的占比（%）
1979	91.65	82.36	9.29	10.13
1980	102.53	89.87	12.66	12.35
1981	120.34	103.60	16.74	13.91
1982	135.37	113.13	22.24	16.43
1983	152.27	125.82	26.45	17.37
1984	187.55	154.33	33.22	17.71
1985	229.82	185.81	44.01	19.15

(续表 2-2)

年份	第二产业（亿元）	工业（亿元）	建筑业（亿元）	建筑业在第二产业中的占比（%）
1986	255.88	208.46	47.42	18.53
1987	330.35	273.77	56.58	17.12
1988	460.17	386.35	73.82	16.04
1989	554.13	464.06	90.07	16.25
1990	615.86	523.42	92.45	15.01
1991	782.67	675.55	107.12	13.69
1992	1 100.32	899.28	201.04	18.27

资料来源：《新中国 60 年统计资料汇编·广东卷》。

二、价格体制改革

（一）价格体制改革的历史背景

广东省价格体制的改革与建筑管理体制的改革没有必然的先后关系，但是建筑管理体制的改革，使城市基础建设向前大大地迈进了一步，外商投资也逐渐风生水起，产品经济的不适应日益突出，计划经济体制给国家经济建设带来了沉重的负担，如工农价格剪刀差过大，严重阻碍了农业的发展。有资料显示，1975 年全国农产品价格低于价值 25%～30%，而工业品的价格则高于价值 15%～30%[1]；工业品价格极不合理，1978 年全省县级以上工业企业平均资金利税率为 22%，其中煤炭行业亏损 4.3%，农机行业亏损 2.8%，而轻工、纺织类利税率则分别高达 52.6%、39.2%。[2] 大量生产资料价格被压得过低，造成了产品和产业结构的失调。这些均严重违背了价格围绕价值波动的经济规律。

---

[1] 参见成致平《价格改革30年》，中国市场出版社2006年版，第15页。
[2] 参见广东省统计局《广东统计年鉴》，中国统计出版社1979年版。

（二）价格体制改革的历程

作为改革示范区的广东经济特区，在先行先试的实践中发现，仅仅通过调价措施根本没办法冲破计划体制的包围，广东省委第一书记任仲夷认为，经济体制的改革应该立足价值规律办事，发挥价格在市场资源配置中的枢纽作用，至此，广东的价格体制改革方能在全国真正意义上率先开始。广东运用中央下放的物价管理权，从调整农产品和工业品价格开始，迈开了"调放结合、以放为主，双轨过渡、分布推进"的物价改革路子。按照计划改革提出的指令性计划、指导性计划和市场调节三个层次要求的价格管理模式，将物价改革分为三个阶段。

1. 第一阶段（1979—1984年）——"调放结合，以调为主"

价格改革的第一阶段基本上达成了解决城市生活资料供给问题的初衷，并对生产资料也进行了小幅度的调整。这符合邓小平的"理顺物价，改革才能加快步伐……价格没有理顺，就谈不上经济改革的真正成功"。[①]

（1）改革步骤。1979年，广东以25%左右的幅度提高粮食等农副产品的收购价，恢复议购、议销，开放集市贸易价格。1980年，调高了猪肉等8种副食品销售价，同时给职工每月5元的生活补贴来冲抵一部分物价上涨带给职工生活水平的冲击。在农副产品的价格调整上有所收获后，开始了日用工业消费品和生产资料价格的调整。1981年，提高烟、酒、皮革制品等19种农产品收购价，降低了手表等5种轻工产品价格；1982年，又逐步放开羽毛球、衣架等150种小商品的价格，实行市场调节；1983年，提高棉纺织品的价格，降低化纤产品的价格；同年，广东除列名管理的120种轻工业品价格外，其余全部放开；1984年，提高公路、水路运输的价格，并先后调整煤炭、钢材、生铁、水泥、化肥等生产资料的价格。

（2）改革方法。其间，广东采取调放结合的方法，取得了一些成就，也经历了一些小插曲。如省管农产品价格由1978年的111个减到1984年的9个；与1978年相比，1984年的农副产品收购价格总水平上升了54.2%，平均年递增7.5%[②]，百姓在这日益繁荣兴旺的市场尝到了改革

---

① 参见邓小平《邓小平文选》第三卷，人民出版社1993年版。
② 参见庆勇《仰望天穹，改革思辨录》，广东教育出版社2004年版，第314页。

的甜头,但对 1980 年年末到 1981 年年初的冬季那场物价上涨仍心有余悸。数据显示,全省零售物价指数在 1980 年上升 8.5%,1981 年攀升到 9.3%,年度的物价涨幅为全国第一①,这引发了一场消费恐慌,但广东领导人坚信调价一定会经历一个价格"阵痛期",这是绕不过去的现实问题,只有忍住了"阵痛",才能获得新生,事实证明这一判断是正确的。在广东流传着一段关于塘鱼问题的佳话正是此观点的最好明证。②

(3)改革结果。深圳经济特区的价格探索比全省的普遍速度要快,到 1982 年,全省还处在社会零售物价指数过高的时期,深圳经济特区的社会零售物价指数就已经降到了 7.8%。到 1984 年 11 月,深圳经济特区已经全部取消了糖、油、蛋、肉等凭票证定量供应,率先进行了大步调的放开价格。

2. 第二阶段(1985—1987 年)——"放调结合,以放为主"

价格体制改革的第二阶段以 1984 年 10 月党的十二届三中全会通过《关于经济体制改革的决定》为起步标志,该文件承认了市场的作用,第二阶段的主要目标是废除副食品的平价定量供给制,全面放开价格,价格改革重点由农村转向城市。

(1)改革步骤。其一,在农产品与民用物资方面:1985 年 1 月放开生猪价格,1985 年 3、4 月放开塘鱼和木材价格。随后放开禽蛋价格,取消牌价收购、调拨和居民牌价定量供应的办法,其中取消民用木材、民用煤的平价供应,实行就市议价出售;全面放开蔬菜购销价格,取消对居民蔬菜保价供应、取消行业用粮平价供应政策,全部按议价出售。1987 年,提高粮食合同订购价格和增加蔗糖价格补贴。其二,在工业品方面:1984 年年底,除了少数指定由国家定价管理的重要小商品以外,一次放开了数百种小商品的价格。1985 年,放开收音机等"老五件"的价格;1986 年放开了自行车等"七大件"的价格。其三,在生产资料方面:政府无法确定一旦生产资料价格放开,预先的材料能否用在重

---

① 参见蒋善利《广东价格改革二十年回顾与展望》,载《广东经济》1998 年第 4 期。

② 在开放市场以前,一种典型品种的塘鱼价格是每千克 4 元;1980 年放开市场以后,几周内价格上涨至每千克 10 元。到了 1982 年,塘鱼价格跌至每千克 6 元,而且供应量比以前更加充足了。到了 1986 年,这种鱼每千克只需要花费 3.2 元,大体上与解除物价管制前相同,但此时的消费者可以吃到的鱼为 1980 年的 4 倍。无疑,塘鱼就是一个挺过价格"阵痛期",解除市场控制的例子。

点部门，故采取全面实行"双轨制"，即计划内生产、流通继续实行国家定价；计划外生产、流通的实行市场调节价，或者供求双方协商确定价格①，以计划外高价补计划内低价，对企业超产自销和计划外自行组织供应的生产资料价格全部放开。其四，对于一些不宜竞争的垄断性、强制性、保护性、公用福利性的"四性"商品的价格和收费，则采取微观管理——实行政府定价或政府指导价，合理调整——保持这些价格与放开价格之间合理的比较关系，稳定市场价格体系。

（2）改革结果。其间广东物价调整有喜有忧，总体向好。农副产品收购价格上升了35.3%，零售物价总水平上升了33%②，改革在一定程度上取得了可喜的效果，基本上完成了全面放开价格的目标。但是1985年出现了第二次的物价上涨高峰，全省物价总指数升达13.6%，社会上的不满和抱怨，劈头盖面朝政府和物价局抛来，"举起筷子吃肉，放下筷子骂娘"的言论充斥社会③。针对第二次的涨价高峰，省政府及时采取了抓生产、抓货源、抓管理、控制货币投放的"三抓一控"的措施，市场物价很快趋于平稳，到1986年的时候，全省零售物价总指数只上升4.8%④。

3. 第三阶段（1988—1991年）——"放、调、管三结合，以管为主"

价格改革的第三阶段是其深化阶段，价格体制改革的最终目标是形成"以市场调节为主的价格体系"，使绝大多数商品价格在市场调节上遵循价值规律自我运行。因此，本阶段的工作重点是探索如何运用价值规律对放开的价格进行间接调控，主要采取限价、浮动价、差率控制等办法。

改革措施。在价格改制后期的调管方面，深圳先行一步，于1987年8月发出通告：为稳定市场物价，刹住哄抬物价、掺假、缺斤短两的歪风，安定人民生活，保证经济特区建设顺利进行，从8月10日起，对猪肉、蔬菜、白糖等主要副食品实行最高限价销售的临时措施，违者将予以惩处。⑤ 珠海的价格改革相对于深圳和广东省内的价格改革要迟缓一点。

---

① 参见蒋善利《广东价格改革二十年回顾与展望》，载《广东经济》1998年第4期。
② 参见梁桂全、沈贵进、吴金华、陈祖煌《起飞的轨迹——广东经济发展实证分析》，广东人民出版社1992年版，第3页。
③ 参见庆勇《仰望天穹，改革思辨录》，广东教育出版社2004年版，第315页。
④ 参见蒋善利《广东价格改革二十年回顾与展望》，载《广东经济》1998年第4期。
⑤ 参见陶一桃《深圳经济特区年谱》上册，中国经济出版社2015年版，第174页。

到 1992 年，珠海市人民政府批转物价局《关于价格放开，促进企业增强活力的意见》，至当年年底，珠海市放开价格的商品约占社会商品零售额的 98%。① 在物价基本放开后，当地物价管理局的工作重点才转移到市场价格监管方面，加强对关系国计民生的生产资料与生活资料的购销价格和行政事业单位的收费监督检查。

（三）小结

总而言之，广东这些年的价格改革探索，虽然过程较为艰难，改革过程中既有成就，也有过混乱，但改革的目标基本达到，结果值得肯定。

一系列的稳定物价措施，终于产生了明显的效果，物价指数大幅度的回缩。到 1990 年，全省物价指数出现了改革开放以来的第一次价格下降，降幅 4.4%；1991 年上升了 0.6%，低于全国水平。② 经济运行恢复正常后的广东再次踏上了放开价格管制的商品市场化的改革征途，1991 年，广东先后调整了 54 种（类）生产资料的价格和收费项目，调整总额达到 12.1 亿元③。到 1992 年止，在全省社会商品零售总额中，市场调节价格的比重已超过 90%，国家定价的不到 10%；在农产品收购总额中，除少量计划收购的粮食外全部是市场调节价；在全省生产、建设耗用的生产资料总额中，来自市场调节的比重也超过了 90%④，商品经济得到了极大的发展。1987—1991 年，粮食产量从 1 509.51 万吨增长到 1 873.50 万吨，蔗糖产量从 835.42 万吨增长到 2 286.38 万吨（年递增 8.1%），钢材产量从 43.67 万吨增长到 148.27 万吨（年递增 9.9%）⑤，市场调节价格的机制基本形成，广东经济特区价格体制改革的开局工作已经基本完成，建立社会主义市场经济体系的任务在 1992 年后将全面展开。

---

① 参见方真、胡德、高同星《中国经济特区大辞典》，人民出版社 1996 年版，第 351 页。

② 参见欧大军《广东价格改革的实践与经验》，载《当代中国史研究》2000 年 5 月第 7 卷第 3 期，第 68～78 页。

③ 参见庆勇《仰望天穹，改革思辨录》，广东教育出版社 2004 年版，第 317 页。

④ 参见曾牧野、张元元、关其学、宋子和《广东改革的经济学思考》，广东人民出版社 1993 年版，第 117 页。

⑤ 参见曾牧野、张元元、关其学、宋子和《广东改革的经济学思考》，广东人民出版社 1993 年版，第 120～121 页。

三、劳动用工"制度转轨"

(一) 劳动制度改革的背景

邓小平同志曾指出,"中国事情能不能办好,社会主义的改革能不能坚持,经济能不能快一点发展起来,国家能不能长治久安,从一定意义上说,关键在人"[①],从经济发展的大局上看,"人"的经济要素作用至关重大。就广东而言,20世纪70年代末80年代初开始推行家庭联产承包责任制,打破了"大锅饭"的劳动分配制度,改革了统购、统销的生产资料供给政策,调动了农民生产的积极性,极大地提高了农村的生产力,从劳动力的供给和需求两个方面推动着其劳动力制度的改革。在供给方面,第一,随着农业生产效率的大大提高,大量农业剩余劳动力从农业生产中转移出来;第二,广东素有"七山一水二分田"之称,东北部大片山区,自然条件的限制导致大部分劳动力进城务工,1987年的官方估计数据显示,自改革开放以来,广州、深圳、珠海各有近100万外地青年民工,其中60%的人来自本省的山区[②],山区劳动力由于没有农田的限制,更易在改革开放的时机下进城寻找工作机会。在需求方面,广东的改革开放以外向型经济模式为基点,引进外资,大规模城市建设及企业规模的扩张,如乡镇企业、"三资企业"、"三来一补"企业及个体经济大量涌现,均使全省对劳动力的需求量大增,为农村、山区的劳动力转移提供了现实的条件。

(二) 劳动用工制度变革

广东省劳动用工制度变革以促进劳动力的自由流动,初步形成劳动力市场为目标。我国实行的户籍管理制度和粮票制度严重限制了劳动力的自由流动,因此广东劳动用工制度的探索主要从突破这两种制度对劳动力流动的重重封锁开始。

广东经济特区用工制度改革主要集中在企业用人制度、就业制度、企业工资分配制度以及社会保障体系等外在用工环境的配套改革

---

① 陈斯毅:《广东劳动制度改革的回顾与展望》,载《广东社会科学》1999年第3期。
② 参见傅高义《先行一步,改革中的广东》,广东人民出版社2008年版,第220页。

四大方面。

1. 企业用人制度变革

1980年，深圳经济特区正式进行劳动用工制度改革，率先砸"铁饭碗"、破"大锅饭"。该改革起因于竹园宾馆用工懈怠的问题，当时的港资方刘天面对这样的局面，提出"雇佣双方签订合同，可根据被雇佣者的工作情况来决定其去留"的解决方案，这一解决方案后来得到了广东省劳动部门的支持，以竹园宾馆作为新的用人制度的试点。在劳动合同制初步实行后，深圳市根据国务院下发的相关文件，于1982年决定在"三资企业"中实施劳动合同制，于1983年5月决定在全省国有、集体企业新招工人中全面实行劳动合同制，并针对新旧两种用工制度并行带来的摩擦和矛盾，提出逐步搞活固定用工制度，全面实行劳动合同制（包括把原有的国家固定工改为合同制工人）。[①] 1983年8月26日，深圳市政府颁布《深圳市实行劳动合同制暂行办法》，办法颁布后深圳所有国有企业、事业单位、国家机关、团体以及县以上集体所有制新增工人一律实行劳动合同制。[②]

珠海经济特区对劳动合同制度的探索紧随深圳之后。1980年，珠海一家中外合资企业——石景山旅游中心率先进行了劳动用工合同制改革试点，珠海市政府取消了劳动用工的统包统配，允许企业面向市场实行公开招聘，对于企业职工则不分新老，一律与企业签订具有法律效力的员工劳动合同书。该项试点成绩显著，试点最初两年石景山旅游中心共接待了68个国家和港澳地区的游客69.9万人次，营业额达4 659万港元，盈利856万港元（其中中方分成257万港元），劳务费收入381万港元，为国家创外汇2 490万港元。[③] 1983年7月，《珠海市实行劳动合同制试行办法》颁布，以比较规范的形式在全市推行劳动合同制。从1984年开始，珠海市不断扩大劳动用工的试行范围，不仅在外资、合资企业和集体企业中试行，也在全民所有制企业试行劳动合同制。

汕头经济特区在劳动用工制度上的探索略落后于深圳、珠海经济特区

---

① 参见甘兆炯《广东劳动制度改革二十年回顾与展望》，载《广东经济》1999年第1期。
② 参见陶一桃《深圳经济特区年谱》上册，中国经济出版社2015年版，第49页。
③ 参见周叔莲、卢国英《珠海经济特区好》，中共中央党校出版社1996年版，第278～279页。

乃至全省，但汕头经济特区走出了自己的探索之路。1984年7月，汕头经济特区为了广泛推行合同工制度，推出了一系列的配套措施，这些改革方案一定程度地推进了汕头劳动用工制度合同化的进程。1988年1月，汕头经济特区出台了"已调入经济特区的全民、集体固定职工一律改为劳动合同制工人，但档案保留固定工身份，以备调出经济特区时使用"的新规定。1988年以后，汕头经济特区将合同化管理由管理层发展到干部层，在一些国营直属公司，实行"企业工作者"制度，打破干部与工人身份的界限，实行劳动合同制与职务任期聘任制，至此，汕头经济特区的劳动合同全员化的探索暂时画上了一个圆满的句号。到1991年，汕头经济特区的合同制工人占职工总数的80%以上，高于全国、全省的平均比例。[1]

2. 就业制度变革

广东省1988年率先改革劳动计划管理体制，取消了国有集体企业指令性招工计划，采取用人单位面向社会公开招收、全面考核、择优录用的办法，逐步确立了劳动力供求双方的主体地位，改变了长期以来劳动者就业由劳动部门"拉郎配"的行政管理办法，引入双向选择和竞争机制。[2] 1987年8月16日，深圳市举行了为期8天的首届劳务交流会，超过1万人次参加交流，其中应招的待业人员约2 200人，应聘技工约1 300人，"双向选择"进入人们视野。[3]

3. 企业工资分配制度变革

有关企业工资分配制度的改革，广东探索出两条改革路径。其一，从宏观上探索解决国家对企业工资分配关系的路子，即改革企业工资总量决定和调控机制。1980年开始，在部分企业实行"除本分成"改革试点；1983年，鼓励企业根据不同生产经营特点，实行工资总额同经济效益挂钩；1987年，全省预算内工业企业已有600多户实行了这一改革，据28户试点企业统计，人平均工资达到2 300元，经济效益好的企业人均工资

---

[1] 参见杜经国、黄兰淮《艰辛的崛起——汕头特区创业十年》，汕头大学出版社1996年版，第164页。

[2] 参见甘兆炯《广东劳动制度改革二十年回顾与展望》，载《广东经济》1999年第1期。

[3] 参见陶一桃《深圳经济特区年谱》上册，中国经济出版社2015年版，第174页。

达2 600多元。① 其二，下放企业内部工资分配自主权，搞活企业内部分配。1983年，深圳市蛇口工业区就开始工资分配制度的探索，当年的12月12日，深圳市出台了蛇口工业区的工资改革方案，要求实行基本工资加岗位工资、职务工资、浮动工资的工资分配制度。到1984年8月，经广东省人民政府同意，深圳特区国家机关和事业单位进行工资改革，实行基本工资、职务工资、年龄工资分解的新工资制度；珠海特区于1987年颁布了《珠海经济特区企业工资改革试行方案》，对盈利和微利企业实行工资同经济效益挂钩的方式；随后汕头也开始了工资同经济效益挂钩的浮动工资分配制度的尝试。从整体来看，直到1987年，广东省实行经济效益挂钩的企业，内部分配已经基本自主，包括企业可以自行调资升级。②

新的分配方式调动了劳动者生产的积极性。广东省的GDP得到了较大的提高，职工工资、职工人数逐年增长。1980—1992年，广东省经济特区的职工人数与工资情况见表2-3。深圳、珠海、汕头经济特区职工总人数如图2-1、图2-2、图2-3所示。

表2-3 1980—1992年广东省经济特区职工人数、职工工资情况

年份	职工人数（万人）	平均货币工资（元）	平均实际工资指数（上年=100）
1980	563.62	789	105.2
1981	587.34	873	104.1
1982	608.12	961	107.3
1983	612.65	1 021	103.3
1984	631.77	1 187	114.1
1985	660.82	1 375	98.9
1986	686.20	1 516	105.3
1987	720.34	1 720	100.6

---

① 参见孔令渊《广东劳动工资制度改革的回顾和今后思路》，载《中国劳动科学》1988年第9期。

② 参见孔令渊《广东劳动工资制度改革的回顾和今后思路》，载《中国劳动科学》1988年第9期。

(续表 2-3)

年份	职工人数（万人）	平均货币工资（元）	平均实际工资指数（上年=100）
1988	747.67	2 232	100.2
1989	762.61	2 678	98.4
1990	785.49	2 929	112.3
1991	827.58	3 358	112.1
1992	858.12	4 027	110.6

资料来源：《新中国 60 年统计资料汇编·广东卷》。

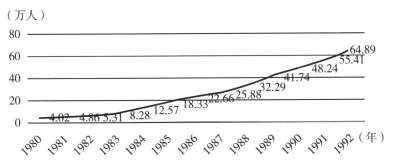

图 2-1　1980—1992 年深圳经济特区职工总人数走势

资料来源：《深圳统计年鉴·2010》。

4. 外在用工环境的配套改革

劳动用工制度的保障还涉及劳动用工环境的相关内容。广东省社会保险事业从无到有，再到迅速发展起来，逐步发挥劳动用工环境的"减震器""安全网"的作用。广东省经济特区在社会保险事业方面先行一步，具体涉及养老、社会劳动和工伤保险等方面。1980 年，广东省在实行劳动合同制的同时，率先在合同制工人中实行养老保险。珠海特区的社会保险从 1980 年 10 月开始，在石景山旅游中心的中方职工实行了养老保险；到 1983 年，珠海经济特区正式颁布了《珠海市合同制工人养老保险规定》；1986 年 9 月颁布了《珠海市固定工养老保险办法》，养老保险的体系覆盖越来越全面。1984 年 7 月，汕头经济特区也颁布了《汕头特区合

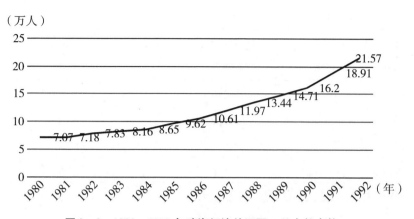

图 2-2 1980—1992 年珠海经济特区职工总人数走势

资料来源：《珠海统计年鉴·2009》。

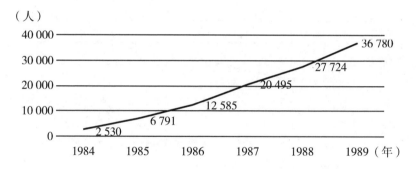

图 2-3 1980—1989 年汕头经济特区职工总人数走势

资料来源：《广东经济特区十年》①。

同制职工实行社会劳动保险暂行规定》。1983 年 11 月，深圳市政府颁布了《深圳市实行社会劳动保险暂行规定》，对使用范围、社会保险费提取标准和办法做了规定；1984 年 1 月，深圳市个体劳动者协会成立，并通过了协会章程；② 1984 年 7 月，深圳市政府颁布了《深圳市全民所有制单

---

① 由于汕头经济特区的区划不同于现今的汕头市，图 2-3 中与《汕头统计年鉴·2010》上的数据会有出入。

② 参见陶一桃《深圳经济特区年谱》上册，中国经济出版社 2015 年版，第 94 页。

位退休基金统筹试行办法》,保障了单位员工退休金的管理;1990 年 8 月,《深圳经济特区工伤保险暂行规定》正式实施,在劳动用工保险方面又走出了一步,使处理工伤事宜真正有法可依。至此,广东省初步确立了新型劳动用工配套制度体系。

(三)小结

广东省劳动用工制度改革既解决了经济特区城市建设的用工荒问题,也解决了农村富余劳动力转移问题,激发了劳动者生产积极性。其一,逐渐实现劳动供给主体市场化,为经济特区,乃至全省、全国的劳动力市场化流动打下了坚实基础,有效解决了特区建设过程中的外资企业用工荒难题。以深圳为例,如图2-4所示。其二,双向选择、竞争就业的市场机制成为调节劳动力市场供给的有效手段。一方面,打破了工资分配的平均主义,企业可以择优录用优秀人才,提高经济效益,另一方面,劳动者为了获得满意的工作岗位而进行竞争,促进了劳动力资源的优化配置。其三,以职业中介组织为基础的就业服务体系迅速发展。职业中介组织的发展有利于劳动力市场信息的公开透明化,提高了劳动力市场横向流动的便利。其四,初步建立了劳动力市场运行规则。广东省陆续颁布了《广东省劳务市场管理规定》《广东省社会服务介绍机构管理办法》《广东省劳动合同管理规定》等一批劳动力市场主体及中介机构行为的规范性文件,维护了市场的顺利运行,促进了劳动力的合理流动。

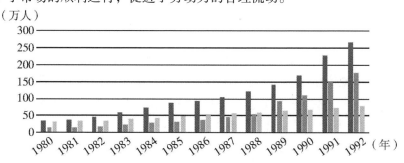

图 2-4　1980—1992 年深圳经济特区劳动力流动情况

资料来源:《深圳统计年鉴·2010》。

四、分配制度改革的初步探索

正如马克思所言,"分配的结构完全决定于生产的结构,分配本身就是生产的产物"①。进一步,回看广东经济特区成立之初,与传统的计划经济相比较,经济特区主要呈现出以下特点:建设资金以引进外资为主,企业结构以引进混合型经济为主,产品以出口外销为主,经济运行以市场调节为主。特区逐步形成了由外商独资企业、中外合资企业、合作企业等构成的非国有经济和混合经济形式,新的经济结构催生了新的劳动制度和用人制度,劳动力市场逐渐形成,进而使劳动力供求发生了质的变化,直接引起了反映劳动力供求关系的劳动力价格——工资分配的巨大变化,从根本上打破传统计划经济条件下单一的分配制度,分配主体多元化,分配形式多样化的分配制度变革势在必行。②

(一)工资分配制度改革

分配制度的改革有其清晰的线索可循,即收入分配的实物化向货币化的转变,其目标是改革高度集中的企业工资分配制度,建立灵活多样的基本工资制度和工资支付形式。就广东经济特区而言,工资改革之前的工资分配形式大多采取"低工资+高补贴"组合,且补贴形式多为实物。在广东经济特区建设早期,曾经出现过名目繁多的奖金制度、计件工资制度,前者沦为平均主义的新手段,后者却由于行业局限性而无法大范围推广。

经济特区企业内部工资分配制度改革开始于企业分配自主权的落实。1985年1月,国务院发出《关于国营企业工资改革问题的通知》,对有关工资管理体制做出规定:"企业和国家机关、事业单位的工资改革和工资调整脱钩。""企业职工工资的增长应依靠本企业经济效益的提高,国家不再统一安排企业职工的工资改革和工资调整。"该文件的出台标志着政企分开,企业可以独自处理职工工资问题,对工资拥有了自主分配权,企

---

① 中共中央马克思恩格斯列宁斯大林著作编译局:《马克思恩格斯选集》第2卷,人民出版社1995年版,第98页。

② 参见蒋斌、梁桂全《敢为人先——广东改革开放30年研究总论》,广东人民出版社2007年版,第137页。

业可以根据自身生产经营特点和经济效益，自主选择工资制度，确定工资总额、工资标准、工资分配形式。工资形式的选择与企业的经济效益挂钩。引入市场机制，让劳动者真正参与到企业的收益分配中来，建立工资总量决定机制。经济效益挂钩是一项宏观取向，涉及企业内部具体的分配制度，企业内部分配制度改革是经济效益的结构化和投入要素贡献逐渐差异化的过程。

1. 深圳经济特区的改革

1982年4月，深圳友谊餐厅在全国率先试行工资制度改革，探索设计出"基本工资+职务工资+浮动工资"的薪酬制度，是公有制餐厅第一个打破大锅饭的成功案例，调动了干部、职工的积极性，充分体现了多劳多得的社会主义原则。[1] 从1983年起，深圳的国有企业突破了统一工资标准和统一的调资制度，实行企业工资总额与经济效益（资本利润率、资金利润率、销售收入和销售利润率）挂钩，职工个人工资与劳动生产率（劳动的数量和劳动的质量）挂钩，具体分配方式由企业自行决定，国家用工资调节税和个人收入调节税进行调节。经过改革，打破了僵化的八级工资制，相继建立了形式各异的企业工资制度和工资形式，包括结构工资制、浮动工资制、职务工资制、技术等级工资制、岗位工资制、年功序列工资制和岗位技术等级工资制等十几种企业基本等级工资制。[2]

2. 汕头经济特区的改革

汕头选择向深圳经济特区蛇口工业区学习，结合自身条件在国家等级工资制度的基础上，实施"岗位工资+岗位补贴"的工资制度。1984年7月，《关于印发〈汕头特区公司以上单位干部职工工资改革方案〉的通知》宣布在汕头经济特区全面开展工资改革工作，新的工资结构由基本等级工资、职务工资、浮动工资（奖金）三部分组成，但由于之后的整党之风导致这一尝试以失败告终。接下来，在1985年国家放开工资分配权限的时局下，汕头经济特区做了两件事：一是严格工资基金管理，抑制消费基金膨胀；二是全面推行功效挂钩工资制度。到1988年上半年，汕

---

[1] 参见蒋斌、梁桂全《敢为人先——广东改革开放30年研究总论》，广东人民出版社2007年版，第284页。

[2] 参见伍先铎《按劳分配为主与多种分配形式并存的尝试——深圳经济特区分配制度改革回眸》，载《特区理论与实践》2000年第9期。

头经济特区直属国营企业开始推行工资总额同企业经济效益挂钩浮动的分配制度，并确定以"发展总公司""商业总公司"为试点。同年9月，汕头经济特区对挂钩若干问题做了具体的规定。汕头经济特区的工资总额同税后利润挂钩的方式确实保障了：只有企业赚了钱，职工的工资才有可能增长；只有企业收入增长了，国家收入才会增长。

3. 珠海经济特区的改革

1987年，珠海市颁布了《珠海经济特区企业工资改革试行方案》，经市政府批准执行，该改革方案提出了4种适用于不同企业类型的办法，其中对盈利企业实行工资总额同经济效益挂钩；对微利企业实行核定工资总额和上缴利润任务，企业在留利中按比例提取奖金；对经营性亏损企业实行核定工资水平和保障工资（标准加补贴）；对合资企业、合作企业、内联企业、乡镇集体企业，则由董事会和企业主管部门确定工资形式、工资水平。① 珠海经济特区不同于深圳经济特区在挂钩指标上的差异化处理，而是直接在工资制度的制定上差异化，相对而言风险较小，工资制度的放开层次化明显。

（二）工资分配制度的配套改革

1. 对国有企业实行分类分级管理

深圳率先开展探索。一是把所有企业按经济性质分为国有企业和非国有企业，对两类不同性质的企业实行不同的工资调控办法；二是由市劳动局直接管理市属三家资产经营公司的直属企业，对直属企业的下属企业，由其产权部门管理；三是各区属国有企业由各区劳动部门管理；四是中央各部委及各省市驻深国有企业由其产权部门直接管理。无独有偶，《珠海经济特区企业工资管理办法》中规定珠海经济特区的企业实行分类、分级管理。分类约束是国营、合资、合作、股份制、集体企业的调控形式；分级管理是划分职责，如劳动部门管理的市属企业，县、区劳动部门管理的区属企业，其工资水平就分别由市、县、区政府确定。

2. 加强国有企业工资总额调控

改革初期，深圳对国有企业的工资总额调控采取工效挂钩办法，以后逐步演变为"两个低于"原则。"两个低于"原则指企业工资总额增长幅

---

① 参见周叔莲、卢国英《珠海经济特区好》，中共中央党校出版社1996年版，第285页。

度低于本企业利润增长幅度,员工实际工资增长幅度低于劳动生产率的增长幅度。劳动部门核定两个工资总额和工资水平基数,产权部门核定企业经济效益指标基数。其优点在于有一定的灵活性,在确定总额的条件下,企业有权自己确定具体分配办法,不至于管得过多、过死。在工资增长低于劳动生产率的增长方面,汕头经济特区探索企业如何在制度建设上建立工资分配的自我约束机制。1989年10月,汕头经济特区体改办、财政局、劳动局联合制定的《关于建立全员储备基金暂行办法》出台,该办法正确处理了工资绩效的分配和积累问题,防止了工资过快增长的问题。

(三) 分配主体的多元化改革

根据纳入该生产要素的生产方式决定分配方式的原则,凡是参与创造价值的生产要素,不管是劳动要素还是非劳动要素,都应当参与分配。[①]

1. 按劳动力价值参与分配

按劳动力价值或价格分配是经济特区的一项创举。如深圳经济特区积极创办各种类型的人才交流中心、劳务公司等劳动力市场,保证"三资"企业和私营企业劳动力的供给,从而使按劳动力价值或价格参与分配成为现实。随着改革和建设的发展,经济特区推行了全员劳动合同制,国有企业员工也逐步并入劳动力市场,包括高层经理人才市场,使劳动力作为生产要素参与分配的范围逐步扩大,层次也逐步提高。

2. 按资本要素参与分配

经济特区建立之初,为了缓解资金短缺的矛盾,一方面大力引进外资创建各种类型的合资企业,另一方面在全国率先进行企业的股份制改造试验,走出了一条利用外资和民间资本的投资模式。外资和民间资本采取认购股票的形式参与分红,这实际上是对资本要素参与分配合理性的确认。

3. 按土地价值要素参与分配

经济特区在全国率先实行土地的有偿、有限使用,此后发展成土地使用权的转让,开放了二级市场,经过房地产开发公司的运营,在深圳经济特区形成了全国第一个管理规范的城市房地产市场,打破了土地不可转让的禁锢。建立房地产交易市场,制定合理的转让价格,形成制度化,宣告

---

① 参见李本和《马克思劳动价值论与我国收入分配制度改革》,载《理论建设》2011年第1期。

了土地作为基本生产要素参与分配成为现实。①

4. 管理、技术等其他生产要素参与分配

深圳较早进行了技术要素和管理要素参与分配的探索。② 1987 年，深圳市出台了《深圳市人民政府关于鼓励科技人员兴办民间科技企业的暂行规定》，明确科技人员可以将个人所拥有的专利、专有技术、商标权等工业产权作为投资入股。③ 1994 年，深圳开始探索管理要素参与分配的新形式，制定了《深圳国有企业经营者年薪制试点暂行办法》，年薪制除了职务工资的要求外，将企业的净收益和净资产囊括进来了，大大激发经营管理层的创造性。

五、其他领域改革的尝试

广东经济特区在其他的经济领域也进行了有益的尝试，其中尤其需要提到的是干部管理层的人事变迁及与外贸体制的改革。

（一）干部人事制度改革

在经济特区干部人事制度改革前，"五个老爷三个兵"的现象比比皆是，机关里扯皮、打官腔的如顽疾扼喉让政府的体制改革难以为继，这迫使特区政府领导将干部人事制度的改革提上了议事日程。广东经济特区的干部人事制度改革主要涉及人员调配制度变革与干部任用制度变革。

1. 人员调配制度变革

在人员调配上，深圳经济特区自 1982 年起每年派出招聘工作组到内地公开招聘干部和技术人才，改革了单一的调配制度，且应聘者入选后，经双方组织商定并征得本人同意，可采取调入、临时借用、兼职带徒、定期聘用、技术承包、协作支援等多种形式来经济特区工作，实行了调配方式的多样化，为深圳经济特区的建设注入了大量新鲜的血液。1978 年，深圳仅有干部 6 466 人，素质不高而且存在"三多三少"的现象，而到 1990 年，

---

① 参见耿刚《深圳现行分配制度考察与改革对策构想》，载《特区经济》1996 年第 1 期。
② 参见伍先铎《按劳分配为主与多种分配形式并存的尝试——深圳经济特区分配制度改革回眸》，载《特区理论与实践》2000 年第 9 期。
③ 参见伍先铎《按劳分配为主与多种分配形式并存的尝试——深圳经济特区分配制度改革回眸》，载《特区理论与实践》2000 年第 9 期。

全市已有各类专业技术干部34 455人，占全部干部总数的63.9%。①

2. 干部任用制度变革

在干部的任用制度上，实行领导干部任期制和选聘制，改革了传统的终身制和委任制。1980年的汕头机械厂前身是汕头市公安局属下的消防器材厂，从党委领导下的厂长负责制改为职工代表大会领导下的厂长负责制，从由国家委任厂长改为竞选厂长，消除了党政不分的矛盾，大大提高了机械厂的生产效率，改革前8个月亏损9.2万元，改革后4个月盈利14.5万元，全年盈亏相抵，盈利5.3万元，1980年完成工业总产值153万元，比1979年增长32.38%。② 在干部管理制度上，汕头经济特区在机关事业单位推行领导成员任期目标责任制，将企业副职提名权和中层干部任免权下放给企业，实行干部分级聘任制。深圳经济特区自1987年开始，先后制定了《深圳市党政机关事业单位干部任免暂行规定》《深圳市实行领导干部回避制度的暂行规定》等，对干部管理制度做了相关改革。其中，尤其值得一提的是，1987年党的十三大指出中国干部人事制度改革的重点是建立国家公务员制度，深圳经济特区率先进行了试点，1988年年初，深圳市政府出台了《深圳经济特区建立国家公务员制度的初步方案》，1990年，国家正式批准深圳成为公务员制度改革城市。

（二）外贸体制改革

外贸体制改革牵一发而动全身，直接关系到广东经济特区的"工贸"外向型经济的建设目标，尤以外汇管理问题为核心。回顾特区外贸体制改革的基本内容及其改革成果，这是一场围绕"外资外贸"对传统体制进行重点突破的改革。

深圳为促进对外贸易的发展，主要从经营体制、企业结构、经营管理三部分改革了外贸体制。在经营体制方面，把过去由外贸部门独家经营改变为特区政府批准取得进出口经营权的企业自主经营。据统计，全市有权经营进出口业务的企业，从办特区初期的6家外贸专业公司增加到1989

---

① 参见《广东经济特区十年》编辑委员会《广东经济特区十年》，广东科技出版社1990年版，第61页。
② 参见广东省组织部、经贸调查组《汕头机械厂改革工资分配制度和企业领导制度取得显著成效》，载《经济管理》1982年第1期。

年的 260 家。① 在企业结构方面，大力抓好出口商品基地建设，把主要精力放在解决生产领域的问题上，通过外引、内联的方式兴办适应外向型经济的企业。在经营管理方面，把过去"计划收购、计划出口、亏损补贴"的办法，改为"利润包干、盈利留用、三年不变"的经营包干责任制。经营形式主要有进出口贸易结合、批发与零售结合、自营与代理结合、自营生产与来料加工结合、现货贸易与期货贸易结合、商品展销与技术交流结合等。

不同于深圳经济特区的对外贸易起步较早，汕头经济特区的进、出口贸易分别始于 1982 年 1 月和 1983 年 10 月。严格算起，1984—1989 年，汕头经济特区对外贸易经历了从无到有的过程，其中，最为典型的是汕头的"鳗联"。1985 年以前，汕头地区盛产鳗苗，但人民不会饲养成鳗，渔民们只能获得鳗苗收购价的微薄收入。到了 1986 年 8 月 1 日，汕头经济特区水产开发公司和汕头市有关水产养殖单位，联合成立"汕头经济特区水产养鳗联合发展公司"（以下简称"鳗联"），开始转变鳗鱼产品的经营方式，将鳗苗资源优势转化为出口商品优势，改变潮汕的养鳗历史。当时的领导人经过调查研究，决定以贸易补偿的方式从日商引进一条烤鳗生产线，这样一来就可以获得日本方面的资金、技术、市场。② 经过几年的发展，鳗联已基本建立起一个集约化、社会化、现代化的鳗鱼养殖加工出口生产体系。鳗联的发展是经济特区外贸体制改革放权的结果，也是企业经营管理的成就。

珠海经济特区的对外贸易在 10 年内也取得了不凡的成绩。到 20 世纪 80 年代末，珠海经济特区的对外贸易出口总值相比于 1980 年，约增长了 34 倍。③ 广东省经济特区的对外贸易整体上呈现上升态势，珠海经济特区的进出口总额相对于深圳经济特区偏低，但增长率持续上升，如图 2-5

---

① 参见《广东经济特区十年》编辑委员会《广东经济特区十年》，广东科技出版社1990年版，第91页。

② 参见杜经国、黄兰淮《艰辛的崛起——汕头特区创业十年》，汕头大学出版社1996年版，第75～76页。

③ 根据《广东经济特区十年》中的相关数据计算得出。

所示。① 广东经济特区逐渐开始探索出一条适合自己发展的"外向型"经济模式。

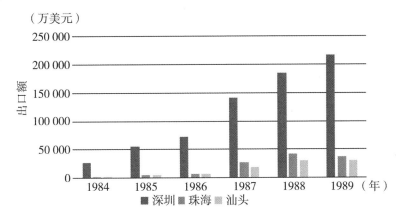

图2-5 1984—1989年深圳、珠海和汕头经济特区出口额

数据来源：《广东经济特区十年》②。

第二节 传统体制的重点突破

道路问题是关系党的事业兴衰成败第一位的问题，道路就是党的生命。我们党和人民在长期实践探索中，坚持独立自主走自己的路，取得革命建设改革伟大胜利，开创和发展了中国特色社会主义，从根本上改变了中国人民和中华民族的前途命运。中国特色社会主义，是中国共产党和中国人民团结的旗帜、奋进的旗帜、胜利的旗帜，是当代中国发展进步的方向。

---

① 关于图2-5中的数据说明：根据《汕头统计年鉴·2010》，汕头的进口金额情况从1995年开始，此前只有出口的数据，没有进口数据，且问题是与之前在《广东经济特区十年》里提供的数据出入很大，这应归因于汕头经济特区和汕头市（1991年后汕头经济特区的区域才扩大到整个汕头市区）的区划问题。

② 《广东经济特区十年》编辑委员会：《广东经济特区十年》，广东科技出版社1990年版，第94、131、182页。

江河万里总有源，树高千尺也有根。习近平总书记指出："中国特色社会主义不是从天上掉下来的，是党和人民历尽千辛万苦、付出各种代价取得的根本成就。"

习近平总书记强调："改革开放只有进行时没有完成时。没有改革开放，就没有中国的今天，也就没有中国的明天。改革开放中的矛盾只能用改革开放的办法来解决。"①

1985年12月25日至1986年1月5日，"全国特区工作会议"在深圳召开，要求经济特区的工作从前几年的"铺摊子，搭架子，打基础"转到"抓生产，上水平，求效益"方面，力求实现建立外向型经济的目标。过去几年，经济特区主要把精力放在基础设施建设上，吸引外资，对外贸易有所起色，但是却出现了经济结构的畸形化倾向。陈文鸿博士在《广角镜》杂志上发表了一篇《深圳的问题在哪里？》的文章，指出深圳经济特区的经济结构不是如官方报道的那样是以工业为主，而是以贸易为主，说明深圳经济特区忽视本地的经济工业建设，更多的是利用内引、外联方式，通过赚取内地的钱发展了经济，这既不符合当时中央设立经济特区的初衷，同时依赖于转口贸易的发展模式又使经济体受制于国际经济环境。与深圳类似，珠海发展房地产和旅游业也依赖于国际经济环境，汕头的农业创汇形式更是与国际经济环境息息相关。广东经济特区的初创时期，过度依赖于"出口加工区"的角色定位，加之基础建设投资需求的发酵，使经济特区的建设面临着外贸依赖性的危险。

正如制度变迁中的路径依赖，在广东经济特区中，深圳有港澳港口、蛇口工业区的优势，珠海开放之前有过一段较繁荣的小额边境贸易，而汕头汕埠、海上贸易由来已久，这些情况都可以一定程度地解释经济特区初创时期对"出口加工区"的路径依赖。但是，关于外资注入的外向型经济的宏观环境并没有就此构建起来，关于资本进入的外汇市场，关于外资用地的使用法规，关于厂房、住房的制度改革，关于国有企业本身，乃至整个架构与货币之上的金融体系市场化并没有建立起来，经济体制改革的有计划的商品经济的目标还有一段漫长的路要走。

---

① 习近平：《习近平谈治国理政》第一卷，外文出版社2018年版，第69页。

第二章　广东经济特区改革发展的初步探索

一、外汇市场改革

(一) 汇率双轨制与外汇留成制度引致的问题

外汇市场改革的主体是资本自由流动,广东经济特区的外汇市场改革问题主要集中在以货币形式出现的国际资本的自由流动、市场化内容。

广东经济特区的外汇来源于地方外汇留成,经济特区的外汇产生主要是出口创汇的贸易性外汇收入和一些非贸易性的外汇收入,比如港澳同胞及海外华人捐助或者汇给亲属的外汇,旅游业发展带来的生活性消费,外企职工工资等。1981—1984 年,我国的人民币汇率体制是双重汇率制,即人民币内部结算价与官方汇率双重汇率并存。

双重汇率制及外汇留成的汇率在经济特区引进外资、发展外向型经济建设的过程中带来了一系列问题。

第一,地方贸易逆差奇高。对照 1985 年之前几年,深圳、珠海经济特区的进出口情况见表 2-4、表 2-5,从 1983 年开始,两市经济特区的进口总额分别超过了其出口总额,尤其是深圳,当年两者之间的差额高达了 6 亿多美元,哪怕是在 1985 年中央出台文件大规模压缩基建投资的时候,进口额仍远远高于出口额。据统计,1985 年,深圳特区出口收汇 37 993 万美元,进口用汇 96 408 万美元,有形贸易逆差 58 415 万美元。①

表 2-4　1980—1985 年深圳经济特区进出口总额

单位:万美元

年份	进出口总额	出口总额	进口总额
1980	1 751	1 124	627
1981	2 807	1 745	1 062
1982	2 534	1 597	937
1983	78 642	6 230	72 412
1984	107 247	26 539	80 708
1985	130 632	56 340	74 292

数据来源:《深圳统计年鉴·2017》第 332 页。

---

①　参见广东省人民银行金融研究所金融课题组、深圳经济特区分行金融研究所特区金融课题组《深圳特区外汇收支问题》,载《金融研究》1987 年第 4 期。

表 2–5 1980—1985 年珠海经济特区进出口总额

单位：万美元

年份	进出口总额	出口总额	进口总额
1980	1 934	1 309	625
1981	3 130	1 880	1 250
1982	3 741	2 098	1 643
1983	6 689	2 448	4 241
1984	6 843	2 319	4 524
1985	14 495	3 331	11 158

数据来源：《珠海统计年鉴·2017》第 182 页。

第二，外汇升值压力倍增和外汇黑市交易盛行。经济特区进口的膨胀使外汇变得十分紧缺，人民币面临着升值的压力。人民币的升值压力在外汇留成制度的配合下，愈演愈烈，导致经济特区的外汇黑市交易盛行。外汇交易在经济特区不断高涨的很大一部分原因是外汇留成的行政区域化，如深圳、珠海、汕头、厦门 4 个经济特区的外汇留成为 100%，广西和其他少数民族地区外汇留成为 50%，广东和福建（除经济特区和经济开发区外）外汇留成为 30%，全国其他地区外汇留成为 25%，[1] 这样一来，一方面导致出口传统商品和合理流向的阻塞，地区之间为了获得外汇，限制本地出口产品原料和一些初级品，改由本省口岸组织出口，那么广东经济特区就难以从内地取得原材料和初级工业品，换汇成本提高，进而影响"出口创汇"，导致经济特区内的外汇供给不足问题日益严重。另一方面，经济特区的进口用汇多，出口收汇少，当初经济特区大搞基础建设吸引外资，投入的外汇资金不能很快回收并承担着利息压力的牵制，供需扭曲程度越来越高。

（二）从行政管制到外汇市场化的探索

1. 行政管制方式难以奏效

对于以上外汇市场出现的问题，经济特区初期是出台了不少文件管制

---

[1] 杨雄：《试论目前贸易外汇留成办法的改革》，载《社会科学》1986 年第 7 期。

第二章 广东经济特区改革发展的初步探索

的。如深圳1980年3月发布《关于打击投机倒把、走私套汇和炒买炒卖进口物品违法活动的布告》,提出坚决打击投机倒把、走私活动,取缔黑市炒买炒卖进口物质和取缔外汇黑市活动,违者将由工商行政管理机关处理。① 行政上也实施过"进口许可证"来推行"以进养出"的计划,试图通过调整进出口的比例,发展经济特区的企业来促进出口创汇的发展,但企业质量的提升不是一朝一夕的事情,难解外汇黑市猖獗的燃眉之急。

行政管制、调控是不能从根本上解决问题的,黑市之风也是"野火烧不尽,春风吹又生",只要政策稍微放松的"春风"一来经济特区,外汇黑市交易又变活络起来。1982年,在深圳外汇黑市,港币兑换价达0.38元,比当时的官方牌价高出35%;到1984年,港币兑换价达0.80元,比当时官方牌价要高出一倍以上。据中国人民银行深圳经济特区分行的调查,仅1985年第一季度,深圳市从事外汇黑市交易的企业多达60多家,交易金额达1.48亿美元,相当于深圳出口额的55.8%。②

黑市盛行、外汇不能自由流通的根本原因是我国当时"双轨制"的外汇管理体制,非贸易官方汇率和贸易内部结算价并行,而外汇牌价又由北京单一途径公布。外汇市场的问题开始直指体制层面,尝试过行政禁止失效的广东经济特区开始进行外汇市场化改革的探索,深圳不负使命地走在了时代的前列。

2. 成立面向供需市场的外汇调剂中心

1985年8月,中国人民银行深圳经济特区分行的一些专业人士向分行领导提出在深圳有限度地开放外汇市场的改革方案,设想成立一个外汇交易所,公开办理企业间的外汇交易,市场价格放开,盯住出口换汇成本波动。分行领导考虑提出开放外汇交易可能太敏感,建议改用"外汇调剂"。中国人民银行深圳经济特区分行草拟了《深圳经济特区留成外汇调剂管理暂行办法》。

1985年9月10日,中国人民银行深圳经济特区分行和国家外汇管理局深圳分局向国家外汇管理局联合呈文,正式提交了《关于在深圳经济特区建立留成外汇调剂中心的请示报告》,设想在深圳设立一个"留存外汇调剂中心",仅负责办理经济特区内的企业之间的外汇调剂。留成外汇

---

① 参见陶一桃《深圳经济特区年谱》上册,中国经济出版社2015年版,第21页。
② 参见任涛《深圳经济特区外汇调剂中心的发展回顾》,载《特区经济》1996年第12期。

调剂中心暂时实行计划管理，即参照经济特区留成外汇额度的使用控制指标，核定本年度市场调剂指标，调剂价格在出口换汇成本的5%～19%内进行浮动。这个报告未能得到批复。深圳金融界的同志并没有放弃，经过反复的讨论和修改，最后形成《深圳经济特区外汇调剂暂行办法》。

1985年11月9日，深圳市政府以275号文件正式颁布《深圳经济特区外汇调剂暂行办法》，建立深圳经济特区外汇调剂中心。该中心是市政府领导下的一个调剂外汇余缺的职能部门，参加外汇调剂的企业限定在深圳经济特区的国营、集体企业范围内，调剂价格由调剂中心根据参加交易单位的换回成本进行适当比例浮动。1985年12月12日，深圳外汇调剂中心办理了第一笔外汇交易，成交100万美元。深圳外汇调剂中心后来逐渐根据市场做了一些规定的调整：在调剂对象上，也允许深圳经济特区的"三资企业"参加；在调剂价格上，规定在出口换汇成本10%的范围内进行浮动，规定了最高限价，后来逐渐放开外汇调剂价格，改为供需见面，随行就市。而珠海和汕头经济特区也在深圳经济特区的带领下分别于1986年11月、1987年成立了外汇调剂中心。

深圳外汇调剂中心的先行先试，在两年后得到了中央的认可，1988年3月10日，中国人民银行以银发489号文件下达了《国家外汇管理局〈关于外汇调剂的规定〉的通知》，至此，全国各省、自治区、直辖市的外汇、计划单列。各市、经济特区和沿海主要城市都相继设立了外汇调剂中心，到10月时，全国各地已建成80家外汇调剂中心。① 外汇调剂实行的是"管两头，放中间"，即只管外汇来源和用途，放开调剂价格，只要外汇符合调剂规定、用途正当，买卖双方就可以自由议价成交。至此，广东经济特区的外汇市场化的改革在深圳试办外汇调剂中心的引领下，完成了外汇资本较自由流动的使命。外汇问题的解决带来的直接效应是经济特区对外资的实际利用额上升。广东省经济特区实际利用外资情况见表2-6。

---

① 参见徐昱华《中国外汇体制改革与外汇管制》，载《中山大学研究生学刊（社会科学版）》1998年第3期。

表2-6 广东省经济特区实际利用外资情况

单位：万美元

年份	深圳	珠海	汕头
1980	3 264	1 575	490
1981	11 282	1 377	607
1982	7 379	5 649	341
1983	14 394	2 938	470
1984	23 013	12 694	1 172
1985	32 925	5 345	2 770
1986	48 933	4 977	4 627
1987	40 449	3 875	5 606
1988	44 429	5 588	8 307
1989	45 809	5 935	13 752
1990	51 857	7 073	13 082
1991	57 988	13 744	22 923
1992	71 539	19 990	30 664

注：数据来源于《深圳统计年鉴·2010》第265页、《珠海统计年鉴·2009》第261页、《汕头统计年鉴·2003》的"9-1"。珠海市的实际利用外资额从1985年开始，见《珠海统计年鉴·1995》，"珠海市外经委统计报表（1994）"上的数据出现出入，实际利用外资额从1985年到1992年分别为：9 104、7 568、6 963、21 762、16 947、10 828、10 979、32 704万美元，均高于统计年鉴上的数据。

二、土地使用制度的改革

（一）"土地＋外资"的要素配置方式

从广东改革开放的逻辑来看，广东的改革开放不同于中国改革开放"从农村起步，以国有企业的放权让利为主体"的体制内的改革，广东是依据中央的"经济特殊政策、灵活措施"，从特区的建设起步，冲破传统体制的束缚发展外向型经济的改革。"土地＋外资"的要素配置方式正是外向型经济起步的关键，香港商人就指着脚下的土地说："这土地都是黄金，你们是捧着金饭碗讨饭吃"。①

广东经济特区的发展模式是外向型经济，对外商有吸引力的土地法规是经济特区建设开局首先要解决的问题。但我国在1949年后的土地政策是"任何组织或者个人不得侵占、买卖、出租或者以其他形式非法转让土地"。城市长期实行的也是政府划拨、无偿使用、无限期使用、不允许转让流动的土地使用管理制度。这显然不适合改革开放城市建设、引进外资办企业的时局。一方面是特区建设开局城市用地的需求，另一方面是土地资源的无效率使用，例如，广州市在1983年用地检查中发现，在137平方千米的城区面积中空地面积竟达25.8平方千米。② 土地资源的这一供需矛盾迫切要求对土地制度进行改革。

而广东经济特区在土地使用制度上的探索可以概括为"五个统一、三条原则"。"五个统一"指的是统一规划、统一征用、统一开发、统一管理、统一有偿出让，即由市政府按城市区域范围统一向农民征地，把"农地"变为"官地"，根据城市建设总体规划集中进行基础设施建设，把收归国有并经开发的土地分别有偿、有限期出让使用权，垄断城市土地一级市场。"三条原则"指的是以出让土地使用权的收入补偿农民的征地费，以出让土地使用权和转让土地使用权手续的收入进行基础设施建设，以基础设施的配套建设促进土地的开发。换言之，就是形成"以地养地"的新机制。③

（二）土地有偿使用

改革开放以前，人民公社制极大地抑制了农民从事生产经营活动的积极性，并将农民"捆绑"在无效运转的组织中。1982年，党中央批转了《全国农村工作会议纪要》，充分肯定了农村出现的各种形式的责任制，家庭联产承包责任制在全国普遍推广开来。家庭联产承包责任制使土地集

---

① 王先进：《城镇土地使用制度改革回顾》，载《今日国土》2008年第6期。
② 参见陈洪博《略论我国土地制度的改革》，载《华中师范大学学报（哲学社会科学版）》1987年第6期。
③ 参见杜经国、黄兰淮《艰辛的崛起——汕头特区创业十年》，汕头大学出版社1996年版，第109页。

第二章　广东经济特区改革发展的初步探索

体所有权与使用权由直接统一转变为相互分离①，农民不再是集体组织的附属劳动力，而是拥有生产经营属性的单元。

家庭联产承包责任制的普及使土地的所有权和使用权出现了一定程度的分离，打破了行政高度调控土地资源配置的计划经济体制模式，这为经济特区建设的土地资源配置问题扫除关键性的体制障碍，树立了榜样，城市土地管理开始一改过去的行政划拨、分片开发的土地管理体制。土地有偿使用登上了历史改革的舞台。

土地的有偿使用主要分为两个阶段。

1. 收取土地使用费

早在1979年，我国就出台了《中外合资经营企业法》，规定对外资企业征收土地使用费。1980年，国务院又制定了《关于中外合营企业建设用地的暂行规定》，规定新征用土地和原有企业用地的中外合资企业都要征收土地使用费，改变了我国土地无偿使用的制度。向广东方向，深圳率先迈出了第一步。1980年1月，深圳招商局发展部在蛇口工业区公布的《投资简介》是最早公布的土地使用规定，对每平方英尺②土地每年的使用费做了具体的规定。1981年11月，广东省人大常委通过《深圳经济特区土地管理暂行规定》，第一次在法律上确认了土地法规的合法地位，该法规根据企业所在地区条件、行业类别和使用年限分别规定了不同的收费标准。1983年5月，深圳市政府对深圳的内联企（事）业土地使用也做出收取土地使用费的规定。至此，只要土地是公有的，不管是客商独自经营企业、中外合资或合作经营企业，还是国营企业、集体企业、个体经营户，都要交纳相应的土地使用费。珠海经济特区的土地使用制度改革紧随其后，珠海经济特区建设初期，面临着建设资金严重不足的情况，当时梁广海市长采取"向政府银行低息贷款，到土地上的建筑物——房地产有所发展再交租"的模式，但是却发生了房地产公司运营者来年取得房产收益后无钱还贷的问题，收获的资金没有注入建设当中，而是挥霍在生活设施上，没有形成资本的积累。为此，梁市长开始了向房地产公司征收土地使用费来征集还贷资金的改革，因而珠海土地使用费征收的改革带有

---

① 参见陈洪博《略论我国土地制度的改革》，载《华中师范大学学报（哲学社会科学版）》1987年第6期。

② 1平方英尺=0.0929平方米。

被房地产行业发展倒逼的色彩。从1985年开始,珠海开始对新建项目征收土地使用费,每年每平方米费用根据不同的地区条件、不同行业和使用年限分类确定。例如,工业、仓储用地每年每平方米0.80～1元;商业、旅游建筑用地每年每平方米8～10元;商品住宅用地每年每平方米0.10～0.20元;等等。① 珠海在1988年开始有偿出让土地使用权,从协议出让走向招标出让。在1988年,汕头特区也在总结经验的基础上,借鉴香港、深圳、珠海的办法,进一步探索了土地有偿、有限期使用,实行土地使用权商品化经营。1992年1月,颁布了《汕头经济特区土地管理若干规定》。依据该规定,管委会对经济特区内土地使用权有偿出让的一级市场实行了垄断。同时,一改以往多家公司征地为管委会统一征地,超前规划,集中配套,分块出让,多家开发;并在土地出让的基础上开放二级市场,允许国有土地使用权受让人将土地使用权有偿转让、出售、交换或用作抵押。

2. 形成以公开竞投为主,实行竞投、招标与行政划拨相结合的双轨制管理办法

对于一些国家机关、部队用地,市政公共设施用地,需要政府资助的科教文卫或其他规定用地保留行政划拨,其他用地采取竞投、招标的方式,后者地价完全按照市场价格来收取。1987年12月1日,我国第一块国有土地以公开拍卖的方式在深圳出让,打破了国有土地非商品化的观念,开创了我国国有土地商品化经营的先例。将土地的使用权和所有权进行了分离,是对传统国土管理体制的重大突破。1988年1月初,《深圳经济特区土地管理条例公布》出台,这标志着土地管理的改革得到了法律上的保障。1991年8月,广东省七届人大常委会第二十一次会议通过修正的《广东省土地管理实施办法》,该项立法取代了深圳特区制定的《深圳经济特区土地管理条例》,在法律上进一步充实和完善国有土地有偿使用制度,将有偿使用、转让、抵押国有土地,扩充到国有土地可以出租或用于其他经营活动。② 而国家方面,在1988年4月12日,第七届全国人民代表大会第一次会议通过修改宪法草案,将原宪法中禁止土地"出租"两字删去,明确规定"土地的使用权可以依照法律的规定转让"。1990

---

① 参见顾广《珠海特区经济与金融》,武汉大学出版社1988年版,第59页。
② 参见陶一桃《深圳经济特区年谱》上册,中国经济出版社2015年版,第265页。

年，国务院出台了《城镇国有土地出让和转让暂行条例》，标志着全国的城镇土地使用权出让、转让的合法化。

土地有偿使用，土地的使用者向土地的所有者——国家交付地租，形成土地租赁关系，这是土地市场的萌芽，也是土地管理体制的重大突破。[①] 土地有偿使用为经济特区初期筹措建设资金开辟了道路，以深圳修建现代化道路为例，据统计，每一千米需要费用大约为100万人民币（包括在路下铺设各种管道），市区内新建和扩建道路51条，共84千米，需要资金约8 000万人民币。[②] 竞投、招标的土地招商方式一方面克服了行政划拨、单一收取土地使用费带来的土地权属混乱，以及违章占地、出租转让、变相买卖土地等现象频发的社会问题；另一方面，市价的运行方式符合外商的行为习惯，可以减少不必要的社会纠纷。

广东经济特区土地使用制度的改革，为经济特区建设筹措了一大笔基础建设资金，经济特区凭着这些建设资金起步，一步一步用来开发土地，形成了"以地养地"的机制。

三、住房制度改革

20世纪80—90年代的经济特区还没有形成市场化的体系，城乡二元结构问题还比较严重，而农村的住房建设是建立在"集体"所有无偿获得的土地上，房产依附的土地有严格的农村宅基地供给制度限制，大部分农村家庭通过自建房解决居住问题，但住房不能作为商品自由转让，也就没有住房市场的倾向，没有住房消费支持体系，对于快速涌入的就业人群和城市发展来讲，发展住房市场成为人们的迫切需求。

（一）住房供给不足引致住房紧缺

广东经济特区在改革开放初期就面临住房资源紧张问题，随着劳动力不断流入，人口基数增大，人均住房面积不断下降，同时，大量土地被低容积率住宅占据，使用效率低下，在需求猛增和供给短缺的双重挤压下，城镇职工住房问题日益凸显。

---

① 参见邵汉青《探索者之路》，海天出版社1995年版，第96页。
② 参见朱乃肖《深圳经济特区国营企业土地使用费问题探讨》，载《经济问题探索》1984年第11期。

至房改前的 1987 年年底为止，深圳经济特区住房投资额达 22.4 亿元，占当时经济特区基建总投资 97.67 亿元的 24%，可是住房问题不仅没有缓解，反而日渐加剧。1958 年年初，深圳经济特区缺房 5 000 户，到 1987 年，上升到 22 000 户。①

改革开放初期，汕头市政府从 1979 年到 1983 年，在全市住宅建设上投资了 2.3 亿元，建成了面积 134.59 万平方米的住宅区，②然而，全市无房、危房和人均居住面积 2 平方米以下的特别拥挤户共有 4.5 万多户，占居民总户数的 47%，市区差不多每 2 户人家中，就有一家人为住房发愁。③

同时，低租状态给国家的财政带来极大的负担。根据一篇 1998 年发在《经济特区》改革论坛版面的文章中记载的资料来初步匡算住房计价清单背后的负担，住房价格若按照准成本计价的话，月租至少是每平方米 0.67 元，如计算建房贷款利息和管理维修费，每平方米建筑面积成本月租至少是 3.60 元，而实际上的月租是每平方米只有 0.15 元。那么一套两室一厅 80 平方米的标准住房，月租只有十几元，连最起码的维修管理费也不够，但这部分资金缺口不用个人和企业承担，全部由财政买单。据统计，从开始建设深圳经济特区至 1986 年年底，深圳市财政住房建设投资达 1.98 亿元，这部分资金不但不能回收，而且每年市财政还得拿出 100 万元左右用于这些住房和公共设施的维修养护。④

（二）经济特区房改的探索

广东经济特区住房制度的改革是以土地使用制度下的两权分离为条件的。在我国计划经济高度控制的时期，土地是严格控制在国家和集体手中的，没有土地的有偿使用到形式多样化的出让制度，住房商品化就没有实施的场所，只有土地的使用权慢慢分离出来，住房商品市场才能形成一级

---

① 参见黄瑞《试析深圳房改进展顺利的原因》，载《贵州师范大学学报（社会科学版）》1992 年第 1 期。

② 参见中国人民政治协商会议广东省委员会《敢为人先——改革开放广东一千个率先》经济卷（上），人民出版社 2015 年版，第 313 页。

③ 参见李肇芬《营得广厦千万间——汕头房改见闻》，载《中国经济体制改革》1991 年第 1 期。

④ 参见王培元《深圳特区职工住房制度改革的构想》，载《特区经济》1988 年第 1 期。

第二章　广东经济特区改革发展的初步探索

市场，源源不断地生产、供给住房商品，供需市场发挥作用的前提是两个维度对产品的数量达到足以催使价格波动的界限，从而才有可能慢慢脱离计划分配的角色定位。

1. 前期房改：补贴制度赋予需求侧的市场主体地位

早在1980年年初，深圳经济特区就在房地产管理局下属成立了房地产公司，当年9月成立了住宅公司，开始了住房二级市场的开发。1980年6月，中共中央、国务院在批转《全国基本建设工作会议汇报提纲》中提出准许私人建房和卖房，准许私人拥有自己的住宅，正式宣布我国将实行住房商品化政策。当月月初，深圳经济特区就率先开始住房商品化的探索，当时考虑到职工的支付能力，深圳经济特区采取的是以补贴为前提，一步跨入准成本。

住房补贴采用与工资挂钩的分类补贴办法，仅仅适用于职工。直到1985年2月，深圳市政府颁布了《深圳经济特区行政事业单位干部职工住宅商品化试行办法》，适用于职工的改革开始上升到行政事业单位干部职工群体。补贴住房的措施一定程度上稳定了职工由国家单位实物分配住房到货币购买住房的情绪过渡，但并未调动起居民将搁置不用的储蓄存款投入住房市场的积极性，针对这种情况，深圳经济特区方面也相应出台一些鼓励职工买房的措施，比如，对一次付清房款者给予15%的优惠，对分期付款者给予月利6‰，对买房者给予产权等。

深圳经济特区住房补贴政策一定程度上缓解了住房紧张，但住房补贴只是将政府全权负责住房的重担卸下来，一部分给企业，一部分给职工，慢慢地赋予企业、职工的市场主体地位，是一种过渡措施。

汕头方面，根据职工、企业的能力设计出了多种补贴方式，在全国首创"334""226"补贴出售住宅模式。

1984年2月，汕头市政府决定每年统一建设9万平方米共2 000套居民住宅，试行按照"334"的比例补贴出售，即造价按国家补贴3成、个人所在单位补贴3成、个人自己负担4成，所在单位没有补贴能力或没有工作单位承担补贴的，个人负担7成，住宅产权归购房者个人。该模式首先在"飞厦住宅区"得到了试验。"飞厦住宅区"由地方政府拨款500万元作为启动资金，用3年时间新建27万平方米共6 000套住房。到1984年12月底，建成了补贴出售住宅2批共62幢，计2 054套住房，全部售购一空，2 000多个家庭，近1万人喜迁新居，这一战绩向世人昭示了

"334"补贴出售住宅模式的正确性,汕头在住房制度改革上率先拔得头筹。汕头市在"飞厦住宅区"项目上取得成功后,1986年开始筹建东厦片区,同时,为逐步实现住房完全向商品化过渡,将补贴比例由"334"改为"226",即国家和企业各补贴20%、个人支付60%,若工作单位补贴不起或无单位的则由个人支付80%。直至第3个"广夏"新城项目完成时,汕头筹集开发建设资金112 363万元,建成了补贴出售住宅32 200套,解决了汕头市当时11万多人的住房问题。汕头住房制度改革模式的这一创新在1987年得到了广东省的认可,省建委和省体改委在文件中指示省内各地参照办理,1987年也被联合国确定为"国际住房年"。汕头住房制度探索的新模式开始被全国各地学习。

"334""226"的比例补贴住宅是计划经济时期的福利性分房到市场经济时期商业性购房的过渡阶段,是房屋由实物分配阶段过渡到货币化购买阶段,从此,房屋开始在财产权下获得产权,这为房产市场化奠定了基础。这一改革措施,突破了"单靠国家包不起,单靠企业负不起,单靠个人买不起"的现状,初步实现了居者有其屋的目标。

2. 后期房改:"双轨三类制"的供给侧改革

1988年,深圳经济特区通过住房基金的预设,解决了建设房地产的循环问题。利用住房基金很好地实现了住房市场的"卖房—建房—卖房"的良性循环。据统计,在房改后2年多的时间,深圳市政府利用出售老房建立起来的1.35亿元的住房基金,不仅完善了鹿丹村、红荔村2个住宅区的建设,还新建了莲花二村,从而迅速缓解了党政事业单位和部分企业职工的缺房矛盾。①

考虑到市场多样化的住房需求,一时间住房市场还不能完全放开,也根本不可能完全放开,正如上文所提到的,住房制度天然带有的保障性住房功能的属性使市场调节不可以完全实现供需自由调节。1989年7月29日,深圳市政府颁布《深圳经济特区居屋发展纲要》,提出住房供求"双轨三类制"。1989年8月11日,市政府批准该纲要,"双轨"是指市房管局组织建房和房地产开发公司投资建房;"三类"是指福利商品房、微利商品房和市场商品房,即成本价安居房、微利价安居房和市场价商品房。

---

① 参见董日臣、黄起《深圳特区房改的效果、问题及深化改革的措施》,载《特区经济》1991年第5期。

具体说来，是政府建房为第一轨，实行两种价格：一是对党政事业单位职工——福利价，二是对需要扶植的企业——计划价，再由企业按福利价提供给职工。第二轨是房地产公司投资建房，实行两种市场价格，一是对内市场价，收取人民币；二是对外市场价，向外籍人员、港澳及海外侨胞收取外汇。"双轨三类制"是一种由住房补贴模式延伸而来，依据市场多层次的情况，做出的过渡性制度安排。

1992年5月底，国务院房改办公室主任张中俊在全国《城镇公有住房出售管理办法》座谈会上说："深圳住房制度改革闯出了成功经验，从准成本入手，提租补贴，一步到位，收回了大笔沉淀资金，投入新的住房建设，现在正向住房社会化迈进，走在全国前面。"①

（三）住房制度改革的成果

广东省经济特区的住房制度改革的直接成果是解决了市场上的住房需求，也形成了房地产市场的雏形。从20世纪80年代初期到中后期，珠海、深圳经济特区的人均住房面积发生了显著的改变，珠海经济特区在1980年全社会房屋竣工面积只有9.71万平方米，到1985年、1986年，全社会房屋竣工面积分别达139.5万平方米、124.3万平方米。② 城市居民住户抽样调查资料显示，1986年珠海市居民家庭成员实际人均住房面积在8平方米以上的家庭占48%；6~8平方米的家庭占24%；4~6平方米的家庭占20%；4平方米以下的占8%。1992年年末，居民人均住房面积在8平方米以上的家庭占96%，在6~8平方米的家庭占4%，人均居住面积有了明显的提高。③ 到1991年，深圳人均住房面积已居全国前列，达11.37平方米。1980—1992年深圳的全社会房屋竣工面积情况如图2-6所示。为了表彰深圳在解决居民住房上取得的成就，联合国授予深圳"人居荣誉奖"。④

汕头首创的"334"模式也取得了成功。汕头大学退休黄老师记得当年一家分到"334"住房的情景：亮堂的二居室，虽然只有54平方米，

---

① 陶一桃：《深圳经济特区年谱》中册，中国经济出版社2015年版，第296页。
② 参见顾广《珠海特区经济与金融》，中山大学出版社1988年版，第212页。
③ 参见方真、胡德、高同星《中国经济特区大辞典》，人民出版社1996年版，第357页。
④ 参见黄起《认清形势 深化改革 再上新台阶——"进一步深化特区住宅与房地产业改革研讨会"综述》，载《特区经济》1992年第12期。

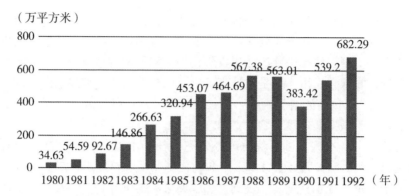

图 2-6 1980—1992 年深圳的全社会房屋竣工面积

数据来源：《深圳统计年鉴·2017》第 212 页。

但每个人的心情比现在居住在 100 多平方米的房子还激动。回首汕头"334"住宅，那是一个安居梦开始的地方。①"梦开始的地方"是对汕头创新模式的充分肯定，汕头房改写下经济特区改革的光辉一笔。

四、国有企业改革

国有企业改革不同于生产要素改革，国有企业改革要去往的地方是成为"社会主义市场经济的微观基础"。国有企业既是市场主体，又是政府参与或者调控经济的载体，如何完成企业微观基础的再造，从政府部门"算盘珠"成长为政企分开、政资分开的独立的市场主体，成为国有企业经济体制改革的主线。

广东经济特区建设之初，政府大多面临着难以为继的财政负担，国有企业成为不断生产来满足人民的生活需求的重要抓手。但经济特区的建设就是为了发展外向型经济，通过内引、外联进入国际和国内市场，因此，市场化的需求在不断地推动着国有企业改革。

（一）放权让利：所有权与经营权分离

国有企业作为市场经济的微观基础，一个实实在在可以自负盈亏的经

---

① 参见《补贴出售住宅 实现安居梦——汕头率先在全国改革居民住房分配制度》，载《潮商》2011 年第 4 期。

济利益实体，必须给予它充分的自主经营权。经济特区建设的前期探索，基本脉络是下放经营自主权，做分离国有企业所有权和经营权的初步尝试。主要内容包括利润分成的经济责任制，利改税，承包经营责任制和厂长（经理）任期目标责任制。

1. 利润分成的经济责任制

1980年，深圳在《关于改革工资系统经济体制和管理方法的决定》中提出企业实行财政包干，超计划利润实行企业、主管局、市财政6∶2∶2分成[①]。超计划利润分成是中央培育企业成为市场经营者迈出的第一步，放开了对企业生产的控制。1983年，珠海也采取了企业向主管部门承包，主管部门向地方财政承包的包干管理办法，同深圳特区一样，通过利润分成的经济责任制，下放了部分经营权。但是利润分成的放权措施遭遇了1982年全国市场物价的大幅度上升，国家财政连年赤字，利润分成的办法再也维持不下去了。

2. 利改税

在1983年年初，国务院决定停止全面推行以利润分成为主要内容的经济责任制，转而实行"利改税"。第一次的"利改税"是保留了利、税并存的格局。珠海特区从1984年起实行"利改税"，规定国有企业的上缴税利平均占40%，留利占60%，到1985年，开始实行了税利并存的管理体制。第二次的"利改税"是完全取消了企业与主管部门间的利润分成制度，国有企业上缴固定比例的所得税，同时根据企业的生产经营情况上缴利润调节税部分。珠海对这一利润调节税做的规定是最高征收40%，最低征收10%。[②] 从利润分成到两次利改税的实施，所得税率和调节税率过高导致企业实际负税太重，企业基本上没有自我积累，企业和财税部门发生扯皮现象。

3. 承包经营责任制

1984年，党的十二届三中全会首次提出"搞活国有大中型企业是经济体制改革的中心环节"，广东经济特区在党中央的这一号召下继续对企业经营权实施改革，经济特区纷纷在承包经营责任制这一新的企业组织形

---

① 参见陶一桃《深圳经济特区年谱》上册，中国经济出版社2015年版，第16页。
② 参见广东省地方史志编纂委员会《广东省志·经济特区志》，广东人民出版社1996年版，第148页。

式上进行了探索。承包经营责任制是在社会主义公有制的基础上，按照所有权和经营权适当分开和企业自主经营、自负盈亏的原则，以契约的形式确定国家和企业责权利关系的经营管理制度。承包、租赁等是社会化生产经营的组织形式。① 珠海经济特区从 1982 年起在国营工商企业试行承包经营责任制，1987 年市委、市政府制定了《关于增强企业活力的若干规定》，按照"核定基数，确保上缴，超收多留，欠收自补"的原则，全面推行承包经营责任制，全区 90% 以上的预算内企业签订了承包经营合同，并取得了显著的成效，到 1988 年，全区承包经营企业实现利润比上年增加了 2 倍，上缴所得税比上年增加了 1.5 倍；1988 年 1 月，汕头经济特区也对全区内的直属国营公司实行了承包经营责任制，明确规定实行税利分流、税后承包、留利还贷；到 1989 年 12 月，深圳市政府颁布了《深圳市完善国营企业承包经营责任制的若干规定》，实行"两保两挂"，即承包经营者的收入与企业上缴利润挂钩，职工消费基金与生产发展基金挂钩，前者确保了国有资产的收益，后者确保了国有资产的增值。承包经营责任制相对于"利改税"的税收调节来保障国有企业的资产，更具有生产性特点，国有企业生产经营体制改革开始慢慢由外部体制改革深入到内部体制改革。然而，承包指标难以把握，出现"鞭打快牛"的现象，越是先进的企业越容易吃亏，且"内部人控制"现象浮出台面。

4. 厂长（经理）任期目标责任制

深圳市政府 1989 年出台的国营企业承包经营责任制的完善措施将企业收入同利润挂钩，职工利益同生产挂钩，一定程度上约束了企业经营的短期行为。在这之前，包括深圳经济特区自身，珠海、汕头也推行了厂长（经理）任期目标责任制和任期终结审核制来约束企业的短期行为，防止国有资产的流失。但国有资产流失的终极原因并不是企业表面现象的短期行为，而是企业内部财产关系的不明确、利益主体的缺失，因此，从企业经营权的下放到约束企业行为的体制改革都还只是国有企业改革的经营层面上的尝试，还没有涉及体制机制层面的深化改革。

---

① 参见广东改革开放搞活理论研讨会论文集编选组《广东改革开放研究》，广东人民出版社 1988 年版，第 215 页。

第二章 广东经济特区改革发展的初步探索

(二) 产权明晰：现代企业制度的前奏

1. 组织变革：股份制改革

实行所有权和经营权分离的探索，并没有为资产所有权主体正名，因此，企业内部经营机制的改革往往虚设了董事会的职能，造成了国有资产的大量流失。推进国有资产的分级所有，明晰财产关系，加强企业监管成为后期深化体制改革的主要任务。股份制改革不仅仅是现代企业制度试点的先行先试，更是国有企业改革产权主体多元化的重大尝试，可以说，股份制改革的存在一方面推动着市场微观主体的积聚、形成，另一方面是关于财产关系、关于利益主体正位的有力尝试。

早在 1983 年 7 月，宝安县联合投资公司就作为第一家大型国营股份公司在深圳成立。1986 年，深圳开始了股份制改革的试点工作，同年 10 月，深圳市政府颁布了《深圳特区国营企业股份化试点的暂行规定》，迈出了股份制改革的第一步。1987 年 11 月，深圳在 6 家集团（总）公司中实行董事会领导下的总经理负责制，董事会是企业的最高决策机构，企业董事长由国有投资公司委派。这项国企股份制改革的试点，为实现政企分开，所有权与经营权分离，企业决策权与控制权、监督权分离迈出突破性的一步。股份制是公司制的主要形式，而国有企业的市场化改革必须借助公司制的形式，完成与市场的契合。因此，国有企业的改革的主要实现形式是股份制下的公司制改造。

1992 年 3 月，经国务院授权批准，深圳经济特区实施《深圳市股份有限公司暂行规定》，这是我国第一部企业股份经济法规。根据该法规以及次年颁布的《深圳经济特区有限责任公司条例》和《深圳经济特区股份有限公司条例》，深圳市政府决定逐步将国有企业改造为有限责任公司和股份有限公司，实现产权主体多元化、形态货币化、流动市场化、管理法制化等，从而构建产权明晰、责任明确、运行规范的新的企业制度。

珠海的股份制探索大致可以分成 4 个阶段：1988 年以前，珠海的股份制探索还处于自发阶段，有些企业为筹集生产发展资金或增加企业凝聚力而向本企业职工发行股票或债券，或者是以股份制形式组建内联企业；1988 年 8 月，市政府颁布了《珠海市股份有限公司试行办法》，珠海市的股份制试点进入到自觉阶段，其中有代表性的是 1988 年在富华涤纶丝厂和南方四通有限公司实行股份制，探索了企业产权多元化的组织形式；

1991年以后，珠海股份制试点步入积极推进的阶段，在该阶段，珠海市政府批准成立了8家股份制企业；1993年后，股份制开始逐步成熟。① 在企业股份化改革中值得一提的是，为了清产核资，界定产权，珠海市于1991年成立了资产评估事务所，以配套股份制的改革。

汕头经济特区在1989年也进行了内部员工参股的股份制试点。这项改革主要有3个方面的特点：一是按照全面、合理、公平的原则认真搞好资产评估，不侵吞国家财产；二是坚持国家股占主导地位，试点企业国家股占86.6%，个人占股13.4%；三是规范化程度较高。

2. 资产管理：国有资产经营公司成立

1987年4月，深圳市政府正式组建市投资管理公司，以国有资产产权代表的身份行使资产管理职能。为了使国有资产实现安全增值，深圳提出"以投资经营者为龙头，层层参股控股，层层间接管理，产业不断优化，企业自主经营"的基本构想。在投资管理公司成立的基础上，为了完善国有资产管理体制，解决政企分开的问题，深圳于1992年成立了市国有资产管理委员会，这是市政府领导下的国有资产管理的重要部门，行使政府的社会管理职能。

在这个体制下，投资管理公司作为全市唯一一家国有资产运营机构，可能导致垄断，为此深圳市政府于1994年成立了另外2家资产经营公司，自此，深圳经济特区形成了全新的"三级"国有资产管理体系：国资委/国资办—国有资产经营公司—国有企业。"三个层次"的国有资产管理体系在第一层次和第二层次上实现了"政资分开"（政府的社会经济管理职能与资产所有者职能）和"政企分开"（政府不再直接干预企业的日常经营，即管理与经营的分开），在第三层次上则实现了国家终极所有权和企业法人财产权的分开。通过层层授权、建立责任制度，将计划经济条件下政府与企业的行政隶属关系改变为市场经济中委托人与代理人之间的资本纽带关系，塑造了"国有资产经营公司"这样一个产权主体和责任人，较好地解决了国有资产责任主体缺位的问题。②

这一体制改革跳出了"放权让利"的旧思路，但又不仅仅停留在简

---

① 参见周叔莲、卢国英《珠海经济特区好》，中共中央党校出版社1996年版，第99页。
② 参见苏东斌、钟若愚《曾经沧海：深圳经济体制创新考察》，广东经济出版社2004年版，第134页。

单的公司治理,而是从源头上找出了国有资产所有者的代表人。深圳的国有资产改革起到了示范作用,1988 年,国务院设立了国有资产管理局作为国有资产代表,步入国有资产的专门化管理阶段。1993 年,党的十四届三中全会明确把产权改革提上日程,指明了国有企业改革的方向:国有企业建立现代产权制度,就是要以产权制度改革为突破口,通过对国有企业进行产权主体多元化的公司制改造,使之成为适应市场经济要求的法人主体。① 简而言之,国有企业改革的最终目的是建立现代企业制度。

(三) 市场竞争:非公经济和外资经济迎来发展的春天

国有企业的公司制改造迎来了民营企业和外资企业的春天。广东省经济特区的国有企业改革形成了一种特殊的所有制结构,国有经济、非公有经济和外资经济"三分天下"。国有企业公司制改造导致的企业产权主体的多元化,给予了民营经济发展的空间。在深圳经济特区建立之前,全市只有 6 个个体工商户,年营业额不足 3 万元,随着改革开放政策的逐步实施和深圳经济特区经济建设的蓬勃发展,个体经济迅速发展,到 1985 年,全市个体工商户发展到 2 118 户,其中一部分个体工商户无论在经营规模还是雇工人数等方面,实际上已经突破了个体经济的界限,开始向私营企业转变。②

在党的十三大首次提出发展"私营经济"的理念后,深圳陆续出台了《深圳市人民政府关于鼓励科技人员兴办民间科技企业的暂行规定》《关于发展深圳特区个体私营经济的若干规定》等,良好的政策环境使深圳的民营经济得到迅速的发展。到 1991 年年底,全市私营企业已发展到 1 024 户(其中科技型企业 162 家),从业人员 21 302 人,注册资金近 15 000 万元。③

外资经济的发展最初起源于经济特区的对外引资和发展出口创汇产业的需要,随着国有企业的改革,借着横向联合的契机发展中外合作、合资

---

① 参见王江涛《把增强企业活力作为改革的中心环节——深圳经济特区国有企业改革回顾》,载《特区理论与实践》2000 年第 9 期。

② 参见廖军文《走有中国特色的社会主义民营经济的发展道路》,海天出版社 2004 年版,第 3～12 页。

③ 参见苏东斌、钟若愚《曾经沧海:深圳经济体制创新考察》,广东经济出版社 2004 年版,第 148 页。

和外商独资经营的外资经营形式，逐渐摆脱了"三来一补"的劳动力密集型产业。以深圳经济特区的外资企业发展为例，1979年，深圳的外资经济还处于刚刚起步阶段，签订项目合同169项，实际利用外资1 537万美元；到1992年，签订项目合同数达到1 561项，比1979年增长了8.24倍，实际利用外资额达到71 539万美元，是1979年的46倍。外资经济规模在经济特区建设发展的这十几年里不断地扩大，外资经济逐渐与国有经济和民营经济"三分天下"。

五、金融市场改革

计划经济体制时期的金融资源配置完全依赖行政分配，形成了国家专业银行"大一统"的局面，而国家专业银行服务于国营企业及大集体企业。经济特区建设时期，涌入一批内外资企业，而它们都需要金融资源的合理配置。随着经济特区日益多样化的产权主体——股份公司的资金问题与单一的财政金融资金来源渠道不相匹配问题突出，广东经济特区的民营经济、外资经济的迅速发展呼唤着多元化的金融主体、多层次的金融服务体系。因此，经济特区的金融市场改革应立足于打破国家专业银行"大一统"的局面，培育多元化的金融市场主体。

（一）银行企业化改革

金融市场需要解决的第一大问题便是还给"银行"企业的身份，打破中国人民银行"统存统贷"的僵化管理体制，只有推进银行的企业化改革，才能将金融市场的头号主体真正成为经营货币的企业。为此，广东经济特区进行了一系列的探索，形成以中国人民银行为中心、专业银行为主体、其他金融机构及外资银行为辅助的多层次的金融体系。深圳经济特区在专业银行设立分行，由中央银行的直接管理转为间接管理的基础上，大力引进外资银行，成立股份制商业银行，发展多种金融机构。

1982年，中华人民共和国成立后的第一家国际性金融机构——中国香港南洋商业银行深圳分行开业。同年，8家外资银行即香港上海汇丰银行、英国渣打银行、法国东方汇理银行、拓银国际（亚洲）有限公司、莱斯国际银行、法国国家巴黎银行、万国宝通银行、新鸿基财务公司，同意在深圳经济特区设立代表机构。此后，香港上海汇丰银行、拓银国际（亚洲）有限公司、法国国家巴黎银行、中国香港渣打银行、美国花旗银行、法国兴业银行等驻深圳代表处纷纷在深圳开业。1985年,香港上海汇丰银行经中国人民银行总行批准,在深圳经济特区设立分行,这是外资银行在中国设立的第一家分行。到1990年年底,深圳经济特区引进外资银行16家、代表处9家,各外资银行的资产总额达到25.8亿美元,存款总额为13亿美元,贷款总额为8亿美元。① 同时,深圳也兼顾了各类金融机构的发展。例如,1984年7月,中国银行深圳国际信托咨询公司正式成立,这是深圳银行界第一个具有独立法人资格的全资附属企业;1985年,深圳经济特区证券公司试运营,并于1987年经中国人民银行批准成立,这是我国第一家证券公司;1986年7月底,中国银行深圳分行、中国香港东亚银行、日本野村证券有限公司、美国太平洋海外投资有限公司和日本住友银行这5家金融机构签订协议,在深圳成立全国第一家中外合资的跨国性的非银行金融企业——中国国际财务有限公司。1987年,深圳经济特区响应党中央的政策,创办了第一家区域性股份制银行——深圳发展银行,成为中国第一家由国家、企业和私人三方合股的股份制商业银行,这被视为中国金融改革的里程碑。深圳发展银行于1988年4月上市,成为中国第一家股票上市银行,在深圳经济特区证券公司营业部挂牌交易。

珠海在银行企业化改革方面的探索历程如下:1979年年初,珠海只有中国人民银行和中国人民建设银行两家银行的支行,到当年年底,增设了中国人民银行珠海分行、中国银行珠海支行、中国农业银行珠海支行、中国人民保险公司珠海支公司。1984年,珠海成立了中国工商银行珠海分行、中国银行珠海分行、国家外汇管理总局珠海分局、中国农业银行珠海分行、中国人民建设银行珠海分行。1985年3月,中国人民银行正式批复美国建东银行在珠海经济特区设立美国建东银行驻珠海代表处。同年9月,澳门南通银行珠海分行正式开业。1987年4月,标准渣打(麦加利)银行珠海分行获准设立。同年8月,珠海信托投资公司成立。1988年12月,广东省发展银行珠海分行成立,这是珠海市第一家股份银行。到1990年年底,珠海经济特区已有中央银行分行1家,国家专业银行分行4家,区域性股份制银行分行1家,外资银行分行3家,非银行金融机

---

① 参见广东省地方史志编纂委员会《广东省志·经济特区志》,广东人民出版社1996年版,第85页。

构 11 家，各类金融机构合计 146 家。至此，珠海经济特区已形成以人民银行为中心、专业银行为主体、其他金融机构和外资银行为辅助的多层次开放型金融体系。①

汕头的金融主体多元化的探索与深圳、珠海类似，大致情况如下：1983 年 10 月 1 日，中国银行龙湖支行办事处设立，为汕头经济特区首家金融机构。1984—1985 年，中国人民建设银行汕头特区支行、广澳支行及中国农业银行汕头特区支行营业部、中国工商银行龙湖支行、中国人民保险公司汕头特区支公司相继成立。1986 年，中国人民银行汕头分行在汕头经济特区设置办事处，办事处行使协调经济特区金融机构的中央银行职能。此后，汕头经济特区的财务公司、信托公司、外汇管理支局和广东省发展银行汕头经济特区办事处也分别成立。至此，汕头经济特区初步形成了以中国人民银行汕头分行特区办事处为中心，以中国银行等 4 家国家专业银行及保险公司等为主体，包括其他银行性质和非银行性质的金融机构在内的多层次、多形式的金融体制。②

（二）金融市场的形成

1. 借贷市场

借贷市场的出现打破了以前单靠行政划拨的资金分配形式，大大加强了资金的流通活力。资金借贷市场具体由银行与工商企业之间的借贷活动、银行同业拆借、非银行金融机构的信贷业务和票据市场组成，随着经济发展规模和对外资金活动的急剧扩大，银行和工商企业之间出现了银团贷款与抵押借贷的方式。深圳各专业银行从 1984 年开始试办抵押贷款业务，在 1986 年颁布了《深圳经济特区抵押贷款管理规定》，全面放开抵押贷款业务。珠海特区在 1985 年 12 月开办了外汇抵押贷款业务，这项政策减缓了珠海经济特区当时的暂时性外汇资金供求紧张局面。随着商品流通规模的扩大，商业汇票贴现业务逐渐浮出水面。例如，1986 年 10 月底，中国工商银行深圳分行国贸办事处为深圳市渔民村企业发展公司办理

---

① 参见广东省地方史志编纂委员会《广东省志·经济特区志》，广东人民出版社 1996 年版，第 150 页。

② 参见广东省地方史志编纂委员会《广东省志·经济特区志》，广东人民出版社 1996 年版，第 203 页。

了一笔 75 400 元的商业汇票贴现业务,这是深圳市办理的第一笔商业汇票贴现业务。

2. 证券市场

为了开拓长期资本市场,深圳在 1987 年 9 月成立了中国第一家股份制证券公司,证券市场开始运作。

1989 年 9 月 8 日,深圳市证券市场领导小组及人民银行深圳分行向中国人民银行总行报送了《关于筹组深圳证券交易所的报告》,并于 1989 年 11 月 15 日得到总行批复。1990 年 11 月 22 日,证券领导小组的同志陪同深圳市委书记李灏和深圳市市长郑良玉前往深圳证券交易所了解筹备情况,当即决定,由深圳分行下批文,12 月 1 日试营业。1991 年 7 月 1 日,深圳证券交易所经过 2 年的筹备和 7 个月的试运行,经中国人民银行总行发文批准,正式开业,深圳证券交易所诞生 7 个多月后得到了"出生证"。深圳证券交易所的诞生标志着证券市场的确立。

3. 其他金融市场

1988 年 4 月,深圳经济特区开放了国库券转让市场。到 1988 年年末,深圳国库券累计买卖成交额达 8 117 万元,其中买入 6 701 万元,卖出 1 416 万元。① 1985 年 10 月,深圳外汇调剂中心成立,开拓了外汇调剂市场,1986 年、1987 年,珠海和汕头也分别成立了外汇调剂中心。1991 年 4 月,中国人民银行深圳经济特区分行在全国率先推出贷款证制度。1992 年 10 月,国内首家专业性基金管理公司——深圳投资基金管理公司在深圳成立。

至此,经济特区金融市场的发展初具规模,多元化的融资供给主体如血液般支持着社会主义市场经济的微观主体生命体的运行和操作。根据可获得的数据,本书整理了历年汕头、深圳和珠海的金融机构人民币信贷款情况,见表 2 - 7。汕头特区金融机构的存贷款余额从 20 世纪 90 年代初开始攀升,而这段时间正值金融市场改革期。深圳经济特区的建设发展则要快得多,至 1988 年,深圳金融机构存贷款余额突破了百亿大关,达 137.1 亿元,自此保持增长。珠海的金融机构存贷款余额也保持较快增长。

---

① 参见广东省地方史志编纂委员会《广东省志·经济特区志》,广东人民出版社 1996 年版,第 86 页。

表2-7　1978—1995年广东三大经济特区金融机构人民币信贷情况

单位：亿元

年份	深圳经济特区		珠海经济特区		汕头经济特区	
	金融机构人民币存款余额	金融机构人民币贷款余额	金融机构人民币存款余额	金融机构人民币贷款余额	金融机构人民币存款余额	金融机构人民币贷款余额
1978	—	—	—	—	1.35	8.69
1979	1.01	0.75	0.93	0.79	1.66	9.68
1980	2.03	1.35	1.68	1.53	2.50	11.46
1981	4.37	2.39	2.34	3.21	—	—
1982	6.37	6.30	2.75	3.35	—	—
1983	11.26	11.95	4.42	6.32	—	—
1984	34.98	45.10	12.24	20.58	—	—
1985	30.26	53.70	9.15	21.13	9.70	22.25
1986	55.11	73.09	13.42	25.20	—	—
1987	80.85	106.52	18.75	35.83	—	—
1988	131.74	153.62	28.72	46.12	—	—
1989	137.63	178.98	31.30	49.66	—	—
1990	194.69	238.62	40.44	60.59	45.38	62.52
1991	300.92	279.75	58.97	70.91	—	—
1992	550.46	370.71	133.33	105.24	—	—
1993	657.35	501.59	143.73	135.16	—	—
1994	933.37	642.14	177.65	153.59	—	—
1995	1202.93	786.33	224.37	182.93	295.32	263.48

数据来源：《深圳统计年鉴·2010》《珠海统计年鉴·2010》《汕头统计年鉴·2011》。

第二章 广东经济特区改革发展的初步探索

第三节 广东经济特区在开放条件下的率先发展

开放是国家繁荣发展的必由之路。开放带来进步，封闭必然落后。实践告诉我们，要发展壮大，必须主动顺应经济全球化潮流，坚持对外开放。① 要认真回顾和深入总结改革开放的历程，更加深刻地认识改革开放的历史必然性，更加自觉地把握改革开放的规律性，更加坚定地肩负起深化改革开放的重大责任。②

广东改革之旅是一场市场化的过程，其目的在于利用外资来发展本土经济，而广东经济特区在这一发展中，外向型经济体系率先建立起来了，外向型经济体系的建立也带动了广东经济特区的产业结构的快速调整，最终率先建立起了以工业为主、工贸结合的外向型经济。

一、外向型经济体系的建立

（一）外向型经济体系建立的探索

广东省经济特区自成立之初，就走上了利用外资发展本地经济的道路，而深圳、珠海、汕头经济特区的"综合经济区"定位更是指明了前进的方向，但是1985年之前经济特区的经济发展遇到了过度依赖转口贸易的瓶颈，没有真正发挥经济特区引进外资的"四个窗口"作用，因此，1985年年底确立经济体制背后的经济发展模式——外向型经济。③

1985年5月，陈文鸿博士的一篇《深圳的问题在哪里？》直指深圳经济特区的经济发展是依靠基建投资带动的，贸易的发展超过工业的发展，基本上是以内地补给经济特区的国家"输血"模式发展，引发了关于经济特区发展道路的争论，面对这种局面，深圳市副市长周溪舞在《深圳特区报》发表了《特区工业必须由内向型向外向型转变》，他在文章中指出："深圳特区的工业正向外向型发展，但还没有达到外向型为主的程

---

① 参见中共中央宣传部《习近平新时代中国特色社会主义思想三十讲》，学习出版社2018年版，第109页。
② 参见习近平《习近平谈治国理政》，外文出版社2014年版，第67页。
③ 参见陶一桃、鲁志国《中国经济特区史论》，社会科学文献出版社2008年版，第64页。

度。""特区要经过三年的努力,即从1986年到1988年要爬完这个坡,实现这个转变。"①1988年,深圳出口额上升至全国大中城市第二位,其间,深圳工业产品出口总额占全市工业总产值的50%以上,各种工业产品大部分出口外销,其中包括技术含量较高的工业产品。②自此,由深圳经济特区牵动的全国外向型经济转型工作得到了落实。1992年以后,深圳进出口贸易总额连续多年稳居全国第一位。

珠海经济特区为响应中央的外向型经济转型的指示,于1986年将以工业为主的经济发展战略调整为以外向型经济为主,并制定了工业"四个结合"和"四个为主"的战略方针:"外引、内联和自办相结合,以外引为主;外向型、替代型、自给型相结合,以外向型为主;市办、县办、区乡镇办相结合,以市办为主;大、中、小相结合,以中、小为主。"③经过几年的调整和发展,珠海经济特区1989年"初步形成了以外向型经济为主体的工业结构"。④

相对于深圳、珠海,汕头经济特区距港澳较远,因此,特区秉持"特事特办"的原则,在吸引外资的优惠力度上给予了更大的空间。例如,汕头经济特区管委会将劳务费控制在比深圳、珠海低1/3左右的区间。汕头在外资上的优惠政策,一定程度上弥补了其在地理位置上的劣势。大约在1990年,汕头经济特区也"建立起了以工业为主,农业,交通运输、商业、金融、旅游、房地产等综合发展的外向型经济格局"。⑤

(二)经济特区利用外资的成效

1. 利用外资的规模

外资是外向型经济发展重要因素,也是社会经济的驱动力。广东经济特区发展的资金额度大部分是利用外资。深圳经济特区1980年利用外资

---

① 参见周溪舞《特区工业必须由内向型向外向型转变》,载《深圳特区报》1985年5月12日。
② 参见莫世祥《深圳外向型经济的转型和再转型》,载《深圳大学学报(人文社会科学版)》2005年第5期。
③ 参见顾广《珠海特区经济与金融》,中山大学出版社、武汉大学出版社1988年版,第68页。
④ 参见珠海市委政策研究室《珠海特区十年》,广东科技出版社1990年版,第7~8页。
⑤ 参见广东省地方史志编纂委员会《广东省志·经济特区志》,广东人民出版社1996年版,第189页。

额度是 3 264 万美元,到 1985 年增长到 32 925 万美元,相比于 1980 年增长了 9 倍;到 1992 年的时候,深圳实际利用外资达 71 539 万美元,是 1985 年的 217.28%,外资规模显著扩大。珠海经济特区的实际利用外资从 1985 年的 5 345 万美元增长到 1992 年的 19 990 万美元;汕头经济特区的实际利用外资也达到 30 664 万美元,是 1985 年的 11.1 倍,增长速度快。广东省经济特区利用外资的具体情况如图 2-7 所示,从 1985 年开始,经济特区的实际利用外资大大增长,尤其是 20 世纪 90 年代初。

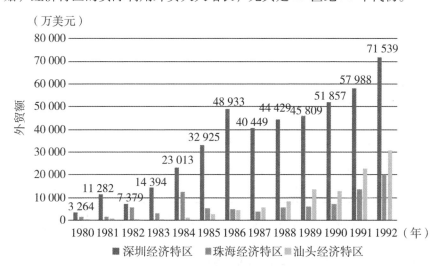

图 2-7 1980—1992 年广东经济特区实际利用外资情况

数据来源:《深圳统计年鉴·2010》第 265 页、《珠海统计年鉴·2009》第 261 页、《汕头统计年鉴·2003》的 "9-1"。

2. 利用外资的方式

广东经济特区利用外资的方式主要是"三来一补"企业和"三资企业"的形式。利用外资的形式在经济特区的不同发展阶段的侧重也不同:广东经济特区在初期(1985 年前)以"三来一补"的间接投资为主;到 1987 年左右,主要是以"三资"的直接投资为主。从深圳经济特区的实际利用外资的情况来看,无论是外资项目,还是实际利用的外资额度,中外合资、中外合作、外资独资占绝大部分,1985 年"三来一补"的利用外资的项目有 881 项,多于"三资"之和。到 1987 年情况发生了明显的逆转,1992 年"三资"形式的外资项目分别有 822、227、504 项,但

"三来一补"项目数减少到 7 项,远远小于"三资"形式中的任何一项。具体情况见表2-8、表2-9。

表 2-8 1985—1992 年深圳市利用外资的项目情况

单位:项

年份 类别 项目数量	1985 年	1986 年	1987 年	1988 年	1989 年	1990 年	1991 年	1992 年
中外合资	192	152	231	443	473	434	534	822
中外合作	73	64	62	93	94	100	122	227
外商独资	17	8	17	55	80	223	295	504
"三来一补"	881	199	11	99	59	33	29	7
对外借款	40	31	13	4	5	6	6	1

数据来源:《深圳统计年鉴·2017》第 310 页。

表 2-9 1985—1992 年深圳市实际利用外资的情况

单位:万美元

年份 类别 外贸额	1985 年	1986 年	1987 年	1988 年	1989 年	1990 年	1991 年	1992 年
中外合资	6 993	5 124	8 489	9 644	16 852	26 849	27 330	20 554
中外合作	10 316	30 241	17 826	10 085	7 182	4 917	5 185	8 716
外商独资	680	1 085	1 064	8 987	5 218	7 228	7 360	15 609
"三来一补"	1 351	1 623	634	1 283	994	503	929	852
对外借款	13 585	10 860	12 436	14 430	15 563	12 360	17 184	25 808

数据来源:《深圳统计年鉴·2017》第 318 页。

珠海经济特区的外资形式也由"三来一补"逐渐向中外合资、中外合作和外资独资经营形式过渡。1988 年以前珠海市的"三资企业"还是一片空白,到 1988 年出现了规模以上工业企业中"三资企业"111 家,

第二章 广东经济特区改革发展的初步探索

1989年171家,到1992年发展到417家;① 而"三来一补"企业在1979年,其比重占利用外资的76.1%,到1989年,此项比重降至16.8%;"三资企业"项目则由原来的23.9%上升到83.3%,② 此消彼长,且在规模以上工业的其他经济(除去国有经济、集体经济)形式中,"三资企业"单位数的占比逐年升高,到1992年"三资企业"有417家,占其他经济93.7%,③ "三资"经济的规模发展可观。汕头经济特区的"三资企业"始于1980年11月开业的汕头地毯有限公司,从汕头经济特区"三资"形式的经济成分产值占比来看,该特区的外资利用基本上也形成了外向型工业。1985年,中外合资与中外合作的工业总产值为1 074.08万元,外商独资的工业总产值为2 991.19万元,分别占当年的工农业产值的19.4%和54%,此后几年的"三资企业"的占比都保持在50%以上;到1990年,"三资"产值达到94 754.7万元,占工农业总产值的63.3%。④

(三) 对外经济贸易发展迅速

进出口总额情况下的对外经济贸易的发展是外向型经济体系的重中之重,进出口的贸易顺差不仅代表着特区内的产业结构情况,同时,也反映了外汇收支平衡情况。⑤ 而由对外贸易带来的外汇是国际经济交易的货币基础,因而出口创汇是外向型经济的根本要求。⑥

深圳经济特区在1985年后做出由内向型经济向外向型经济过渡的决策,直接带来的结果是出口贸易的发展,出口总额由1985年的72 552万美元,增长到1986年的112 144万美元,1987年的141 353万美元,至此结束了深圳经济特区连续4年的贸易逆差,此后到1992年的几年,进出口贸易差额虽然有所波动,但总体情况保持贸易顺差的局面,到1992年,

---

① 参见珠海市统计局、国家统计局珠海调查队《珠海统计年鉴·2009》,中国统计出版社2009年版,第175页。

② 参见广东省地方史志编纂委员会《广东省志·经济特区志》,广东人民出版社1996年版,第118页。

③ 根据《珠海统计年鉴·2009》第175页数据计算得出。

④ 参见广东省地方史志编纂委员会《广东省志·经济特区志》,广东人民出版社1996年版,第192页。

⑤ 参见胡晓风、梁超《论外向型经济的特征、内容及其功能》,载《松辽学刊(社会科学版)》1992年第1期。

⑥ 参见邱志钢《论广东外向型经济发展中的对外金融》,载《广东金融》1989年第10期。

出口总额增加到 1 200 019 万美元，是 1985 年的 16.5 倍，具体情况如图 2-8 所示。

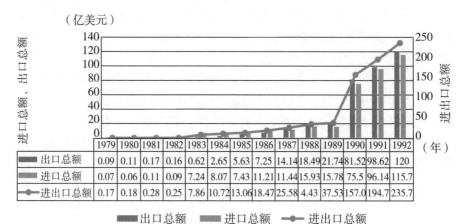

图 2-8 1979—1992 年深圳进出口情况

数据来源：《深圳统计年鉴·2010》第 270 页。

珠海的对外贸易规模越来越大。1985 年的出口总额为 3 337 万美元，进口总额为 11 158 万美元；到 1990 年，出口总额为 48 865 万美元，增长幅度为 1364.34%，进口总额 15 967 万美元，增长幅度为 43.10%；1987—1992 年，除去 1991 年，珠海的进出口差额在逐年增长，到 1992 年，进出口差额达到 31 987 万美元，具体情况如图 2-9 所示。

汕头经济特区的对外贸易整体上也呈逐年上涨的趋势。进出口总额由 1985 年的 3 029 万美元增长到 1990 年的 86 762 万美元，增长了将近 27 倍。到 1990 年，进出口差额增长到 2 862.2 万美元，具体情况如图 2-10 所示。根据《汕头统计年鉴·2017》，到 1992 年，汕头市的出口总值达到了 160 502 万美元，外向型经济情况向好。

二、产业结构的快速调整

1985 年前，广东经济特区的产业结构情况是不容乐观的。1983 年，深圳经济特区的社会零售总额超出工农业总产值 3.8 亿多元，差不多是 50%，比工业总产值超出 5.3 亿元，达 70.4%。1984 年仅上半年就超出工农业总产值 3.1 亿多元，为 56%，这一现象反映了深圳的经济结构不

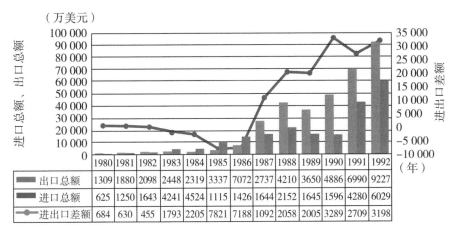

图 2-9 1980—1992 年珠海进出口情况

数据来源：《珠海统计年鉴·2009》第 259 页。

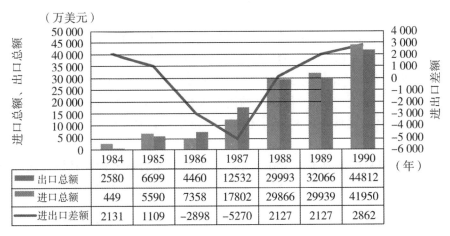

图 2-10 1984—1990 年汕头经济特区进出口情况

数据来源：《广东省志·经济特区志》第 190 页。

是如官方报道的那样以工业为主，而是以贸易为主，工业从属于贸易。①

1985年，广东经济特区的经济体系已偏离了"工贸"经济的发展要求，产业结构的快速调整被提上了日程。产业结构的外向转换成为外向型经济长期稳定发展的保证和经济模式外向化成败的关键。②

（一）深圳产业结构调整

1986年，深圳开始了全面的产业结构调整，主要对投资、工业和技术引进三个方面的政策做了调整。在投资政策方面，是紧缩投资规模，压缩基建建设，使过高的增长速度逐渐减缓下来，经济结构得到初步的改善；在工业政策方面，在原来采取的发展劳动密集型产业与发展技术密集型产业相结合的方针的基础上，提出扶持出口企业、出口产品和高新技术产品生产与开发的倾斜政策；在技术引进政策方面，利用税收、贷款、原材料和能源供应以及土地使用等经济杠杆，促使企业向高产品质量靠近。

经过上述三个方面政策的调整，深圳经济特区的产业结构自1986年后呈现出以下景象：第二产业比重上升，工业的主导地位得到加强；第三产业迅速发展的同时，比重有所下降；而第一产业在国民经济中所占比重明显下降，但第一产业的产值在不断上升。具体说来，1986—1992年，深圳的工业总产值从340 227万元增长到4 347 007万元，增长达12.8倍；③第二产业的比重由39.2%增长到48%；第三产业的比重由52.9%降低到48.7%。④第一产业GDP的比重从1987年开始逐年下降，到1992年，占GDP的比重仅为3.3%，但第一产业的产值从1985年的26 111万元增长到了1992年的105 914万元，增长了3.1倍。⑤到1992年，深圳的产业结构基本达成了以工业为主、"工贸"结合的外向型经济。如图2-11所示。

---

① 参见陶一桃、鲁志国《中国经济特区史论》，社会科学文献出版社2008年版，第56页。
② 参见陶一桃、鲁志国《中国经济特区史论》，社会科学文献出版社2008年版，第56页。
③ 参见深圳市统计局、国家统计局深圳调查队《深圳统计年鉴·2011》，中国统计出版社2011年版，第64页。
④ 根据《深圳统计年鉴·2011》第216页数据计算得出。
⑤ 根据《深圳统计年鉴·2011》第22页数据计算得出。

第二章 广东经济特区改革发展的初步探索

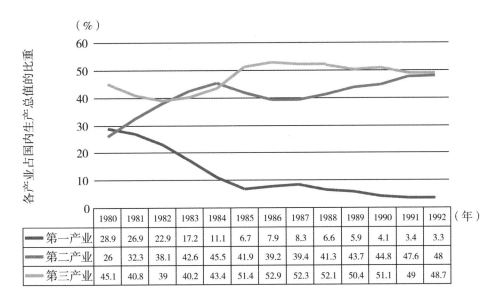

图 2-11 1980—1992 年深圳产业结构变化

数据来源：《深圳统计年鉴·2011》。

（二）珠海产业结构调整

珠海经济特区的产业政策在 1984 年以前主要是以工业为主导的总体发展方针，从 1986 年开始，将以工业为主的经济发展战略调整为以外向型经济为主。整体来看，珠海第二产业的占比基本上大于第三产业，除了 1991 年以外，第二产业的比重从 1986 年的 39.9% 增加到了 1992 年的 49.1%，处于主导地位；第三产业从 1986 年的 36.7% 发展到 1992 年 44.5%；而第一产业占 GDP 的比重从 1986 年开始逐年降低，到 1992 年，占比仅为 6.4%；但第一产业的生产总值从 1985 年的 21 410 万元增长到 1992 年的 66 343 万元，大约是 1985 年产值的 3 倍多。[1] 如图 2-12 所示，1985 年以后，产业结构开始出现以第二产业为主、第三产业齐头并进的发展模式。

---

[1] 参见珠海市统计局、国家统计局珠海调查队《珠海统计年鉴·2009》，中国统计出版社 2009 年版，第 103 页。

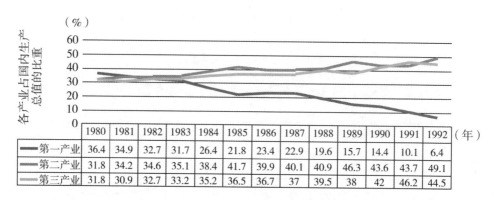

图2-12 1980—1992年珠海产业结构变化

数据来源：《珠海统计年鉴·2009》。

（三）汕头产业结构调整

汕头经济特区的产业结构基本上也是按照以工业为主、"工贸"结合的外向型经济的特区指示进行调整的，第一产业占GDP的比重从1985年开始下降，除1989年和1990年有小幅度的上升，基本上保持下降的趋势。到1992年，比重仅为16.8%，略高于深圳、珠海经济特区。汕头经济特区的农业创汇模式能够解释一部分，这一创汇农业一方面支持了汕头经济特区的农业发展，一方面也促进了对外经济贸易的发展，一定程度上为第三产业的发展贡献了力量。

第三产业的占比在产业结构调整前后，都高于第一、第二产业在GDP中的占比，但第三产业占GDP的比重相对于深圳、珠海经济特区却是偏低的，发展速度也较慢，从1985年到1992年，比重基本上在45.2%～46.4%浮动；而第二产业的占比由1986年的30.4%增长到36.8%，与第三产业的比重差距在缩小；第一产业的比重虽然在下降，但第一产业的产值自1985年到1992年在逐年上升，1985年的产值为60 801万元，1986年为69 209万元，到1992年为182 718万元，是1985年的3倍，是1986年的2.6倍，[①] 如图2-13所示。从整体上来看，汕头

[①] 参见汕头市统计局、国家统计局汕头调查队《汕头统计年鉴·2017》，中国统计出版社2017年版，第91页。

第二章　广东经济特区改革发展的初步探索

经济特区的产业结构，正在靠近以工业为主、"工贸"结合的模式，但第二产业的主导地位要加强，第三产业的发展要跟上，第一产业在保持生产总值上升的同时降低占 GDP 的比重。

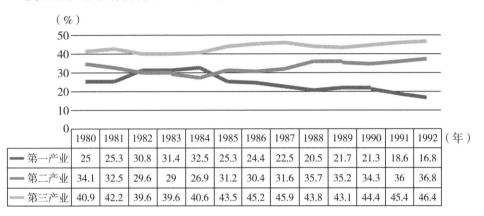

图 2-13　1980—1992 年汕头产业结构变化

数据来源：《汕头统计年鉴·2003》的"1-8 历年国内生产总值构成"。

广东经济特区经历了一系列的经济体制改革，最终率先完成了从内向型经济到外向型经济的过渡，为中国的外向型经济的发展起了先行先试的示范作用。深圳、珠海和汕头经济特区在产业结构的发展上虽然一度陷入了"出口基地"转口贸易的制度依赖的泥淖，但 1986 年后几年的产业结构调整已经基本上完成了以工业为主、"工贸"结合的外向型经济模式的历史使命，使经济特区的体制改革具备了产业基础，为社会主义市场经济体系的最终确立打下了坚实的基础。

小　　结

回顾本章的特区经济体制改革之旅，我们可以看到，在特区经济建设初期，缺少物资，缺少基础设施，缺少城市的规划，一切都需要政府放开手，政府也必须放开手，因为政府再也无法包办一个涌入更多潜在市场主体的"经济特区"，当资源的需求主体不断扩大的时候，就会产生对供给主体的挤压，这个时候，一旦国家稍微放松管制或者稍加引导，过去沉淀在计划体制的市场要素便会活跃起来。一如土地,在外资的需求下,突破计划经济体制下"统分统配"供给模式的把控,借由土地使用权收费、流转,"以地养地"的机制不仅完成了经济运转的基础设施的建设,城市的规划,还带动了其他市场要素的流通。一如资本,外资开始更大规模的流入,召唤着与之相匹配的劳动力市场和金融市场的改革,促使了劳动力要素的流动。劳动力的需求开始冲击着户籍制度和票证制度的管理,这股需求的力量使劳动者从土地上解放出来,涌入市场,成为新的劳动者要素,或利用手中的生产要素创办乡镇企业,民营经济也就在市场化的这场春风里开始萌芽成长。而在这风起云涌的一系列市场化改革中,有一股暗流从打开市场的那一刻便缓缓流动,那就是"价格"。价格是维系市场运行的规则,是市场交易的纽带,而物资的涌动、供需的变化,不断地冲击着脆弱的计划经济体制下的凭证供给制那"名存实亡"的"价格",这股"价格"暗流已经渗透在市场的方方面面。广东经济特区在一步步地尝试放开的探索中,最终基本上完成了商品的自由流通,大部分商品价格由市场供需决定,随行就市。

至此,外资经济的发展已走过了一段岁月,与民营经济一起成为广东经济特区独特的风景线,国有企业的股份制改革得到了社会主义性质法律上的承认和保障,从而产权主体多样化的市场经济的微观基础——企业得以构建。已然,广东经济特区市场体系建设的前提条件已经具备,特区改革的初步探索无疑交上了一份满意的答卷。

"路漫漫其修远兮,吾将上下而求索……"

经济体制实际上是一种关于社会资源占有方式和资源配置方式的系统化的制度安排,但是资源的占有方式也好,资源配置方式也好,并没有规定其主体是谁,但是却隐含了经济体制中的"占有""配置"的权利主体,只有掌握资源的占有和配置的主体的性质才可以决定经济体制的性质。我们国家在改革开放初期经历着经济体制的转轨,但是我们的党是为人民服务的党,我们的财产关系的底色是公有制,所以不论我们在市场化的改革中如何促使生产要素的流动,增加市场经济的成分,都是不能撼动我们公有制代表的社会主义的基石。市场化的改革永远只是社会主义框架内的，正如邓小平所言，"黄猫、黑猫，只要捉住老鼠就是好猫"①。市场和计划只是经济发展的手段，资源为谁所占有，资源的配置方式是怎样的才是决定经济体制性质的根本。

---

① 邓小平：《怎样恢复农业生产》，载《邓小平文选》第一卷，人民出版社1994年版，第323页。

第三章　社会主义市场经济确立初期下的广东经济特区

习近平总书记说："关于使市场在资源配置中起决定性作用和更好发挥政府作用。这是这次全会决定提出的一个重大理论观点。这是因为，经济体制改革仍然是全面深化改革的重点，经济体制改革的核心问题仍然是处理好政府和市场关系。"①

广东经济特区不仅在我国改革开放初期发挥了特殊的作用，率先建立了社会主义市场经济体系，而且在社会主义市场经济确立初期对推动我国经济体制改革和政治体制改革也做了大量的有益尝试，是我国改革开放、学习西方的窗口和试验田。为加快特区发展和外资引进，广东经济特区全面推进市场取向的经济体制改革，逐步实现从局部改革转向全面改革，从单项改革转向系统改革，从初步改革转向深入改革，并逐步向配套、综合、全面的方向发展。所有这些有益的尝试和探索都为我国社会主义市场经济的发展积累了大量的经验，对推动中国特色社会主义建设都起到了十分重要的作用。

第一节　中国改革开放的重大转折

20世纪80年代末到90年代初，国际、国内形势相当严峻。1991年，苏联解体，东欧国家易帜剧变，国际共产主义运动陷入低潮。东西两极冷

---

① 习近平：《关于〈中共中央关于全面深化改革若干重大问题的决定〉的说明》（2013年11月9日），载《十八大以来重要文献选编》上，中央文献出版社2014年版，第498页。

第三章　社会主义市场经济确立初期下的广东经济特区

战局面结束,出现了多极化的趋势。世界的大变动、大改组,对中国产生了震撼性的影响,中国处在"国际、国内政治风波严峻考验的重大历史关头"①。西方国家对中国实行制裁、封锁和孤立的政策,外商投资止步观望,有些外商甚至抽掉资金或将"三来一补"及"三资企业"转移到东南亚等地区;国内不少地方市场疲软、销售不畅、库存增加,导致生产萎缩、经济下滑。在思想政治方面,"左"的思想再次浮现。有的人对社会主义的前途缺乏信心,有的人对改革开放提出姓"资"还是姓"社"问题,有的人对党的基本路线产生动摇。中国面临着严峻的挑战,改革开放也到了关键时刻。

一、邓小平南方谈话

1992年,邓小平同志先后到武昌、深圳、珠海、上海等地进行视察,并发表了一系列重要讲话,通称为"南方谈话"②。南方谈话具有深刻的理论意义,它不仅丰富和发展了邓小平理论,也为中国的经济建设和改革开放指明了发展方向,为实现我国现阶段的改革发展方向、社会主义现代化以及伟大复兴的"中国梦"提供了重要的理论依据。

(一) 南方谈话的主要内容③

南方视察的专列出发之初,懂事的羊羊(邓小平孙辈)说:"爷爷,我拉着你。"邓小平说:"不用,不用,爷爷拉着你。"历史不应忘记这一细节:一位拄着拐杖、需人搀扶的88岁老人为中国迈出了开拓思想的重要一步。南方视察通常被看作邓小平的思想跨越。在特殊的情势中,邓小平意外地找到机遇,完成并宣告了20世纪70年代末以来一系列思考、探索的成果和结论。

---

① 江泽民:《高举邓小平理论伟大旗帜,把建设有中国特色社会主义事业全面推向二十一世纪》1997年9月12日,载人民网(http://cpc.people.com.cn/GB/64162/64168/64568/65445/4526285.html)。

② 邓小平:《1992年邓小平南巡讲话摘要》,载《当代经济》2012年第5期。文章原标题及内文为"南巡讲话",现改为南方谈话——编者注。

③ 姚鸿、杨汉卿:《邓小平同志南巡与南方谈话历史背景》,载中国国情—中国网(guoqing.china.com.cn/2012-02/06/content_24564056.htm)。

1. 特区姓"社"不姓"资"

1992年1月19日上午9时，小平同志南方视察专列驶进深圳火车站。当日下午，他们参观皇岗口岸。该口岸由广东省、深圳市与港商三方合资的广东省高速公路有限公司投资兴建。它全部开通后，大大减轻了罗湖桥、文锦渡、沙头角等口岸的压力。小平同志在深圳河大桥桥头的边境上久久地凝视对面的香港土地。视察完皇岗口岸，随后乘车在深圳市转了一圈，参观市容。小平同志沿途看见一片繁华景象：宽阔的马路纵横交错，花木夹道，绿树成荫，高楼大厦巍然耸立，鳞次栉比。老人家的脸上露出了欣喜的笑容。一路上与省市领导人交谈。他说，8年过去了，这次来看，深圳特区和其他一些地方，发展得这么快。我没有想到，看了以后信心增加了。

当谈到创办经济特区问题时，小平同志说，对办特区，从一开始就有不同意见，担心是不是搞资本主义。深圳的建设成就，明确回答了那些有这样、那样担心的人。特区姓"社"不姓"资"。从深圳的情况看，公有制是主体，外商投资只占1/4，就是外资部分，我们还可以从税收、劳务等方面得到益处嘛！多搞点"三资企业"，不要怕。他接着尖锐地批评道，有的人认为，多一分外资，就多一分资本主义，"三资企业"多了，就是发展了资本主义。这些人连基本常识都没有。

1月20日上午，小平同志在省市领导人的陪同下，乘电梯登上了50层高的深圳国际贸易中心大厦旋转餐厅。老人家面窗而坐。深圳市委书记李灏先介绍眼前市容，接着打开一张深圳市总体规划图，向小平同志简要汇报了深圳改革开放和经济建设的情况。老人家听罢汇报，充分肯定了深圳在改革开放中发生的巨大变化和经济建设取得的巨大成就。小平同志高兴地说，深圳的重要经验就是敢闯，没有一点闯的精神，没有一点"冒"的精神，没有一股气呀、劲呀，就走不出一条好路，走不出一条新路，就干不出新的事业，不冒一点风险，办什么事情都有百分之百的把握，万无一失，谁敢说这样的话？一开始就自以为是，认为百分之百正确，没那么回事，我就从来没那么认为。小平同志又说，改革开放胆子要大一些，敢于试验，不能像小脚女人一样，看准了的，就大胆地试，大胆地闯。

小平同志接着说，改革开放迈不开步子，不敢闯，说来说去就是怕资本主义的东西多了，走了资本主义道路。要害是姓"资"还是姓"社"的问题。判断的标准，应该主要看是否有利于发展社会主义的生产力,是否有利于增强社会主义国家的综合国力,是否有利于提高人民的生活水平。

小平同志激动地举起微微颤抖的手说,要坚持党的十一届三中全会以来的路线、方针、政策,关键是坚持"一个中心,两个基本点",不坚持社会主义,不改革开放,不发展经济,不改善人民生活,只能是死路一条。基本路线要管一百年,动摇不得。只有坚持这条路线,人民才会相信你、拥护你。谁要改变三中全会以来的路线、方针、政策,老百姓不答应,谁就会被打倒。后来在巡视过程中,小平同志多次很激动很生气地说,谁反对党的基本路线,就把他打倒!谁反对党的基本路线谁就没有好下场。

小平同志又说,要坚持两手抓,一手抓改革开放,一手抓打击各种犯罪活动。这两只手都要硬。打击各种犯罪活动,扫除各种丑恶现象,手软不得。他还谈到中国要保持稳定,干部和党员要把廉政建设作为大事来抓,要注意培养接班人等重大问题。

小平同志在深圳先科激光电视有限公司,听取了叶挺将军的儿子、先科激光电视有限公司董事长叶华明的汇报,并视察了激光视盘制作车间。小平同志夸赞深圳特区发展激光技术有远见,并说发展高科技主要靠年轻人。

1月21日,小平同志游览了深圳华侨城的民俗文化村和锦绣中华微缩景区。在游览了中国民俗文化村和锦绣中华微缩景区后,小平同志说,走社会主义道路,就是要逐步实现共同富裕。共同富裕的构想是这样的:一部分地区有条件先发展起来,一部分地区发展慢点,先发展起来的地区带动后发展的地区,最终达到共同富裕。如果富的愈来愈富,穷的愈来愈穷,两极分化就会产生,而社会主义制度就应该而且能够避免两极分化。解决的办法之一,就是先富起来的地区多交点利税,支持贫困地区的发展。当然,太早这样办也不利,现在不能削弱发达地区的活力,也不能鼓励吃"大锅饭"。

1月22日,小平同志在仙湖植物园植树,他为深圳特区种下一棵常青树——高山榕。仙湖植物园里的植物千姿百态,小平同志看得兴趣盎然。有一种树叫"发财树"。邓榕风趣地对小平同志说:"以后咱们家也种一棵。"小平同志深情地说:"让全国人民都种,让全国人民都发财。"

2. 提出社会主义本质论与社会主义市场经济论

1992年1月22日，邓小平同志同省市负责人作了重要谈话。当谈到社会主义的本质时，小平同志明确地指出："社会主义的本质，是解放生产力，发展生产力，消灭剥削，消除两极分化，最终达到共同富裕。"小平同志对社会主义本质的这一论断，是对马克思主义的重大发展，它反映了人民的利益和时代的要求，廓清了不合乎时代进步和社会规律的模糊观念，摆脱了长期以来拘泥于具体模式而忽视社会主义本质的错误倾向，深化了对科学社会主义的认识。它对于我们在坚持社会主义基本制度的基础上推进改革，指导改革沿着社会主义本质要求的方向发展，对于建设有中国特色的社会主义，具有重大的政治意义、理论意义和实践意义。

小平同志在谈话中还着力论述了社会主义市场经济问题。他说："计划多一点还是市场多一点，不是社会主义与资本主义的本质区别。计划经济不等于社会主义，资本主义也有计划；市场经济不等于资本主义，社会主义也有市场。计划和市场都是经济手段。"小平同志对社会主义可不可以搞市场经济这个长期争论不休的问题，做了十分清楚、透彻、精辟的总回答，从根本上解除了把计划经济和市场经济看作社会基本制度范畴的束缚。他提出要把社会主义和市场经济结合起来，突破了传统的观念和多年来实行的经济模式，为全面的经济体制改革奠定了坚实的理论基础。党的十四大把建立社会主义市场经济体制写进了党的纲领，明确确定以市场经济为经济体制改革的目标。

小平同志于1月23日上午离开深圳。临行前，乘车巡视了蛇口工业区，并叮嘱深圳市负责人："你们要搞得快一点！"

3. 广东力争用20年时间赶上亚洲"四小龙"

1992年1月23日上午，小平同志乘坐的轮船离开蛇口港，横越伶仃洋，向珠海驶去。整个航程约1小时10分钟，小平同志大概做了40分钟的谈话。广东省委书记谢非在小平同志面前摊开一张广东省地图，并向他汇报广东改革开放和经济发展的情况。小平同志戴上老花镜，一边看地图，一边听汇报。听罢汇报，小平同志充分肯定了广东改革开放所取得的成就，并提出殷切的希望。他说，广东在改革开放中起了龙头的作用，今后还要继续发挥龙头的作用。广东要上几个台阶，争取用20年时间赶上亚洲"四小龙"。不仅经济要上去，社会秩序、社会风气也要搞好，两个文明都要超过他们，这才是有中国特色的社会主义。

他接着说,抓住机遇,发展自己,关键是发展经济。现在,周边一些国家和地区经济发展比我们快,如果我们不发展或发展得太慢,老百姓一比较就有问题了。所以,能发展就不能阻挡,有条件的地方要尽可能搞快一点,只要是讲效益,讲质量,搞外向型经济,就没有什么可以担心的。

小平同志主张我国经济发展隔几年就应上一个台阶。他说,对于我们这样发展中的大国来说,经济要发展得快一点,不可能总是那么平平静静、稳稳当当。要注意经济稳定、协调地发展,但稳定和协调也是相对的,不是绝对的。发展才是硬道理。如果分析不当,造成误解,就会变得谨小慎微,不敢解放思想,不敢放开手脚,结果是丧失时机,犹如逆水行舟,不进则退。

小平同志强调,一些国家和地区在发展过程中,都曾经有过高速发展时期,或若干调整发展阶段。日本、韩国、东南亚一些国家和地区,就是如此。现在,我们国内条件具备,国际环境有利,再加上发挥社会主义制度能够集中力量办大事的优势,在今后的现代化建设过程中,出现若干个发展速度比较快、效益比较好的阶段,是必要的,也是能够办到的。我们就是要有这个雄心壮志。

小平同志对谢非等同志说,我们已经穷了多少年,现在就是要加快发展,要搞跳跃式的发展,你们广东经济发展能搞多快就多快,不要听以计划经济为主的那一套。

4. 要警惕右,但主要是防止"左"

小平同志还重点谈到中国要警惕右,但主要是防止"左"的问题。他说:你们不要相信那些假马列主义,不要被那些假马列主义吓唬倒,他们就会拿着大帽子吓人。现在,有右的东西影响我们,也有"左"的东西。有些理论家、政治家,拿大帽子吓唬人的,不是右,而是"左"。"左"带有革命的色彩,好像越"左"越革命。"左"的东西在我们党的历史上可怕呀!一个好的东西,一下子被他搞掉了。右可以葬送社会主义,"左"也可以葬送社会主义。中国要警惕右,但主要是防止"左"。右的东西有,动乱就是右的!"左"的东西也有。把改革开放说成是引进和发展资本主义,认为和平演变的主要危险是来自经济领域,这些就是"左"。我们必须保持清醒的头脑,这样就不会犯大错误,出现问题也容易纠正和改正。他还说,我们改革开放的成功,不是靠本本,而是靠实践,靠实事求是。我就是相信毛主席讲的实事求是,过去我们打仗靠这个，现在搞建设、搞改革开放也靠这个。我们讲了一辈子马克思主义，其实马克思主义并不玄奥。

5. 中国要在世界高科技领域占有一席之地

1992年1月23日上午，小平同志抵达珠海经济特区，下榻于石景山庄。他在珠海市度过一个星期的时间，一连考察了几个高科技企业。1月24日上午，小平同志乘车来到珠海生物化学制药厂，在听取了"凝血酶"的研制生产和工厂发展等情况后，小平同志高兴地说："我们应该有自己的拳头产品，创出我们自己的名牌，否则就会受人欺负。这就要靠我们的科技工作者出把力，摆脱受人欺负的局面。"

1月25日上午，小平同志来到亚洲仿真控制系统工程公司。公司总经理游景玉介绍情况说，公司主要研制仿真控制系统工程设备，使用这种设备可以在计算机上模拟各种工业生产运行控制。可以说是一个集研究、设计、制造、开发和应用于一体的高科技人才集团。小平同志竖起拇指连声赞好，他接着说："要提倡科学，靠科学才有希望。近十几年我国科技进步不小，希望在20世纪90年代，进步得更快。每一行都树立一个明确的战略目标，一定要打赢。高科技领域，中国也要在世界占有一席之地。"小平同志在参观亚洲仿真控制系统工程公司时说，我们国家已经穷了几千年了，如今再也穷不起了，如果不重视科技、不重视教育，就会被动、挨打。当珠海市的领导人在返回的路上汇报准备重奖有功科技人员的打算时，老人家当即表示："好啊！"后来，珠海市就传来了轰动全国的重奖有功科技人员的喜讯。在经过清朝海关遗址时，小平同志神情凝重地说："贫穷落后是要挨打的啊！"

1月27日，小平同志在考察内联企业江海电子股份有限公司时提出，要不断地创造新的东西出来，才有竞争力。他对公司副总经理说，你们做的体现了高度的爱国主义，是对社会主义的贡献。他还说，不是有人议论姓"社"姓"资"问题吗？你们就是姓"社"。又对珠海市负责人说，你们这里就是姓"社"嘛，你们这里是很好的社会主义。

（二）南方谈话的重大历史意义

邓小平同志南方谈话在国内外产生了巨大的影响。他在中国面临向何处去的重大历史关头，高举改革开放旗帜，坚持解放思想，抓住历史机遇，大大加快了中国的发展。中共中央连续发出文件，就全党学习邓小平

第三章 社会主义市场经济确立初期下的广东经济特区

南方谈话和在经济建设、思想文化建设和党的建设等领域贯彻南方谈话精神，做出了一系列的决策和部署。邓小平南方谈话的学习、贯彻成了召开十四大最重要的思想、理论准备和推进改革开放步入新阶段、跨上新台阶的强大动力。江泽民在党的十五大报告中对南方谈话作了一个很深刻很准确的历史评价。他说："一九九二年邓小平南方谈话，是在国际国内政治风波严峻考验的重大历史关头，坚持党的十一届三中全会以来的理论和路线，深刻回答长期束缚人们思想的许多重大认识问题，把改革开放和现代化建设推进到新阶段的又一个解放思想、实事求是的宣言书。"

邓小平南方谈话打破前人认识的历史局限性，纠正了种种扭曲的错误认识，紧紧围绕"什么是社会主义、怎样建设社会主义"这样一个根本问题，提出了一系列新思想、新观点，进一步展开和丰富了由他创立的建设有中国特色社会主义的理论。

南方谈话使中国冲出姓"社"姓"资"的怪圈，给全国人民极大的鼓舞。全国各地掀起新一轮改革开放的滚滚热潮。港澳新闻媒介和世界各地的舆论界也发出了大量的消息，并纷纷发表评论，对南方谈话给予高度评价。海外舆论纷纷把邓小平的南方视察活动和谈话称为"邓旋风"，认为在"邓旋风"的推动下，中国必将出现一次新的思想解放，加快改革开放步伐，加快经济发展速度。

二、党的十四届三中全会

在国际上苏联解体、东欧剧变，而国内改革阻力重重、邓小平南方视察提出搞市场经济等背景下，中国于1992年10月召开了党的十四大并确立了经济体制改革的目标是建立社会主义市场经济体制，随后在1993年11月召开的党的十四届三中全会便确立了社会主义市场经济体制的基本框架。

（一）党的十四届三中全会主要内容

党的十四届三中全会通过了《中共中央关于建立社会主义市场经济体制若干问题的决定》，该决定共50条，分10部分：我国经济体制改革面临的新形势和新任务；转换国有企业经营机制，建立现代企业制度；培育和发展市场体系；转变政府职能，建立健全宏观经济调控体系；建立合理的个人收入分配和社会保障制度；深化农村经济体制改革；深化对外经济体制改革，进一步扩大对外开放；进一步改革科技体制和教育体制；加强法律制度建设；加强和改善党的领导，为20世纪末初步建立社会主义市场经济体制而奋斗。

会议认为，在邓小平同志建设有中国特色社会主义的理论指导下，经过15年改革，我国经济体制发生了巨大变化。以公有制为主体的多种经济成分共同发展的格局初步形成，农村经济体制改革不断深入，国有企业经营机制正在转换，市场在资源配置中的作用迅速扩大，对外经济技术交流与合作广泛展开，计划经济体制逐步向社会主义市场经济体制过渡。改革解放和发展了社会生产力，推动我国经济建设、人民生活和综合国力上了一个大台阶。以邓小平同志1992年年初重要谈话和党的十四大为标志，我国改革开放和现代化建设事业进入了一个新的发展阶段。改革开放迈出新的步伐，宏观调控取得积极成效，经济蓬勃发展，社会政治稳定。我们要紧紧抓住国内国际的有利时机，加快建立社会市场经济体制的进程，实现国民经济持续、快速、健康的发展。

会议指出，社会主义市场经济体制是同社会主义基本制度结合在一起的。建立社会主义市场经济体制，就是要使市场在国家宏观调控下对资源配置起基础性作用。为实现这个目标，必须坚持以公有制为主体、多种经济成分共同发展的方针，进一步转换国有企业经营机制，建立适应市场经济要求、产权清晰、权责明确、政企分开、管理科学的现代企业制度；建立全国统一开放的市场体系，实现城乡市场紧密结合，国内市场与国际市场相互衔接，促进资源的优化配置；转变政府管理经济的职能，建立以间接手段为主的完善的宏观调控体系，保证国民经济的健康运行；建立以按劳分配为主体，效率优先、兼顾公平的收入分配制度，鼓励一部分地区一部分人先富起来，走共同富裕的道路；建立多层次的社会保障制度，为城乡居民提供同我国国情相适应的社会保障，促进经济发展和社会稳定。这些主要环节相互联系又相互制约，构成社会主义市场经济体制的基本框架。

会议强调，建立社会主义市场经济体制是一项开创性的伟大事业。要毫不动摇地坚持邓小平同志建设有中国特色社会主义的理论和党在社会主义初级阶段的基本路线，以是否有利于发展社会主义社会的生产力，是否有利于增强社会主义国家的综合国力，是否有利于提高人民的生活水平，作为决定各项改革措施取舍和检验其得失的根本标准。在推进改革的过程中，必须解放思想，实事求是；以经济建设为中心，改革开放、经济发展和社会稳定相互促进，相互统一；尊重群众首创精神，重视群众切身利益；实行整体推进和重点突破相结合。各级党委和政府要用党的基本理论和基本路线统揽全局，把更大的精力集中到加快改革上来。当前要紧紧抓住建立现代企业制度、市场体系和金融、财税、计划、投资、外贸等重点领域的改革，制定具体方案，采取实际步骤，取得新的突破。

会议指出，建立社会主义市场经济体制，加快现代化建设步伐，必须坚持和改善党的领导，加强党的自身建设。要用邓小平同志建设有中国特色社会主义的理论武装全党，提高贯彻执行党的基本路线和发展社会主义市场经济的方针、政策的坚定性和自觉性。适应建立社会主义市场经济体制和经济发展的要求，积极推进政治体制改革，加强社会主义民主政治和法制建设。坚持两手抓、两手都要硬的方针，加强社会主义精神文明建设。深入开展反腐败斗争，切实抓好廉政建设。加强社会治安综合治理。巩固和发展安定团结的政治局面。

会议号召，全党同志和全国各族人民更加紧密地团结在以江泽民同志为核心的党中央周围，在邓小平同志建设有中国特色社会主义的理论和党的十四大精神指引下，同心同德，锐意改革，自力更生，艰苦创业，为在20世纪末初步建立起社会主义市场经济体制，实现国民经济和社会发展第二步战略目标而努力奋斗！

（二）党的十四届三中全会的历史意义

《中共中央关于建立社会主义市场经济体制若干问题的决定》把党的十四大确定的经济体制改革的目标和基本原则加以系统化、具体化，是我国建立社会主义市场经济体制的总体规划，是90年代进行经济体制改革的行动纲领，必将对我国的改革开放和社会主义现代化建设产生深远的影响，也具有重要的历史意义[①]。

1. 适应了抓住机遇、加快发展的客观要求

从国际上来看，冷战对抗时代结束，将会出现一个较长时期的和平环境；我国与周边国家的关系比以前任何时期都好，这样就有利于我们进一步争取一个良好的世界性的和平环境；发展中国家同我国的关系普遍都较

---

① 唐公昭：《十四届三中全会的重大意义》，载《理论与改革》1994年第1期。

好，而且在多方面同我国保持着友好合作的态度；欧、美、日等发达国家之间的经济是密切联系的，但在冷战和对抗结束后，也出现了新的矛盾，这有利于我们去利用矛盾，发展自己。从国内来看，我国经济继续保持高速增长。从种种情况来看，我们确实面临着一个历史上少有的发展好机遇，在这种背景下，中国共产党召开十四届三中全会，做出了建立社会主义市场经济体制若干问题的决定，统一全党的认识，加快改革的步伐，无疑会产生重大而深远的影响。

2. 适应了我国深化改革的客观要求

通过十多年的改革，我国经济体制发生了很大的变化，旧体制已经突破，新体制在广泛的领域和不同程度上正在逐步形成，并且发挥了日益明显的作用，有力地促进了生产力的发展。但是，从总体上来说，我们的社会主义市场经济体制还没有建立起来，而且任务还相当艰巨。首先，改革还没完全到位，宏观调控没有实质性的变化。经济主体的激励机制不健全并缺乏自我约束，而宏观方面调控乏力，使我国的经济发展周期明显缩短，经济波动的频次加快了，使资源难以实现合理配置和有效利用。其次，市场竞争不足与竞争过度、无序竞争并存，同时还存在着靠行政权力支撑的垄断。再次，从分配关系上看，在国有企业、党政机关和国有制的事业单位中，平均主义仍然是主要问题。最后，我国法律体系还不健全，执法体系还不完善。法律体系不健全，在有的方面就感到无法可依；执法体系不健全，有的地方就有执法不严的情况存在。这些问题的存在，绝不是搞市场经济造成的，恰恰说明是市场经济体制还没有建立起来，才给社会经济生活造成了诸多的矛盾和问题。因此，继续加快改革，抓紧建立社会主义市场经济体制是摆在我们面前的紧迫而又艰巨的任务。正是在这样的背景下，党的十四届三中全会做出了这样一个重要的决定，其指导作用是重大而深远的。

3. 为中国经济与世界经济的联系架设了桥梁

社会主义市场经济毫无疑问是开放性的，这个开放包括对内开放，也包括对外开放。《中共中央关于建立社会主义市场经济体制若干问题的决定》明确提出要使国内市场和国外市场相互衔接，这为中国经济同世界经济的联系架起了桥梁。我国建设资金长期不足是一个客观存在的问题，但是资金不足以及资源不足，是可以通过国际市场来配置的。老牌资本主义国家在资本主义制度确立初期，经过了一段充满血与火的资本原始积累过程，但是我们不能再走那样的路子。亚洲"四小龙"经济的振兴在相当程度上是利用了国际经济结构调整、经济国际化和资本国际化这样一种大的背景，在世界范围内寻找资源，获得资金，加速了自己的发展。这些可以给我们提供诸多借鉴。

4. 在思想理论上具有新的突破和发展

一方面，《中共中央关于建立社会主义市场经济体制若干问题的决定》把邓小平同志关于社会主义市场经济的理论和党的十四大提出的关于社会主义市场经济的目标、基本原则具体化了。另一方面，党的十四届三中全会在一些重要的观点上有了新的突破。关于以公有制为主体，决定中做出了明确的、科学的解释：一是指国有经济和集体经济在社会总资源中占有优势，这个总资源不仅指已经形成的工业固定资产，以及各种投资形成的固定资产，包括土地、矿藏、可利用的水面、森林等；二是指国有经济控制国家经济命脉；三是指公有制经济在国民经济中发挥主导作用。该决定明确地提出了建立现代企业制度问题，并且概括了五个特征，还提出了建立现代企业制度是国有企业改革的方向。在企业改革中，对于股份公司的一些解释有了新的进展，以前在股份公司中，一般国有股要占到一半以上，该决定明确："国家控股的比例要根据不同的产业和不同的企业以及投资者分散的程度，具体加以确定。"根据国际惯例，要对一个公司起到控股作用，那么控股者的投资比例可能达到百分之五十以上，但是如果投资者很分散，那么有时百分之十几甚至百分之几就可以达到控股。所以，控股比例不能模式化、简单化。该决定还明确提出了劳动力市场问题以及外商投资企业国民待遇问题。这是实践提出的，回答了现实中的紧迫问题，具有新的突破和发展。

第二节　制度改革创新

一个国家、地区的经济发展水平主要取决于三个因素：人、资源和制度安排。中国拥有五千年华夏文明，在大部分历史时期，中国的经济社会发展水平处于世界领先地位，甚至在有的年代，中国 GDP 占到世界总量的一半以上。在中国璀璨的历史上，出现过许多许多的政治家、思想家、军事家等，中国的各类资源得天独厚。那么，在改革开放之前为何中国的各项经济发展指标均处于停滞甚至是倒退的情况。无疑，当时的经济制度阻碍了生产力的解放和发展，相关制度到了不得不改革和创新的关键点。

现代企业制度是社会主义市场经济体制的基础，而产权制度是现代企业制度的核心。因此，对国有企业进行产权制度改革是建立社会主义市场经济体制的关键，也是国有企业深化改革、走出困境的根本出路，同时也是建立现代企业制度的核心问题。

一、产权制度改革探索

广东经济特区在我国改革开放初期发挥了特殊的作用，率先建立了社会主义市场经济体系。新的历史时期，国家赋予了经济特区在建立社会主义市场经济制度建设探索的重要历史使命。经济特区作为经济体制改革的"试验区"，在国有企业产权制度改革方面先走一步，为其他地区产权制度的改革，提供有益的经验。

（一）国有企业产权改革的深圳模式

早在1982年，深圳市就陆续把计划经济条件下直接管理企业的专业主管部门，比如第一轻工业局、物资局、纺织局等相继撤销。1987年7月，全国第一家国有资产专门管理机构——深圳市投资管理公司成立；1992年9月，深圳市政府领导下的国有资产管理委员会诞生；1994年4月，第一批43家国有企业授权证书颁发；1995年3月，全市第三家国有资产经营公司——深圳市物资集团有限公司转制；1996年，国资委和投资管理公司彻底分开，同时引入竞争机制，在原投资管理公司之外，新组建建设投资控股公司和商贸投资控股公司两家资产经营公司。深圳逐步形成了完善的国有资产管理新体制——三级授权经营制[①]。如图3-1所示。

第一级为市政府授权的市国有资产管理委员会，在市政府领导下，行使国有资产管理职能，其成员由市财政局、体改办、计划局、统计局、规划国土局、经济发展局、贸易发展局、法制局等有关部门的负责同志组成。基本职能是贯彻执行国家关于国有资产管理的方针政策和法规；根据实际情况制定本级政府有关国有资产的方针政策和规章，组织起草法规草案；对市级国有资产做出重大决策；对全市国有资产运作情况进行检查、

---

① 参见《国有企业产权改革的深圳模式》，载《中国工商管理研究》1995年第10期。

第三章　社会主义市场经济确立初期下的广东经济特区

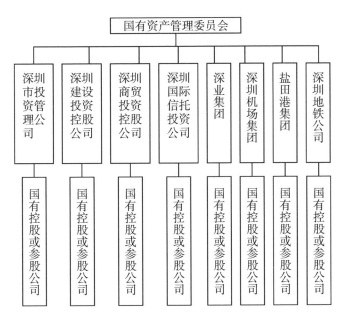

图 3-1　深圳市的"三级授权经营制"

监督，从价值总量上保证国有资产迅速增值；组织对国有资产产权的界定、资产评估，对有关资产纠纷的处理；组织对国有资产的授权委托经营，并对业绩进行考核、监督等。总之，它是本级政府宏观管理国有资产的专门机构和组织形式。①

第二级为市国有资产管理委员会授权的 3 家国有资产经营公司（深圳市投资管理公司、深圳建设投资控股公司、深圳商贸投资控股公司）和 5 家授权经营公司（深圳国际信托投资公司、深业集团、深圳机场集团、盐田港集团、深圳地铁公司），专司市属经营性国有资产的经营管理。它的职能是制定国有资产产权经营的方针、计划和目标；制定国有资产产权经营的规章制度；对国有企业的经营进行监督、管理；受市国有资产管理委员会的委托，代表政府对国有资产参股或控股的企业行使股东权益；向各类企业进行有偿周转投资或参股、控股投资，并可为国有企业提供贷款担保；负责重要投资和海外投资的审查、立项和担保；对基础产

---

①　参见厉有为《现代企业制度与国有资产产权——深圳实验的启示和思考》，载《特区实践与理论》1994 年第 1 期。

业、重要产业的企业实行控股,组织国有企业的股份有限公司和有限责任公司的改造;负责产权交易所的管理等。①

第三级为 3 家国有资产经营公司和 5 家授权经营公司下面的国有企业,可具体从事各产业经营活动,以实现国有资产的保值与增值计划。从而确立了国有企业法人代表的代理人经济身份,对国有资产或其他资产依法生产经营。

"三级授权经营制"具有如下一些特点与作用②:第一,由于把计划经济体制下国家和企业的"行政隶属"关系改革为市场经济体制下委托人与代理人之间的"资产纽带"关系,实行了国有企业无行政主管局制度,政府产权管理部门向企业颁发"国有资产授权占用证书",以投资收益取代了全面干预,创造了打破"政资不分"(政府的社会管理和政府的国有资产管理不分)和"政企不分"(政府直接干预企业的日常经营)局面的良好途径,提供了国有企业走向拥有法人地位、成为自主经营独立实体的前提条件。第二,由于把计划经济体制下对国有资产实际上"无人负责"状态改革为市场经济体制下的"授权经营",企业的国有资产产权代表与政府产权管理部门签订"资产经营责任书",终于找到了一个"负责任"的"所有者"代表,从而创造了克服"所有者虚位"的良好形式。第三,由于把计划经济体制下"统负盈亏"的财务制度改革为市场经济下"保值增值"的计划任务,实现了国有企业产权界定明确的基本规定。一方面企业法人拥有支配企业财产的权力,另一方面国家也不再负有无限责任。这样,在市场竞争中,国有企业就失去了与政府一对一谈判资产投入数额的经济基础,企业也就存在着因长期资不抵债走向破产的可能性,从而迫使企业走上"自负盈亏"之路。

深圳的"三级授权经营制"没有走改革初期的"放权让利"的旧路,而是恰恰相反,"三级授权经营制"的实施产生了国有资产内产权多元化趋势(不仅在各个市级投资经营公司之间,而且在一个经营公司的各个企业之间都形成了独立的财产关系),因而在相当大的程度上确立了国有

---

① 参见厉有为《现代企业制度与国有资产产权——深圳实验的启示和思考》,载《特区实践与理论》1994 年第 1 期。

② 参见苏东斌《国有企业产权改革的深圳模式:三级授权经营制——委托代理关系的案例分析及其启示》,载《经济研究》1995 年第 8 期。

企业自主经营的地位，迫使国有企业走上自负盈亏之路，尤为关键的是寻找到了国有资产所有者的代表人物。这种制度上的创新不仅改革了作为上层建筑的政府的管理体制，而且更主要的是从根本上塑造了市场经济的微观主体，从而为市场经济的良好运行奠定了基础。

（二）深圳南岭乡镇企业产权改革模式[①]

深圳南岭村乡镇企业的经济发展是从传统的集体经济模式开始的。1983年，村支部决定合并南岭村4个队，将包产到户的土地收回，利用200万元征地补偿费改善投资环境，发展集体经济。在10年时间里，村集体先后投入2亿多元兴建厂房和生活配套设施；引进3亿港元外资办起"三来一补"企业和"三资企业"28个，内联和自营企业5家。与此同时，采取以工补农的办法，先后投资1 500万元发展"三高"农业，开辟水果基地、蔬菜基地、养猪场、养鸡场、养鸭场。此外，为发展商业，兴建商业大楼4 000平方米，形成了工农商三个产业共同发展的良好局面，村固定资产累计达到10亿元。

随着社会主义市场经济体制改革的日益深入以及南岭村经济的发展壮大，南岭村不断进行着产权制度改革探索。1994年，南岭村采取了更加有效率的产权制度——以集体经济为基础的新型经营者和生产者全员持股的股份合作制。将全村10亿元固定资产作为股本，在股份分配上，集体福利基金股占15%～20%，集体股占30%，余下的50%～55%为个人分配股。集体福利股分享的收入用于村民的集体福利，集体股分享的收入用于扩大再生产以壮大集体经济实力，个人分配股获得收入的10%建立专项基金，专门用于奖励每年工作表现突出的村民及对本村有突出贡献的科技人员和勤奋学习的大、中、小学学生，多余部分合并于集体福利基金股；个人分配股获得收入的90%在村民中按人头、等级进行分配。

南岭村产权制度的演进既符合市场经济运行规律的要求，又适应土地集体所有制的现实和社会文化环境的需要，具有较强的生命力。这种产权制度与我国原有的集体产权制度完全不同，在我国原有的集体产权制度下，任何个人无法享有企业名义上的资本所有权，更不可能借此获得资本

---

① 参见管林根《深圳南岭村产权模式变革及理论思考》，载《特区理论与实践》2003年第11期。

收益。

南岭村产权制度模式的优点是：坚持了集体所有制的基础地位，30%的集体股所获资本收益用于资本积累，保障了集体资本的保值、增值；15%～20%的社会福利基金股所获资本收益用于企业的集体福利，以保障企业成员共同富裕；50%～55%的个人分配股收益按等级为企业经营者和企业生产者分享，比较充分地调动了企业经营者和生产者的积极性。这种新型的集体产权模式的实践，取得了令人瞩目的成就。2001年，全村企业总收入达到了1.7亿元，纯收入为7 600万元，人均纯收入达9.5万元。

南岭村的乡镇经济不是完全意义上的单一的集体经济，而是适应市场经济要求的经营者和生产者全员持股的新型股份合作制集体经济。南岭村改革模式一方面避免了从根本上触动集体经济从而导致两极分化带来的社会震动；另一方面又实现了产权制度的更新，调动各方面积极性，提高经济运行效率，是一种符合我国当时国情的具有较高效率的乡镇企业产权制度模式。

（三）珠海国有企业产权改革模式[①]

2000年7月，珠海市出台了《中共珠海市委、珠海市人民政府关于市属国有企业改革若干问题的意见》，成为珠海市国有企业产权制度改革的纲领性文件和操作准则。该文件连同它的7个附件，涉及国企改革过程中可能遇到的各种情况以及详细的处理办法。

珠海国企改革是以劣势国有企业退出市场为特征，在2000年7月—2001年12月期间，关停并注销市属独立法人企业540户、产权转让366户、破产9户，共退出915户，占总户数的76%，有效止住了国企亏损的出血口。据统计，在产权制度改革前的1999年度，市属企业中亏损企业经营性亏损总额达9亿多元，而到2000年度下降到2亿元，2001年度基本实现消灭经营性亏损的目标。

珠海国企改革取得的成功离不开政府提供的有特色的政策保障。

首先，出台《中共珠海市委、珠海市人民政府关于市属国有企业改

---

① 参见甄红伦《国企改革难题是如何破解的——珠海市国有企业产权制度改革启示录》，载《中国城市经济》2002年第8期。

革若干问题的意见》连同7个附件,为改革提供了操作依据。

其次,设置3条通道,保证劣势企业顺利退出。一是职工安置通道,通过工龄补偿、清偿欠发工资、补交欠缴社会保险等方式,使关停企业下岗职工得以妥善安置,把再就业或在岗职工身份由终身制变为合同聘用制。二是债权债务清理通道,珠海市专门成立了改制企业托管部,专责退出企业的资产和债权债务处理。三是企业退出通道,在改制企业妥善处理了各种遗留问题的情况下,由托管机构办理企业注销工商、税务手续。

再次,建设3个平台,实现国企改革规范操作。一是成立了珠海市产权交易中心,实现改制企业产权、资产处置的"公开、公平、公正"。为保证交易的公正性和尽可能降低交易成本,产权中心对交易项目不收取任何费用。二是职工安置平台。珠海市国经局与市劳动社保局等部门联合设立职工安置服务中心,具体设计、操作改制企业职工经济补偿、补充养老金、社保基金等工作。三是改制成本筹集平台。珠海国企改革的一个特色就是向改革要成本,以改革养改革,不向财政要钱。市国经局包括下属7家资产营运机构和授权经营主体,分别建立了8个产权专户,把企业产权转让收入、土地增值收益、处理企业资产收入纳入专户管理,专项用于企业改制中职工安置等支出,并且由国经局"一支笔"审批资金使用。通过这种办法,筹集了5亿多元的资金,顺利完成了职工安置工作。

最后,设立5项原则,保证改革稳步推进。一是舆论开路、政策先行的原则。通过新闻媒体,发动改革,宣传改革,激励改革,营造全社会的改革气氛。同时,组织制定改革政策,力求完善。二是以政府为主导,以企业为主体的原则。政府对改革进行统筹规划、制定政策、推进实施,而企业则要作为改革的主体,具体落实政府的决策和政策执行。三是一企一策,分类指导的原则。珠海市制定了企业改制的"五个一批"战略,即是产权转让一批,股份合作制一批,关闭停业一批,注销一批,破产一批。根据每个企业的具体情况,决定企业不同的改革方式。四是"三公"操作,职工优先的原则。劳动群众集体参股的合作制经济,是珠海积极探索和鼓励的企业改制形式。因此,在按照市场规则进行产权转让拍卖的同时,对参与成立股份合作制企业的职工给予一定程度的折扣和优惠,最高幅度可达35%。五是分层操作,分段实施的原则。明确不同操作主体的权力和责任,对工作任务进一步细化,分解到具体的工作阶段和责任主体。

通过1年半的国有企业产权改革，珠海市取得了阶段性成果：有效止住了国企亏损的出血口；激活了产权交易市场，到2001年年底，共计完成产权交易项目鉴证378个，成交人民币10亿多元，涉及资产60多亿元；为"抓大""扶优""扶强"创造了条件，劣势企业退出之后，国有资本可以更有效更集中地注入基础类、支柱类和主导领域，集中资源做优、做强、做大一批大型企业集团，以提升国有经济的主导地位；国有资本退出劣势领域，让出了发展空间，吸引了外资、民营、私人资本等非国有资本进入，完善了经济的所有制结构。

二、企业制度改革探索

1993年8月，江泽民在大连视察时，对于企业制度改革做了重要指示，他说："现代企业制度是社会化大生产和商品经济发展的结果，是生产力发展的内在要求，建立产权关系明晰、责任制度明确的适应社会主义市场经济发展要求的现代产业制度，是搞好国有大中型企业的关键。"① 党的十四届三中全会做出的《中共中央关于建立社会主义市场经济体制若干问题的决定》进一步明确提出："建立适应市场经济要求，产权明晰、权责明确、政企分开、管理科学的现代企业制度。"这为国有企业制度改革指明了方向。广东经济特区在企业制度改革上率先做出了有益的探索，继续承担起改革"排头兵""实验区"的重任。为内地国有企业深化改革、建立现代企业制度积累了很多好的经验。

（一）全国现代企业制度第一次试点——深圳

1994年2月，深圳市委、市政府成立企业制度改革领导小组，在中国内地率先进行现代企业制度试点，拉开了特区进一步深化经济体制改革的大幕。试点工作面广、层次深、力度大、难度高，涉及国有资产管理体制、企业产权制度、领导制度、分配制度和约束监督机制等各个方面，是一次企业制度全方位的改革创新。试点的经验成果在国内第一次勾勒了现代企业制度"产权清晰、权责明确、政企分开、管理科学"的基本特征，为全国其他地区的企业制度改革提供了重要的参考样本，成为当时全国各

---

① 新华网：《中国共产党大事记（1993年）》，载网易新闻（http://news.163.com/07/0908/10/3NS2JL3M 00012D21_3.html）。

地和社会各界广泛关注的热点。

1. 深圳市企业制度改革领导小组成立

深圳市企业制度改革领导小组由深圳市委书记厉有为、市长李子彬亲自挂帅,分别担任领导小组组长、副组长。其常设机构——领导小组办公室成员可谓集中力量,倾全市之能,精挑细选抽调的30位常设坐班工作人员来自市体改办、市投资管理公司,以及经发局、贸发局、人事局、劳动局、工商局、法制局、市委组织部、市委政研室、综合开发研究院、社科研究中心等不同单位。领导小组办公室下设综合组、产权组、领导体制组和分配组4个小组。此外,市证管办、运输局、建设局、人民银行、外事办各委派一名随叫随到的联络人员。

1994年4月,深圳市企业制度改革领导小组办公室开始运作。改革之初,首先要确定的是试点企业。企业自身的积极性是改革能否顺利进行的重要条件,所以采取企业自愿申报、领导小组筛选确定,首批28家不同规模、不同类型、不同行业的企业正式成为试点企业。

2. 产权及配套制度改革

1994年5月17日,深圳市委书记厉有为在领导小组第二次会议上更为具体地阐述了领导体制、分配制度和监督机制等方面的改革内容。"企业的人事管理,由组织、人事部门转变到由企业产权部门来管理,做到谁投资、谁派人、谁管理""由企业自主决定其工资总额和工资水平""总经理实行董事会聘任制,决定权在董事会"等改革观念在试点进程中逐一落实。5月26日,全市现代企业制度试点工作会议隆重召开,标志着试点工作的全面铺开,深圳市委、市政府、市人大、市政协4套班子的主要领导每人亲自抓一个试点企业。

领导小组办公室在试点工作总体框架和充分调研论证的基础上,研究制定出具体的实施办法。从8月开始,《关于完善试点企业领导体制的若干规定(试行)》《深圳市试点企业监事会动作办法(试行)》《试点企业按照"两个低于"原则自主决定工资总额和工资水平的办法(试行)》《关于试点企业贯彻按劳分配原则和建立奖励制度的实施意见(试行)》《关于内部员工持股制度的若干规定(试行)》等13个可操作的规范性试点文件陆续下发,改革正式进入大刀阔斧的实施阶段。

企业产权制度改革的目标是建立企业法人制度,试点的28家企业根据不同情况,分类推进。对已经进行了公司制改造的企业,进一步理顺关系；对正在进行公司制改造的企业，分别改造为国有独资公司、有限责任公司、股份有限公司或资产经营公司。如免税供应总公司、市公共汽车公司、市液化石油气管理公司和城建集团 4 家企业被改造为国有独资公司；鹏基工业总公司、市装饰工程工业总公司、市竹园企业有限公司 3 家改造为股份有限公司；市中国旅行社、清水河实业公司改造成有限责任公司；深圳建设投资控股公司、深圳市物资集团有限公司改造成资产经营公司。值得一提的是，对金地、火炬 2 家企业进行了内部员工持股试点，企业和员工以产权为纽带成为利益共同体，形成了一种新型的企业运作机制，受到了国家、省有关部门领导的高度重视和肯定。

企业领导体制是改革的难题和热点问题。试点工作对企业的股东大会、董事会、监事会、企业党组织和工会的职责权限以及对董事会和总经理的权责进行了明确、详细划分；对试点企业领导人员的产生程序和办法进行了改革：董事会成员按股权比例由各股东单位推荐，经股东大会选举产生；董事长由过去的市委组织部门任命改由为董事会选举产生；国有控股公司监事会主席由资产经营公司——市投资管理公司考察推荐，经股东大会选举产生；总经理由过去市委、市政府部门任命改为由董事会聘任。

监督和约束机制是现代企业制度的重要组成部分。试点减少了经营班子成员在董事会中的比重，强化了监事会的监督职能，并在国有控股企业设立财务总监，建立健全项目投资审议与监管制度，实行了产权代表报告制度。

改革企业分配制度，建立激励与约束相结合的机制。按照效率优先、兼顾公平的原则，政府开放对试点企业的工资总额和工资水平的直接控制，企业工资总额和工资水平随企业经济效益和全员劳动生产率浮动，企业自主决定分配标准和分配方式；企业董事长和总经理实行与净资产和利润增长双挂钩的年薪制。打破平均主义，适当拉大分配差距，向经营管理人员、专业技术人员、业务骨干和有突出贡献的员工适度倾斜。试点企业的奖金分配总额和分配办法由企业自行决定，对企业贡献大的管理人员和员工实行重奖。

3. "政企分开"逐步推进

首先，改革国有资产管理体制，对已初步形成"市国有资产管理委员会—市级资产经营公司—企业"三个层次作进一步完善。1994 年 8 月 16 日，深圳市国资委正式宣布将 9.27 亿元净资产授权给建设集团运营。

先塑造多个产权运营主体,再选择几个具备条件的大型集团公司,将他们改造成为国有资产经营公司,在中间层次上形成多家竞争的格局。

其次,确立企业法人财产权。"政企分开"必须在法律上加以解决,1994年5月,深圳市国资委在清产核资和产权登记的基础上,为深圳经济特区街道股份有限公司等17家产权关系较为清晰的企业颁发了首批《国有资产授权占用证书》,作为国家出资的法律凭证,与其他法人、自然人的财产共同构成企业法人财产,国家以授权核定的财产为限对企业承担有限责任。企业申领占用证书后,国有产权代表与产权管理部门签订《资产经营责任书》,今后政府不再直接干预企业的经营活动,而是通过作为出资者代表的国有资产经营公司依法向企业行使投资收益、选择经营者和重大经营决策的权利。这样一来国有资产的权益和企业的法人财产权都得到了法律和制度的保障,实现了国家终极所有权与企业法人财产权的分离。

最后,改革政府和企业关系,推进"政企分开"。1994年8月18日,深圳市委、市政府发布《深圳市企业无行政主管部门改革实施办法》。根据该办法,党政机关与所办经济实体彻底脱钩,党政机关今后不准再办企业,市、区两级党政机关、人大机关、司法机关和政府机关与挂靠企业解除挂靠,取消行政隶属关系。政府领导和政府各部门不再直接分管企业,从直接管理转向间接管理和调控;从以行政审批、行政管理为主转向以法制和经济手段管理为主;从直接兴办企业转向全行业的管理和服务;以政策引导企业,不直接干预企业的生产经营活动。企业集团(总)公司以出资者身份对参股企业行使产权管理,不再代行政府的行政管理职能。该办法公布后,深圳市工商局、公安局、外事办、劳动局、人事局等19个职能部门纷纷制定本部门实施细则,修改办事程序,以实际行动贯彻落实这一重大改革措施,确保了该办法于11月1日全面实施。

1994年为深圳的改革年,现代企业制度试点如同一场没有硝烟的战役,在深圳市国有企业改革史上具有突出的意义和贡献。整个集中试点过程前后持续2年多,试点企业从最初的28家增加到了35家,并同时对300多家二级企业进行了公司制改造,总共出台了16个规范性试点文件,一些成熟的经验在全市广泛推广,对今后深圳市国有资产布局和国有企业改革具有深远影响,使深圳经济特区的经济体制改革进入了新阶段,也为全国的现代企业制度探索做出了先行先试的表率。

（二）珠海企业制度改革探索

1. 平沙区国有企业制度改革探索——平沙效应[①]

平沙区是珠海市于 1990 年建立的县级经济管理区，直到管理区成立初期，几乎是国有经济"一统天下"，其经济活力和发展空间受到限制。珠海市、区政府通过采取新的思路改造国有企业，取得了整体经济快速、稳健发展的明显成效。

平沙区对国有企业的改造选择了"以改革促发展，以发展求稳定"的成功模式。

（1）华丰模式。以产权改革为支点，推动名牌产品和集团企业发展壮大。深圳华丰食品工业集团（以下简称华丰）是国营平沙华侨农场下属的骨干企业。1992 年被国家正式批准为股份制试点企业，1993 年其销售总额为 63 亿元，实属国内同行业的"大哥大"。华丰牌三鲜伊面获得首届中国食品博览会金奖和广东省优质产品称号。随着国内市场经济的发展和改革开放的深化，平沙和华丰的领导者们敏锐地应变，利用外资参与伊面市场的新角逐，向国外有实力的大财团转让部分股权，以产权改革为支点，推动华丰的名牌产品和集团企业发展壮大。华丰产权改革不仅使区政府职能部门自觉退出竞争性的生产领域，实现"政企分开"，而且盘活了国有资产，通过产权的合理流动，使企业资产在股份化活动中升值，并转化为现金形态，为企业的发展在短时间内筹集大笔资金。与此同时，区政府将产权改革所获资金投入基础性建设领域，对国有资产重新有效而合理地进行配置和分布。华丰产权转让带来了滚动性发展和"成片突破"的效应。产权的合理流动让死水变活水，静态变动态，从而对全区国有企业的改革和发展提供了观念上、思路上的启发并在资金上起到支持和推动作用。

（2）平沙糖厂模式。打破国有资产"刚性结构"，多元化发展使国有企业"老树发新枝"。深圳平沙糖厂是 1958 年国家投资创建的国有企业，几十年来一直是平沙的经济支柱。随着改革开放和市场经济的发展，这个老牌的国有企业遇到了严峻的挑战，在双重危机面前，平沙糖

[①] 参见李祥《从珠海平沙的实践看国有企业改革发展思路的选择》，载《南方经济》1996 年第 2 期。

第三章 社会主义市场经济确立初期下的广东经济特区

厂把寻找生机和发展的思路集中在企业改革的深化上。他们认为企业发展的根本性障碍在于国有企业资产结构单一化。这种国有企业资产一统天下的"刚性结构"令企业极难自筹大量发展资金和"自发性"地进行内部经营机制转换，无法跟上市场经济快速发展的步伐。因此，他们沿着形成混合型经济的思路实行改革。一方面，深入挖潜改造，充分发挥现有厂房、设备、技术、原材料、能源和已建立起来的以糖蔗价格挂钩为纽带的工农关系等多种优势，巩固作为糖厂的"第一车间"的甘蔗种植业，生产高产、高质的糖产品；同时，以自身潜在优势公开向厂内外吸引资金技术，扩大生产规模和开发新产品。另一方面，彻底改革单靠区财政或国有企业自有资金投资的旧式投资体制，政府退出竞争性产业，跳出充当投资主角的误区，让企业充分发挥自己的投资和融资能力。通过资产结构的重组，建立了以国有经济为主要股份的含有外资、职工以及其他人入股的混合经济的基本框架。"平糖"负责混合经济项目的经营管理，对企业内部管理机制进行了变革。从1993年开始，彻底打破了过去大锅饭工资制度，总厂下设若干分厂或子公司，实行独立经营核算，分灶吃饭。

（3）企业整合模式。将中、小国有企业调整集中，形成企业集团。平沙的中、小型国有企业绝大部分是20世纪80年代中期以后建立的，主要分布在建材、食品、运输等行业，属于广东地区重复建设、生产能力相对过大行业，至1994年，中、小企业的亏损面已超过50%。平沙区政府采取"抓大聚小""聚小变大""以强带弱""以政扶企，政企共负改革成本"的整合方略，推动企业集团的快速发展，优化企业组织结构，再创中、小国有企业新优势。

2. **香洲区国有企业制度改革探索**①

1994年，香洲区在广东省较早地开始企业产权改革实践，进行了国企改革的初步尝试，与此同时，香洲区实行政企分开、政事分开、政资分开的国有资产管理新体系也在探索中逐步确立，解决了过去分权式管理矛盾。1996年2月，香洲区资产经营公司挂牌成立。至1998年年底，200余家区属企业已有90%完成产权制度改革。企业建立了现代企

---

① 参见邹银煌、叶世绮《以珠海香洲区为例论国有企业改革的再探索》，载《改革与战略》2003年第S1期。

业制度，成为市场的主体，一批企业焕发出生机、出现扭亏增盈的好势头。2000年，香洲区资产经营公司更名为香洲正方控股有限公司，香洲区掀起了以退出一般竞争性行业为目标、扶持发展高新技术企业为方向，以产权制度改革为核心、股份合作制为主要形式的二次改制，实现改革创新。

香洲区国有企业制度改革成功之处在于以下几点：首先，坚持"有所为，有所不为"的原则，通过退出一般竞争性行业，在改制过程中实现资本结构、产业结构的重大调整，促进国有经济的有效增长；其次，利用资本市场扩大融资渠道，加强上市企业培育，通过各种渠道引入新的出资人，吸纳民间资本和社会资本，改变国有企业单一股本结构，实现股权结构的多元化；最后，积极围绕政府产业发展规划做好资本运营工作来实现国有资本的最大增值，以企业为主体，以资本为纽带，做大做强一批企业。

（三）汕头企业制度改革探索

1994年3月，汕头市政府选择汕头海洋集团公司、汕头超声电子（集团）公司等10家企业作为建立现代企业制度的市级试点单位。各市区、县、市直经济口也选择了14家企业作为本地区、本系统现代企业制度试点单位，1994年9月，另有12家国有企业被省政府确定为省级现代企业制度试点单位。企业组织结构调整工作步伐加快，继续采取兼并（合并）、承接经营、组建企业集团、产权转让和拍卖、租赁、易地改造，一企多制，嫁接外资等措施，调整企业组织结构，推动了生产要素的优化组合和合理流动。同时，全市继续积极稳妥地开展企业股份制工作，新成立4家股份有限公司，新批准2家企业进行股份制试点立项。到1994年9月，全市经批准进行股份制试点企业有24家，全市乡镇企业股份合作制企业达4 556家，占全市乡镇企业总数的二成多。[①]

在政策方面，汕头市现代企业改革政策出台，为全市企业制度转轨提供政策依据和法律保障。同时，采取多项措施，帮助国有企业解困。一是多渠道筹集解困资金。一方面，市政府要求各金融部门千方百计解决困难企业的改革启动资金，保证其正常运转。另一方面，市政府设立"汕头

---

① 参见何奕鹏《汕头企业转制的金融思考》，载《特区企业文化》1994年第6期。

第三章 社会主义市场经济确立初期下的广东经济特区

市工业发展基金",组建股份公司管理和使用这笔基金。二是盘活存量资产。汕头市政府规定,国有企业拥有的成片厂房及附属场地占地1 000平方米以上的,在符合城市总体规划和小区规划的前提下,允许企业自行开发,所得收入可用于清偿旧债和扩大再生产,这一规定使市区52家国有企业中的50家得到解困和发展。三是稳步实施企业兼并。在企业自愿的前提下,鼓励和支持优势企业兼并互补性强的困难企业。兼并之后,原困难企业所享受的优惠政策,新企业可在一定期限内继续享受。四是支持企业分立。支持困难企业将其有独立生存能力的部分(包括非独立法人的车间、部门)从母体中分离出来,单独成立新的企业。新的企业分立时,合理确定资产负债额,不把母体的历史包袱转嫁到新企业上,以便使存量资产中有生机的部分,在新的条件下有效地增值。五是稳妥推进产权转让。对一些长期依靠政府减税让利、经营不善、资不抵债的企业,在搞好清产核资和资产评估的基础上,选好承接对象,依法进行产权转让。①

1996年,为推进工业的改革和发展,强化对工业企业的管理,汕头市委正式将国有企业干部管理权下放给经贸委。汕头经贸委将坚持党管干部原则、德才兼备原则及民主集中制原则,按照干部"四化"方针,严格把好用人关,选拔配备好各级领导干部;建立起富有生机活力的用人机制与有效的约束监督机制,打破干部终身制和干部与工人身份、级别的界限,使企业领导干部能上能下,能进能出,调动干部的积极性和创造性,促进改革的深化和经济的发展。②

第三节 市场体系建设

以邓小平同志1992年年初重要谈话和党的十四大为标志,我国改革开放和现代化建设事业进入了一个新的发展阶段。党的十四大明确提出建立社会主义市场经济体制,发挥市场机制在资源配置中的基础性作用,培育和发展市场体系。从概念上看,现代市场体系是由各种相对独立的商品市场和生产要素市场所形成的不可分割的有机统一体;从有形客体与载体

---

① 参见沈伟《广东汕头市帮助国有企业解困的5点做法》,载《支部建设》1995年第7期。

② 参见《汕头市将国有企业干部管理权下放经委》,载《经济工作通讯》1996年第21期。

上看,市场体系包括商品市场和资金、劳动力、房地产、技术、产权等各类要素市场;从无形构件与支撑体系上看,市场体系还包括上述各类市场运动、变化、发展的运行机制和管理调控机制。广东经济特区从积极建立和完善各类市场入手,逐步引入竞争机制,努力确立企业的市场主体地位,在培育市场过程中制定各种市场法规,按照国际惯例和市场经济规律办事,初步建立了宏观调控指导下的市场运作机制,市场在优化配置社会资源中的基础性作用越来越强。广东经济特区现代市场体系的不断完善,大大促进了特区经济的迅速发展,同时也丰富了社会主义市场经济理论,为全国的改革开放创造了有益的经验。

一、商品市场体系建设

商品市场体系是指在一定社会经济制度和生产力水平条件下,与商品交换发生必然联系的各种宏观要素和微观要素,以及各种主体要素和客体要素,按照客观需要,以一定方式相互配置所构成的商品市场运行体制。[①] 广东经济特区采取了多项措施加快商品市场体系建设,促进了经济特区经济的飞速发展。

1. 建立商品市场的法律体系

社会主义市场经济是一种规范化、制度化、法制化的市场经济,这要求商品市场体系在具体运行中也必须有一系列的法律、法规加以规范和约束,这样才能实现健康有序发展的目标,因此,加强商品市场法律体系建设是十分必要的。深圳市于1999年1月25日颁布《深圳经济特区商品市场条例》,其立法宗旨是维护深圳经济特区商品市场交易秩序,加强对商品市场的监督管理,促进商品市场的发展,为商品市场体系健康运行提供法律保障。在商品市场法律体系建成的基础上,全面推行法治建设,把市场运行的各个方面纳入法治的轨道,强化法治,进而形成良好的市场运行秩序。

2. 加快市场主体的改革步伐

广东经济特区早期利用毗邻港澳以及优惠政策的优势,积极吸引国内外资金,形成了独特的经济结构,即所有制结构多元化、资金来源多渠

---

① 参见刘吉清《试论市场经济条件下的商品市场体系》,载《吉林商业高专学报》1997年第3期。

道、经济发展目标的外向性和经济单位利益的相对独立性。在此基础上，经济特区进一步深化流通企业改革，实现投资主体多元化，加快建立现代企业制度，支持有实力的流通企业在市场竞争中做强做大，构建出适应市场经济发展要求的新型商品批发体系，形成网点布局合理、行业配置行当、经营灵活、竞争力强、经济效益高的新型批发市场体系。根据区位特点和产品特点，发展综合性或专业性批发市场，如粮食市场、物资市场、日用工业品市场、肉食品市场以及水果、蔬菜、服装、特产品小商品市场等，为活跃流通、满足需要发挥了更大的作用。另外，经济特区赋予批发市场新的职能，使其成为商品集散中心、信息传递中心、商品价格形成中心、市场供求调控中心、引导生产和促进生产中心。

深圳、珠海、汕头经济特区还进一步放开搞活中、小流通企业，鼓励民营、私营流通企业发展。推进垄断行业改革，有步骤地放开行业准入限制，促进不同所有者公平竞争，构建包括国有、全民、集体、合营、私营企业和个体商户协调发展的、大中小型企业合理配置的、行业门类齐全的零售市场体系。

广东经济特区比内地其他区域更早打破了"三固定，四级流转"的商品流转旧模式，建立了多渠道、少环节的流通新格局。各市场主体完全可从自身的经济效益出发自由地选择购销渠道，可以跨省市购销、生产者直销和零售商直接向生产者进货，完全取消了商品分工和城乡分工的限制。

3. 加强对商品市场体系建设的宏观管理

随着商品市场体系的建立和完善，广东省经济特区商品市场管理也随之建立和不断完善，保障了市场正常有序的运行。首先，建立了商品市场的宏观调控体系，即对各类市场的发展统筹规划，合理布局，协调运作，防止畸轻畸重、盲目发展。经济特区根据本地实际，制定特区商品市场发展规划，包括对城市的重要商业中心、商业街（区）和大型商业设施、市场形式的规模、业态和布局进行系统规划管理，防止盲目发展和恶性竞争。其次，除建立政府统一机构外，还建立了中介机构，如各种行业协会、会计事务所、审计事务所、律师事务所、信息咨询机构、仲裁机构等，协助政府加强管理。最后，建立了自由、公平、有序的市场运行秩序。

4. 有序推进商品市场扩大开放

一方面，经济特区通过引进国际先进的商品流通模式、经营理念和营销方式，结合我国国情开发创新，实现商品市场的交易规则、交易方式和交易手段与国际市场接轨，不断提高我国商品市场的国际化水平。另一方面，通过各种方式不停地拓展国外市场。如深圳工业品贸易集团公司，采取各种方式，主动寻找客户，同西班牙、新加坡、马来西亚、韩国等客商建立了稳固的购销关系；到美国、东欧等国开拓远洋直销市场，取得良好效果。又如布吉农副产品市场也成为出口基地，香港市场60%的农副产品货源来自布吉。① 深圳市在1991年5月建立保税生产资料市场，把国外生产资料直接吸引到保税生产资料市场，在海关监督管理下让有批文的生产厂家直接到保税市场挑选产品。外国商品进入保税市场可不缴纳进口税，如再出口不需缴纳出口税。自保税生产资料市场建立以来，有19家公司从事该项业务经营，主要销售电子元器件、建筑材料、农业生产资料、包装物料等生产资料。保税市场既减少了进口中间环节，降低了生产成本，方便了客户，也节约了外汇，对于搞好国内、国外市场的衔接具有深远意义。

深圳的商业改革率先打破内销、外贸截然分开的格局，撤销外贸局改为集团公司，取消对外贸易专业公司的补贴，同时给予一些内贸企业进出口权、报关权；取消了生活资料、生产资料分开经营的情况，形成内贸、外贸、物资结合的外向型商业，从而打破了外贸企业对进出口的垄断权，迫使外贸企业既要研究国际市场，又要研究国内市场。商业企业则通过外贸活动，提高了外向型贸易的能力。

二、生产要素市场体系建设

生产要素简称要素，是指用于生产产品（包括服务）的资金、劳动力、技术、土地等资源投入品。完整的市场体系不仅包括商品市场，还包括劳动力市场、土地市场、资金市场、技术市场等要素市场。广东经济特区在要素市场体系的建设等方面大胆探索和改革创新，为全国及各地区要素市场建设提供了宝贵的经验。下面以深圳经济特区为例，介绍深圳土

---

① 参见杨伟蕴《深圳按照市场经济体制建设商品市场》，载《商业经济文荟》1994年第2期。

第三章 社会主义市场经济确立初期下的广东经济特区

地、劳动力、资金、技术等要素市场体系的建设。

（一）土地市场①

1. 土地市场的建立

深圳于 1987 年 12 月 1 日敲响土地使用权拍卖的第一槌，开创了土地使用权有偿出让的先河。1993 年，深圳对房地产开发项目实行地价多轨制：非商品房用地采用协议地价标准；商品房用地采用市场地价标准。市场地价标准不仅增加了土地收益，也一定程度上遏制了房地产过热现象。1997 年，深圳市建立了电脑地价测算系统，在经济特区内率先实行电脑测算地价，大大排除了人为因素的影响，进一步规范了土地市场。1998 年 2 月，深圳市政府颁布了《深圳经济特区土地使用权招标、拍卖规定》，强调凡是经营性的项目用地一律以招标、拍卖的方式出让，深圳开始建立全面的市场化土地供应机制。

2000 年 11 月，深圳市土地房产交易中心正式挂牌运行，这标志着深圳市土地交易有形市场的建立。2001 年 3 月，深圳市政府颁布《深圳市土地交易市场管理规定》，进一步明确经营性的项目用地一律以招标或拍卖的方式出让，此外还规定 9 类非商品性质的土地及其上建筑物的转让应在交易中心通过招标、拍卖和挂牌交易方式公开进行。深圳全面拉开了实现土地转让、交易的市场化序幕。

在房地产市场日趋成熟的情况下，2001 年 7 月，深圳市政府颁布实施了《关于加强土地市场化管理进一步搞活和规范房地产市场的决定》。决定自 2001 年 8 月 6 日起，取消协议地价，地价一律以市场地价计收。地价标准的"多轨制"变为了"单轨制"，完善了市场地价体系，为促进土地交易市场的科学运作做好了准备。

为保证土地交易有形市场在土地交易中占主导地位，深圳建立了土地交易市场的一套完整的运行架构。一是保障设立了产权代理部、土地交易管理部等部门；二是邀请公证、财税、金融等部门进入交易市场，对土地交易实施咨询、核验、评估、公证、税费收取、产权办证等"一条龙服务"，并在市场内开设自助交易网站，免费提供"自助网吧"，鼓励自助

---

① 参见陈玉堂《与时俱进，不断完善深圳土地市场》，载《中外房地产导报》2002 年第 12 期。

交易，免费提供二手楼交易资金保障服务等；三是由主管部门、物价部门和房地产、规划、土地、法律等方面专业人士组成交易中心理事会，对交易中心的重大问题进行决策。土地交易市场对保障规范深圳市土地市场供给、促进房地产市场健康发展起到了积极作用。

2. 完善和规范土地市场

为完善和规范土地市场，深圳市政府采取了以下措施。一是将原行政划拨用地稳步推向市场。深圳市于 2001 年 7 月出台《关于加强土地市场化管理进一步搞活和规范房地产市场的决定》，规定原历史用地、行政划拨用地、协议出让土地上建成并竣工验收的不能进入市场的房地产，可以按优惠的地价补办手续，转为可以进入市场的房地产，这进一步推动了原行政划拨用地的市场化和规范化。二是出台年地租条例，规范土地使用税费。一方面，使"明租正税"在土地管理中变为可能，也有利于实际操作。另一方面，为在不影响政府土地收益的情况下调整土地转让税费提供了前提条件，对促进房地产流通、活跃房地产市场具有重要意义。三是加强对集体所有土地使用权流转的管理。集体土地的自发流转在很大程度上冲击着城市国有土地的市场，削弱政府对土地管理的权威性，极大地影响着城市的规划和建设。深圳市采取多种办法，研究切实可行的措施，处理好集体用地的流转问题，如形成良性、滚动的征地资金管理机制和折地返还机制，对违法用地严格处罚、对合法的集体建设土地流转给予优惠等，进一步加强对集体土地流转的管理。

（二）劳动力市场

经济特区的劳动力市场是伴随劳动人事制度、用工制度、工资制度、社会保险制度等一系列改革举措而逐步发展的。到 20 世纪 90 年代末，深圳已经初步形成普通劳动力市场、人才市场、经理市场相结合，有形市场与无形市场相结合，多层次、开放型、区域性的劳动力市场格局，深圳的劳动力市场进入了全面发展时期。

1. 劳动力市场双向选择机制进一步完善

1993 年 6 月，经深圳市政府同意，市劳动局在全市推行全员劳动合同制，将具有计划经济色彩的企业干部、固定工推向市场，实行合同化管理，从而进一步确立了劳动者的择业自主权和企业的用人自主权。

2. 有形市场网络进一步发育

1997年1月，深圳市人才大市场正式开业（深圳市人才智力市场成建制转入）。1998年5月，撤销深圳市人才服务中心与市人才大市场，相应成立深圳市人才交流服务中心。1998年10月，深圳市高级人才市场投入使用，主要服务对象是具有中级以上职称或硕士以上学位的高级人才，到当年年底，高级人才市场共为122家高科技企业和近万名高级人才提供了服务。为适应企业领导体制改革的需要，1996年6月，深圳成立了企业高级经理人才评价推荐中心，通过组建这一高级经理人才市场，逐步形成经理人员的市场化配置机制，拓宽选人用人的渠道。[①]

深圳为了引进高素质人才，以及稳定一部分普通劳动力，采取了诸多措施以扫除劳动力市场的体制障碍，减少不必要的行政干预。一是改革人口与户籍管理制度。结合深圳的产业政策、经济发展需要与劳动力的综合素质、来深就业时间等因素，制定科学的入户标准，以该标准为依据，实行核准入户制度，保证高素质劳动力的顺利进入。二是深化改革劳动、人事和干部管理制度，全面推行人事代理制。三是深化住房制度与社会保障制度改革。彻底解除用人单位与劳动力的依附关系，将劳动力全面推向市场并尽快提高社会保障制度的覆盖面，促进劳动力市场的平等竞争。四是完善全员劳动合同制度，建立相对稳定的劳动关系。五是大力改善政府对劳动力市场的宏观调控。对政府公务员和事业单位工作人员建立精干、高效、廉洁的管理体制，准确掌握劳动力供求信息，并为劳动力供需双方提供及时、完整、准确的信息服务；建立劳动力测评与就业指导制度，建立一套科学合理的劳动力评价体系，重点考察工作能力，而不仅仅是学历文凭；对外来劳动力实行务工许可证与暂住证"两证合一，以卡代证"的动态管理办法；建立职业培训与再培训制度，全面提高劳动者素质；完善劳动法规，强化劳动执法。[②]

[①] 参见姚小雄《发挥市场机制在资源配置中的基础性作用》，载《特区理论与实践》2000年第9期。

[②] 参见姚小雄《进一步完善深圳劳动力市场》，载《特区理论与实践》1998年第4期。

(三) 资金市场[①]

深圳经济特区成立以来，建设银行率先打破传统的4大专业银行相互分割的体制，实行业务交叉，为银行业引入竞争机制。经过20年的不断探索，金融体制改革不断深化，资金市场日臻完善。

1. 证券市场

深圳证券市场的产生与发展，大体上经历了萌芽期、试点期、集中交易和规范化发展期、迈向全国性市场期等几个阶段。从最初的柜台交易，到1990年建立深圳证券交易所，进行集中、规范化的交易，深圳的证券市场用短短的十几年时间，走过了发达资本主义国家几十年，甚至上百年的道路。深圳证券市场的上市公司、证券经营机构、投资者涵盖全国所有的省、市、自治区。1991—1998年，深圳证券市场共为全国上市公司筹集资金1 286.37亿元，为深圳本地上市公司筹集资金近300亿元。一大批企业通过股份制改造和股票上市，加快了经营机制转换的步伐。

2. 货币市场

深圳的货币市场从1985年开始运作，快速发展后，以同业拆借为主的跨系统、跨地区、大范围、多层次的货币市场已具有一定规模。1998年，深圳累计同业拆借资金达455.53亿元，债券回购量达194.72亿元，本外币贷款余额为2 138.36亿元，比1990年年末增加1 813.36亿元，年均增长30.90%。

3. 外汇市场

深圳的外汇市场主要由两大市场组成，一是本、外币交易市场，主要由银行和外汇调剂中心承担；二是外币与外币交易市场，主要由外汇经纪中心承担。两大市场相辅相成，并行运作。

1985年11月，深圳成立了全国首家外汇调剂中心，在高度集中的外汇计划管理体制之外，开辟了市场分配外汇的新途径，此后，深圳外汇调剂中心进行了一系列改革，扩大了外汇调剂范围。1993年，深圳外汇调剂市场交易量达到29.90亿元，在全国各外汇调剂中心中名列前茅。1994年，我国外汇管理体制实行了重大改革，实现了人民币汇率并轨。深圳外

---

① 参见姚小雄《发挥市场机制在资源配置中的基础性作用》，载《特区理论与实践》2000年第9期。

汇调剂中心适时抓住机遇，开始了区域性外汇调剂市场与全国统一外汇交易市场接轨的过程。1994年5月，深圳率先成立了外汇经纪中心，经营外汇同业拆借、代客外汇买卖、外币有价证券买卖、外汇投资理财以及外汇交易员培训等多项外汇金融业务，外汇经纪中心通过开发多种外汇避险工具，为企业和个人提供了有效的避险途径。到1994年年末，深圳先后与全国20多个省市的外汇调剂中心进行了电脑联网。这样，深圳外汇市场成为全国统一的外汇交易市场的重要组成部分。通过与境外交易伙伴的广泛联系，特别是和中银集团外汇中心的联网运行，为此后国内外汇市场与国际市场接轨打下了良好的基础。

（四）技术市场

1991年，深圳市政府制订了《深圳市"八五"及2000年科技体制改革规划》，市委、市政府颁布了《关于依靠科技进步推动经济发展的决定》。1992年4月，全市科技工作会议召开，会议强调"要把深圳建设成为以先进工业为基础、第三产业为支柱，农业现代化水平较高，科学技术比较先进的外向型、多功能的国际性城市"。以此为契机，深圳技术市场得到了迅猛发展。

1992年8月，深圳举行了全国首次科技成果拍卖会，对科技成果的商品化进行了有益的探索。1992年也是民间科技企业大发展的年度，全年新批准成立的民间科技企业共212家，比前5年批准总数多1倍。民间科技企业的崛起为技术市场的发展注入了生机和活力。

1993年是技术市场体系初步建立的年度，先后建立了科技成果交易中心、技术市场促进中心、技术经纪行、无形资产评估事务所、技术合同仲裁委员会以及知识产权审判庭等机构，基本形成了集交易、中介、评估、信息咨询、专利代理、仲裁和审判的"一条龙"技术市场体系，为技术供求双方创造了公平交易、平等竞争、渠道通畅的良好的市场环境。

20世纪90年代末，深圳先后成立了高新技术产业投资服务有限公司、中科融投资顾问有限公司，向高科技企业、项目提供投资、贷款担保、评估论证和咨询服务。1998年，深圳市委、市政府决定，在深圳及境外分别成立风险投资基金，以引导和吸引社会资金及外资投入深圳的高新技术产业。1999年10月，深圳举办了首届中国高新技术成果交易会。

（五）产权交易市场

经济特区成立后，由于企业转换经营机制和生产要素流动重组的需要，产权市场开始发育和发展，1993年年初，深圳率先成立了产权交易所，为企业产权提供了有形的交易场所。汕头产权交易市场于1994年年初挂牌成立，1997年，珠海市产权交易中心成立。为了充分发挥投资顾问机构的中介服务作用，促进产权的流动重组，培育产权交易无形市场，借鉴国际惯例，1996年，由深圳市政府推动的非上市公司产权交易代理制试点正式启动。经过多年的改革与探索，深圳到21世纪初已初步形成以企业自媒交易、专业机构代理交易的无形市场和集中交易的有形市场相结合的多形式、多渠道的产权交易市场体系。

（六）房地产市场

1993年，深圳的房地产市场体系开始形成。其特点是：房地产开发实行统一规划、房地产市场实行统一管理、房屋产权和土地使用权管理合二为一。1993年开始，城市规划、建设项目选地定点审批、房地产权、房地产市场管理调控等职能，都划入了市国土规划局。从此，房地产业"三统一"的管理模式基本形成。

随着房地产市场的不断发育，深圳的房地产服务体系日臻完善，其中尤为突出的是物业管理。经过多年的探索，深圳已形成了"企业化、专业化、一体化"的住宅区管理模式，并推行向社会公开招标确定物业管理单位的"社会化"做法。

三、市场规则确立

市场规则通常指市场活动当事人共同遵守的行为准则，在市场体系不断发育完善的过程中，深圳注重加强法制建设，积极将改革成果用法律的形式加以固定，努力运用立法手段建立符合社会主义市场经济要求的市场秩序。1992年7月1日，全国人大授予深圳立法权，以此为契机，深圳加快了法制建设的步伐，到21世纪初，深圳已初步建立起市场经济法规体系的基本框架。

深圳先后制定了关于规范市场主体的法规，如《深圳经济特区国营企业股份化改革的暂行规定》《深圳经济特区股份有限公司条例》《深圳

第三章 社会主义市场经济确立初期下的广东经济特区

经济特区有限责任公司条例》《深圳经济特区股份合作公司条例》《深圳经济特区合伙条例》《深圳经济特区私营企业暂行规定》。制定了关于规范市场客体和市场载体的法规，如《深圳经济特区文化市场管理条例》《深圳经济特区商品市场管理条例》《深圳经济特区体育市场管理规定》《深圳经济特区产品质量管理条例》《深圳经济特区商品条码管理办法》。制定了关于规范市场行为的法规，如《深圳经济特区价格管理条例》《深圳经济特区制止牟取暴利规定》《深圳经济特区财产拍卖条例》《深圳经济特区土地招标、拍卖规定》。

第四节　政府职能转换

1993年11月，党的十四届三中全会通过了具有里程碑意义的《关于建立社会主义市场经济体制若干问题的决定》，宣布要在20世纪末初步建立新的经济体制。转变政府职能是建立社会主义市场经济体制的迫切要求。社会主义市场经济条件下的政府职能转换，实质上是指按照社会主义传统模式的内在发展要求确定的政府职能转向按照社会主义市场经济模式内在发展要求确定的政府职能。因为社会主义市场经济应该是现代市场经济，所以现代市场经济就必然要求政府放弃微观经济管理，加强对宏观经济的管理。

一、审批制度改革

行政审批制度是计划经济条件下政府管理社会经济的一种基本手段和方式，通过审批，政府实现对社会资源的计划配置。我国的行政审批制度曾在发展社会经济、管理社会事务当中起过很大的作用，但是，随着对外开放和经济体制改革的逐步深入，特别是在建立社会主义市场经济体制过程中，行政审批制度也暴露出许多问题：影响了政府部门的公正廉洁，滋生各种腐败现象；影响了政府部门的高效运作，降低了政府行政管理的效率；阻碍了市场机制配置资源作用的发挥，影响了市场机制的正常发育和市场体系的完善。① 因此，党的十四大以后，深化行政审批制度改革成为转变政府职能的突破口，也是完善社会主义市场经济体制的必然要求。

深圳市政府深刻认识到了传统的行政审批制度所存在的问题和弊端，在地方政府机构改革过程中，加快行政审批制度改革，规范政府审批行为作为转变政府职能和管理方式的重要途径，并作为政府机构改革的一项重要内容写入了改革方案，取得了重大突破。

深圳市对行政审批制度的改革经历了一个从局部到全面推开的过程，局部的改革在1997年以前就已经开始，包括将土地出让、出口配额等由行政审批改为招投标制，将工商注册登记由层层审批改为核准制等方面。而全面推开则是在局部改革的基础上，根据市场经济发展的需要从1997年年底开始进行的。1997年，深圳、佛山等市在全国率先开展了行政审批制度改革试点；1998年，深圳市颁发了《深圳市政府审批制度改革实施方案》，确定了审批制度改革的原则和具体措施。

1999年和2001年，深圳、珠海、汕头为适应计划经济体制向市场经济体制转变的要求，以"削减"为重心，开展了第一、二轮行政审批制度改革。2001年7月，珠海市工商局推出了深化行政审批制度改革措施，珠海市工商局原有审批项目22项，其中审批1项、核准20项、备案1项，经过清理审核，保留的核准和备案项目18项，其中核准17项、备案1项。② 深圳市在第一轮改革中将政府审批（核准）事项由原有的1 091项减少到628项，减幅为42.4%；第二轮改革在第一轮的基础上（加上国家和省下放的44项），再减少为277项，减幅为41.2%，两轮改革共减少审批（核准）事项740项，减幅为65.4%。在第二轮改革中，深圳市、区、镇（街道）三级同时进行，得到了社会各界的积极支持和热烈欢迎，在全国产生了较大影响。③ 具体有以下几项做法。

首先，将政府职能进行重新定位。深圳市政府将政府的主要职能确定为：制定公共政策，进行公共管理，创造公共产品，提供公共服务。其中，为企业和居民、生产者和消费者提供公共服务是政府最基本的职能。

---

① 参见唐晓阳《改革行政审批制度　规范政府审批行为——广东省和深圳市改革行政审批制度的启示》，载《广东行政学院学报》2000年第3期。

② 参见郑方《珠海深化行政审批制度改革》，载《安徽工商》2001年第8B期。

③ 参见梁世林《定位·退位·到位——深圳政府审批制度改革要解决的关键问题》，载《特区理论与实践》2002年第10期。

第三章 社会主义市场经济确立初期下的广东经济特区

这一定位，充分发挥了市场机制配置资源的基础性作用，改变了过去那种抱权不放、审批不减、部门利益不让的状况，出现审批事项能减即减，能放即放，能不收费的即停止收费。深圳市在大刀阔斧减少审批事项的同时，也大幅度减少了行政事业性收费，将全市 55 个部门（单位）261 项行政事业性收费项目，减少了 112 项，减幅为 42.9%，收费金额从 35 亿元，减少了 15.73 亿元，减幅为 45%。2001 年，收费项目也比同时期国家公布的收费目录及广东省收费项目都大大减少，广受社会各界特别是企业界人士的热烈欢迎。①

其次，清理政府现有的审批职能，重新确定审批事项。对政府的审批职能，特别是各部门原有的审批、核准事项逐一进行认真的、全面的清理，对那些按照社会主义市场经济体制的要求，不属于政府职能范畴、不应该由政府直接管理的事项，该取消的取消，该下放的下放，该转制的转制，该合并的合并，从而大大减少了审批和核准事项。通过改革，深圳市政府的审批和核准事项由原来的 1 091 项减至 628 项，减幅为 42.2%。其中，政府审批事项由原来的 723 项减至 305 项，减幅为 57.5%；核准事项由原来的 368 项减至 323 项，减幅为 12.2%。②

再次，规范审批权，改进审批方式。根据审批目的，严格规定审批内容，明确审批条件，统一审批标准，减少审批环节，简化审批手续，以增强审批的科学性、规范性和操作性，使审批能真正体现政府宏观管理的宗旨，达到宏观调控的目标。深圳市在改革过程中，推行了部门联合审批或定期会审制（即将多个部门分散审批改为联合审批或将多个部门审批归口到一、两个部门集中审批）以及窗口式办文制度（即对审批事项多的部门实行窗口式办文，规范部门内部的审批流程）。同时，借助现代化的管理手段，使政府各个部门之间、部门内部各个处（科）室之间实现电脑联网，做到信息资源共享，优化政府管理。③

最后，加强审批行为的监督和监管。对保留的审批事项，制定严格的

---

① 参见梁世林《定位·退位·到位——深圳政府审批制度改革要解决的关键问题》，载《特区理论与实践》2002 年第 10 期。
② 参见唐晓阳《改革行政审批制度 规范政府审批行为——广东省和深圳市改革行政审批制度的启示》，载《广东行政学院学报》2000 年第 3 期。
③ 参见唐晓阳《改革行政审批制度 规范政府审批行为——广东省和深圳市改革行政审批制度的启示》，载《广东行政学院学报》2000 年第 3 期。

审批操作规程和监管措施；增加审批的透明度，将审批内容、审批条件、审批程序、审批时限和审批结果向社会公开，接受公众的监督，并形成制度。

经济特区政府通过行政审批制度的改革，重新界定了政府与企业、政府与市场、政府与社会中介组织的关系，推动了政府机构改革和行政管理体制的转型，使政府审批制度由不规范向规范转变，对探索政府在建立社会主义市场经济体制中的地位和作用等各个方面都具有重要意义。①

二、财税制度改革

改革开放前的30年间，我国实行"大一统"的财政体制和统收、统支的国有企业财务制度，这一体制在一定的历史条件下发挥过积极作用，但由于"集中过多，统得过死"抑制了经济发展的活力；党的十一届三中全会以后至1992年，为适应经济体制转轨的需要，以对地方和企业放权、让利、搞活为主线，形成了企业承包制与财政包干制。大包干体制对激发地方和企业的活力发挥过一定的积极作用，但是大包干财政体制导致国家税收来源不足，财源枯竭，中央财政收入增长乏力，中央财政连续多年出现被动性的财政赤字。中央财政收入占GDP的比重已经从1978的31.2%下降到1994年的14%。1993年，中央财政收入占全国财政收入的比重已经下降至不足30%的水平。中央需要全局考虑的基础设施项目却没钱上马，经济发展的瓶颈制约日益凸显；地方经济的态势越来越明显，各地封锁市场自造财源，低水平重复建设造成巨大浪费；富省愈富、穷省愈穷，中央却无力调剂；公款高消费难以控制，通货膨胀压力越来越大……财政体制改革到了非改不可的地步。② 财政部长刘仲藜戏谑"前任部长还有背心和裤衩，我连背心都没有，只剩下裤衩了"，朱镕基副总理也对刘仲藜讲："你这个财政部长真是囊中羞涩呀！"③

从1994年开始实行的以分税制为核心的财税体制改革，是改革开放以来，也是中华人民共和国成立以来涉及范围最大、调整力度最强、影响

---

① 参见唐晓阳《改革行政审批制度 规范政府审批行为——广东省和深圳市改革行政审批制度的启示》，载《广东行政学院学报》2000年第3期。

② 参见东方网《改革历史：朱镕基的改革年》，载和讯新闻网（http://news.hexun.com/2008-07-12/107387520.html）。

③ 刘仲藜、汪文庆、刘一丁：《1994年财税体制改革回顾》，载《百年潮》2009年第4期。

第三章　社会主义市场经济确立初期下的广东经济特区

最为深远的一次财税改革。① 财税体制改革涉及 3 个方面的内容：政府财政管理体制的改革——分税制财政体制改革；税收体制改革——国家与企业分配关系改革和工商税制改革；预算管理领域的改革。

（一）深圳市财税体制改革

1993 年，深圳市对实行分税制后可能存在的问题以及对财政收支所产生的影响进行了全面深入的研究，积极主动地从事分税制改革的前期准备工作，为顺利实施分税制财政体制改革打下了良好的基础。深圳市税务部门在调查研究的基础上，完成了深圳特区个人收入调节税和个人所得税的合并工作；同时深入研究了分税制后经济特区税收政策的衔接问题。

1994 年，深圳市采取了一系列的改革措施，实现了经济特区财政体制的顺利过渡。如加强财税库联网对账，保证财政收入及时入库和划解；合理确定分税制下市对区的财政体制，调动各区政府当家理财的积极性；积极争取税收返还基数，并及时合理地分解下达税收返还基数和收入增长目标，促进各区财政工作顺利开展；不断开辟新的财源，增加地方财力。

1995 年，深圳市制定了《深圳市财政体制改革方案》，改革目标是建立科学规范的财政体制，减少体制的随意性和不完备因素，提高市、区两级财政分配关系透明度；建立鼓励区级政府培植财源的激励机制，建立全市公共服务水平均衡机制。深圳市财政体制改革的原则是保证区财政的既得财力不减少，按新体制口径测算的各区实际可支配财力不低于基年实际数；按照财权与事权统一的原则，合理划分市、区两级财政收支范围，确定收支水平；按照属地原则进行税收征管，采用因素法确定转移支付款。同时，深圳市地税部门加快了税收征管体制改革的步伐，按专业化分工和健全制约机制的原则，在深圳特区内按照税务登记、税款征收、税务检查 3 大系列设置机构，将现有的税务分局改为 1 个税务登记分局、4 个征收分局和 6 个检查分局。

1997 年开始，深圳市开展了第一轮市区财政体制改革（1997—2000 年），主要克服了过去各区财权事权不匹配、财政收入按企业隶属关系划分引起的"争税源，入库乱"等种种弊端。第二轮市区财政体制改革

---

① 参见刘仲藜、汪文庆、刘一丁《1994 年财税体制改革回顾》，载《百年潮》2009 年第 4 期。

(2001—2005年）主要针对第一轮体制出现的区域人均财力、税收分成、上解任务以及宏观调控的"不均衡"问题，建立新的财政体制模式：明确政府职能的定位，各级政府公共服务类支出均等化程度有所提高；相应划定财政支出范围，按照公共财政的方向改革预算管理、调整支出结构、加快财政从一般性竞争领域退出；重新划分支出类别，科学、合理、客观地测算标准支出，更加符合公共财政的要求。

（二）汕头市财税体制改革

1994年1月1日起，汕头市按"稳定全局，适当集中，分解负担，共同发展"的原则对各区、县（市）实行新的财政管理体制。到当年12月29日，汕头市政府决定在全市实行分税制财政管理体制。1996年起，广东省对市、县实施"分税分成"财政管理体制，为与之衔接，汕头市对区县（市）实行"分税分成，水涨船高"的财政管理体制。

在税务改革方面，通过1979—1993年的税制变革，汕头市逐步建立起一套以流转税类和所得税类为主体的复合税制，至1993年年底，全市税务部门征管的税种共有24种。1994年，汕头市实施新税制改革，确立以增值税和营业税为主体税种的新的流转税结构。1995—2000年，汕头市国税局共征收增值税90.80亿元，占国税部门税收收入（不含海关代征）的86.3%，市地税局征收营业税41.33亿元，占地税部门税收收入的53.28%。统一国营、集体、私营等内资企业所得税，同时，规范企业所得税税前列支的标准，按税法规定确定企业应纳所得税额，使企业财务、会计所得与计税标准、计税所得分离。合并对外国人征收的个人所得税、对国内人员征收的个人收入调节税、对个体户征收的城乡个体工商户所得税等3种个人所得税，成为一个税种，统称个人所得税。开征消费税和土地增值税；工商统一税分解并入增值税、消费税、营业税；停征国营企业奖金税、国营企业工资调节税、集体企业奖金税、行政事业单位奖金税；取消产品税、盐税、特别消费税。实行分税制，税收按税种分属中央收入、地方收入和中央、地方共享收入，对宏观经济影响较小、宜于地方征收管理的税种划给地方，作为地方财政的固定收入。同时，分别设置国家和地方两套税务机构。1994年，税制改革后，汕头全市税务部门征收的税种共有15种：增值税、消费税、资源税、营业税、企业所得税、个人所得税、土地使用税、土地增值税、房产税、车船使用税、印花税、固

第三章　社会主义市场经济确立初期下的广东经济特区

定资产投资方向调节税、城市维护建设税、外商投资企业和外国企业所得税、屠宰税。其中，消费税、中央企业所得税、地方和外资银行及非银行机构的金融企业所得税为中央收入，增值税、资源税为中央与地方共享收入，其余税种收入归地方。1997年之后，金融行业营业税税率由5%提高到8%，提高部分所征收的税款及自1999年11月起对储蓄存款利息征收的个人所得税也列为中央收入。①

（三）珠海市财税体制改革

1993年，珠海市开始对县（区）和各管理区实行第三轮财政包干体制。原则是"划定收支范围，收入留用，收支挂钩，超收节支不调，减收增支不补，一定三年"。同时，珠海港管理区和横琴管理区财政体制为"划定收支范围，收入留用，定额补给，超收节支不调，减收增支不补，一定两年"。1994—1995年，珠海市对县（区）和各管理区执行国务院的决定，实行"分税制"的财政管理体制。1997年，根据实施分税制和省对市、县分税分成财政体制方案，结合珠海市的实际财政状况，继续完善市对县（区）的财政体制方案，按"谁投资、谁收益"的原则，调动县（区）发展经济的积极性。1998年8月起，珠海市根据财政部和广东省财政厅的规定，通知各县（区）一律停止财政周转金的发放。珠海市财政局就资金审批、核拨、账户、印鉴、会计核算、周转金、预算外资金、基金管理以及人员管理等整个财政资金运作程序，重新完善并制定具体、规范、操作性强的《珠海市财政局资金管理办法》，取消一些不必要的账户等。同年，珠海市对新设珠海保税区实行的财政管理体制"收入留用，支出定额补助，超支不补，一定两年"。1999年，珠海市对新设的国家高新技术开发区4个科技工业园实行财政管理体制，其原则是"划定收支范围，除上缴中央和省的收入外，地方收入部分按'谁投资、谁引进、谁收益'的原则划分，支出由市财政按零基预算办法下拨"。各科技工业园的税收实行属地征收，分级划解。珠海市调整了对南水镇、珠海港的财政管理体制，制定《珠海市街道管理体制改革经费划拨方案》。2000年，珠海市制定《珠海市园林管理体制改革经费划拨方案》，重新核定临港工

---

① 参见中国历史网《宏观调控体制改革〈汕头市志 1979—2000〉》，载历史追学网（http://lishi.zhuixue.net/2017/1120/186737.html）。

业区的经费基数以及各县（区）财政体制补助收入和上解支出基数。同年，珠海市调整万山海洋开发试验区财政管理体制，实行"原由市各主管部门征收的万山海洋开发试验区内的各种行政事业型收费、罚没收入、土地使用权和转让收益、房地产出租和转让收益、排污费、海域使用费、城市建设配套费等，全部移交万山海洋开发试验区征收，除按规定上缴国家和省以外，其他全部留用"的办法。珠海市调整保税区的财政管理体制的基本原则为"收支分开管理，定额补助，一定三年"。

三、政府采购制度改革

政府采购是指各级国家机关、事业单位和团体组织，使用财政性资金采购依法制定的集中采购目录以内的或者采购限额标准以上的货物、工程和服务的行为。政府采购制度最早形成于18世纪末和19世纪初的西方自由资本主义国家。改革开放后的很长时间里，我国的政府采购表现为财政预算分配后各购买实体的分散采购形式，但在社会主义市场经济体制下，这种传统的政府采购行为方式与当时"两个根本性转变"改革环境严重脱节。实际运行中不可避免地造成采购行为不规范；财政支出资金使用效益低下；采购过程以部门或小集团利益为重，并引发不同程度的"暗箱操作"和腐败行为；弱化政府、财政的宏观调控能力。随着我国经济的转轨，以及参与国际经济合作的需要，建立现代政府采购制度已是大势所趋。① 为此，财政部从1996年开始对政府采购的有关问题进行研究，支持上海、深圳等地进行政府采购的试验。1997年，北京、上海、深圳、南宁等市先后进行了政府采购试点工作，纷纷推行政府采购制度。

（一）深圳市政府采购制度改革

1997年11月，深圳市财政部门首次对政府公务用车采购进行了招标，为在深圳市建立政府采购制度进行了大胆探索。之后的1年时间，深圳财政从汽车、空调、电脑软件等物品的采购，到修缮、绿化工程的发包，再到汽车保险、维修、加油点的选择都进行了集中招标采购的尝试，并取得了良好的效果。1998年，深圳市政府采购招标的项目有11大类，

---

① 参见《我国政府采购制度研究》课题组《我国政府采购制度研究》，载《财政研究》1999年第2期。

120个品种,总金额为6.60亿元,节省资金7 000多万元,平均资金节省率为11%。① 但是,随着政府采购的深入,一些问题和困难也逐渐显露出来。为确保政府采购工作有法律保障和法律依据,实现政府采购的公开、公平和公正,建立政府采购的法制化、规范化管理,深圳市人大于1998年在全国范围内建立了第一部关于政府采购的法规——《深圳经济特区政府采购条例》,并于1999年1月1日正式开始实施。

深圳市为落实政府采购条例,建立基础法规体系,在配套改革方面做了大量工作。制定了《政府采购资金管理办法》《委托招标采购管理办法》《招标代理机构管理办法》《标底编制办法》《评标委员会工作规则》《政府采购合同履行及验收办法》《内部会计核算办法》等十几项配套办法。深圳市政府采购主管部门于2000年6月起草了《深圳经济特区政府采购实施细则》,并开始着手制定《政府集中采购目录》以及《政府物料供应标准》。

(二) 汕头市政府采购制度改革

汕头市于1999年颁布《汕头市政府采购管理办法》,汕头市政府采购中心从2000年6月正式挂牌运作以后,汕头市所属5区3县除南澳县外,相继成立了政府采购中心,在推行政府采购的实践中,着力于规范管理和健全机制。在采购方式上,由政府采购中心根据项目的额度和技术要求等不同情况,提出采购方案,报政府采购管理部门批准后实施,大部分项目采取了邀请招标和询价采购的方式。无论是邀请招标,还是询价采购,参加投标的单位都在3家以上。同时,实行了招投标全过程的公开化,接受社会和所有投标商的监督,将竞争机制引入政府采购。逐步使政府采购在公开、公平、公正、透明的环境下进行,初步形成财政、审计、供应商和社会公众等组成的多层面、多方位的监督机制。

(三) 珠海市政府采购制度改革

1998年11月27日,珠海市政府常务会议决定,政府采购作为市财政支出体制和市场配置资源的一项重大改革,力争从1999年开始实施,

---

① 参见深圳市财政局《深圳市政府采购制度日趋完善》,载《预算管理与会计》1999年第5期。

从而拉开了珠海政府采购的序幕。在一周后召开的又一次常务会上,珠海市政府决定,成立人员精干的珠海市政府采购中心,该机构隶属珠海市机关事务管理局,市财政局负责政府采购资金的管理和审核。这一决定确立了后来为许多兄弟城市认可的"管、买、用"分离的政府采购模式。资金管理机关、集中采购机关、采购单位之间相互监督、相互配合,确保了政府采购制度在珠海的健康运行。这次会议还规定了不仅来源于财政预算内外的资金要纳入政府采购,用各单位自有资金进行的采购也必须纳入政府采购等。① 为加强对政府采购工作的领导,珠海市政府成立了由分管副市长任组长,市监察局、市机关事务管理局局长任副组长,市财政局、市审计局、市政府采购中心领导参加的政府采购领导小组,负责对政府采购工作进行政策指导、组织协调和重大问题决策。珠海市机关事务管理局为政府采购主管部门,负责制定和公布政府采购目录,核定政府采购方式,管理政府采购工作;市财政局负责政府采购资金的预算、审批和管理;市政府采购中心负责执行政府采购事务;市监察局负责政府采购监督;市审计局负责政府采购审计。有关单位各司其职,各负其责,通力合作,协调联动,确保了政府采购工作的健康发展。2001年,珠海市政府采购向镇、街道办拓展、延伸;珠海市政府采购中心与有关单位合作研发政府采购专业网站以推行政府采购电子商务,珠海市政府采购中心积极推行ISO9000质量管理体系认证,以政府采购标准化推动政府采购规范化。作为探索中的地方政府采购,珠海市政府采购基于制度创新和技术创新所创建的"网络平台、透明运作、数字记录"的采购模式,形成了政府采购的"珠海模式",② 并影响了中央机构、我国许多省、直辖市、自治区的政府采购。

四、公共品投融资体制改革

投融资体制是指投融资活动运行机制和管理制度的总称,主要包括投资主体行为、资金筹措方式、投资使用方式、项目决策程序、建筑施工管理和宏观调控等方面的内容。改革开放至2001年,投融资改革大

---

① 参见苏华《领导的支持是我们前进的动力——访珠海市政府采购中心》,载《中国机关后勤》2001年第5期。
② 参见周超、易卫华《制度移植与环境适应——政府采购的"珠海模式"及其启示》,载《管理世界》2005年第12期。

第三章 社会主义市场经济确立初期下的广东经济特区

致可分为4个阶段：即1978—1987年的投融资体制改革初步启动时期，1988—1991年的投融资体制改革进一步深入时期，1992—1997年的投融资体制改革攻坚时期，1998—2001年的投融资体制改革深化及成果初现时期。其间，国务院及各有关部门制定下发了一系列的政策、办法，明确了投资主体分工，改革了投融资方式，拓宽和规范了投融资渠道，完善了宏观调控体系。①

广东经济特区投融资体制冲破了传统体制的束缚，向着社会主义市场经济的运行机制逐渐转化，有力地推动了社会生产力的发展，积累了宝贵的经验教训，为建立社会主义市场经济条件下新型的投融资体制奠定了基础。作为经济特区的领头羊，深圳率先在投融资体制方面进行了一系列的改革。②

一是建立固定资产投资总量控制和结构调整相结合的调控体系。1989年，深圳建立了基建审批程序，对固定资产投资额50万元以上的项目，要求纳入计划管理，并相应确定年度投资规模和增长率，实行指令性计划管理。1994年，实行投资许可证审批制度，规定建设项目未办理投资许可证，不得开工建设；工程项目建成后，建设单位凭许可证办理竣工验收和固定资产入账手续。在银行和企业约束机制不健全的情况下，固定资产总量控制起到调放结合的良好效果，避免了"一放就乱，一乱就收"的状况，减少了投资周期性波动对经济发展的负面影响。在规模控制的同时，结合产业结构调整的要求，每半年编制《深圳市投资导向目录》，将投资项目分为鼓励、允许、限制、禁止四类，加大先进工业、高新技术产业和城市基础设施的投资力度，严格控制房地产投资过快增长，通过引导和调节投资方向，保证了项目建设对产业升级的促进作用。

二是建立健全多元化投资体制。深圳多种经济成分共同发展的方针，决定了融资渠道和投资主体的多元化。在地产投资中，到"八五"时期，银行信贷资金、外商投资和企业自筹资金已成为支撑基建投资增

---

① 参见张新明、陈汉臻、王希凡《投融资体制改革及其政策取向》，载《统计研究》2004年第2期。

② 参见张朔《深化投融资体制改革 特区理论与实践》，载《特区理论与实践》1998年第10期。

长的主要来源。在全社会固定资产投资中,地方政府的财政投入比重也在逐年增加,如由 1990 年的 10.3% 提高到 1997 年的 15.1%。在多元化投资管理体制中,政府投资集中用于城市基础设施、社会福利、文教卫体、党政机关及重点科技开发项目和技术改造项目的扶持。同时结合银行信贷资金切块管理,实行资金倾斜及重点扶持,由计划部门综合平衡后会同金融部门安排,用于重大工业项目、基础设施项目及"菜篮子"工程等项目建设。对企业利用自筹资金进行的基本建设项目,除一些限制或禁止产业外,一般由企业自行决策,承担风险,政府仅从产业政策、城市布局和基建投资规模上进行引导和调控,为企业创造了一个宽松的投资环境。

三是建立市、区两级投资管理体制。为适应改革开放和经济发展的新形势,充分调动区级政府经济管理的积极性,1991 年,深圳市政府下放了区级的投资项目审批权,投资总额在 3 000 万元以下,符合全市产业布局和政策,资金及生产资料不需市级政府统筹平衡,由区计划部门自行审批并下达投资计划,但须报市计划部门备案,市计划部门对区审批的项目拥有最终否决权。

四是逐步完善投资项目的全过程管理。全面推行"谁投资、谁决策"的制度,使企业逐步成为独立的市场化投资主体。对投资项目实行招标投标制和建设监理制,逐步扩大招标投标工程面和投资量,对施工阶段工程建设投资、工期和质量进行监督管理。推行建设项目资本金制度,按深圳实际情况分类确定资本金占项目总投资的比例,凡资本金不落实的投资项目,一律不得开工建设。强化政府投资的主体行为和监管力度,按照国家计委《关于实行建设项目法人责任制的暂行规定》的要求,逐步对国有企业经营性基建项目推行项目法人责任制,强化建设阶段的投资责任约束机制,实行项目跟踪审计制。

五是建立投资计划管理信息系统。对项目的审批实现程序化、电脑化管理,并对在建项目、新开工项目和前期项目实行档案管理,从而有效监控和掌握投资项目进展情况,及时发现问题,提出对策,使固定资产投资宏观调控建立在可靠的信息基础上。

珠海市在建市之初,国家启动资金投入少,主要通过土地拍卖,建立土地储备基金以完成各项城市基础设施建设。20 世纪 90 年代末至 21 世纪初,珠海市基础设施建设项目融资主要通过三个途径:一是财政投

第三章 社会主义市场经济确立初期下的广东经济特区

入；二是国内银行贷款，市政府以珠海市国际信托、特区信托等公司为贷款主体，以银团贷款的方式向国内的商业银行大量筹资；三是采用政府信用担保，利用珠光集团等窗口公司向国际金融组织、境外的银行融资等。适度举债是在当时比较超前的城市发展思路，之后有许多城市沿用这一思路。在当时经济紧缩的宏观大背景下，珠海在其他城市还在徘徊观望的情况下，大胆利用短期银行贷款和金融机构的拆借资金为基础设施建设项目融资。[①]

五、社会保障制度改革

中华人民共和国成立初期，我国就已建立起社会保障制度，20 世纪 50 年代末至 60 年代初，国家对其进行了局部调整和整顿。随着改革开放事业的发展，这种社会保障制度存在的弊端日益暴露出来，而且越来越突出，亟须进行改革。

（一）深圳市社会保障制度改革

深圳经济特区社会保障制度改革大体在社会主义市场经济确立初期可划分为三个阶段。一是单项社会保险建立阶段（1982—1988 年），在该阶段，一个覆盖各类劳动者、社会化程度较高的新型养老保险制度基本形成。二是社会保险综合配套阶段（1989—1994 年），1989 年，深圳在社会保险制度的综合配套改革方面进行了新的探索；1992 年 8 月，深圳市政府颁布了《深圳市社会保险暂行规定》及其配套法规《深圳市社会保险暂行规定职工养老保险及住房公积金实施细则》和《职工医疗保险实施细则》，在全国首创了养老保险社会统筹与个人账户相结合的新型养老模式，建立了全市基金、待遇一致的医疗保险制度，实行了由市社会保险委员会统一领导，市劳动部门、卫生部门等参与，市社会保险局和医疗保险局分头执行的社会保险管理体制；1993 年 12 月，深圳市颁布了《深圳经济特区工伤保险条例》。这些政策的制定，构成了特区新型社会保险体系的基本框架。三是社会保障制度深化改革阶段（1995—2001 年）。1995 年，深圳市首先在南山区进行了社会统筹与个人账户相结合的医疗保险制度改革试点；1995 年 8 月，深圳市政府通过并颁布了《深圳市社会保障

---

① 参见刘芳《提高城市经营水平，完善投融资体制》，载《江苏商论》2009 年第 6 期。

管理体制改革方案》,将原市社会保险局和市医疗保险局合并,组建新的社会保险管理局,统一了社会保险的管理机构;1996年5月,深圳市政府颁布了《深圳市养老保险暂行规定》和《深圳市医疗保险暂行规定》,确立了社会共济与个人账户相结合的社会保障模式,统一了各类职工的社会保障政策;1996年10月,《深圳经济特区失业保险条例》正式出台;1997年6月,深圳市政府又制定并实施了《深圳市企业补充养老保险方案》;1998年10月,深圳市人大通过并公布了《深圳经济特区企业员工基本养老保险条例》;2000年1月,深圳市人大对《深圳经济特区工伤保险条例》做了进一步修改完善。一系列法规的颁布,标志着深圳市社会保障工作从此跃上了一个新的台阶。① 到20世纪末21世纪初,深圳市基本建立了以养老、医疗、失业、工伤、住房等基本保险为主干,企业补充保险和商业保险为补充,包括国有企业下岗职工基本生活保障制度和城乡居民最低生活保障制度、独立于企事业单位之外、项目比较齐全、法制比较完备、覆盖范围广泛、参保率高、资金来源多渠道、保障方式多层次、管理手段现代化的社会保障体系。② 深圳社会保障制度改革对深圳的社会稳定和经济发展发挥了十分重要的作用,也为全国社会保障制度改革创造了经验。

(二) 汕头市社会保障制度改革

汕头市于1984年成立社会劳动保险公司,1992年成立汕头市社会保险事业局(后更名为汕头市社会保险管理局)。通过不断的改革和发展,汕头特区于21世纪初即建立起养老、失业、工伤、医疗和生育五险合一的社会保险体系。

在养老保险方面,1993年5月1日起,实施《汕头经济特区职工社会养老保险试行办法》和《汕头经济特区社会养老保险共济基金征收试行办法》。在汕头经济特区建立起"统一政策、统一制度、统一基金、统一管理、分级负责"的一体化养老保险制度。1994年8月起,在全市党政机关、社会团体、事业单位工作人员中实行个人缴纳养老保险费制度。

---

① 参见文新民《构建社会主义经济正常运行的稳定器——深圳经济特区社会保障制度改革实践》,载《特区理论与实践》2000年第9期。

② 参见《深圳建立多层次社会保障体系》,载《中国城市经济》2001年第1期。

第三章 社会主义市场经济确立初期下的广东经济特区

1996年10月23日,市政府颁布《汕头经济特区改组转制企业职工社会保险暂行办法》。1997年12月23日,《汕头经济特区企业职工社会保险条例》颁布。1998年7月,市辖各县(市)实现养老保险制度与全国统一制度并轨。至2000年,汕头市已初步建立起以社会统筹与个人账户相结合、权利与义务相对应、保障水平与承受能力相适应、基本养老保险与补充养老保险相结合的多层次的社会养老保险制度。

在失业保险方面,1986年10月1日,汕头市开始建立和实施国营企业职工待业保险制度(失业保险的前称),该项业务由市劳动服务公司负责。1996年5月,执行《广东省职工失业保险暂行规定》,汕头市失业保险征缴范围扩大到所有企业、机关事业单位、社会团体、民办非企业单位、城镇个体经济组织及与之形成劳动关系的劳动者。失业保险的缴费由原来的用人单位单独缴费转为用人单位与劳动者共同负担。1998年3月1日起,施行《汕头经济特区企业职工社会保险条例》。同年7月1日起,汕头市失业保险费缴费比例由原来的按职工工资总额的1%提高至3%(单位2%,个人1%)缴纳。1999年1月,市政府颁布《汕头经济特区企业职工失业保险实施办法》。2000年8月1日起,根据国务院《失业保险条例》和省政府《广东省失业保险规定》的精神,失业保险从原只在企业职工和机关事业单位的合同制职工中实施,扩大到事业单位的固定职业、社会团体及其固定职工、民办非企业单位及其固定职工、有雇工的城镇个体工商户及其雇工。

在工伤保险方面,1992年下半年开始,汕头市实施统一的社会工伤保险制度。1998年3月1日起,施行《汕头经济特区企业职工社会保险条例》。1999年1月,市政府颁布《汕头经济特区企业职工工伤保险实施办法》。

在生育保险方面,1996年11月,市政府颁布《汕头经济特区企业职工生育保险试行办法》。1997年1月起,在汕头经济特区实施企业职工社会生育保险制度。1999年1月,市政府颁布《汕头经济特区企业生育保险实施办法》,将生育保险实施范围扩大到所有企业、企业化管理的事业单位、个体经济组织及其所有职工以及机关、团体、事业单位的劳动合同制职工和临时工。

在医疗保险制度方面,2000年11月,市政府颁布《汕头经济特区职工基本医疗保险暂行规定》。在此基础上,制定并颁布《汕头经济特区职工基本医疗保险定点医疗机构管理暂行办法》等 11 个规范性文件,形成经济特区整套医疗保险制度的政策办法。按照规定,经济特区医疗保险制度从 2001 年 1 月 1 日起分批正式实施。①

(三)珠海市社会保障制度改革

珠海职工养老保险制度改革始于 1980 年。当时,从外商投资企业缴纳的劳务费中提取一部分作为中方职工的养老保险金、各种津贴和补贴,揭开了职工养老保险由企业保险向社会保险转变的改革序幕。1983 年,珠海经济特区全面实行劳动合同制,对合同制工人实行了养老保险基金社会统筹,改革又迈出了坚实的一步。1985 年,珠海市政府批准成立珠海市社会劳动保险公司,随后,县(区)劳动局先后成立 6 个社会劳动保险公司,初步形成了社会保险工作网络,全面贯彻落实《珠海市企业单位退休基金统筹试行办法》。1994 年 1 月 1 日起实施的《广东省珠海经济特区职工社会保险条例》,是国内首部社会保险法规,建立起由养老、医疗、工伤、失业和生育 5 个险种组成的社会保险体系。这为企业职工退休由企业养老向社会保险转变后,社会保险制度的改革搭下了基本的框架,珠海则根据条例的有关规定在实际操作中成为全国社会保险制度改革的先进典型。自此,珠海医保拉开了率先探索的序幕。② 1996 年,珠海成为全国第二批医保改革试点城市,珠海城镇职工基本医疗保险试点由此开启。1997 年 9 月,广东省人民政府同意珠海市按照《珠海市职工医疗保险暂行规定》组织实施社会医疗保险。1998 年 1 月 1 日,珠海市开始在市级层面启动基本医疗保险并逐步向区级覆盖。2002 年,珠海率先为异地务工人员建立大病医疗保险,并率先为国企改革的特困群体实施医疗保险无偿资助。

---

① 参见中国历史网《社会保障体制改革〈汕头市志 1979—2000〉》,载历史追学网(http://lishi.zhuixue.net/2017/1120/186738.html)。

② 参见珠海新闻网《〈广东省珠海经济特区职工社会保险条例〉出台始末》,载珠海新闻网(http://zh.house.qq.com/a/20151009/042417.htm)。

第三章　社会主义市场经济确立初期下的广东经济特区

小　结

建立社会主义市场经济体制是我国经济体制改革的目标，也是建设有中国特色社会主义的重要组成部分。广东省深圳、珠海、汕头三个经济特区充分发挥了经济体制改革先行试验区的作用，发扬敢闯精神，大胆探索，勇于创新，冲破传统计划经济体制的束缚，率先迈向社会主义市场经济体制，以改革促开放，以改革促发展，为经济特区的发展创造了一个良好的体制环境，也为全国的经济体制改革提供了丰富的经验。

在改革和发展中，广东经济特区率先发挥市场调节的作用。随着经济基础的发展和进一步对外开放，一系列的改革措施因应经济体制的要求出台。经济特区进行了劳动用工制度的改革、土地管理制度的改革、基建管理体制的改革、住房制度的改革、外贸体制的改革等。通过改革，转变企业经营机制，规范企业行为；完善市场机制，建立经济运行新秩序；转变政府职能，改革经济调控方式；理顺关系，形成合理的利益分配格局。逐步建立起了商品市场、生产要素市场和产权交易市场3个层次的市场关系，使市场在资源配置中发挥主要作用。随着经济特区的发展，对市场体系的完善提出了更高的要求。20世纪90年代以来，经济特区更加明确了向社会主义市场经济体制迈进的目标。在建立现代企业制度、转变政府职能方面，各经济特区抓全面落实企业自主权，力图使企业真正成为市场经济的主体。进行政府机构改革，转变政府职能。在发展和完善市场体系等方面，逐步建立产权交易市场和技术市场，扩展人才劳务市场，整顿规范房地产，扩大生活资料市场和生产资料市场。

经过改革探索和试验，广东3个特区在建立社会主义市场经济体制方面走在前头。特别是深圳特区已初步形成了社会主义市场经济的10大体系，即以公有制为主体，多种经济成分平等竞争、共同发展的所有制体系；以资本为纽带的国有资产监督管理和营运体系；以市场为基础的价格体系；以商品市场为基础、要素市场为支柱的市场体系；社会共济与个人保障相结合的社会保障体系；以中介组织为主体的社会服务、监督体系；适应市场经济需要的国民经济核算和企业财务会计体系；以按劳分配为主，效率优先、兼顾公平的分配体系；以间接手段为主的面向全社会的经济管理调控体系；适应特区社会主义市场经济体制需要的法规体系。这10大体系的建立标志着社会主义市场经济体制的基本框架在深圳已经初步形成。广东经济特区在建立社会主义市场经济体制方面尽管先走一步，然而，即便是已经形成社会主义市场经济体制框架的深圳特区，离完备的市场体系还有相当大的距离。因此，经济特区增创新优势，就要不断深化各项改革，朝着构筑发达、完备的市场体系继续向前迈进。①

---

① 参见罗木生《广东经济特区的发展道路》，载《广东社会科学》1998年第5期。

第四章　社会主义市场经济发展完善期下的广东经济特区

习近平总书记在党的十九大报告中指出,"只有社会主义才能救中国,只有改革开放才能发展中国、发展社会主义、发展马克思主义"①。事实上,广东一直以来都在探索中国特色的社会主义道路,尤其是2002年,党的十六大胜利召开和中国正式加入世界贸易组织(以下简称WTO)为广东的经济发展和建设中国特色的社会主义市场经济体制带来难得的历史机遇。2002—2008年,广东经济特区伴随着社会主义市场经济的发展和完善,各项事业获得长足发展。

第一节　党的十六大以来广东经济特区发展面临的新形势

"融入世界经济是历史大方向。"党的十六大以来,我国对外开放进入新阶段,开放型经济迅速发展,商品和服务贸易、资本流动规模显著扩大。与此同时,广东也面临着中国加入WTO、与港澳签署CEPA以及"东盟"自由贸易区不断推进、世界范围产业结构大调整的新机遇和新挑战。

---

① 习近平:《决胜全面建成小康社会夺取新时代中国特色社会主义伟大胜利——在中国共产党第十九次全国代表大会上的报告》,人民出版社2017年版,第21页。

一、对外开放进入新阶段

进入 21 世纪，对外经济发展成为拉动我国经济增长、促进产业结构调整与技术进步的主要动力。我国整体经济快速发展，实现了国际和国内两种资源的利用。广东抓住机遇大力实施经济国际化战略，全省对外贸易总量 5 年三上新台阶，分别于 2002 年、2004 年、2005 年突破 2 000 亿美元、3 000 亿美元和 4 000 亿美元大关，连续 20 年居全国首位。

（一）对外经济质量稳步提高，产业转型升级不断加快

1. 加工贸易加快转型升级

加入 WTO 以后，广东加工贸易类产业的转型升级明显加快。第一，加工贸易产业及产品结构不断优化，由简单加工、装配等劳动密集型的轻纺类产业向资本、技术、知识密集型的高新技术产业和高附加值的加工业升级，不断优化出口商品结构。2008 年，广东省机电产品和高新技术产品出口所占比重分别为 70.17% 和 36.78%，较 2000 年的 54.37% 和 18.51% 均有大幅度提升[1]。在加工贸易中，更能体现贸易结构优化的来料加工占加工贸易的比重逐年加大，由 2000 年的 62.96% 上升至 2008 年的 77.89%。2008 年，全省来料加工贸易进出口总额达到 3 217.01 亿美元。[2] 来料加工企业产业转型步伐不断加快。第二，加工贸易产业链不断延伸。加工层次越来越多，加工程度越来越深，加工链条越来越长，产业链的整体附加值越来越高，深加工结转在广东加工贸易中所占比重迅速提升。2006 年，广东加工贸易深加工结转总金额达 1 032.2 亿美元，约占全省加工贸易进出口总额的三成。[3] 第三，加工贸易企业的消化吸收能力不断增强，产品技术含量和附加值不断提高。许多企业已经累积起一定的资金和技术，开始在技术研发、组织管理、品牌建设等方面加大投入，从 OEM（代工生产）向 ODM（原始设

---

[1] 数据来源：《广东省统计年鉴·2009》，中国统计出版社 2009 年版。
[2] 数据来源：《广东省统计年鉴·2009》，中国统计出版社 2009 年版。
[3] 参见陈延林《广东加工贸易转型升级对策研究》，载《华南师范大学学报（社会科学版）》2008 年第 4 期。

第四章 社会主义市场经济发展完善期下的广东经济特区

计制造)和 OBM(自有品牌生产)转变。其中,以深圳的服装和通信两大产业表现得最为突出。2008 年前后,深圳服装产业拥有自主品牌 800 多个,国内知名品牌 100 多个,在大城市一类商场的市场占有率在 60% 以上。① 在通信行业,深圳已经形成集研发设计、零部件制造、整机组装、维修检测和软件开发于一体的手机产业链,涌现出了华为、中兴、联想、TCL、金立、酷派、OPPO、步步高、康佳等知名品牌。

2. 自主创新能力大幅提升

改革开放和经济特区发展,让广东最先打开了国门、最先接触国际市场、最先了解国际技术的发展趋势,这为广东自主创新、提高产业附加值创造了得天独厚的优势。进入 21 世纪,随着加入 WTO 的各种制度性红利释放,广东的自主创新能力显著提升。

一是自主知识产权申请量和授权量均领先全国。截至 2008 年年底,全省累计专利申请量和授权量分别为 631 816 件和 371 447 件,均居全国第一位;全省有效专利数量 177 144 件,居全国第一位,占全国有效专利总量的 19.2%。其中,有效发明专利 16 022 件,有效实用新型专利 71 231 件,有效外观设计专利 89 891 件。2008 年,广东省 PCT(专利合作条约)国际专利申请优势明显,当年申请量达 3 120 件,占全国 PCT 国际专利申请总量的 53.3%。华为技术有限公司 PCT 国际专利申请数量取得了历史性突破,超过松下、飞利浦和西门子,首次居全球企业第一位。②

二是工业设计能力和相关产业迅速发展。中山大学、华南理工大学等高校先后加入了工业设计教育的团组,培养了大批工业设计人才,奠定了广东工业设计发展的基础;大量的创意产业园区和企业相继出现,为工业设计发展提供了载体。到 2008 年,广东省的工业设计已初具规模。全省的工业设计公司近 400 家,主要集中在广州和深圳,其中广州有 63 家,深圳有 218 家,占全省工业设计公司总数的近 80%。③

三是创意设计产业蓬勃发展。2008 年 11 月,深圳市获得联合国教科

---

① 参见张伟《加工贸易使命未完 转型升级因地制宜——广东、江苏加工贸易转型升级情况调研》,载《行政管理改革》2013 年第 11 期。
② 参见《2008 年广东省知识产权保护状况新闻发布会》,载南方网(http://fbh.southcn.com/wqhg/content/2009-04/24/content_5173384.htm)。
③ 参见广东省经贸委《广东工业设计发展之路》,载《广东经济》2008 年第 8 期。

文组织授予的"设计之都"称号,成为中国第一个、全球第六个"设计之都",也是发展中国家中第一个获得这一荣誉称号的城市。这标志着深圳已经成为中国的设计重镇和现代设计的核心城市之一,拥有较有实力的设计企业6 000多个,专业设计师6万余人。①

3. 高新技术产业迅速发展

得益于对外开放和电信业产业升级发展需要,这一时期广东高新技术产业迅速发展。全省规模以上高技术制造业企业的数量由2000年的1 738个增加到2008年的5 789个,增长233.08%,具体数据见表4-1。2008年,尽管受到国际金融危机的影响,广东高技术制造业却呈现出逆势快速增长的态势。当年,全省规模以上高技术制造业实现增加值3 663.62亿元,增长27.07%,增幅高于全省工业增加值14.8个百分点。其中,电子及通信设备制造业实现增加值2 421.66亿元,增长28.07%,增幅高于全省工业增加值15.8个百分点。

表4-1 广东规模以上高技术制造业主要经济指标

年份	企业数量（个）	平均从业人员（万人）	工业总产值（亿元）	工业增加值（亿元）
2000	1 738	81.65	2 743.31	688.31
2007	4 473	281.17	14 752.85	2 883.08
2008	5 789	316.55	16 871.63	3 663.62

数据来源:《广东统计年鉴·2009》。

(二)对外贸易迅速发展

进入21世纪,广东对外贸易发展明显加速,进出口绝对金额和相对增速都领先全国。全省对外贸易总量快速上升,分别于2002年、2004年、2005年、2006年、2007年突破2 000亿美元、3 000亿美元、4 000亿美元、5 000亿美元和6 000亿美元大关,见表4-2。6年上了5个新台阶,居全国首位。2008年,在全球金融危机影响下,外贸进出口增速

---

① 参见深圳年鉴编辑委员会《深圳统计年鉴·2009》,深圳市史志办公室2009年版。

第四章　社会主义市场经济发展完善期下的广东经济特区

有所放缓，但仍然取得了较好成绩。全省外贸进出口总额为 6 834.92 亿美元，比上年增长 7.80%，继续保持全国第一。其中出口 4 041.88 亿美元，比上年增长 9.47%；进口 2 793.04 亿美元，比上年增长 5.48%。

表 4-2　2000—2008 年广东海关统计进出口规模

年份	进出口		出口		进口	
	总额（亿美元）	增长率（%）	总额（亿美元）	增长率（%）	总额（亿美元）	增长率（%）
2000	1 701.06	—	919.19	—	781.87	—
2001	1 764.87	3.75	954.21	3.81	810.66	3.68
2002	2 210.92	25.27	1 184.58	24.14	1 026.34	26.61
2003	2 835.22	28.24	1 528.48	29.03	1 306.74	27.32
2004	3 571.29	25.96	1 915.69	25.33	1 655.60	26.70
2005	4 280.02	19.85	2 381.71	24.33	1 898.31	14.66
2006	5 272.07	23.18	3 019.48	26.78	2 252.59	18.66
2007	6 340.35	20.26	3 692.39	22.29	2 647.96	17.55
2008	6 834.92	7.80	4 041.88	9.47	2 793.04	5.48

数据来源：2001—2009 年的《广东统计年鉴》。

这一时期，广东对外贸易的质量也有明显的提升。从贸易主体方面来看，外资企业所占比重较高。2000 年，全省外资企业出口额为 495.09 亿美元，占全省总出口额的 53.86%；到 2008 年外资经济出口额达 4 387.80 亿美元，占全省出口总额的 63.26%。从出口产品结构来看，广东省出口商品中绝大部分出口商品为工业制成品，初级产品比重很低，并且出口产品中深加工、精加工、高附加值和高技术含量商品的比重逐年增加。2000 年，全省初级产品出口额为 34.20 亿美元，工业制成品出口额为 884.99 亿美元，分别占外贸出口总额的 3.72% 和 96.28%，见表 4-3、表 4-4。2008 年，全省初级产品出口额的比重已下降到 2.48%（2006、2007 年更是低于 2%），而工业制成品则达到 3 941.49 亿美元，占全省出口总额的 97.52%，机电产品和高新技术产品出口额比重分别比 2000 年提高 15.80 和 18.26%。

表4-3　2000—2008年广东省对外贸易商品结构

单位：亿美元

指标	2000年	2003年	2004年	2005年	2006年	2007年	2008年
出口总额：	919.19	1 528.48	1 915.69	2 381.71	3 019.48	3 692.39	4 041.88
初级产品	34.20	40.01	47.89	48.83	57.92	67.55	100.39
工业制成品	884.99	1 488.47	1 867.8	2 332.88	2 961.56	3 624.84	3 941.49
机电产品	499.75	997.13	1 297.45	1 644.17	2 045.26	2 532.48	2 836.37
高新技术产品	170.20	480.85	664.80	835.70	1 044.12	1 283.47	1 486.73
进口总额：	781.87	1 306.74	1 655.60	1 898.31	2 252.59	2 647.96	2 793.04
初级产品	93.74	140.42	185.09	202.43	241.04	298.40	385.38
工业制成品	688.13	1 166.32	1 470.51	1 695.88	2 011.55	2 349.56	2 407.66
机电产品	358.34	740.35	961.98	1 146.46	1 407.38	1 671.53	1 739.76
高新技术产品	183.15	454.05	589.50	704.66	887.96	1 008.64	1 243.12

数据来源：2004—2009年的《广东统计年鉴》。

表4-4　2000—2008年广东省对外贸易商品所占比例

单位：%

指标	2000年	2003年	2004年	2005年	2006年	2007年	2008年
出口：							
初级产品	3.72	2.62	2.50	2.05	1.92	1.83	2.48
工业制成品	96.28	97.38	97.50	97.95	98.08	98.17	97.52
机电产品	54.37	65.24	67.73	69.03	67.74	68.59	70.17
高新技术产品	18.52	31.46	34.70	35.09	34.58	34.76	36.78
进口：							
初级产品	11.99	10.75	11.18	10.66	10.70	11.27	13.80
工业制成品	88.01	89.25	88.82	89.34	89.30	88.73	86.20
机电产品	45.83	56.66	58.10	50.68	62.48	63.13	62.29
高新技术产品	23.42	34.75	35.61	31.05	39.42	38.09	44.51

数据来源：2004—2009年的《广东统计年鉴》。

第四章 社会主义市场经济发展完善期下的广东经济特区

(三) 外资利用的数量和质量均有提高

2002年以来,广东利用外资的规模逐年增长,质量和水平进一步提高,有力地推动了全省经济发展。2002—2008年,全省累计签订外资项目77 455个,合同利用外资1 878.73亿美元,实际利用外资1 222.95亿美元,见表4-5。从外资来源看,已遍布世界各大洲的主要国家和地区,港澳台投资居首位,其次是来自英属维尔京群岛、开曼群岛等税收天堂国家。从单个项目的平均规模来看,由2002年的平均141.7万美元增长到了2008年的平均236.8万美元,说明广东利用外资的质量在不断提高。

表4-5 2002—2008年广东省利用外资情况

年份	签订项目(个)	合同外资额(万美元)	实际利用外资(万美元)
2002	11 706	1 890 108	1 658 946
2003	11 472	2 446 711	1 894 081
2004	10 530	2 217 800	1 289 900
2005	11 786	2 675 695	1 517 358
2006	11 276	2 838 923	1 780 780
2007	11 705	3 646 583	1 961 771
2008	8 980	3 071 447	2 126 657

注:①2002年起,外商直接投资统计口径调整,企业投资总额内的境外借款只包括外方股东贷款。

②2004年,实际利用外商直接投资统计口径做了调整,与2003年以前的年份不可比。

③2004年起,签订项目数、合同外资额、实际利用外资不包含对外借款。

数据来源:2004—2009年的《广东统计年鉴》。

从利用外资的产业分布情况来看,呈现出产业分布高级化的趋势。从国民经济三大产业来看:第二产业比重最高,第三产业次之,第一产业最低。1979—2007年,第二产业累计签订FDI项目104 946个,实际利用外商直接投资1 430.7亿美元,分别占全省同期利用FDI的76.16%和73.56%。第三产业累计签订FDI项目29 428个,实际利外商直接投资491.91亿美元,分别占全省同期的21.32%和25.3%,并有不断增长的趋势。①

这一时期,广东的外资经济已经成为国民经济的重要组成部分。一是有效缓解了长期困扰广东经济发展的资本短缺和投入不足的矛盾;二是推动了加工贸易的发展,增加了外汇收入,弥补了外汇缺口;三是创造了就业机会,吸纳了大量的劳动力就业;四是增加了税收收入;五是带来了先进的技术、营销和管理经验,提高了全省的整体技术水平和管理水平。

(四)"走出去"效果显著

为坚持和贯彻对外开放的基本国策,把"引进来"和"走出去"更好地结合起来,2000年广东省人民政府印发《积极发展境外加工贸易业务的若干意见》《境外加工贸易企业资金管理暂行办法》,鼓励企业发展境外加工贸易业务,通过境外加工贸易实施外向带动战略、贯彻落实"走出去"战略构想。广东省政府确定重点扶持格力、TCL、美的、科龙、康佳、华为、中兴等一批境外加工贸易企业。借助独特的地缘优势和政策优势,广东的对外投资经济获得一轮大发展,见表4-6,"走出去"战略取得显著成效。截至2008年底,全省累计在90多个国家和地区设立非金融类企业2 022家,协议投资93.8亿美元,对外直接投资从2006年开始跃居全国各省、区、市首位。②

表4-6 2002—2008年广东省非金融类对外直接投资流量情况

单位:万美元

年份	2003	2004	2005	2006	2007	2008
投资额	9 555	13 893	20 708	62 997	114 101	124 251

数据来源:商务部、国家统计局、国家外汇管理局《2008年度中国对外直接投资统计公报》。

① 参见吕立才、牛卫平《广东利用外资30年:现状与前景》,载《广东行政学院学报》2010年第5期。
② 参见卢荻《积极实施开放战略 广东要大胆"走出去"》,载《广东经济》2009年第8期。

第四章 社会主义市场经济发展完善期下的广东经济特区

从对外经济技术合作类型来看,对外承包工程和对外劳务合作稳步增长,对外设计咨询呈增长趋势。尤其是对外承包工程呈现加速增长的趋势,在2008年全球经济萧条的背景下,对外承包工程逆势上升,合同金额达84.44亿美元,同比增长41.26%,见表4-7、图4-1。

表4-7 2002—2008年广东省不同类型对外经济技术合作合同金额

单位:万美元

年份	对外承包工程	对外劳务合作	对外设计咨询
2002	64 827	19 114	258
2003	97 055	23 132	97
2004	168 338	27 392	220
2005	326 752	32 762	343
2006	458 442	41 898	136
2007	597 733	80 824	61
2008	844 352	68 209	896

数据来源:《广东统计年鉴·2009》。

(五) 行政体制改革不断深化

2002年以来,广东省委、省政府紧紧把握加入WTO的历史机遇,转变政府职能,改进工作作风,深化各项改革,为提高全省对外开放水平奠定了基础。

第一,加快转变政府职能,清理法律法规。2002年,广东省《政府工作报告》指出"积极推进行政管理体制改革,强化政府的经济调节、市场监管、社会管理和公共事务职能"和"加快地方性法规规章的清理、修订和政策调整,制定和完善规范、公平、公开、公正的市场规则"。随后,广东省对275件省地方性法规、570件省政府规章和110 443件省属部门规范性文件进行了清理,经过清理,共废止5件和修订2件省地方性法规,废止55件和修订15件省政府规章,废止或修订省属部门规范性文

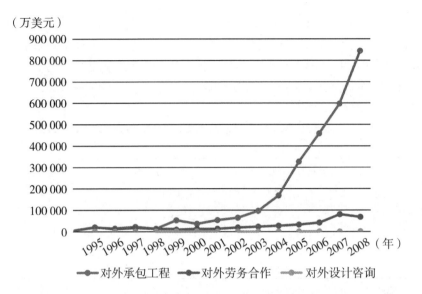

图 4-1 1995—2008 年广东省不同类型对外经济技术合作合同金额变化趋势

数据来源：《广东统计年鉴·2009》。

件 3 000 余件。① 这些工作对转变政府职能、提高政府透明度、适用 WTO 法律法规起到了积极作用。

第二，深入开展行政审批制度改革，规范行政行为。加入 WTO 之后，广东省各级政府深入开展行政审批制度改革，进一步精简审批事项，简化审批程序，做到依法、公开、规范；增加政府制定和发布政策的透明度；全面推进依法行政，规范行政行为，落实行政执法责任制，提高政府的行政效率和服务水平。全省先后开展了三轮行政审批制度改革，共取消省直机关审批、审核、核准事项 1 405 项，下放管理事项 287 项，改变管理方式、移交行业组织或中介机构管理事项 125 项。②

第三，建立与 WTO 规则相适应的地方性法律法规。按照 WTO 规则和我国的承诺，广东省加强对 WTO 规则的宣传和研究，建立与 WTO 规

---

① 参见李炳余《入世过渡期结束后广东对外开放面临的问题与对策》，载《WTO 法与中国论丛（2008 年卷）》，知识产权出版社 2008 年版，第 25 页。
② 参见李炳余《入世过渡期结束后广东对外开放面临的问题与对策》，载《WTO 法与中国论丛（2008 年卷）》，知识产权出版社 2008 年版，第 25 页。

第四章 社会主义市场经济发展完善期下的广东经济特区

则相适应的地方性法律法规，提高运用 WTO 规则的能力和水平，保护国内企业的利益。例如，2005 年 12 月通过的《广东省企业和企业经营者权益保护条例》第十四条规定："产品出口受到国外反倾销、反补贴或者保障措施调查并被提起诉讼的，企业有权请求相关行政机关和行业协会组织协调应诉工作"。该条例第十六条规定："任何组织和个人不得有下列干扰企业正常生产经营活动或者侵害企业和企业经营者合法权益的行为：（一）没有法律、法规、规章、规定或者未经省人民政府批准，要求接受考核、评比、评优、达标、升级、排序等活动；（二）没有法律、法规明确规定，要求接受指定培训；（三）强迫征订报刊，强迫购买指定产品、接受指定服务；（四）强迫提供赞助或者捐献，强迫参加学会、协会、研究会等社会团体；（五）要求无偿或者廉价提供劳务以及无偿占用企业财物等；（六）干扰企业自主聘用职工；（七）其他干扰企业正常生产经营活动或者侵害企业和企业经营者合法权益的行为。"类似条例，既与 WTO 的相关规定接轨，又保护了企业的相关权益。

第四，优化投资和贸易环境。加入 WTO 以后，面对日益复杂的贸易环境，广东省先后制定了《广东省进出口公平贸易工作要点》《广东省进出口公平贸易工作规范》《关于进一步优化广东投资软环境的若干意见》《关于进一步优化投资环境做好招商引资工作的若干意见》等相关规范性文件，优化贸易和投资的软环境。2002 年出台的《关于进一步优化广东投资软环境的若干意见》明确提出"进一步减轻外商投资企业负担，降低企业经营成本"。2004 年出台的《关于进一步优化投资环境做好招商引资工作的若干意见》更加重视优化投资环境的紧迫感和责任感，提出加强分类指导、创新引资方式、加强载体建设、加快基础设施建设、提高口岸整体通关效能、减轻企业负担、提高办事效率、加强人才培养和引进、依法行政等具体措施。

二、改革发展进入攻坚期

（一）外贸出口和引资结构与质量有待提高

2002 年以来，广东的对外出口和外商投资快速增长，为经济社会的发展做出很大贡献，但同时也存在产品附加值低、引资结构欠优和质量不高的问题。

第一，从贸易方式来看，出口主要以加工贸易为主，附加值低。2008年，全省来料加工和进料加工贸易出口额占出口总额的64.66%，虽然较往年有所下降，但仍然是绝对优势主体。加工贸易以零部件生产、加工装配为主，在国际产业链中的地位较低，具有技术含量低、附加值低、利润低的特点，缺少核心技术创新和自主品牌建设。

第二，从招商引资方面来看，港澳台与外商投资的结构和质量有待提高。据统计，1979—2008年，广东吸引外商直接投资的地区和国家按照合同数量与占比依次是：香港（104 401个，占72.17%）、台湾（9 907个，占6.85%）、澳门（7 886个，占5.45%）、英属维尔京群岛（4 827个，占3.34%），在直接投资中，港资占绝对主导地位。但港资企业普遍存在企业规模小、缺乏长远规划、污染严重、技术含量低、耗能和耗资源较多等问题。[1]

第三，自主创新能力不足。以加工贸易为主的外向型经济结构，影响这一时期广东企业的创新意识，企业把主要精力用于模仿创新、集成创新、引进消化吸收再创新，原始创新不足，这严重制约企业创新能力的提高。此外，创新环境有待提高。风险资本市场不完善，风险资本不足。高新技术产权交易成交量少，市场化的程度不高。

（二）对外直接投资仍处于探索阶段

这一时期，尽管广东企业对外直接投资增长迅速，但投资的回报和收益偏低，对外直接投资仍处发展初期阶段。

一方面，对外直接投资的规模偏小，抗风险能力弱。平均来看，发达国家单一项目的跨国投资金额是600万美元，发展中国家是450万美元。广东境外企业中方投资100万美元以下的超过90%，与其他国家差距较大。[2] 2004年，单个项目对外投资金额达到500万美元的只有华为公司在俄罗斯的项目；居第二位的是江门中裕摩托在柬埔寨的项目，投资金额250万美元；其他均在100万美元以下，最少的在香港地区的投资还不足

---

[1] 参见毛蕴诗、李田、吴斯丹《从广东实践看我国产业的转型、升级》，载《经济与管理研究》2008年第7期。

[2] 参见卢荻《积极实施开放战略　广东要大胆"走出去"》，载《广东经济》2009年第8期。

第四章 社会主义市场经济发展完善期下的广东经济特区

1万美元。① 由于投资规模和经营规模的差距,导致对外投资的战略、成本、技术创新、国际竞争力等方面丧失优势,企业的抗风险能力较低。

另一方面,缺乏总体发展战略,企业品牌意识薄弱。这一时期,广东一些企业的对外直接投资有一定的偶然性和试探性,走一步算一步,没有从全局性和企业长远发展战略的角度规划对外投资。另外,"走出去"企业自身的技术储备和技术优势不足,不足以形成有实力、有影响力的品牌,难以与大型跨国公司竞争。

(三) 国际规则对接和外部环境的挑战并存

加入WTO,一方面,给广东的对外开放和对外经济发展带来更大的机遇和更大的市场;另一方面,广东也必须接受国际经济波动、贸易摩擦、国际惯例、WTO法律法规带来的影响和制约。

其一,WTO的深层次影响逐渐显现。加入WTO过渡期结束后,WTO规则与国内的法律法规、行政机制、商业文化、行业惯例等方面的摩擦逐渐显露出来,成为企业"引进来"和"走出去"的阻碍和挑战。

其二,贸易保护主义影响较大。2000年以来,广东遭遇的反倾销调查、反补贴调查、保障措施、知识产权调查等案件数量急剧上升。由技术法规、技术标准、合格评定程序、产品检疫检验制度、包装和标签要求、信息技术壁垒、绿色技术壁垒等技术性壁垒造成的企业的损失屡次攀升。据统计,2003年,广州市有85%以上的出口企业曾受国外技术性贸易壁垒影响,直接损失在6亿美元以上;2003年,珠海市因技术性贸易壁垒的损失约为3.6亿美元,湛江市在2004年因技术性贸易壁垒的损失约为2亿美元。②

(四) 体制改革有待深化,政府职能转变还未到位

面对不断扩大的对外开放格局和复杂多变的国际形势,广东的政府职能转变和体制改革有待继续深化。

---

① 参见尹枚《广东对外直接投资:现状、问题及对策》,载《国际经济合作》2006年第12期。
② 参见陈新烈《论技术性贸易壁垒对广东出口贸易的影响和对策》,载《南方论刊》2005年第10期。

与WTO规则的要求相比,政府在职能转变方面还存在较大的差距,主要是在经济调节、市场监管、社会管理和公共服务等方面。经济调节方面,仍然过多依赖行政手段,对微观经济主体和市场的直接管理和行政干预过多,部分领域仍存在"与民争利"的现象。市场监管方面,没有形成市场监管的长效机制,仍然热衷于"突击式"检查、"运动式"执法,市场监管的技术手段也有待于提高。社会管理方面,矛盾和诱发因素仍在不断积累,如社会阶层和群体之间收入差距扩大等。公共服务方面缺位、越位和失衡问题大量存在。一是公共服务的意识和水平不够;二是公共服务的生产和提供存在政府垄断现象;三是公共服务在城乡和地区间的失衡问题较为严重。

在行政管理体制方面的问题主要有:一是行政管理理念相对滞后,没有与国际接轨。部分行政管理者的管理理念滞后于时代的发展,与WTO的宗旨相悖,仍然沿袭计划经济时代的理念和做法,严重影响政府的公共服务能力和公信力。二是经济发展和对外开放方面的体制性障碍仍然较多,如市场准入、行政垄断、前置审批过多,认证标准不统一,法律法规透明度不高和审批手续烦琐等。三是政府行为失范问题仍然存在。在行政决策和行政执法方面,科学、民主的决策机制还需要进一步形成和完善,法制管理相对薄弱,违规行政、粗暴执法时有发生。四是政府机构运转不协调问题依然突出。上下级政府间的权利划分不科学、边界不清晰;职能部门审批权限过大,缺乏法律管控;组织机构设置不合理;行政管理体制僵化、应变能力差等。五是政府的公开和透明程度有待提高。部分法律法规不够公正透明,照顾部门利益和群体利益的倾向明显;执法不公现象仍然存在,滥用行政自由裁量权和行政强制措施。六是政府的廉洁度和办事效率有待提高。

第二节 深圳、珠海和汕头经济特区的转型探索

习近平总书记指出"要认识到改革有阵痛、但不改革就是长痛的道理"。2002—2008年期间,深圳、珠海和汕头三大经济特区不避艰辛,各自在经济领域进行了卓有成效的转型探索。

第四章 社会主义市场经济发展完善期下的广东经济特区

一、深圳经济特区的经济转型探索

(一) 适度重型化的产业转型

2002年,中央对沪深两地的股市格局进行调整。深圳证券交易所自2002年9月起主板市场不再增发新股,这意味着深圳证券市场筹资功能冻结。金融业一直是深圳的支柱产业,对深圳经济的发展举足轻重,停发新股使深圳金融业的前景未卜。除金融业之外,深圳另一支柱产业是电子信息产业,2003年,通信设备、计算机及电子设备制造业产值占深圳工业总产值的58.2%①,电子通信业一枝独大。深圳的产业结构出现失衡迹象。

在这样的背景之下,深圳市政府2003年提出"积极发展高附加值的先进制造业……积极争取发展以光机电一体化为方向的装备产业、汽车零部件产业、环保设备产业等,着手规划新上一批精细化工项目,扩大集装箱、登机桥、模具、精密仪器仪表等制造业的规模,拓展我市制造业的发展空间";2004年又提出"充分利用我市的区位、市场、经济实力等有利条件,在人力、财力和土地资源等方面采取一些相对倾斜的政策,不失时机地引进一批污染少、能耗低、技术先进、带动作用强的高端装备制造业和基础工业项目,调整、改变我市制造业结构偏轻的状况"②。这一轮产业调整被概括为"适度重型化"。

2003年6月发布的《深圳市产业导向目录(2003—2004年)》将大型装备制造业、精细化工产业、医疗仪器设备制造业、环保设备及工艺制造业、交通运输设备制造业、仪器仪表及电气机械和器材制造业等确定为鼓励发展类先进制造业,从政策层面鼓励发展该类"适度重型化"的产业。

经过几年的努力发展,深圳"适度重型化"产业转型的成效显著,到2006年重工业产值比重达到一个高点,为75.85%,相关数据见表4-8。2008年,在深圳工业"十一五"规划的21项主要量化指标中,已经

---

① 数据来源:《深圳市2003年国民经济和社会发展统计公报》。
② 参见李鸿忠《2004年深圳市政府工作报告》,载深圳政府在线(http://www.sz.gov.cn/zfgb/2004/gb380/200810/t20081019_95320.htm)。

提前达到 2010 年指标的有 7 个，占总数的 33.3%；达到阶段性目标的指标有 9 个，占总数的 42.9%；未达到阶段性目标的指标 5 个，占总数的 23.8%。①

表 4-8　2002—2008 年深圳工业总产值变化情况

年份	2002	2003	2004	2005	2006	2007	2008
工业总产值（亿元）	4 682.4	6 797.6	8 588.8	10 174.5	12 278.5	14 364.8	16 283.8
轻工业（亿元）	1 583.2	2 145.9	2 417.5	2 740.7	2 965.8	3 568.7	4 445.2
重工业（亿元）	3 099.1	4 651.7	6 171.2	7 433.9	9 312.7	10 796.0	11 838.6
重工业占比（%）	66.19	68.43	71.85	73.06	75.85	75.16	72.70

资料来源：《深圳统计年鉴·2009》。

（二）"腾笼换鸟"式的产业结构调整

深圳"腾笼换鸟"式的产业结构调整既是客观因素的影响，又是主观推动的结果。客观原因主要有：一是企业综合成本高。各项生产要素价格不断上升、工资标准上调、社保覆盖面提高、限制加班时长等推高了企业的经营成本。二是土地空间不足。截至 2005 年，深圳全市共有剩余可建用地 344.49 平方千米，除去已签、已批、已划用地和收回难度较大的闲置土地，政府可储备的用地面积仅约 221.29 平方千米，土地资源十分有限。② 2006 年 10 月的调研报告显示，在工业总产值上亿元的 32 家外迁企业中，外迁原因排在首位的是"在深圳用地需求无法满足"。32 家企业选择该项的有 20 家，占 62.5%。③ 三是产业结构升级的客观规律。一方面，随着深圳居民人均可支配收入的迅速提高，居民对第三产业的需求增加，必然会压缩第二产业；另一方面，从美、英等发达国家产业结构的变

---

① 参见南方日报《深圳产业适度重型化成效初显》，载搜狐网（http：//business.sohu.com/20080822/n259120039.shtml）。

② 参见詹庆明、朱旭辉、秦元《深圳市建设用地潜力研究——基于对深圳建设用地现状调查的分析》，载《和谐城市规划——2007 中国城市规划年会论文集》2007 年版，第 1818 页。

③ 参见左建《深圳产业空心化是历史的必然趋势》，载《特区实践与理论》2008 年第 6 期。

第四章 社会主义市场经济发展完善期下的广东经济特区

化趋势来看,经济发展到一定阶段第二产业比重会下降,因此,深圳市政府对全市产业结构有意识地进行调整。2002年11月,深圳市政府印发的《深圳工业结构调整实施方案》明确提出,淘汰高能耗、高物耗、污染严重、破坏资源、不符合安全生产条件的落后产业,鼓励发展社会效益好、附加值高、科技含量高的高新技术产业。一时间,大量加工贸易型和中小制造企业迫于成本、环保压力等因素外迁。

低端企业外迁的同时,一大批优质企业发展壮大,如康佳、创维、赛格、先科、华强、华为、中兴通讯、特发信息、比亚迪、海王等。经过外迁、注入和发展的动态过程,深圳企业和经济的整体质量明显改善,"三来一补"的比重明显下降,高新技术产业比重迅速上升。全市电子、通信、金融、物流、文化企业大量增加,经济质量明显提高,产业结构不断优化,电子信息技术产业成为全国的领导者。2008年,深圳高新技术产品产值达8 710.95亿元,比上年增长14.6%,占全年总产值的53.49%。

"放雀引凤"深圳转身[①]

据深圳市贸易工业局2007年6月的调查,该市共有18个工业行业出现"企业外迁",罗湖、南山、宝安、龙岗四区已经外迁企业499家,另有20多家打算外迁。

该局局长王学为说,外迁的企业以机械制造、电子元器件、塑料制品、玩具等劳动密集型的传统产业为主,约占外迁企业总数的58%,迁往地多在广东的东莞、惠州、河源等地和湖南、江西、山东等内地省份。

在传统产业"外迁"的同时,深圳一些高新技术企业也开始在异地设立制造基地。比如深圳华为准备到东莞生产交换机。

但人们注意到,在"企业外迁"的同时,许多企业也快步"落户深圳"。在宝安区的冼屋、樟坑径管理多个工业区的深圳市金华海物业管理公司负责人说,"今天有老企业迁出去,明天就有新企业搬进来"。

据工商部门的资料,近年落户深圳的大都是IT、生物工程等高新技术企业,其中不少是国内外的知名企业。

11月26日,在法国总统萨科齐访华的第一天,欧洲第一、世界第三

[①] 胡谋:《传统产业外迁,新兴产业进驻,深圳产业升级在加速——"放雀引凤"深圳转身》,载《人民日报》2007年12月3日。

大制药企业法国赛诺菲-巴斯德公司宣布,将投资7亿元,在深圳建立年生产能力2 500万剂的疫苗生产企业。

就在湖北、广西等地以"豪华彩礼"准备"迎娶"台资在大陆的"龙头"企业富士康时,富士康日前宣布,将其全球运筹总部暨全球制造中心定位于深圳。

深圳市贸易工业局的统计表明,2005年以来的外迁企业,对该市工业增加值的影响只有1%。

在规模以上工业总产值约占深圳1/3的宝安,利用传统产业腾出的空间,发展新兴产业。宝安区委书记周林祥说,宝安不仅要"腾笼换鸟""放雀引凤",更要换换发展思路。2007年1—10月,该区实际利用外资同比增长10.6%;高新技术产品实现产值1 662.9亿元,约占全区规模以上工业总产值的一半。

深圳市副市长张思平认为,"企业外迁"既是机遇,也是挑战。如果处理得好,将促进产业结构调整和优化,就像20世纪60年代发达国家工业向亚洲"四小龙"转移,并没有削弱这些国家的竞争力,反而促使其向高端转型。

(三) 以创新和品牌建设为主的转型升级

早在20世纪90年代,深圳就鼓励发展高新技术产业,注重提高引进外资的质量。进入21世纪,面对经济增速放缓、外资和国际技术竞争、新股停发等带来的影响,深圳更加重视高新技术发展、自主创新能力提升和品牌建设,走出了一条具有鲜明深圳特色的自主创新和品牌建设之路。

到2008年,深圳已初步建立起以市场为导向,以企业为主体,"官产学研资介"紧密结合的比较完整的区域创新体系,以自主创新为特征的高新技术产业高速增长成为深圳的第一支柱产业,相关数据见表4-9。涌现出一批以华为、中兴为代表的自主创新企业群体,造就了一支富于创新精神的企业家和技术专家队伍,拥有了一批自主品牌和大量技术专利,形成了崇尚创新、宽容失败、脚踏实地、追求卓越的新时代创新文化。正如深圳市委常委、常务副市长许勤所说:"创新,一直是支持多年来迅速发展的动力,并已成为特区人的精神。"①

---

① 鲁日峰:《深圳以创新重新定位城市》,载《中国经济导报》2008年8月2日。

表4-9 2000—2008年深圳市具有自主知识产权的高新技术产品产值

年份	具有自主知识产权的 高新技术产品产值（亿元）	同比增长 （%）	占高新技术产品产值比重 （%）
2000	534.54	39.37	50.20
2001	745.63	39.49	53.70
2002	954.48	31.00	55.80
2003	1 386.64	45.28	55.90
2004	1 853.09	33.35	56.70
2005	2 824.17	33.35	57.80
2006	3 653.29	29.40	57.90
2007	4 454.39	21.90	58.60
2008	5 148.17	15.60	59.10

资料来源：《深圳统计年鉴·2009》。

这一时期，深圳的自主创新探索具有以下特征。

第一，政府转向宏观管理，给予政策支持。2004年年初，深圳市政府出台了《关于完善区域创新体系，推动高新技术产业持续快速发展的决定》，提出"以市场为导向，产业化为目的，企业为主体，人才为核心，公共研发体系为平台，形成辐射周边、拓展海内外、'官产学研资介'相结合的区域创新体系"，明确了创新的主体和核心。此外，深圳市委、市政府对传统科技管理体制进行了改革，建立了大系统科技管理体制，使政府对科技的管理从微观管理，转向宏观管理，转向制定规划、规范市场、提供服务、执法监督上来，从单纯项目管理转向提高综合能力，推动全社会的科技进步，提高产品的竞争力和全市科技综合实力上来，实现了政府部门从管理到服务的角色转换，营造了有利于高新技术产业发展的综合环境。[①]

第二，以市场为导向。深圳创新体系的突出特点是尊重市场，尊重市

[①] 参见李剑星、宋时飞《深圳经济在创新中转型——访深圳市社会科学院经济所副所长李剑星》，载《中国经济导报》2006年2月21日。

场规律，以市场需求为第一，充分发挥微观创新主体的作用。与此同时，深圳重视制度创新，鼓励科技型企业设立管理股和技术股，以此激发创新人才的积极性。加速培育技术产权市场，积极探索交易制度创新。加快发展技术产权交易市场，为科技创新成果的推广、转化和交易提供便利。

第三，以企业为主体。《关于完善区域创新体系，推动高新技术产业持续快速发展的决定》有明确、具体的措施支持强化企业在技术创新中的主体地位。例如，规定："高新技术企业当年实际发生的研究开发经费可全额计入成本，如该费用比上年增长10%（含10%）的，且符合国家税收法律法规规定的，经主管税务机关批准，允许再按其实际发生额的50%抵扣当年度的应纳税所得额。企业为开发新技术、研制新产品所购置的试制用关键设备、测试仪器，单台价值在10万元以下的，可一次或分次摊入管理费用，其中达到固定资产标准的应单独管理，不再提取折旧"。正是这样的政策支持，促使越来越多的企业由技术模仿转向技术创新。当时，深圳出现了"4个90%"，即90%以上的研发机构、90%以上的研发人员、90%以上的研发投入和90%以上的研发成果都集中在企业，成为深圳自主创新的一大亮点。①

第四，注重品牌建设。品牌建设是深圳市政府和企业的共识。2007年12月，深圳市贸工局、质监局、工商局正式发布《深圳2007年度工业企业自主品牌建设白皮书》，明确了深圳工业企业的发展目标：发展品牌经济，建设自主品牌，实施名牌战略，力求把深圳打造成为"名牌之都"。与此同时，深圳企业也意识到品牌的重要性。随着收入的增长，人们的消费水平和消费理念发生明显改变，更加注重产品的质量，对名牌产品的认知度和忠诚度也越来越高。企业开始重视品牌的价值和品牌在市场竞争中的作用，越来越多的企业开始重视品牌建设。2007年，深圳新增"中国名牌产品"22个、"中国世界名牌产品"1个、"中国驰名商标"4件，广东省著名商标32件，均居全国、全省前列，拥有的中国世界名牌数量占全国的三成，居内地城市第一位。

---

① 参见周轶昆《深圳高新技术产业自主创新的发展历程回顾与思考》，载《中国经济特区研究》2011年第1期。

第四章　社会主义市场经济发展完善期下的广东经济特区

深圳经济在创新中转型①

带着深圳市高新技术产业发展中的有关问题，记者走访了深圳市社会科学院经济所副所长李剑星。

深圳经济转型离不开创新

"深圳的工业几乎是从零起步的，高技术产业的发展对深圳经济特别是工业带来了重大的影响。"李剑星开门见山地对本报记者说。

政府转向宏观管理

在发展高新技术产业的过程中，地方政府应该扮演什么样的角色？它应该做些什么？

李剑星对此给出了自己的回答。"实践证明，靠政府大包大揽发展科技事业，这条路子是走不通的。但仅仅依靠市场和企业的自发作用，也会使高新技术的创新受到局限。从国际经济发展的实际运行轨迹可以看出，不管哪一个国家的高新技术产业，如果没有政府的主导和扶持，很难在国际竞争中领先。"

"多年来，深圳市委、市政府密切注视全球经济格局的变化，跟踪世界产业结构调整的潮流，抢占高新技术产业的制高点。事实证明，政府的组织、规划和推动作用，是高新技术长远快速发展的关键性因素。"李剑星说。

以市场为导向

李剑星强调，发展高新技术产业要充分发挥市场的作用。而发挥市场的作用，首先要培训市场经济的微观主体，鼓励企业成为高新技术产业的投入主体和研究开发主体，鼓励企业培育多元化的产权主体，建立适应社会主义市场经济的企业经营机制，促使高新技术企业在市场经济的大潮中成长，从而大大提高了科技产品的成功率和市场占有率。

据李剑星介绍，在这方面，深圳市主要做了三方面工作。一是推动企业产权主体多元化，建立现代企业制度，切实转换企业经营机制。特别是对高新技术企业，加大了产权制度改革的力度，建立和不断完善企业法人治理结构，培育了一批懂技术、会管理的职业企业家，切实转换了企业运

---

① 李剑星、宋时飞：《深圳经济在创新中转型——访深圳市社会科学院经济所副所长李剑星》，载《中国经济导报》2006年2月21日。

行机制。二是知识产权资本化，可以作价入股。深圳逐渐建立起技术入股制度和科技人员持股经营制度，初步形成了与国际惯例接轨的、符合高技术产业特点的、以保护知识产权为核心的分配制度和经营管理制度。三是知识作为生产要素参与分配。深圳一些高新技术企业实行内部员工持股的办法，使员工的利益与企业的利益紧密联系在一起。

企业才是开发体系的主体

李剑星认为，科教兴国的关键是科技体制改革与经济体制改革相结合，解决好科技与经济"两张皮"的问题。

据他介绍，深圳市在这方面进行着自己的创新与探索。深圳市初步建立了以企业为主体，以市场为导向，以全国高等院校、科研院所为依托的技术开发体系。2002年，深圳市共有企业研究开发机构700多家，全球第二大软件供应商甲骨文公司在深圳设立了研发中心，英特尔公司也在深圳设立了应用及设计中心。高新技术企业投入的科研经费高达26.86亿元，科技成果转化率在80%以上。

"研发机构建在企业，有力地促进了企业的技术创新和新品开发。科技与经济紧密结合的新机制，大大提高了深圳高新技术企业进入国际市场的能力。"李剑星说。

国际化助力上新台阶

李剑星表示，深圳的高新技术产业虽然已经形成相当规模，在国内具有一定影响，但同发达国家相比，其产业竞争力差距仍十分明显。

"深圳的高新技术产业发展要上新台阶，必须面向国际市场进行产业规划和资源配置，在体制上形成适应开放式产业发展格局的管理架构和运行机制，以促进深圳高新技术产业提高国际竞争力。"李剑星强调。

为此，深圳市多年来做了以下几方面工作：一是引进和开拓相结合，使深圳高新技术产业走向国际竞争大舞台；二是营造公平合理的竞争环境，遵守"国际游戏规则"，为外资企业投资高新技术产业创造公平合理的竞争环境；三是积极开展深港科技合作与交流，借助香港的优势推动高新技术的国际化。

李剑星认为，这些举措都有效地提高了深圳高新技术产业的国际化水平，使深圳的高新技术产业成为世界高技术制造业的有机组成部分。

第四章 社会主义市场经济发展完善期下的广东经济特区

二、珠海经济特区的经济转型探索

珠海历届市委、市政府始终坚持"经济发展不以牺牲环境为代价"的理念,把"蓝天白云、青山绿水"作为一条不可逾越的底线,严格控制高污染、高能耗、低效益的项目进入。珠海也因此错过了大规模发展一般加工工业的最佳时期,错过了吸引大批中、小企业"扎堆"发展的机遇。[①] 在20世纪90年代后期和21世纪前几年,珠海经济进入相对缓慢增长时期,很重要的原因是工业基础不够扎实,为此珠海开始了新的经济转型探索和努力。

(一) 优化经济结构,壮大实业经济

2002年,珠海市政府提出以下指导意见:抓住我国加入WTO、扩大开放领域及世界范围产业结构调整和产业转移的机遇,加强招商引资;壮大支柱产业,增强产业配套能力;加快产业结构调整,积极壮大实业经济;支持企业进行技术改造,推动产品和产业结构优化升级;深化国有企业改革,增强国有经济竞争力;引导民营企业向生产科技型方向发展等。另外,还出台系列具体措施,优化经济结构,促进实业经济发展。

经过一系列的政策调整和努力,珠海的经济质量和产业结构明显优化。2005年("十五"规划最后一年),珠海全年地区GDP达到634.60亿元,同比增长13.1%。工业增加值326.10亿元,增长15%;工业总产值1 610.50亿元,增长14.5%。投资、消费、出口出现多年未有的全面增长局面。[②] 珠海经济结构进一步优化,工业重型化、高级化趋势明显。高新技术产品产值占工业总产值的38%,比"九五"期末提高了14.5%。第一、第二、第三产业结构从2000年的4.3∶52.2∶43.5调整为3.2∶51.9∶44.9。电子信息、家用电器、精密机械制造、石油化工、电力能源等支柱产业和伟创力、格力电器、佳能、碧阳化工等优势企业对全市工业发展的支撑作用增强。工业重型化、高级化趋势明显,到2008年轻、重工业比例调整为39.5∶60.5。

---

① 参见王梦阳《关于珠海发展模式的再思考》,载《珠海特区报》2011年8月15日。
② 参见王顺生《2006年珠海市政府工作报告》,载中国珠海政府网(http://www.zhuhai.gov.cn/xw/xwzx_44483/zhyw/201008/t20100810_14162286.html)。

（二）依托珠澳合作，优化升级产业结构

2003年12月5日，《国务院关于设立珠澳跨境工业区的批复》下发，珠澳跨境工业区正式获批，该工业区是我国第一个跨境工业区，设立于珠海拱北茂盛围和澳门青州之间，分为珠海、澳门2个园区，由广东省珠海市和澳门特别行政区分别通过填海造地形成，首期面积约0.4平方千米，其中珠海园区面积约0.29平方千米，澳门园区面积约0.11平方千米，2个园区之间由一条自然形成的水道作为隔离，开设专门口岸通道连接。①

珠澳跨境工业区的设立为珠海探索跨区域合作、吸引外资和先进技术提供了条件和便利，截至2007年5月，已经有21家投资商在珠海园区签订了购地合同，出让土地17万多平方米，总投资超过1亿美元，产业涉及服装服饰、金银首饰加工打印耗材生产、医疗器械、电子产品、酒分装，物流分拨，中转贸易等行业。在21家购地企业中，有13家来自澳门。② 2008年，珠海园区新引进项目12个，该年年末共有61家企业落户珠海园区，总投资超过2亿美元。③ 珠澳跨境工业区在吸引外资的同时，优化了珠海的产业结构，服装服饰、医疗器械、打印耗材、电子信息、仓储物流、咨询服务等行业和产业得到优化升级。

珠澳跨境工业区：为珠澳合作提供广阔空间④

"这里现在已经成为一片投资热土了。"张月军（珠澳跨境工业区珠海园区主任）告诉我们，通过珠澳双方共同在澳门举行的珠澳跨境工业区专场推荐暨招商会，以及参加在广州举办的"9+2"珠洽会（即泛珠三角区域合作与发展论坛暨经贸洽谈会），跨境工业区扩大了在海内外的影响。

---

① 参见杨宓《珠澳跨境工业区：区域经济合作的新亮点》，载《国际经济合作》2005年第6期。

② 参见胡晓虹《珠澳跨境工业区：为珠澳合作提供广阔空间》，载《珠海特区报》2007年5月28日。

③ 参见陈红泉《珠澳跨境工业区面临的挑战与转型》，载《2010中国经济特区论坛：纪念中国经济特区建立30周年学术研讨会论文集》2010年版。

④ 胡晓虹：《珠澳跨境工业区：为珠澳合作提供广阔空间》，载《珠海特区报》2007年5月28日。

第四章 社会主义市场经济发展完善期下的广东经济特区

目前，共有53家企业落户珠澳跨境工业区（其中，珠海园区26家，澳门园区27家），总投资额超过2亿美元。截至2007年3月20日，专用口岸进出人员5 609人次，车辆249台次，珠海园区海关办理货物进出境（区）48票，货值500万港币，出口退税5票，货值80万元。

走进珠海园区，发现目前已投入生产的多为服装服饰和物流企业，张月军解释道："按国务院批复，跨境工业区的产业定位是以发展纺织品服装出口加工业为主，逐步建设高附加值的品牌时装设计、生产和配销中心，并利用有利条件进一步发展物流、展览等配套产业和高新技术产业。"根据功能定位，在现进入珠海园区的26家企业中，纺织品服装生产加工和配送、分拣、仓储及贸易型企业有19家，占投资企业的73%。

（三）大力发展旅游业

珠海市历届政府都非常重视生态环境保护和旅游产业发展，2002年更加突出旅游业的作用，提出"积极发展旅游、房地产业，活跃消费市场。实施珠海市委、市政府《关于进一步加快旅游业发展的决定》，加快整合旅游资源，加强城市旅游整体形象推广，抓好旅游项目招商，积极发展会展旅游，办好第四届国际航展。加强区域旅游合作，提高旅游文化品位，争创中国最佳旅游城市"[①]的目标。2003年，《珠海市城市总体规划（2001—2020年）》获国务院批复："珠海是经济特区，城市定位确定为珠江三角洲中心城市之一，东南沿海重要的风景旅游城市。"2008年国务院颁布的《珠江三角洲地区改革发展规划纲要（2008—2020年）》，要求珠海加快建设"国际商务休闲旅游度假区"。在珠海市政府的大力推动和国家的支持下，珠海市的旅游产业迅速发展（见表4-10），并成为支柱产业。2008年，珠海市旅游收入占GDP的15.63%，对GDP的拉动作用明显。

---

① 方旋：《2002年珠海市政府工作报告》，载中国珠海政府网（http://zwgk.zhuhai.gov.cn/ZH00/200811/t20081118_234163.html）。

表4-10　2002—2008年珠海旅游业发展情况

年份	全年接待过夜游客（万人次）	同比增长（%）	旅游业总收入（亿元）	同比增长（%）
2002	439.95	15.2	91.27	16.2
2003	438.19	-0.4	83.71	-8.3
2004	561.18	28.1	103.72	23.9
2005	640.19	14.1	115.95	11.8
2006	729.58	13.9	139.02	22.2
2007	758.13	3.9	144.88	4.2
2008	808.21	6.6	155.08	7.0

数据来源：2002—2008年《珠海市国民经济和社会发展统计公报》。

珠海旅游业的快速发展，也给商业、工业和建筑业带来一定的刺激和促进。大量的游客带来了人流、物流、资金流和信息流的流量增长，产生了购买力，繁荣了消费市场。与此同时，旅游业的发展促进了基础设施建设和制造业投资，促使珠海的第一、第二、第三产业结构比重更加合理。

三、汕头经济特区的经济转型探索

进入21世纪，汕头市政府采取一系列的措施，如加强社会治安、整顿市场、打击违法犯罪、建设信用体系、推进城市化、振兴工业等。"十一五"时期的前3年（2006—2008年），汕头迎来了经济发展的小高潮，年均国民经济增速达到14.38%，远高于"十五"时期的6.9%；第二产业年均增长16.8%，第三产业年均增长12.64%，均高于"十五"时期，见表4-11。

表4-11　2001—2008年汕头市国民经济增长情况

年份	国民生产总值（亿元）	同比增长（%）	第二产业（亿元）	同比增长（%）	第三产业（亿元）	同比增长（%）	人均GDP（元）	同比增长（%）
2001	443.37	—	208.43	—	196.52	—	9 376	—
2002	459.39	3.61	219.50	5.31	201.76	2.67	9 570	2.07
2003	498.43	8.50	245.54	11.86	214.24	6.19	10 296	7.59
2004	571.31	14.62	286.04	16.49	243.88	13.84	11 673	13.37
2005	651.36	14.01	332.34	16.19	274.50	12.55	13 196	13.05
2006	736.10	13.01	387.84	16.70	305.07	11.14	14 846	12.50
2007	850.10	15.49	449.89	16.00	353.08	15.74	17 048	14.83
2008	974.78	14.67	529.65	17.73	392.30	11.11	19 384	13.70

数据来源：《汕头市统计年鉴·2009》。

（一）重建信用体系

针对2000年前后的信用危机，汕头市政府下定决心狠抓信用建设，主要措施有：一是大张旗鼓地开展"重建信用，重塑形象"活动，广泛宣传信用的重要作用，让信用深入人心。二是政府带头严守信用，强化"责任行政"意识，提高政府公信度。加强公务员队伍的信用建设，建立行政过错责任追究制度、公务员效能建设领导负责制，加强依法行政和监督。三是加强企业守信守法制度建设。通过加快建立现代企业制度，推行企业内部信用管理，建立企业及企业法定代表人信用信息数据库，推动中介组织和行业协会的规范与发展，建立起企业信用制度的微观基础和外部约束。四是开展整治和规范市场经济秩序专项行动。重拳打击骗取出口退税活动，严惩涉税犯罪分子，取缔了"三无企业"；坚决打击制假贩假行为，捣毁制假窝点249个，处理各类案件1 787宗，立案侦查41宗86人；

打击逃废债务,清收地方中小金融机构到逾期贷款,查办金融犯罪案件。① 五是完善社会信用体系建设的相关规章制度,出台《汕头市企业信用信息披露管理办法》《汕头市社会信用信息网络管理暂行规定》《汕头市社会信用信息服务管理人员从业规范》和《汕头市公务员信用守则》等政府规章和规范性文件。

(二)转变政府职能,改革审批制度

在重建社会信用体系的同时,汕头市政府以转变政府职能、改革审批制度、提高行政效能和科学决策水平为突破口,实施行政审批制度改革。2003年实施第三轮行政审批制度改革,削减176项审批事项,减幅三成多。此外,汕头设立的企业投资管理服务中心,实行"一站式"办事和"一条龙服务";全面推行首长问责任制、服务承诺制。这些改革措施很快就有了成效,据国际评估界享有较高声誉的台湾电机电子工业同业公会对大陆100个城市投资环境、竞争力的评估,汕头的排名逐年上升(2001年第41位,2002年第21位,2003年第9位)。②

(三)发展工业,实现"工业强市"

汕头市从"十五"时期开始实施"工业强市"战略,工业经济发展不断加速。2003年,汕头提出"要全面实施工业强市发展战略,以工业化带动城镇化、推进现代化。要牢固树立大办工业的思想,坚定不移地走新型工业化之路,着力引进工业项目,努力优化工业发展的环境。要以园区带动、产业带动、品牌带动,努力构建具有汕头特色、比较优势和较强竞争力的新型工业体系,使汕头工业从根本上变弱势为强势"。③

一是强化园区经济带动作用,规划建设高新区、保税区、汕大科技园区和新规划的园区等一批市级工业园,金平和龙湖民营科技工业园、澄海岭海、濠江南山湾和潮阳、潮南工业园等区县工业园,把"筑巢引凤"

---

① 参见陈惠英、林广武《信用建设中的政府角色:汕头的实践》,载《中山大学学报论丛》2003年第4期。
② 参见李晶《重塑社会资本发展地方经济——以汕头市重建信用为例》,载《地方政府发展研究(第二辑)》2007年版,第146页。
③ 参见黄志光《2003年汕头市政府工作报告》,载汕头市人民政府网(http://zwgk.gd.gov.cn/006997454/201108/t20110829_273220.html)。

第四章 社会主义市场经济发展完善期下的广东经济特区

和"引凤筑巢"结合起来,积极引进大型项目。二是强化产业带动作用,不断引进和发展高新技术和先进工业,重点扶持发展软件业、信息服务业、光机电一体化、生物工程、新材料、新能源等高新技术产业,改造提升传统产业,推动高新技术产业和传统产业协调发展。三是重视品牌建设,不断提高核心技术和重要应用技术的创新能力,推动一批具有自主知识产权的先进技术和产品的开发运用,打响汕头品牌,提高自主知识产权经济在工业经济中的比重。

经过几年努力,汕头"工业强市"成效显著。2008年汕头市全年生产总值增幅超过广东省平均水平,涌现出一批在省内乃至国内响当当的知名品牌。一批传统优势产业在改造中得到提升,形成以纺织服装、工艺玩具、机械装备、电子信息、音像材料、化工塑料、食品医药、印刷包装这8大传统优势产业为基础的特色产业集群。2008年汕头市8大传统产业共完成规模以上工业产值964.82亿元,占汕头市规模以上工业总产值的73.1%。与此同时,装备制造业规模也在不断扩大,产品研发能力不断增强,集群效应日益明显,基本形成了电子元器件、特种材料、输配电控制设备、塑料机械、罐头机械、食品加工机械、印刷包装机械等专用机械设备以及电线、电缆、电器开关设备装备制造等特色拳头产品和优势产业群。[①]

第三节 综合配套改革的深圳实践

党的十六大胜利召开、我国成功加入WTO、非典[②]爆发、2008年次贷危机等重大事件相继发生,这些事件给广东经济特区带来一系列深刻地影响。广东各经济特区或是为了抓住机遇,或是为了应对挑战,各自出台了不同的改革措施,其中,深圳的综合配套改革最具有代表性。

---

① 参见方一庆、王开颖、郑梦婕《广东汕头:"工业强市"夯实产业基础》,载《中国高新技术产业导报》2009年4月6日。

② 严重急性呼吸综合征(英语:SARS),简称"非典"。

一、综合配套改革的目标与计划

（一）深圳综合配套改革的目标和思路

深圳经济特区是为国家的改革开放和现代化建设而设立的，一直都肩负着改革试验的光荣使命。中国成功加入WTO之后，我国对外开放的市场和环境发生了深刻的变化，深圳又有了在新时期探索"引进来"和"走出去"的历史使命。与此同时，经过改革开放20多年的发展，深圳自身也积累了许多问题和矛盾，需要进一步的改革和完善，继续发挥改革开放先行先试作用，通过体制机制创新破解发展难题，为全国提供经验和借鉴。在这样的背景下，深圳开始了综合配套改革。

深圳综合配套改革的目标是：充分发挥经济特区的"窗口""试验田""排头兵"和示范区作用，继续解放思想，坚持改革开放，勇于自主创新，推动科学发展，促进社会和谐。统筹规划，重点突破，全面推进综合配套改革，争当科学发展的示范区、改革开放的先行区、自主创新的领先区、现代产业的集聚区、粤港澳合作的先导区、法治建设的模范区，强化全国经济中心城市和国家创新型城市地位，加快建设国际化城市和中国特色社会主义示范市。

深圳综合配套改革的基本思路是：按照国家改革发展的战略部署，做到"四个先行先试"：一是对国家深化改革、扩大开放的重大举措先行先试；二是对符合国际惯例和通行规则，符合我国未来发展方向，需要试点探索的制度设计先行先试；三是对深圳经济社会发展有重要影响，对全国具有重大示范带动作用的体制创新先行先试；四是对国家加强内地与香港经济合作的重要事项先行先试。力争在重要领域和关键环节取得新的突破，在全国率先形成科学发展的体制机制，为发展中国特色社会主义创造新鲜经验。

（二）深圳综合配套改革的计划和措施[①]

深圳经济特区综合配套改革主要涉及行政体制、经济体制、社会领

[①] 参见深圳市人民政府《深圳市综合配套改革总体方案》，载深圳政府在线（http://www.sz.gov.cn/cn/xxgk/xwfyr/wqhg/fbh_46/fbg/200905/t20090526_1111017.htm）。

域、自主创新、对外区域合作以及资源节约环境友好6个方面。行政体制改革，主要是以转变政府职能为核心，完善大部门管理体制，并且推进城市行政区划及管理体制改革。经济体制改革，主要是完善要素配置的市场机制和财税、金融、土地、投融资等制度，继续推进企业改革，深化市场监管体制改革，率先建立完善的社会主义市场经济体制。社会领域改革包括不断深化教育、医疗卫生、就业、社保、住房、文化制度改革，创新社会管理体制，培育发展社会组织，积极推进依法治市，加快构建社会主义和谐社会。自主创新体系机制，主要是构建开放型创新体系，促进国家与地方创新资源的高效配置，完善创新服务体制和人才管理体制，深化知识产权管理体制，加快建设国家创新型城市。深港合作方面的重点是全面创新对外开放和区域合作的体制机制。创新外经贸发展方式，主动应对开发风险，率先形成全方位、多层次、宽领域、高水平的开放型经济新格局。建立资源节约环境友好体制机制的重点是探索建立环境资源的综合管理机制、促进资源节约环境友好的激励机制和适应经济增长的生态发展模式，加快建设国家生态文明示范城市。

1. 深化行政管理体制改革，建设公共服务型政府

深圳以转变政府职能为核心，全面创新行政管理体制，实现政府职能向创造良好发展环境、提供优质公共服务、维护社会公平正义转变，实现政府组织机构及人员编制向科学化、规范化、法制化转变，实现行政运行机制和政府管理方式向规范有序、公开透明、廉洁高效转变，努力建设人民满意的服务型政府。

深圳行政体制改革的重点是：第一，转变政府职能，完善管理体制。按照职能有机统一的原则，优化政务流程，整合政府机构，探索大部门管理体制，实现政府职能、机构与人员的合理配置。2004年，深圳以试点方式在全国率先启动文化、交通、城管3大领域的"大部制"改革。第二，严格依法行政，建设法治政府。探索建设法治政府的有效途径，建立法治政府建设指标体系，加强程序设计和程序保证，严格规范行政执法行为，规范行政处罚权的实施机制。第三，探索城市行政区划及管理体制改革。第四，创新公务员管理制度。第五，深化事业单位改革。

1996—2008 年深圳行政审批制度改革重要事件①

1997 年,深圳开始第一轮行政审批制度改革。此次改革针对以往审批事项几乎涉及所有行业和主要社会经济活动、政府"管得过多、管得过细"的情况,对原有 1 091 项审批和核准事项精减为 628 项(减少 463 项),减幅为 42.4%。

2001 年,进行第二轮行政审批制度改革,主要针对审批事项的合法性、合理性进行清理。此次改革在第一轮削减审批事项的基础上再减少 277 项,政府部门审批时间平均缩短了 40%(此前两轮改革共减少审批、核准事项 740 项。其中,放开由企业、社会团体、个人自主决定减少的达 563 项)。

2003 年,在《行政许可法》实施之际,启动第三轮行政审批制度改革。此次改革重点结合 WTO 规则,清除地方性法规设立的行政许可中违反 WTO 规则的审批项目,涉及 37 个部门的 701 项行政审批事项。行政许可保留的有 239 项,取消 265 项,占 37.8%;其他审批保留 197 项。至此,在经历了 1997 年、2001 年和 2003 年三轮行政审批制度改革后,政府各部门总计 1 091 项审批、核准事项压缩至 436 项,其中包括 197 项非行政许可事项、239 项行政许可事项。

2006 年至 2008 年,颁布实施《深圳市非行政许可审批和登记若干规定》并进行第四轮审批制度改革。主要针对前三轮改革之后遗留下来的 197 项非行政许可事项进行改革。前三轮改革大幅减少和调整了行政许可事项,使其法定化、规范化和公开化。然而,大量非行政许可类审批事项仍处于不公开、不透明状态,属于行政许可事项改革中个别部门私自保留的"权力",或者本属于行政许可事项转变而来。经过清理(2006 年 6 月至 2007 年年底),政府 37 个部门实际存在的非行政许可事项超出 197 项,达 697 项,2008 年改革中保留 348 项,取消 98 项,认定不属非行政许可登记的其他类项目 251 项,在此基础上逐项进行法定化和标准化。

---

① 参见付莹《深圳重大改革创新史略(1979—2015)》,社会科学文学出版社 2017 年版,第 117～118 页。

第四章　社会主义市场经济发展完善期下的广东经济特区

2002—2007 年深圳公务员管理制度改革重要事件①

2002 年，深圳正式组建人才研究机构。

2005 年，《中华人民共和国公务员法》正式颁布，明确了公务员分类管理的基本原则，深圳酝酿公务员分类制度改革。

2006 年，深圳尝试在公安系统率先实施专业化改革试点，建立相对独立的职务序列、薪酬体系和管理制度，全面实施分类管理。为此，出台《深圳市公安机关专业化改革方案》。针对以往公安系统队伍庞大，岗位门类多，但管理缺乏针对性、价值体现单一（"千军万马挤独木桥"），以及分配上未能充分体现工作危险性高、强度大的特点等弊端，在借鉴香港等地区成功经验的基础上，按照"科学分类、专业发展、长效激励、规范管理"的原则，打破以往参照机关干部执行的行政职务晋升"单轨制"，将公安人员分为警察、文职和雇员三类。警察待遇不由行政职级决定，而根据工作年限、工作绩效进行专业定级，从而构建一整套符合公安机关各类人员特点的分类管理机制、专业化发展机制以及符合岗位特点的长效激励机制。

2007 年，经人事部批准，深圳进行公务员聘任制试点。这是继公务员法颁布以来有关"公务员聘任制"规定的又一重要实践活动。此次改革使聘任制和委任制并行、相互补充；促进建立科学的公务员分类管理体制（整个公务员队伍被划分为综合管理类、行政执法类和专业技术类三大类）；推进以市场化原则来运作聘任制。

2002—2007 年深圳市事业单位改革重要事件②

2002 年，深圳率先全国实施事业单位公开招聘。同年，出台《关于事业单位人事制度改革试点工作有关问题的意见》，解决在改革中出现的工勤人员和超编人员的处理、试点单位现有人员向职员过渡两个基本问题，出台《深圳市事业单位职员招聘暂行规定》。自此，"职员"成为深

---

① 参见付莹《深圳重大改革创新史略（1979—2015）》，社会科学文学出版社 2017 年版，第 104~105 页。

② 参见付莹《深圳重大改革创新史略（1979—2015）》，社会科学文学出版社 2017 年版，第 197~198 页。

圳事业单位工作人员的统一称谓。

2004年,出台《深圳市事业单位人事制度配套改革实施方案》,并成立事业单位人事制度改革协调领导小组颁布全国第一部系统、完整的事业单位人员管理法规《深圳市事业单位职员管理办法》,建立事业单位职员制度,试行全员聘用制。

2005年,出台《深圳市事业单位职员职位分类实施办法(试行)》《深圳市事业单位职员聘用聘任实施细则》等规范性文件,提出事业单位试行职位分类制度和全员聘用制,建立以职位工资为主,按劳分配和按生产要素分配相结合的职员工资分配制度等改革思路。同年,深圳成立事业单位改革领导小组,制定《关于深圳市属科研事业单位机构改革的实施意见》,按社会公益类、开发应用类和咨询服务类对科研事业单位进行分类。

2007年,全面启动事业单位分类改革(至2012年中共中央、国务院发布《关于分类推进事业单位改革的指导意见》,深圳先行先试、率先完成分类改革任务)。深圳市出台《深化事业单位改革指导意见》《事业单位改革总体方案》《深圳市市属事业单位分类改革实施方案》《人员分流安置配套政策方案》《深圳市事业单位转企社会保险有关问题的实施办法》《党政机关事业单位所属企业、转企事业单位划转工作实施方案》等一系列配套文件。改革按照政事分开、政企分开的原则,将市属事业单位划分为监督管理类、经营服务类(细分为经营开发类和中介服务类)和公益类(细分为纯公益类和准公益类)三大类。在此基础上对各类事业单位分别进行改革:原则上监督管理类事业单位纳入行政管理序列;经营服务类转为企业,公益类事业单位若其工作成果能考核、可计量且对降低成本有重要影响的,以及市场发育比较成熟、可以采取竞争性方式提供服务的转为企业,其他则予以保留且同时进行必要的整合。

2. 深化经济体制改革,建立完善的社会主义市场经济体制

坚持社会主义市场经济改革方向,深化经济体制改革,进一步完善土地、财税、金融等基础性经济制度,更大程度地发挥市场在资源配置中的作用,加快形成统一开放、竞争有序的市场体系,率先建立完善的社会主义市场经济体制。

深圳经济体制改革的重点是:第一,完善要素配置的体制机制。强化市场在资源配置中的基础性作用,探索政府产业政策与市场机制有机结合

第四章 社会主义市场经济发展完善期下的广东经济特区

的新途径,提高政府财政性资金和各类生产要素配置的透明度,综合运用财政、金融、价格、土地、环保等手段,形成转变经济发展方式的长效机制。第二,深化财政体制和税制改革。第三,深化投融资体制改革。加强对政府投资项目的管理,加快推行"代建制"。创新公用事业监管模式,构建政府、公众和社会三方共同参与、有机结合的监管评价体系。第四,建立金融改革创新综合试验区。进一步发挥深圳证交所的作用,发展壮大中、小企业板市场,积极支持在深圳设立创业板市场和场外交易市场,加快构建多层次资本市场。第五,深化土地管理制度改革。深化土地资源的市场化配置,建立全方位的土地资产市场,促进土地资源有效流转和优化配置,加快包括工业楼宇在内的房地产流转。创新产业用地模式,合理控制土地开发强度,实行产业用地出让年期弹性化,探索产业用地租售并举的多元化供应方式。第六,继续推进企业改革。第七,深化市场监管体制改革。进一步强化市场监管,形成开放有序的市场经营环境。

2003—2008年深圳土地管理制度改革重要事件[①]

2003年,《关于深圳国有企业改制中土地资产管理的若干意见》发布,规范了国有企业改制中土地资产管理的内容和程序。

2004年,《关于贯彻落实国务院关于深化改革土地管理决定的通知》发布,试行工业用地挂牌出让,逐步推行产业用地招、拍、挂。

2005年,深圳市首次以挂牌的方式成功出让龙岗区的2幅工业及工业配套用地(被誉为中华人民共和国土地使用制度的"第三次革命")。其作用显著体现在以下几个方面。工业用地的市场化出让,市政府从中获得较高的土地收益(仅2005年、2006年前两次挂牌出让的用地,就分别以底价的3.6倍和3.9倍的价格成交);企业通过市场化方式获取的产业用地使用权可自由转让,激励经营不善的企业及时退出市场,提升土地置换的效率,使工业用地可循环利用;政府可借行业类型、投资强度、土地产出率和建筑容积率等硬性指标的设定通过市场有效选择企业,优化商资,从而引导区域产业的合理布局和优化升级,提升产业用地集约利用水平,彻底改变政府供应产业用地跟着招商走的被动局面。

---

① 参见付莹《深圳重大改革创新史略(1979—2015)》,社会科学文学出版社2017年版,第35~36页。

2006年，深圳规定除重大投资项目、公共配套和市政基础设施等项目用地可以协议方式出让外，其他产业用地在三年内逐步实现全部按招标、拍卖、挂牌出让。①

2007年，深圳建立了国土、规划、产业主管部门、各区政府等分工协作、运行顺畅的常态化工作机制，率先在工业及其他产业用地招挂牌出让方面走向法制化、制度化。②

2008年，探索分层次设立土地使用权，创新轨道交通建设土地多层空间开发模式，推进土地资源精细化管理，提高城市土地利用率，促进节约集约用地（典型事例：2008年6月，深圳市地铁前海湾车辆段地上3宗约51万平方米的地铁上盖物业用地使用权成功挂牌出让。这是借鉴香港经验，在我国内地首次出让地铁上盖地使用权）。

3. 积极推进社会领域改革，构建社会主义和谐社会

坚持以人为本，着力推进以改善民生为重点的社会领域改革；完善社会管理制度，创新社会管理方式，扩大和改善公共服务，形成多元化的公共服务供给模式，尽快实现基本公共服务均等化，提升民生净福利水平；培育发展社会组织，加快法治城市建设，努力建设社会主义和谐社会。

深圳社会领域改革的重点是：第一，积极进行教育体制改革，合理配置义务教育办学资源，推进义务教育均衡发展，逐步解决常住人口子女平等接受义务教育问题。第二，推进医药卫生体制改革。开展公立医疗机构和药品流通体制改革试点，完善社区卫生服务，完善医疗保险制度，进一步放开医疗市场。第三，深化就业、社会保障、收入分配和住房制度改革。第四，深化文化管理体制改革和完善公共文化服务体系。完善扶持公益性文化事业、鼓励文化创新的政策措施，全面提升文化软实力。第五，创新社会管理体制，大力培育发展社会组织。推进基层社会管理体制改革，加强基层民主建设，增强基层自治功能。第六，积极推进依法治市，整合立法资源，实行政府规章的集中起草，坚持科学立法、民主立法。优化司法职权配置，规范司法行为，加强权力监督制约，维护社会稳定，促

---

① 参见《关于进一步加强土地管理推进节约集约用地的意见》《深圳市土地储备管理办法》《深圳市集约利用的工业用地低价计算办法》《深圳市原村民非商品住宅建设暂行办法》《深圳市工业项目建设用地审批实施办法》《深圳市工业项目建设用地控制标准》《驻深武警边防部队工程建设项目管理办法》。

② 参见《深圳市工业及其他产业用地使用权出让若干规定》。

第四章 社会主义市场经济发展完善期下的广东经济特区

进社会和谐。

4. 完善自主创新体制机制,建设国家创新型城市

把自主创新作为城市发展的主导战略,完善自主创新的体制机制和政策环境,优化配置创新资源,提高创新能力,推进核心技术的自主创新,打造国际化高技术产业基地,率先建成国家创新型城市,成为有国际影响力的创新中心。

深圳自主创新领域改革的重点是:第一,构建开放型创新体系。加强区域合作与国际合作,广聚境内外创新资源,引导创新要素向企业集聚,构建以市场为导向、企业为主体、产学研结合的城市创新体系。第二,促进创新资源高效配置。第三,完善创新服务体制。优化整合财政资源,加大财政资金投入,重点支持国家战略性重大科技研发项目与竞争前技术、共性技术的研究和公共平台建设,培育和发展技术评估、技术转移、产权交易等各类中介服务机构,引导其向专业化、规模化和规范化方向发展。第四,创新人才管理体制。第五,深化知识产权管理体制改革。积极探索知识产权管理体制,强化知识产权保护,完善知识产权行政执法与司法保护机制。建立知识产权交易中心。

5. 全面创新对外开放和区域合作的体制机制

坚持以开放促改革、促发展。以深港合作为重点,大力推进对内、对外开放;推动区域间要素流动便利、城市功能互补,积极主动参与国际分工;创新对外经贸发展方式,率先建立全方位、多层次、宽领域、高水平的开放型经济新格局,形成与国际接轨、有中国特色的开放型体制机制。

深圳对外开放和区域合作的重点是:第一,在粤港澳合作的框架下,进一步巩固合作基础,拓宽合作领域,创新合作方式,完善合作机制。第二,创新对外经贸发展方式。进一步深化涉外经济管理体制改革,实现涉外经济管理与国际惯例对接,促进贸易和投资便利化。加快外贸增长方式转变,积极培育自主出口品牌,鼓励高技术含量、高附加值产品出口。大力扶持和培育本土跨国公司。率先实现出口加工制造业的优化升级。积极承接国际离岸服务外包,建设具有国际竞争力的服务外包基地城市。创新招商引资机制,鼓励支持跨国公司在深圳设立区域性总部。加快前海湾保税港区建设,充分发挥保税区等海关特殊监管区域的功能作用,提高运行质量和效益。第三,积极推进区域合作。立足国内拓展发展新空间,加强与内地全方位、多层次、宽领域的经济合作。大力实施"走出去"战略,支持企业到境外设立研发、生产基地，开展跨国并购，探索建立境外经贸合作园区，进一步扩大与东盟的合作。第四，积极主动应对开放风险。加强外贸运行预警体系建设，健全贸易摩擦应对机制。建立产业安全监测系统，引导和规范外资并购健康发展，确保国家经济安全。健全"走出去"应急保障机制，支持企业建立海外投资风险防范制度，规避跨国经营风险，实现对外开放的规范、有序、可控。

6. 建立资源节约、环境友好的体制机制

以建设国家循环经济城市和生态文明示范城市为目标，建立健全土地节约、集约利用制度，形成有利于节约资源能源和保护生态环境的产业结构、增长方式、消费模式，完善促进资源节约、环境友好的体制机制，探索中国特色生态文明发展模式。

深圳建立资源节约、环境友好的体制机制重点是：第一，探索建立环境资源的综合管理机制。第二，建立资源节约、环境友好的激励和约束机制。充分利用市场化手段推进节能减排，探索建立反映市场供求状况、资源稀缺程度和环境损害成本的资源价格形成机制，健全资源有偿使用制度和生态环境补偿机制，完善节约水、电、煤、油、气等的价格激励机制。第三，探索适应经济增长的生态发展模式。

2004—2007年深圳城市生态保护重要事件[①]

2004年，深圳市成立以市长为组长的生态城市规划建设工作领导小组。

2005年，在全国率先划定基本生态控制线并出台《深圳市基本生态控制线管理规定》，将近半土地面积（974平方千米）划入基本生态控制线范围，采用卫星遥感监测技术，实行最严格的管理，有效维护城市生态系统的科学性、完整性和连续性，防止城市建设无序蔓延。

2007年，深圳出台《关于加强环境保护建设生态市的决定》，明确提出了构建协调发展的生态经济体系、自然宜居的生态环境体系、和谐友好的生态文化体系、权责明晰的环境执法体系和完善的建设生态市制度保障体系。为此，深圳专门编制《生态市建设规划》；出台《深圳市环境保护

[①] 参见付莹《深圳重大改革创新史略（1979—2015）》，社会科学文学出版社2017年版，第230～231页。

第四章　社会主义市场经济发展完善期下的广东经济特区

实绩考核试行办法》，在全国率先实施环保实绩考核制度；出台《深圳市生态工业园区建设标准》，推进"生态工业示范园区"创建；全市6个区启动"国家生态区"创建。作为全国唯一的试点城市，探索开展"深圳市环境优美街道"创建；创建25所绿色学校、5家绿色医院、3家绿色商场等一批绿色单位。

二、综合配套改革的瓶颈

（一）职责同构的矛盾

职责同构是指不同层级的政府在纵向间职能、职责和机构设置上的高度统一和一致。这样的设置往往导致政府间职责边界不清，容易引发政府职能的错位或缺位。一方面，地方政府是"全能"的，中央的权力被地方所分割；另一方面，地方政府又是"无能"的，地方政府职能在很大程度上受到上级政府的掣肘。[①] 深圳的行政体制改革同样遇到了职责同构的困扰。行政机构进行改革后，部门的权力和功能无法与中央和省级部门对接，有的部门不得不同时面对多个上级单位，出现无所适从的局面。与此同时，由于上下不对口，一些部门无法与中央部委对接，失去获得相关资金、项目、政策支持的机会。

（二）经济特区内外体制差异制约深圳的整体发展

"二线关"把深圳分为"关内"和"关外"两个部分，"关内"福田、罗湖、南山、盐田4区，仅占全市总面积的1/6；"关外"宝安、龙岗2区虽占全市5/6的土地，却不享受经济特区待遇。这种"二元化"的发展给经济特区内外造成了巨大的差异。具体表现在法律法规、市政设施、市容市貌、公共服务、工资福利等涉及经济发展、体制机制、社会服务的各个领域。巨大的差异给深圳经济社会整体发展和综合配套改革带来极大的挑战。

[①] 参见周振超《打破职责同构：条块关系变革的路径选择》，载《中国行政管理》2005年第9期。

广东经济特区改革发展40年

2010年之前深圳"一市两法"的困境①

深圳制定的地方法规有两种——一种是特区法规。1992年全国人大常委会赋予深圳经济特区"特区立法权",可以制定先行性、试验性的特区条例,但是这种条例只限于在关内的福田、罗湖、南山、盐田四区执行,关外两区只能在没有上位法的情况下参照执行。另一种是"较大市"法规,2000年实施的《立法法》赋予深圳市"较大市立法权",可制定通行全市六区的地方法规,但必须与广东省、国家立法保持一致。

"一市两法"的现象,给执法和行政管理带来很多难题。同样是闯红灯,关内罚款500元,而关外只罚200元;同样是企业用工,经济特区内外工资标准不一样;同样是居民养老保险,经济特区内外也执行不同的标准。《消防条例》《土地管理条例》以及一些抵押贷款条例等,都存在关内关外法规不同的问题。

关内和关外的公共服务和基础设施等方面的差距巨大。说来也许令人难以置信,坪山新区是从原龙岗区划出的新功能区,同属深圳,但要到市政府,必须走四条高速公路,坪山新区党工委书记刘子先和管委会主任杨旭松介绍说:"车从市中心出发,要上梅观、机荷、惠盐、深汕,走完4条高速才能到坪山,根本就没有一条直通道路,也没有一条不收费的快速通道。"

(三)产业结构优化升级仍有压力

从2004年深圳市政府提出"调整改变深圳市制造业结构偏低"的"适度重型化"产业调整策略以来,深圳产业结构不断优化,重工业总产值比重不断上升,2008年达到72.70%。但是,整体来看仍然存在产业结构单一、工业发展后劲不足的问题。一是电子信息产业独大,产业结构过于单一。2008年,通信设备、计算机及其他电子设备制造业产值占工业总产值的比重达55.21%。② 二是工业发展后劲不足、固定资产投资增幅

---

① 《深圳特区成功扩容 "一市两法"难题解决》,载搜狐网(http://business.sohu.com/20100602/n272523450.shtml)。

② 参见深圳市统计局、国家统计局深圳调查队《深圳统计年鉴·2009》,中国统计出版社2009年版。

第四章 社会主义市场经济发展完善期下的广东经济特区

下降、物价持续上涨等问题不容忽视。2007 年，深圳工业固定资产投资出现负增长，① 工业投资力度不足以影响工业产业结构的优化升级。2007 年，深圳工业出口放缓。规模以上工业出口交货值占工业销售产值比上年下降 3.7 个百分点；全年工业产品销售率 96.3%，比上年下降 0.3 个百分点。

（四）人口问题和人才不足成为制约因素

深圳的人口问题主要有：一是流动人口与户籍人口比例倒挂严重。按照深圳市第五次全国人口普查数据（以下简称"五普"），全市按 2000 年 11 月 1 日普查登记的人口为 700.84 万，本市户籍人口仅 121.48 万。二是人口密度大。五普数据显示，深圳人口密度为 3 596 人/平方千米，远高于北京、上海和广州等城市。至 2003 年年底，国内主要大城市的人口密度是：北京 881 人/平方千米、上海 2 902 人/千米、广州 975 人/平方千米。② 三是劳动人口平均文化程度最低。五普数据显示，深圳全市人口接受大专及以上教育的仅占 8.06%，仅接受初中教育的占 52.17%。③

与此同时，具有过硬操作技能、高超的应变技能、较高的创新素质和持续发展潜质的高技能专业技术人才不足，影响传统行业的结构调整和转型升级。一是高技能人才的工种构成、知识结构等不能适应产业结构调整、技术设备更新和生产组织形式的变化。二是符合要求的专业技术人才数量远远跟不上市场需求的增长。

三、综合配套改革的效果

（一）经济发展质量稳步提升

经过几年的改革和发展，深圳经济质量有了大幅度的提升。2008 年，

---

① 2007 年，深圳采矿业、制造业、电力、煤气及水的生产和供应业等主要工业产业基本建设投资额为 273.04 亿元，较 2006 年的 288.29 亿元下降 5.59%（根据《深圳统计年鉴·2009》第 151 页数据计算得出）。

② 参见王曙光《深圳城市化进程中人口问题的思考》，载《南方经济》2005 年第 12 期。

③ 2010 年深圳市第六次人口普查数据显示，全市人口受教育程度明显提升。全市人口接受大专及以上教育的比例提升到 17.18%，接受初中教育的比例下降到 44.05%。但与北京市、上海市相比，还是有较大差距（每 10 万人中具有大学程度的人数，北京市 31 499 人，上海市 21 952 人）。

深圳实现地区 GDP 为 7 806.5 亿元,人均 GDP 达到 13 153 美元,每平方千米土地产出 GDP 达 3.99 亿元,提前 2 年完成"十一五"规划目标。产业结构进一步优化。第一、第二、第三产业结构比例为 0.1∶48.9∶51.0。高新技术产业成为深圳抵御世界性经济危机的重要力量,2008 年实现高新技术产品产值 8 711 亿元,增长 14.6%,其中拥有自主知识产权的产品占 59.1%。

产业发展后劲进一步增强。高端服务业和总部经济加快发展;文化产业园区建设稳步推进,文化软实力增强;商贸、旅游、会展等服务业健康发展。产业高端化取得突破性进展,中芯国际、深超光电、赛诺菲-巴斯德流感疫苗、世纪晶源化合物半导体、意法半导体封装测试、杜邦薄膜太阳能电池、大族激光全球智能制造基地等一批高端项目推进顺利。成功举办"高交会""文博会"和深圳文化产权交易会等一批品牌展会。

(二)创新能力不断提高

经国家发展和改革委员会批复,深圳成为首个国家创新型城市建设试点城市。深圳推出了加快建设国家创新型城市的意见和总体规划,优化创新环境,推动高新技术产业新一轮大发展;制定实施了加强高层次专业人才队伍建设的系列政策,成功举办了 2008 中国国际人才交流大会。中国科学院深圳先进技术研究院、华大基因研究院等科研机构加快发展,创新基础进一步夯实。

2008 年,深圳全社会研发投入占 GDP 的比重在 3.3% 左右,接近发达国家水平,PCT 国际专利申请 2 709 件,占全国 44.5%,连续 5 年稳居全国首位。华为技术有限公司名列全球专利申请排名榜首位。"中国名牌产品""中国世界名牌产品""中国驰名商标"等名优品牌数量大幅度增加。截至 2017 年,深圳拥有的中国世界名牌数量占全国的三成,居内地城市第一位。

(三)对外开放有序推进

"走出去"战略成效显著,对外出口总额由 2002 年的 465.57 亿美元增长到 2008 年的 1 797.20 亿美元,增幅达 286.02%。外贸出口结构和引进外资结构得到优化,2008 年外贸进出口总额达 2 875.3 亿美元,增长 21.1%,其中外贸出口总额 1 684.9 亿美元,增长 23.8%,实现出口总额

第四章 社会主义市场经济发展完善期下的广东经济特区

15年连冠。全市WTO事务工作体系基本形成，进出口产业损害预警系统投入运行。

深港、深澳合作开启了新的一页。深圳湾口岸和福田口岸正式开通；与香港特别行政区政府签署了"1+6"合作协议，形成了更紧密的合作关系；与澳门建立双方高层沟通协商机制。深港、深澳全方位合作深度推进。

（四）行政管理体制改革力度加大

以创新的体制设立光明新区，探索城市化与工业化良性互动、促进区域协调发展的新模式。完成非行政许可清理，非行政许可事项减少到348项，减幅达50%。出台《深圳市政府绩效评估指标体系》，在6区和16个政府直属单位开展绩效评估试点。建立政府部门责任检讨及失职道歉制度，加大行政问责力度。完成全市行政事业单位资产清查工作，全面整合各类政府性专项资金，清理预算单位自有账户结余资金，财政性资金统筹调度、统一管理得到加强。城市街道综合执法体制改革在试点基础上全面推开，通过整合行政资源，完善执法机制。开展聘任制公务员制度试点，公开招聘首批聘任制公务员。

政府行政执行力明显提高。成立深圳市行政电子监察评价中心，充分发挥市行政服务大厅在机制创新和资源整合方面的优势，建立统一受理、协同办理的工作机制，提高了审批效率，行政审批效能测评名列全省第一。

（五）生态文明建设成效显著

深圳在全国率先出台生态文明建设行动纲领等系列政策文件，成为国家生态文明建设示范地区，荣获"国家生态园林示范城市""中国十佳绿色城市"称号。在全国首批实现了燃煤机组全部脱硫，电厂"油改气"工作加快推进，南头半岛、清水河等重点片区空气污染治理工程初见成效，南头半岛二氧化硫年日均浓度下降18%。国Ⅲ排放标准全面实施，机动车尾气污染减轻。持续推进经济特区内河道生态景观建设和跨市河流水环境综合整治，"五河一湖"治理工作取得实质性进展。饮用水源水质达标率为99.4%。

"蓝天行动"成效显著，按国家标准测定2008年全年深圳环境空气质量优良天数达到 364 天。污水、污泥和垃圾处理等治污保洁工程加快推进，饮用水源和主要河流水质持续改善。基本生态控制线保护继续加强，生态风景林建设任务全面完成。绿色建筑、建筑节能水平进一步提高。

（六）民生福利不断提高

居民收入进一步增加，2008 年深圳全市居民人均可支配收入达到 26 729 元，增长 10%，登记失业率控制在 2.3%。最低工资和最低生活保障标准大幅提高。社会保障覆盖面继续扩大。2008 年，劳务工医疗保险的参保人数达 610.2 万，少儿医保和统筹医疗的参保人数达 51.7 万。

教育水平和教育质量不断提高，在国家标准基础上深圳增加义务教育免费项目，扩大覆盖范围。推进义务教育均衡化发展，加快寄宿制高中建设，促进学前教育规范健康发展。深圳大学等市属高校办学水平不断提高，大学城功能进一步发挥。民办教育和职业教育规范发展，终身教育体系进一步完善。"深圳读书月""关爱行动""市民文化大讲堂""科技大讲堂""公园文化节"等品牌文化活动蓬勃开展，深圳蝉联"全国文明城市"，正式加入全球创意城市网络，被联合国教科文组织评为"设计之都"。

社会治安明显改善，安全生产各类事故数和死亡人数双双下降。食品安全"五大工程、四大体系"建设稳步推进，2008 年，深圳药品安全抽样合格率首次超过 97%。

小　　结

2002—2008 年是广东经济特区的大发展期和体制机制完善期，其间虽有波动、低迷和调适，但从整体来看，各经济特区经济社会各方面事业都有大幅度的发展。深圳、珠海、汕头三个经济特区的经济总量、产业结构、对外开放程度均有大幅度的增加、优化和提高。

深圳从被"抛弃"的低迷到适度重型化的产业转型，再到综合配套改革、以创新和品牌建设为特征的转型升级等，进行了一系列的积极探索。珠海则从优化经济结构、壮大实业经济，到依托珠澳合作、优化升级产业结构，再到大力发展旅游业，走出了一条适合本地实际的特色发展道

第四章 社会主义市场经济发展完善期下的广东经济特区

路。汕头从重建信用体系入手,转变政府职能、改革审批制度,最终实现"工业强市"。

从3个特区发展的实际情况来看,经济发展速度、质量和产业升级的进展与地方的各项经济制度、配套体制机制密切相关。当制度和机制合适时,经济发展的速度就快;当制度和机制不合适时,经济发展的速度就慢。例如,汕头受2000年前后"潮汕诚信危机"的影响,经济受到重创。经过积极有效的改革和治理,汕头重建信用体系,经济迅速回暖,并在2008年全球金融危机的大环境中逆势上涨,当年工业增速达到17.73%。

经济特区的使命之一就是做改革开放的先锋,探索适合中国国情的经济制度。深圳、珠海、汕头分别用自己的实际行动,探索出了适合的发展道路,对全国其他地区具有很好的借鉴意义。

制度、文化和技术决定经济绩效和经济产出。党的十九大报告提出要"提高全要素生产率",而全要素生产率的重要组成就是技术创新和制度改良。广东经济特区2002—2008年的发展历程又一次用事实证明制度对经济发展的重要性,完美地验证了技术创新和制度变迁的重要性。

第五章　国际金融危机以来广东经济特区的转型与创新

习近平总书记在2012年中央召开的党外人士座谈会上指出："在充分肯定我国经济社会发展基本面是健康的前提下，我们决不能低估当前和今后一个时期所面临的风险和挑战，主要是世界经济低速增长态势仍将延续，总需求不足和产能相对过剩的矛盾有所上升，企业生产经营成本上升和创新能力不足的问题并存，经济发展和资源环境的矛盾有所加剧。我们要坚持'两点论'，一分为二看问题，既要看到国际国内形势中有利的一面，也看到不利的一面，从坏处着想，做最充分的准备，争取较好的结果。"①作为改革开放"先锋"的广东省，尤其是以深圳为代表的广东经济特区，在金融危机发生以来，不断推进经济结构和产业结构转型升级，不断推进科技创新和制度创新，强抓经济发展的新机遇，以新时代中国经济特区的历史担当，以中国改革开放实验区和排头兵的历史使命，以新时期经济转型和改革创新的伟大实践，不断诠释中国道路的实质与内涵。

第一节　国际金融危机以来广东经济特区面临的总体形势

一、经济发展形势

2008年，以雷曼兄弟公司破产为标志的美国次贷危机所引发的金融危机肆虐全球。这场源自美国金融体系过度发贷、投资以及缺乏有效监管

---

① 习近平：《习近平谈治国理政》，外文出版社2014年版，第111页。

而引发的危机成为"二战"结束之后最严重的一次全球性金融危机，对世界经济金融体系产生了破坏性影响，全球各项主要经济指标迅速恶化，股市严重受挫，并波及全球实体经济。随着影响范围的不断扩大，我国经济运行承受着巨大的下行压力，尤其是外贸出口面临严峻考验。作为外贸出口第一大省的广东，外贸增速明显下滑，促进经济平稳较快发展的任务异常艰巨。深圳、珠海、汕头三个经济特区由于发展水平不同，所面临的经济形势也有所不同。

(一) 国际宏观经济形势

1. 全球经济进入深度转型调整期，危机与机遇共存

国际金融危机发生以后，世界经济已由危机前的快速发展期进入深度转型调整期。国际宏观环境的内涵发生了巨大变化，简单的纳入全球分工体系、通过扩大出口拉动经济增长的方式不可持续，倒逼我国扩大内需、挖掘国内市场，提高自主创新能力、提升产品附加值，促进经济发展方式由粗放、数量型向集约、质量型转变，可以说，金融危机给我国经济发展带来了严峻的挑战，同时也蕴藏着巨大的新机遇，需要我们因势利导、顺势而为，在新的国际分工和新的全球经济格局中谋求更大的国家利益。

2. 世界经济格局发生新变化，新兴国家将积极参与全球经济治理

这场由美国次贷危机引发的全球经济危机严重地削弱了发达国家的经济实力，虽然发达国家综合国力和核心竞争力领先的格局没有改变，但发展中国家整体实力会有所上升，新兴经济体快速崛起，在很大程度上改变了全球经济格局。在国际金融危机的冲击下，美国及西方发达国家都很难再依靠自身力量来维护现有国际经济秩序和向全球经济治理提供充足的公共产品，这场危机暴露了全球经济治理体系的缺陷和治理手段的不足，也突显出以美国为主导的高度自由化的全球金融体系监管的缺位。新兴国家将更加深入地参与全球经济治理，共同构建公平合理、共享共赢的全球治理新格局。

3. 各国政府宏观调控的职责有所强化，国际资本流动的规范管理加强

市场配置资源是世界大部分国家经济运行的基本机制，根据主流宏观经济理论，市场也存在信息不对称、外部性等"失灵"问题，需要政府及时纠正、调节和监管，维护市场机制正常运行。在这次空前的经济危机中，很多国家都出台了国家干预应急举措，推动由自由放任的市场运行方式向政府监管与市场调节相结合的运行方式转变，欧盟出台一项总额达2 000亿欧元的大规模经济刺激计划，包括扩大公共开支、减税和降息等提振实体经济的举措。日本政府公布一揽子总额2 730亿美元的经济刺激计划，以防全球金融危机对日本经济造成进一步负面冲击。这并不改变市场在资源配置中的基础作用，市场在资源配置中的基础性作用不会改变，但各国政府宏观调控的职责将有所强化，尤其是对资本流动的规范管理将明显加强。

4. 国际货币多元化发展不断推进，人民币国际化步伐加快

所谓次贷危机，是指因次级抵押贷款机构破产所引起的全球主要金融市场的流动性危机。这次发源于美国房贷市场的危机，从2006年逐步显现并逐步蔓延到整个金融行业，2007年开始席卷美国、欧盟和日本等世界主要金融市场。之所以产生如此大的影响力和破坏力，是美元作为世界主要货币造成的，危机的发生和蔓延暴露了现行国际货币体系存在的深层矛盾，对美元的国际货币地位产生一定程度的冲击，国际货币多元化趋势有所增强，人民币国际化的步伐加快。

（二）国内宏观经济形势

1. 宏观调控成效逐步显现，经济保持平稳较快发展

国际金融危机发生后，党中央、国务院迅速研判国内外经济形势，以应对国际金融危机、促进经济平稳较快发展为主线，统筹兼顾，突出重点，实施了总额4万亿元的一揽子投资计划，并实行结构性减税，采取减税、退税或抵免税等多种方式减轻企业和居民税负，促进企业投资和居民消费，增强微观经济活力，调整振兴实体经济，有效地抵御了金融危机的冲击，缓解了经济运行中的突出矛盾。经济在经历短暂下滑之后，又很快回到平稳较快发展的轨道。

2. 经济增长动力加快转换，内需拉动经济作用增强

国际金融危机发生后，首先严重冲击了我国的出口，尤其是对欧美市场的出口，出口增长乏力使我国面临着经济下行的巨大压力，工业企业尤其是严重依靠出口的制造企业大量倒闭，使就业形势日趋严峻。为了保持经济增长稳定，一方面，我国政府高度重视进出口贸易中存在的问题和困难，继续落实、完善和稳定出口政策，加快转变外贸发展方式，有针对性地采取措施推动出口稳定增长；另一方面，加快推进经济增长动力转换，积极实施扩大内需政策，取得了显著的成效，我国经济增长开始由出口拉动为主向内需拉动为主转变，形成国内消费、投资、出口"三驾马车"共同拉动的"混合动力格局"。

3. 经济结构不断优化调整，经济发展开始走向质量型发展道路

危机本身与机遇共存，国际金融危机对我国外贸进出口产生冲击的同时，也倒逼出经济结构调整和转型升级的机遇。出口竞争压力的加大，使传统依靠人工成本优势的加工企业的利润更加微薄，促使企业加大科技创新投入，推进产品升级和产业升级，提升我国在国际产业分工中的层级，促使整个经济结构的优化升级，我国经济逐步走上了质量更优、效益更好、效率更高的发展道路。

4. 对外直接投资步伐加快，"走出去"战略稳步实施

受国际金融危机的影响，全球各经济体普遍出现流动性问题，为中国对外投资提供了历史机遇，而中国拥有的雄厚外汇储备又为对外投资提供了基础。我国政府紧抓金融危机所带来的发展机遇，积极实施"走出去"战略，"引进来"与"走出去"相结合，引导企业主动参与国际竞争，转移过剩生产能力，加快技术创新，推动产品升级，突破贸易和技术壁垒。以高铁、核电为代表的中国装备制造产品和以华为、腾讯为代表的通信企业产品以质优价廉的优势逐步赢得国际认可，正在成为中国的新"名片"。中国正在从"世界工厂"向投资输出国转变。

（三）广东宏观经济形势

1. 外贸转型升级和扩大内需工作加快推进，经济结构优化加速

2008年的国际金融危机对外贸依存度最高的广东省冲击最大，广东省政府充分估计困难，周密布局应对措施，敏锐地从国际、国内条件的相互转化中创造条件，把传统发展之"危"转化为科学发展之"机"。以解决重大、紧迫、突出问题为着力点，在全面贯彻落实中央的宏观经济政策的同时，迅速出台了扩大内需促进经济平稳较快增长的16项政策措施，对外经贸转型升级步伐加快，在出口产品质量上和国际市场拓展上进一步优化对外贸易结构，支持企业积极拓展国内市场，挖掘内需潜力。国际金融危机发生后，广东经济结构优化升级明显加快。

2. 科技创新能力不断增强，并推动经济转向更高质量发展轨道

传统的加工制造业在金融危机中大幅度萎缩，迫使广东省探索高质量发展模式，以提升自主创新能力为核心的经济转型之路取得了明显的成效。企业自主创新能力和核心竞争力加快提升，科技综合实力和区域集聚创新能力显著提高，科技进步对经济发展的贡献率也进一步提高。发明专利授权、中国名牌产品、中国驰名商标、中国世界名牌产品数量稳居全国首位，广东省在国际金融危机发生后找准了一条创新驱动经济高质量发展的新路。

3. 产业结构优化升级加快，现代产业体系建设稳步推进

国际金融危机后，广东省出台了《关于加快建设现代产业体系的决定》，大力发展现代服务业、先进制造业和高新技术产业。物流、会展、电子商务、创意设计、旅游、金融等现代服务业也得到加快发展。传统制造业向先进制造业转型升级，家电、服装、陶瓷、建材等传统产业通过技术改造，产品的质量和附加值提升，产业竞争力明显提高。以新一代通信技术、新能源、新材料、电子信息、平板显示、海洋新兴产业为主导的现代产业体系逐步形成。水泥、钢铁、火电等高耗能、低效益产业逐步淘汰。

（四）深圳、珠海和汕头经济特区的经济形势

国际金融危机发生后，深圳、珠海和汕头三大经济特区的形势与全球宏观经济、全国宏观经济和广东省经济形势息息相关。尤其是外贸出口在出现了急剧的下降后，虽然复苏，但外贸形势已变得非常复杂，如图 5-1 和图 5-2 所示，特区经济进入了新常态增长阶段。

1. 深圳经济特区的经济形势

深圳作为经济国际化程度高、出口依存度大的沿海开放城市，受国际金融危机的影响和冲击比其他地区更大。2008 年是深圳进入 21 世纪以来经济形势最为困难的一年，但也是深圳经济结构转型升级、高质量发展路径探索的重要起点。自此，深圳以经济特区的使命和担当，率先转变发展方式，加快经济结构调整、着力提升经济发展效益，走出了一条科学发展的新路子。一是科技创新成为增强经济增长的主动力，积极探索国家创新型城市建设，以自主创新为经济发展方式转变的核心战略，集聚全球创新资源，形成了以企业为主体的现代化创新体系，抢占国际经济和科技竞争

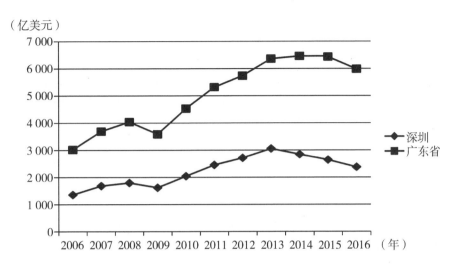

图 5-1 2006—2016 年广东全省、深圳经济特区外贸出口额趋势

数据来源：广东、深圳历年《统计年鉴》。

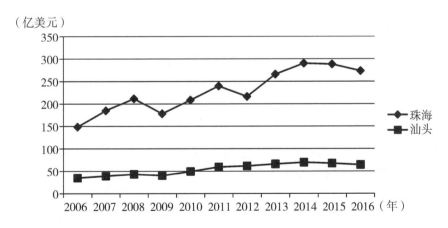

图 5-2 2006—2016 年珠海、汕头经济特区外贸出口额趋势

数据来源：珠海、汕头历年《统计年鉴》。

的制高点。二是产业结构升级朝着高端、高附加值、高效率方向不断推进，产品的国际竞争力显著增强。产业发展呈现高端化、低碳化、集群化

特点,科技型、创新型、总部型企业加速集聚。工业与科技创新深度融合,在城市经济中的支柱地位更加突显;服务业发展迅速,尤其是现代服务、专业服务业迅速壮大。互联网、新能源、生物等战略性新兴产业,以及机器人、智能制造、生命健康等未来产业逐步成为经济发展的生力军。三是区域金融中心地位得到巩固和提升,金融创新生态活跃。深交所金融平台地位稳步提升,大型金融机构的总部企业高度集聚;科技与金融加速融合,催生了互联网金融、供应链金融、金融科技等一大批新型金融业态;金融与实体经济加速融合,金融服务实体经济的手段和能力大幅提升。

2. 珠海经济特区的经济形势

2008年是改革开放以来珠海特区经济发展最为困难的一年,也是珠海经济特区经济发展质量提升取得显著成绩的一年。作为全省经济外向度最高的城市,珠海市受国际金融危机冲击尤为严重,企业订单大幅下降,出口明显下滑,企业生产经营异常艰难。面对国际金融危机冲击带来的压力和挑战,珠海市政府沉着应对,危中求变,危中寻机,危中求进,经济发展逐步走向更加健康的发展轨道。一是产业结构调整成效显著。第三产业比重大幅度增加,服务业对经济增长的贡献超过80%,家电、电子、精密制造、医药、石化、软件、航空等产业集聚发展,形成了相当规模的产业方阵。二是创新能力不断提升。高新技术产业蓬勃发展,高新技术产品产值接近1 000亿元,以科技创新为动力,推动"珠海制造"向"珠海创造"转变。三是高栏港经济区建设日新月异。港口建设和临港产业发展加快推进,地区GDP、工业增加值、财政一般预算收入、固定资产投资、引进内资注册资本金、港口吞吐量等主要经济指标均实现高速增长。

3. 汕头经济特区的经济形势

国际金融危机发生以来,汕头经济特区积极应对全球金融危机的冲击,经济实现了平稳较快发展,2008年全年实现经济增长10.5%,自1999年来,增速首次高于全省平均水平。但与其他特区及珠江三角洲城市相比,汕头特区自身的经济形势更加复杂。一是经济发展层次不高、结构不合理,主导产业分散,新兴产业、高新技术产业少,现代服务业特别是生产性服务业发展滞后,亟须加快经济结构转型升级。二是经济开放度不高,招商引资和外贸总量小,与经济特区和著名侨乡的地位不相称,亟须加强招商引资,改善投资环境,优化贸易结构,提升开放水平。三是财政收支矛盾非常突出，税收收入占一般预算收入及地区生产总值比重偏低，可支配财力非常有限，政府偿债、落实扩大内需项目地方配套资金等刚性支出任务重，社会保障、公共服务等民生支出压力大。总体上看，国际金融危机之后，虽然汕头经济很快从危机中走出来，在增速方面表现突出，但由于基础比较薄弱，经济发展的质量和速度都有待加快提升。

二、改革发展形势

改革开放不仅是决定当代中国命运重大而关键的抉择，也是经济社会发展的不竭动力。通过深化改革破解发展难题，在扩大开放中赢得发展机遇。国际金融危机发生后，国内外宏观经济都发生了巨大的变化，各种经济社会矛盾运动也出现了新的特征，全国改革、广东省改革和深圳、珠海、汕头经济特区的改革都面临着新的形势。

（一）全国改革的新形势

1. 国务院和地方机构改革正稳步推进

2008年，国务院开始了改革开放以来的第6次机构改革。这次改革围绕政府职能转变，探索大部门体制和理顺部门职能改革，优化宏观调控部门职能，加强能源环境管理机构，整合完善了工业和信息化、交通运输行业管理、社会管理和公共服务等部门的职能。在国务院机构改革的同时，地方机构改革也在快速推进，鼓励地方在中央的统一领导下因地制宜，结合实际改革创新，以转变政府职能为核心，加快推进政企分开、政资分开、政事分开、政府与市场中介组织分开，把不该由政府管理的事项转移出去。以大部制改革为方向，在农业、工业、交通运输、城乡建设、人力资源、文化领域、食品药品7个方面加强统筹协调。

2. 农村综合改革已经提上日程

2006年，我国在全国范围内取消了农业税，标志着我国农村改革进入了新的历史阶段，农业税取消引致的地方财政特别是乡镇财政的收支矛盾开始显现。金融危机以后，以乡镇机构、农村义务教育、县乡财政管理体制为主要内容的农村综合改革全面铺开。同时，以落实科学发展观为目标，以明晰产权、放活经营、规范流转、减轻税费为主要内容的集体林业经营的体制机制改革也开始推进，促进传统林业开始向现代林业转变。

3. 国有企业改革需要进一步深化

进入 21 世纪,国有企业的资产比重呈现出总体下降的趋势。2008 年金融危机发生后,国家开始通过国有企业对经济运行进行干预,国有企业的资产比重开始出现逆势的增长,我国国有企业对 GDP 的贡献回升到 40% 左右。但国有企业盈利情况呈现出两极分化,体制弊端逐步突显,经济活力、控制力和影响力亟待提升,深化国有企业和集体企业改革变得日益迫切,国企改革的主要方向是以现代产权制度为基础,发展混合所有制经济。

4. 开放型经济新体制亟须加快完善

传统的加工贸易为我国的工业化和城市化做出了历史性贡献,我国也因此赢得了"世界工厂"的称号。金融危机对传统出口贸易的巨大冲击,促使我国对外开放体制不断改革创新。支持自主品牌和自主知识产权产品出口的政策需要尽快完善,服务业对外开放的体制机制需要加快探索,支持企业"走出去"的体制机制和政策需要加快建立。

5. 价格、财税、金融等领域的改革需要深入推进

金融危机不仅严重冲击了我国的出口加工行业,也渗透到财税、金融、价格等其他经济领域。金融危机产生破坏性影响的同时,更暴露出这些领域长期存在的体制机制问题,为政府推进这些领域的改革提供了精准靶点。电价、煤价、水价等资源性产品价格改革,增值税转型改革,以及资本市场、期货市场、保险市场、利率市场、汇率机制的改革都亟待加快推进。

(二)广东改革的新形势

1.《珠江三角洲地区改革发展规划纲要》出台,该地区改革发展有了新的顶层设计

改革开放以来,珠江三角洲地区在党中央、国务院的统一领导下,率先开展经济体制改革和对外开放,在全国改革开放大局中发挥着举足轻重的引领作用,为全国改革开放和社会主义现代化建设做出了重要贡献。2008 年金融危机发生后,珠江三角洲既面临着保持经济稳定增长的严峻挑战,也存在经济结构转型和发展方式转变的重大机遇。为了加快促进该地区更深层次的改革开放和更高质量的经济发展,形成优势互补、良性互动的区域协调发展体制机制和支持创新与科学发展的体制机制,国务院制

定出台了《珠江三角洲地区改革发展规划纲要》,明确把该地区改革发展上升为国家战略,为指导广东省在新的历史起点上深化改革和创新发展提供了新的行动纲领。

2. 珠江三角洲与粤东西北地区经济发展不平衡,区域协调发展体制机制亟须加快推进

在国际金融危机到来之前,广东省的"双转移"战略已经开始实施,而一些高污染、高耗能的中、小企业,正在经历要么关停,要么升级、整改,要么外迁的"产业变革"。金融危机的到来只不过是加速了这种消亡和转型升级的进程。金融危机发生后,广东省出台了《关于推进产业转移和劳动力转移的决定》及配套文件,把发达地区的产业和劳动力向东西两翼、粤北山区转移,腾出空间让高科技、创新型企业在珠江三角洲得到长足发展,地区产业升级步伐加快,中心城市辐射带动作用更加突出,同时,东西两翼、粤北山区也开始了工业化、城市化进程,区域协调发展逐步实施,整体实力进一步增强。

3. 经济社会发展的矛盾更加突出,全方位的改革创新需要加快推进

国际金融危机不仅暴露了广东省经济运行中的突出问题,也暴露了体制机制上的弊端和不足,全方位的改革创新已迫在眉睫。支持企业自主创新的政策体系和激励机制还不够完善,亟须完善相关的产业政策、政府采购制度、高新技术企业认定体系、产学研合作机制、公共技术平台体系、创新服务体系等多个细分领域体制机制。行政管理体制需要进一步深化,突出问题如机构人员臃肿问题、政府职能转变问题、政府服务效率问题、权责关系问题等。财税、价格、投融资体制、招商引资体制、招才引技体制等领域存在的矛盾也比较突出。国有企业的产权多元化、股份制改造、法人治理结构、考核分配激励机制以及国有资产监督管理、保值增值机制都需要加快探索。

(三) 深圳、珠海和汕头经济特区的改革新形势

1. 深圳经济特区的改革新形势

在国际金融危机影响加深的背景下,为贯彻落实党的十七大精神和落实《珠江三角洲地区改革发展规划纲要(2008—2020年)》,在新形势下继续发挥深圳经济特区在改革开放中的引领作用,2009年,国务院批准了《深圳市综合配套改革总体方案》。深圳将按照国家改革发展的战略部

署,在国家深化改革、扩大开放的重大举措,符合国际惯例、通行规则和我国未来发展方向试点探索的制度设计,对深圳经济社会发展有重要影响且对全国具有重大示范带动作用的体制机制,对国家加强内地与香港经济合作的重要事项这四个方面"先行先试",在重要领域和关键环节取得新的突破,在全国率先形成科学发展的体制机制。

2010年7月,龙岗区和宝安区纳入深圳经济特区,经济特区范围延伸到全市,面积从327.5平方千米扩大至1952.8平方千米,经济特区一体化改革提上日程,深圳的"大特区"时代来临。然而,长期以来,经济特区内外没有纳入同一发展序列,虽然深圳经济综合实力已走到全国前列,但是占全市5/6面积的宝安、龙岗2区发展水平仍不高,与关内4区相比,城市规划、基础设施、社会管理等方面都严重滞后,这不仅制约了关外2区的经济社会发展,还对深圳整体的协调发展形成掣肘。经济特区一体化为深圳改革创新提供了新机遇。

2. 珠海经济特区的改革新形势

横琴新区的成立为珠海经济特区的改革创新提供了新的载体和平台。横琴新区于2009年12月16日在横琴岛挂牌成立,规划面积达106.46平方千米,是澳门现有面积的3倍多,其中未建设的土地面积占总面积的90%以上,是珠江三角洲核心地区最后一块尚未开发的"处女地"。2011年,国务院印发了《关于横琴开发有关政策的批复》,同意横琴实行"比经济特区更加特殊的优惠政策",明确赋予横琴"创新通关制度和措施""特殊的税收优惠""支持粤澳合作产业园发展"等具体优惠政策,使横琴成为"特区中的特区"。以横琴新区为平台,珠海经济特区的改革创新将进入新的阶段。随着《珠江三角洲地区改革发展规划纲要》的实施,高栏港经济区的改革发展也被提升到国家发展战略高度,珠海被定位为珠江口西岸核心城市,这对高栏港经济区的改革开放、创新发展和高水平建设提出了更高的要求。2012年,高栏港经济区正式升级为国家级经济技术开发区,在土地利用、融资政策、投资审批等方面将拥有更多的自主权限,成为珠海改革创新的新机遇和新平台。

3. 汕头经济特区改革面临的新形势

国际金融危机发生时,汕头经济特区与深圳、珠海经济特区相比,发展水平较低,与珠江三角洲的其他城市也有差距。汕头经济特区的经济社会矛盾更加突出,面临的改革任务也就更加繁重。在金融危机冲击的背景下，汕头经济特区需要认真总结改革开放的经验和教训，虚心学习深圳等成功经济特区的改革经验，强抓国家及广东省深化改革和扩大开放的新机遇，以体制机制改革为突破口，推动全方位的改革，为新时期汕头经济特区的发展注入改革动力。

第二节　国际金融危机以来广东经济特区的转型与创新实践

习近平总书记上任后考察的首站选择广东省深圳、珠海经济特区，并强调指出："全党全国各族人民要坚定不移走改革开放的强国之路，更加注重改革的系统性、整体性、协同性，做到改革不停顿、开放不止步。"金融危机发生以后，广东经济特区以"开改革风气之先"的勇气和特区担当，针对经济社会发展过程中的突出矛盾和问题，率先启动了经济转型和改革创新的实践探索，以生动的改革创新实践诠释了"改革不停顿、开放不止步"的丰富内涵。

一、深圳经济特区的转型与创新实践

（一）经济向高质量发展的转型实践

2008年国际金融危机不仅给深圳经济特区的经济发展带来了巨大的挑战和压力，更带来了加快转变经济发展模式、推进经济结构转型升级的机遇和动力，转型升级变成了事关深圳前途命运的一场硬仗，倒逼深圳经济特区探索出了一条高质量发展的道路。

1. 以培育优质增量引领转型升级

加快发展战略性新兴产业和未来产业，加大对战略性新兴产业和未来产业的专项资金支持，培育壮大7大战略性新兴产业和4大未来产业集群。大力发展现代金融、现代物流、专业服务、文化创意等现代服务业，打造现代服务业的高度集聚区，提升优质产业的增量。战略性新兴产业成为经济增长主导力量，增加值年均增速17%以上，占GDP比重由2011年的28.2%提高到2016年的40.3%。金融危机以来，产业结构不断优化，如图5-3所示，2016年，深圳经济特区第二、三产业结构比为39.5:60.5。

2. 以优化存量推动转型升级

加快推动传统优势产业向都市时尚型方向转型升级，加大品牌培育的

广东经济特区改革发展 40 年

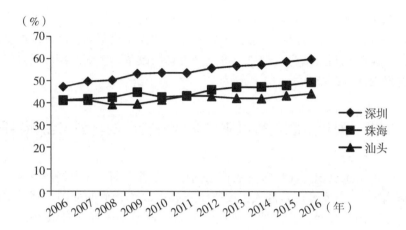

图 5-3　2006—2016 年深圳、珠海、汕头经济特区的第三产业占 GDP 比重趋势

数据来源：深圳、珠海、汕头历年《统计年鉴》。

支持力度，推动服装、钟表、黄金珠宝等产业高端化，打造更多国内外知名品牌。促进信息化与工业化深度融合，提升装备制造、汽车制造、电子信息等产业国际竞争力。

3. 以高质量投资带动转型升级

强化重大项目和上市企业用地保障，加大对华为、腾讯、百度、阿里巴巴国际总部、深圳华大基因等龙头企业的重大产业项目的支持，加大对国际生物谷、深圳湾总部基地、坪山高新区等 17 个重点片区的高质量投资。

4. 以扩大内需促进转型升级

强抓消费升级机遇，扩大深圳品牌影响力，推动商业模式创新，积极拓展商贸渠道，推进罗湖国际消费中心、福田中央商务区、南山后海商务区等核心商圈的建设。搭建平台，整合资源，加快技术、产品和服务外溢，扩大经济发展腹地。

5. 以"深圳标准、深圳质量"引领转型升级

推动"深圳速度"向"深圳质量"转变，实现了有质量的稳定增长、可持续的全面发展，在中高速增长中迈向中高端水平。打造深圳质量、深圳标准，着力构建广义质量和标准体系，主动参与国家标准和国际标准制定，建设标准国际化创新型城市，推动深圳成为全球重要的标准高地和认证检测中心,以高标准打造产品服务高质量。

(二) 科技创新驱动经济发展的转型实践

金融危机发生后,深圳市委、市政府果断抉择,迅速行动,基于全球视野谋划科技创新,加快推进国际科技、产业创新中心,坚持将创新作为城市发展主导战略,率先提出并积极构建综合创新生态体系,全面激发"大众创业、万众创新"活力,推动创新从"跟跑"向"并跑""领跑"转变,走出了一条科技创新驱动经济发展的转型路径。

1. 加大科技投入,夯实创新基础

持续加大科技投入,全社会研发投入占 GDP 比重逐年增加,在 4% 以上。加快深圳国家基因库、国家超级计算深圳中心等重大科技基础设施建设,推进公共技术平台建设,吸引更多科研机构落户深圳。加快培育新型研究机构,促进核心技术研发能力和科技成果产业化能力"双提升"。2015 年,国家、省、市级的重点实验室、工程实验室、工程中心和企业技术中心等 1 283 家科研机构落户深圳,约为 2010 年的 3 倍。中科院深圳先进技术研究院、深圳光启高等理工研究院等 45 家新型研发机构"落地生根""开花结果"。建立了云计算等 45 个产学研资联盟和 10 个专利联盟。金融危机发生后,专利申请量和专利授权量呈"井喷式"增长,如图 5-4 所示。

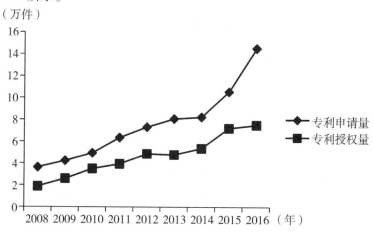

图 5-4 2008—2016 年深圳专利申请和专利授权增长趋势

数据来源:深圳历年《统计年鉴》。

2. 全方位优化创新生态，完善科技创新体制机制

在关键领域组建一批产学研资联盟，推动协同创新。强化国际科技交流合作，推动开放式创新。促进科技与金融紧密结合，推动设立战略性新兴产业创投基金，争取新三板试点。加快国家知识产权示范城市建设，加强知识产权创造、运用、管理和保护，构建专业化、网络化的专利服务和标准服务体系。创新科技管理体制，完善科技创新评价体系。办好第十五届高交会。

3. 完善人才发展机制，构筑创新人才高地

完善人才发展机制，高水平培养和高质量引进并举，集聚一批具有世界水准的科技领军人才、高技能人才、复合型人才和创新团队。加大招才引智力度，深入实施"孔雀计划"，引进海外高层次人才团队10个以上。进一步优化人才服务体系，全面实施人才安居工程。

4. 大力推进"双创"发展，促进创客的创新、创业

深圳创新创业"土壤肥沃"，金融危机以来，深圳市委、市政府大力推进"双创"发展，国家和省级"双创"示范基地建设进展顺利，"互联网+双创""四众"平台创新发展。2016年年底，科技企业孵化器已达634家，众创空间达500家，在孵企业超过2.6万家，并成功举办了全国"双创"活动周。

（三）土地制度的改革创新

自2012年成为全国土地综合改革试点以来，深圳针对土地制度存在的多个关键困难问题，进行了大胆的探索，尤其是前海地区的土地改革试验取得了丰硕成果，在"弹性年期""梯级土地开发模式""带设计方案和管理方案""三维地籍"等方面实现了制度创新和突破，这些探索所形成的土地改革经验，为全国土地改革提供了可借鉴的制度模式。

1. 土地弹性年期制度

前海作为深圳土地改革的综合试点，率先对土地弹性年期制度进行了探索，综合运用弹性年期、集约奖励、需求管制等调解工具，丰富供应方式、增强供给弹性，满足产业发展差异化、多样化的用地需求，形成差别化、多层次的土地供应市场和规范化的操作模式。根据2015年发布的《深圳市工业及其他产业用地供应管理办法（试行）》，工业及其他产业用地实行弹性年期供应制度，一般产业项目用地出让期限按照20年确定，

重点产业可以确定为 30 年。

2. 梯级土地开发模式

2014 年，在前海城区梯级土地开发模式策划研讨会上，前海的"梯级土地开发模式"登台亮相。"梯级土地开发模式"是前海管理局在全国首创的土地开发模式，分为 0 级、0.5 级、1 级、1.5 级、2 级共 5 个级别。0 级是城市开发建设前，建立前海的网络虚拟平台，实现三维展现、虚拟入驻、电子商务、智慧运营、信息服务等；0.5 级是进行土地、海域、沟渠等受污染区域的环境整治，为城市建设提供一个好的建设基础；1 级是城市基础设施建设，形成城市后续建设运营的结构骨架；1.5 级是根据基础设施建设情况和土地开发时序，选择基础设施完备、土地出让较慢、土地价值空间高的地块，采用建设可移动、可生长的建筑和设施，形成滚动开发；2 级即商业、办公、服务配套、居住等地产开发项目和城市建设等。

3. "带设计方案和管理方案"的土地出让模式

完善土地交易的出让条件，实行有条件的"带设计方案和管理方案"的出让，通过设置一定的准入条件、优化竞价方式等多种途径，进一步细化产业项目合理需求，严格控制规模，避免恶性竞争，有效降低产业入驻和发展成本，设置差别化的物业销售条件，提高产业用房自用比例，防范借发展产业为名、行房地产开发之实的投机投资。

4. "三维地籍"立体化土地管理

前海规划构建的三维地籍立体化空间利用体系，土地空间用途多样。从理念到技术的引入，不仅为前海复杂空间的协同规划、设计、建设与运营管理等一揽子工程提供了技术支撑，同时也促进了前海管理局的管理者对相关法规政策、管理机制等进行创新性再思考。

5. 首创"竞人才住房面积"的土地拍卖模式

深圳房价上涨过快对深圳的人才引入带来了挑战，2016 年 11 月，为了解决人才安居问题，深圳推出"竞人才住房面积"的土地拍卖模式，即：土地项目建成后，竞得人必须将配建的人才住房无偿移交给深圳市人才安居集团，用于解决深圳市人才住房需求，保障深圳市人才安居工程建设。"竞人才住房面积"的土地拍卖模式是深圳首创。

（四）开放型经济新体制的探索

1. 前海开放探索：从"深港现代服务合作区"到"自由贸易区"

前海不仅是深圳改革开放新的战略支点和粤港服务贸易自由化的先行地，也是国家"一带一路"对外开放倡议的重要支点，在体制开放、贸易开放、金融开放等领域进行了大胆的改革探索。

2010年8月26日，国务院批复同意《前海深港现代服务业合作区总体发展规划》。2011年1月10日，深圳前海管理局正式挂牌。同年7月6日，《深圳经济特区前海深港现代服务业合作区条例》正式公布并实行，赋予前海管理局探索法定机构管理模式。2012年6月29日，国务院发布了关于支持深圳前海深港现代服务业合作区开发开放有关政策的批复。支持深圳前海深港现代服务业合作区实行比经济特区更加特殊的先行先试政策，打造现代服务业体制机制创新区、现代服务业发展集聚区、香港与内地紧密合作的先导区、珠江三角洲地区产业升级的引领区；支持前海在金融改革创新方面先行先试，建设我国金融业对外开放试验示范窗口；支持前海在探索现代服务业税收体制改革中发挥先行先试作用；支持前海建设深港人才特区，建立健全有利于现代服务业人才集聚的机制，营造便利的工作和生活环境；支持前海在深港两地教育、医疗、法律事务、电信业务等方面开展合作试点。随后，《前海跨境人民币贷款管理暂行办法》获批，深圳前海地区跨境人民币贷款业务正式启动。

2015年4月27日，广东自贸试验区前海蛇口片区正式挂牌，前海的改革创新进入新阶段。前海蛇口自贸片区作为我国金融业对外开放的试验示范窗口以及香港与内地紧密合作的先导区，在引导港资入驻、加强深港合作等方面不断创新发展，在CEPA框架下获证监会核准的港资控股证券公司实现了三大突破。一是突破了外资不能控股的限制，二是突破了单一牌照的限制，三是港资机构直接和内资非金融机构组建合资证券公司。这些突破为构建我国金融业对外开放新格局、建立更加开放的经济体系做出了有益探索。

2. 湾区开放的探索：从深圳湾区城市到粤港澳大湾区

湾区经济是深圳在新的历史条件下以全新的国际视野来思考未来发展而找到的新方向。规划和建设世界一流的粤港澳大湾区，构建湾区经济引领的对外开放新格局，是我国加快构建开放性经济新体制的重要举措，将更好地服务于"一带一路"对外开放倡议。

2014年,深圳市市长许勤做的政府工作报告中首次提出发展湾区经济,并将其列入2015年的十大重点工作。2015年3月,深圳发布了《关于大力发展湾区经济建设21世纪海上丝绸之路桥头堡的若干意见》,提出到2030年建成全球一流湾区城市。

湾区经济自提出以来引起了广泛的关注,逐步上升到国家战略。2015年3月底,国家发展和改革委、外交部、商务部联合发布了《推动共建丝绸之路经济带和21世纪海上丝绸之路的愿景与行动》,首次明确提出:"深化与港澳台合作,打造粤港澳大湾区"。2015年11月,广东省"十三五"规划提出:创新粤港澳合作机制,打造粤港澳大湾区,形成最具发展空间和增长潜力的世界级经济区域。2016年3月,国务院发布《关于深化泛珠三角区域合作的指导意见》,提出要充分发挥广州、深圳的辐射带动和示范作用,携手港澳共同打造粤港澳大湾区,建设世界级城市群。2016年3月,国家"十三五"规划纲要提出"推动粤港澳大湾区和跨省区重大合作平台建设"。2017年3月,李克强总理在政府工作报告提出"研究制定粤港澳大湾区城市群发展规划",发挥港澳独特优势,提升在国家经济发展和对外开放中的地位与功能。同年4月,李克强总理在会见香港新任特首林郑月娥时进一步指出:"今年中央政府要研究制定粤港澳大湾区发展规划"。

(五)行政管理体制的改革创新

随着市场经济的不断发展,传统行政管理体制的弊端突显。2008年金融危机的冲击更加暴露了行政体制的弊端和不足,深圳以问题为导向,在政府结构设置、公务员管理制度、审批制度、商事制度、简政放权等方面进行了大胆的改革探索,取得了丰硕的改革成果。

1. 大部制改革

大部制是一种以"大职能、宽领域、少机构"为特征的政府政务综合管理组织体制,政府部门的管理范围更广,职能综合性更强,部门扯皮少。2009年7月31日,中央机构编制委员会和广东省委批准了《深圳市人民政府机构改革方案》,深圳大部制改革拉开序幕,这次改革是深圳建市以来最大规模、最大力度的政府机构改革。改革以"委""局""办"作为政府主要架构:"委"主要承担制定政策、规划、标准等职能,并监督执行；"局"主要承担执行和监管职能；"办"主要协助市长办理专门事项，不具有独立行使行政管理职能。经过调整组合，原来的46个工作部门减少到31个，80%的工作部门纳入改革调整范围，即使不作调整的部门，在这次改革中也要按照转变职能的新要求，重新制定"三定"方案。大部制改革减少了"踢皮球"现象，极大地提高了行政效率。

2. 公务员管理制度改革

2007年，深圳作为国务院人事改革的试点，开始探索聘任制公务员制度。在借鉴新加坡、中国香港经验的基础上，深圳着手建立一整套的聘任制公务员管理体系。2010年1月1日起，新进入深圳行政机关的公务员一律实行聘任制。聘任制采用聘任合同约定了双方的权利义务，如聘任制公务员的工作职责、工资待遇、工作时间和休假、聘任合同变更、解除和终止条件等内容，把公务员管理法律法规及各项制度规定具体化为双方签订的合同条款，合同到期，聘任制的职位就不存在了，想要保留职位就要续签合同，继续约定双方的权利义务。

2010年，深圳率先开始了公务员分类管理改革的探索，先后发布了《深圳市行政机关公务员分类管理改革实施方案》及3个配套文件，在招考、晋升、考核、培训等环节建立了分类管理制度体系。公务员被分为专业技术、行政执法和综合管理3类：行政执法类公务员界定为在行政机关所属执法单位中主要履行监管、处罚、稽查等执法职责的公务员，专业技术类公务员主要是具备纯技术性、不可替代性和技术权威性三个特征的公务员，其他为综合管理类公务员。

深圳公务员分类改革和聘任制改革取得了显著成效，极大地增强了公务员队伍的活力，从制度上解决了能上能下、能进能出的问题，一定程度上破除了"官本位"思想。2017年，深圳市已有聘任制公务员6 058人，约占深圳公务员总数的13%。深圳公务员分类改革和聘任制改革的经验获得了国家人力资源和社会保障部的认可，并逐步在全国推广。

3. 深化审批制度改革

2011年开始，深圳市以药监、市场监管、交通运输、人居环境部门为试点，开展了行政审批标准化改革。2012年，深圳出台了《关于加快政府职能转变深化行政审批制度改革的工作方案》《实施行政审批标准化指导意见》《实施行政审批标准化操作规范》《市级行政审批事项调整目录》《行政审批事项目录管理办法》等一系列规范性文件，以行政审批制度改革为突破口,创新行政审批方式,启动依靠电子平台的跨部门协同办理窗口,建立起便民办理"并联法",对政府投资项目所有审批主体、审批事项以及审批的条件、时限和要求实行目录化管理,加快推进行政体制改革和政府职能转变。

2014年开始,深圳把"精简优化行政审批,着力减少政府对资源的直接配置"列入全市改革计划的一项重点,以"晒清单,优流程,强监管"为主要内容,进一步深化审批制度改革。首次对涉及30个部门的近千项行政服务事项进行了全面梳理,并要求各市直部门、区、街道编制权责清单和行政职权运行流程图,按照应减必减、能优则优、该放就放的原则和思路不断优化审批流程,让政府"有形的手"管准、管好,真正实现从"重审批"到"重监管"的工作理念转变。

4. "强区放权"改革

"强区放权"改革是深圳推出的重大改革项目,被深圳市委书记马兴瑞称之为影响深圳未来十年发展的重大改革。2015年9月,深圳市委、市政府在罗湖试点城市更新改革,涉及7个市直部门共25项审批管理事权下放到罗湖区行使,由此拉开了全市强区放权改革的序幕。

从2016年开始,深圳以推进简政放权、促进政府职能转变为突破口,着力推进强区放权改革,重点下放政府投资、规划国土、城市建设、交通运输、水务管理等领域100余项核心事权,较大程度地解决了市与区权责不对等、事权与资源配置不协调等问题,区级履职能力明显加强,服务效能显著提升。最早推进改革的罗湖区,城市更新由4级审批精简为2级审批,将串联审批改为并联审批,将多个事项合并为1个事项,审批环节由25个压缩为12个,审批时限由3年压缩为1年内。

实施强区放权改革以来,深圳市委、市政府根据各区在实际运行中存在一些问题,尤其是较为突出的部分领域事权下放整体性、系统性不足等问题,于2017年10月9日印发了《关于公布2017年深圳市强区放权改革下放事权清单的通知》,再次下放36项事权。将进一步增强改革的系统性,提升事权衔接的规范化水平,确保事权"放得下、接得住、用得好",切实减少事权衔接的"真空期"和"盲点区",通过政务服务"一站式"办理、"一条龙"服务,使市民和企业办事更加便利、快捷。

5. 商事制度改革

我国的商事登记制度脱胎于计划经济体制,带有浓厚的计划经济色彩,阻碍了市场经济的运行和发展。党的十八大以来,国家大力推进以"简政放权"为核心的商事制度改革,在此背景下,深圳率先进行了商事制度的改革创新。2012年5月,深圳市委、市政府出台了《关于加快推进商事登记制度改革的意见》,深圳的商事制度改革拉开序幕。2012年10月,深圳市人大常委会审议通过了《深圳经济特区商事登记若干规定》,旨在建立以"营业执照"为中心,商事主体资格与经营资格相分离,审批与监管、监管与自律相统一的商事登记制度。2013年3月1日,深圳商事登记制度改革正式启动。深圳市针对99万商事主体将原来的18种营业执照缩减至8种,前置审批降至12项,无须验资,无须租赁凭证。2014年7月1日,深圳实现全业务可以通过全流程网上商事登记方式办理;同年12月1日,深圳在全国率先推行营业执照、组织机构代码证、税务登记证和刻章许可证"四证合一"登记模式,大大简化了商事主体的登记程序。2015年7月1日,深圳市推行公司、个人独资企业、合伙企业、各类分支机构和个体工商户"多证合一、一照一码"登记模式,只发放记载统一社会信用代码的营业执照,不再发放商事主体的组织机构代码证、税务登记证、社保登记证和刻章许可证,营业执照具有以上证照的功能。"多证合一、一照一码"登记业务采用"网上申请、网上审批、网上发照、电子存档"的全流程网上登记方式。

商事制度改革成效显著,促进了商事主体的爆发式增长。自2013年3月1日至2017年1月31日,全市新登记商事主体178.09万个,平均每天新增1 250个商事主体。商事制度改革降低了创业、创新、创富的门槛,重塑了深圳经济特区的制度优势,提升了经营商环境软实力。改革成果在全国推广和复制,为全国商事登记制度改革提供了有益的借鉴,"深圳实践"最终上升成为"中国实践"。

(六)区域协调发展体制机制的探索

1. 推进经济特区"六个一体化"

2010年7月,国务院正式批准深圳经济特区扩容,特区一体化改革与发展正式拉开帷幕。尤其是党的十八大以来,深圳市委、市政府围绕落实"五位一体"总体布局和"四个全面"战略布局,坚持新的发展理念,从供给侧发力,实施两轮经济特区一体化三年计划,着力推进规划布局、基础设施和基本公共服务等"六个一体化",持续加大政策、资源等向原特区外地区的倾斜力度，加快提升原经济特区外地区城市建设软硬件水平。"十二五"期间，深圳向原经济特区外投资累计超过 8 899 亿元，占全市总投资的 70%。这个比例在深圳的"十三五"规划纲要中，更是提高到 80% 以上。原经济特区内外发展协调性不断增强，特区一体化发展目标逐一落到实处，见到实效。

轨道交通是经济特区一体化快速发展的一个缩影。1 号线通机场，3 号线通龙岗，4 号线通龙华，5 号线通宝安，11 号线通松岗。拆除二线关口建筑在特区一体化进程中最具象征意义。2015 年，深圳市委、市政府从群众最关心的关口交通拥堵这一民生热点难点、最制约经济特区一体化进程的瓶颈问题入手，拆除了 16 个二线关口的车检通道与联检大楼，对二线关口交通展开全面改善，努力为市民营造更加安全、顺畅的出行环境。2017 年，深圳市政府六届六十九次常务会议原则通过了《深圳经济特区一体化建设攻坚计划（2017—2020 年）》，该计划提出包括城市交通、公共服务、资源环境、城市安全等领域共 268 个配套重点项目，总投资预计超过 1 万亿元。除继续加大政策、资源、人才向原经济特区外地区的倾斜力度之外，深圳继续深入推进基础设施供给侧改革，扩大公共服务有效供给，全面清除经济特区一体化发展体制机制障碍。

经济特区一体化改革和发展，在很大程度上弥补了原经济特区以外的地区长期以来积累的基础设施等公共服务"欠账"，使原经济特区外地区的经济社会发展水平基本达到全市平均水平。同时，经济特区一体化为深圳加快建设现代化、国际化创新型城市提供了强劲动力和空间保障。

2. 东进战略

2016 年 5 月 7 日，深圳市委书记马兴瑞主持召开东进战略领导小组第一次会议，审议并原则通过《深圳市实施东进战略行动方案（2016—2020 年）》及相关配套方案。对东进战略进行了全面布局。

一是交通先行。综合布局交通、产业、公共服务等项目，以轨道交通为先导，构建海、陆、空、铁的综合交通体系，缩短东部与市区、东部与周边城市的时空距离。二是补齐短板。引导资源要素有序流向东部各区，带动城市空间向东部拓展。推动公共服务均等化，补齐东部城区的发展短板。三是特色发展。突出各区发展特色和资源禀赋，整合各类资源要素，共构产业链和创新链，在更高层次和标准上推进新型城镇化和新型工业化，共同做大、做强东部经济。四是产城融合。强化以产兴城、以城促产,促进产城深度融合,更加突出生态文明建设,构建绿色低碳生产生活方式,建设全国一流宜居、宜业城区。五是政府引导,市场推动。强化规划和政策引导,全面激发市场活力,充分调动企业东进的积极性,引导社会资本积极参与东部地区开发建设。

实施东进战略,是深圳落实广东省委振兴粤东西北战略的积极行动和主动作为,是深圳在新的历史时期拓展发展空间、实现要素扩容、谋划更高质量发展的重要选择。

(七) 教育与医疗体制的改革创新

1. 加快推进教育走向现代化、国际化的改革探索

深圳一直把加快推进教育现代化、国际化落实到建设现代化国际化创新型城市的坚定行动中。2010 年,深圳市委、市政府出台了《关于推进教育改革发展率先实现教育现代化的决定》,2015 审议通过《深圳市深化教育领域综合改革方案(2015—2020)》,大力推进基础教育、高等教育、民办教育和职业教育等多个领域的改革创新。一是推进基础教育均衡化发展。推行生均拨款制度,实施中小学校设施设备配置统一标准。同时,开展全市中小学"百校扶百校"行动。二是加强对民办教育的日常监管、督导评估和强化扶持政策,鼓励优质民办学校集团化和联盟化发展,优先鼓励兴办优质民办学校和高端国际化学校。三是创新发展本科及以上层次职业教育,新设立的深圳技术大学将与知名企业共建学院,通过立法、财政和集团化等措施探索校、企深度合作。支持深圳职业技术学院和深圳信息职业技术学院从国内一流迈向国际一流,并持续加强与德国、瑞士等国家职业教育国际化合作。四是跨越式发展高等教育。近些年,深圳正从高等教育的洼地,向高等教育高地转身,高等教育的跨越式发展,其红利绝不仅仅是惠及本地学生,更重要的是,将为深圳的未来创新提供源源不断的新动能。

2. 加快推进医疗卫生体制的改革创新

深圳从 2010 年开始承担全国公立医院综合改革试点任务,大力推进以"政事分开、管办分开、医药分开、营利性和非营利性分开"为内容的医疗卫生体制改革,有效增加基本医疗服务供给,逐步形成由政府提供公益性基本医疗服务、市场提供个性化和高端医疗服务的格局。一是大力推进"三名工程"。深圳市政府从 2014 年启动医疗卫生"三名工程",重

点引进和培育"名医、名院、名诊所",主动把国内外的名医引入深圳,培育名科、名院、名医诊疗中心,加快实现"不出深圳看大病"。经过3年努力,"三名工程"已成功引入171个高层次医学团队,仅2017年,就引进了100个团队,遍布全市35个医疗卫生机构。二是加快建设三级医院。2016年,深圳市政府出台了《关于深化医药卫生体制改革建设卫生强市的实施意见》,提出到2020年新建12家三级市属医院,其中10家位于原经济特区外,深圳全市的三级医院将从25家增加到60家,其中三甲医院增加至20家,数量翻倍。三是以罗湖为试点推进医疗体制改革。2015年,以建立分级诊疗制度体系为目标的罗湖公立医院改革启动,通过诊疗体制的改革创新,引导患者合理有序流动,从制度建设入手,形成基层首诊、双向转诊、急慢分治、上下联动的分级诊疗模式。

(八) 生态管理体制的改革创新

金融危机以来,深圳牢固树立环境就是生产力、竞争力的发展理念,率先走出了一条绿色低碳发展的新路径。尤其是党的十八大以来,深圳积极落实建设美丽中国的重大部署,率先实施低碳发展中长期规划和生态文明建设考核,率先建立环境形势分析会制度,并在碳排放、河流治理、生态文明体制等多个领域率先进行了改革探索。

1. 率先启动碳排放权交易

2013年6月18日,作为全国首批7个碳交易试点之中唯一的计划单列市,深圳率先启动了碳排放权正式交易,成为国内碳交易的探路者。《深圳市碳排放权交易管理暂行办法》自2014年3月19日起施行。深圳是第一个既通过人大立法又出台管理办法的碳交易试点地区,为深圳碳排放权交易市场的发展提供了重要的法律和政策保障。

2. 深圳特色的"河长制"与大鹏新区的海岸线"段长制"

深圳是较早推行"河长制"试点的地区之一,在深入贯彻中央决策部署,推广、普及"河长制"的基础上,深圳形成了自身特色的"河长制"。一是更高境界的绿色发展、生态发展。在试行"河长制"取得初步成效基础上,提出更为全面、完善的制度规范。二是以生态优先促进创新发展的新思路。深圳提出打造碧水蓝天城市名片,助力现代化国际化创新型城市和国际科技产业创新中心。三是领导者在推动绿色发展中的担当。深圳市委书记为总河长,而且担任市级河——茅洲河的河长,负责具体河道的治理，为各级河长做出示范，倒逼各级河长拿出行动、负起责任。四是从制度层面强化绿色发展执行力。实施方案不仅建立了市、区、街道三级河长组织体系，而且建立起部门协作联动机制、流域统筹协调机制、河长工作会议制度、河长定期巡查制度、日常督查督办机制五大机制。深圳特色的"河长制"已经取得了显著的成效，2017年已基本消除建成区的黑臭水体。此外，大鹏新区全面推行"河长制＋段长制"治理体系，将陆地河湖的治理延伸到133千米海岸线，建立"新区、办事处两级河流河长制＋海岸线段长制"的新体系，实现对陆海河湖生态水质的系统修复和永续利用。

3. 生态文明体制改革率先推进

大鹏新区作为生态特区，担负着全市生态文明体制改革探索的重任，取得了丰硕的改革成果。一是编制大鹏半岛自然资源资产负债表，运用已构建的自然资源资产核算体系，采用市场价值法、影子工程法等对自然资源资产实物量价值和生态系统服务价值进行了核算。二是建立领导干部离任生态和环保责任终身追究制度，成为全国首例针对领导干部颁布的自然资源资产管理履职情况任期生态审计制度。三是探索大鹏新区资源环境承载力评价与监测预警长效机制，在全国率先启动了资源环境承载力评价与监测预警机制构建工作。四是探索设立大鹏半岛生态文明建设公益基金。成立全国首家由政府委托、慈善机构受托的慈善信托，以及首个由社会捐赠的专项基金和慈善信托两部分组成的大鹏半岛生态文明建设公益基金。

二、珠海经济特区的转型与创新实践

（一）推进国际宜居城市建设的探索

2014年，珠海市印发了《中共珠海市委、珠海市人民政府关于实施新型城镇化战略建设国际宜居城市的决定》，致力于打造生态安全和谐、功能与国际接轨、空间集约高效、设施绿色低碳、生活和谐宜人、管理高效便捷的国际宜居城市，为珠海实施新型城镇化战略、建设国际宜居城市明确了思路和实现路径。

1. 打造珠港澳国际都会区

发挥毗邻港澳的地理区位优势，全面深化与港澳合作，合作建设世界级旅游休闲目的地，打造"一程多站"旅游线路，共同开拓国内、国际客源市场。与港、澳、深共同打造东半球最大主题乐园群,建设珠澳国际都会新地标"海天之环",以情侣路"一带九湾"优化提升为重点,打造环珠江口最具浪漫风情的海岸带。

2. 积极推动中欧合作

与欧洲先进城市和专业机构建立战略合作伙伴关系,全面引入欧洲在可持续城镇化方面的实践经验,加强中欧学者和青年学生交流互访,建立向国内外推广珠海市国际宜居城市品牌形象的长效机制。

3. 扎实建设幸福村居

发展乡村旅游:十里莲江乡村旅游风情带入选全国十大乡村游精品线路,南门村、莲江村获评中国乡村旅游模范村。提升农村环境:农村生活垃圾和污水处理设施基本覆盖所有行政村。

4. 大力发展低碳经济和循环经济

以高栏港经济区为试点,以园区生态化改造为重点,全面建设循环性工业园区。发展绿色公交汽车和绿色建筑,推进中欧低碳生态城市合作项目。规划建设珠海市南湾区翡翠绿链,连通公园和河流生态廊道,形成珠链状绿地生态网络,增强生态碳汇。

5. 推进"海绵城市"建设

珠海将低冲击理念融入城市开发建设中,建设自然积存、自然渗透、自然净化的"海绵城市"。在横琴新区、西部生态新城等重点开发地区,以及美丽海湾建设、香炉湾沙滩修复整治等重点工作中率先推行低冲击开发模式,因地制宜地建设低冲击城市设施,打造资源节约、环境友好的低冲击示范城区。

珠海推进国际宜居城市建设取得明显成效,根据中国社会科学院财经战略研究院、中国社会科学出版社与中国社科院城市与竞争力研究中心的报告显示,2013—2017年,珠海已经连续5年问鼎"中国最宜居城市"。在"2017全球十佳宜居城市排行榜"居第10位。

(二)"乡村振兴战略"的实践与探索

习近平总书记指出,消除贫困、改善民生、逐步实现共同富裕,是社会主义的本质要求,是我们党的重要使命。①

---

① 参见习近平《习近平谈治国理政》,外文出版社2014年版,第83页。

1. 全面深化农村综合改革

推进农业供给侧结构性改革,深化集体土地"三权分置"改革,推进农村集体"三资"管理制度化规范化建设,探索"政经分离"改革,健全农村创业、创新机制,探索村干部工资收入改革。深化农村土地改革,推动土地流转集中,形成适度规模化经营。推进"三资"管理平台自然村全覆盖,探索在各镇(街)建立农村建筑工程招投标中心。

2. 全面增强农村产业

加快乡村旅游项目建设开发,打造农村旅游大项目,以大项目带动农村产业大发展,大力发展休闲观光农业、设施农业、民宿等一批农业新兴业态。推动农村三产融合,加快田园综合体和生态农庄建设,规划建设集循环农业、创意农业、农事体验于一体的田园综合体,推动农村产业发展与新农村建设有效结合。

3. 全面提升乡村风貌

提升河岸环境,建设活力、栖居、生态的水岸,实现四季有景、四季有花的景观目标,大力提升村民居住环境和岸线品质。改造农村老旧民宅,为村民住房进行了统一装饰。全面整治所有自然村的生活垃圾、生活污水、水体污染和公共厕所。有效保护和修复所有历史文化名村、传统村落。推进城乡基本公共服务均等化,增强农民群众生活的获得感。

4. 全面加强乡村治理

全面开展基层治理创建工程和全面塑造淳朴文明乡风工程,同时,进一步健全村党组织领导下的村民自治机制,加快农村试点改革的制度创新,逐步形成一套能切实适应农村实际的议事协商制度、规则和程序,全面推行到各行政村。加强农村公共服务站建设,加快推进文明村镇创建。

(三)横琴新区的改革创新

金融危机发生以来,横琴新区在金融创新、人才管理、通关便利化、融资平台等方面积极探索,共有230多项改革创新举措落地。其中,多个措施向全省乃至全国复制推广。制度创新为横琴新区注入了经济活力,助力珠海经济特区转型发展。

1. "横琴特色"的金融创新

充分利用国务院批复的横琴金融创新政策,鼓励金融业务和经营模式创新,加快推动各类金融要素市场及金融机构在横琴新区积聚和发展,推动人民币离岸、在岸结算岛建设，建立跨境产权交易平台，努力打造一个模式灵活、业务丰富、配套到位，与港澳金融市场互动互补的、具有横琴特色的金融市场。

2. 加快建设"横琴人才特区"

大力推进人才开发管理、人才服务、人才安居等方面的改革创新，对港澳和外籍人才在薪酬、个人所得税、流动及社会保障等政策先行先试，探索试行外籍人才居留签证及居留权制度，构建具有国际竞争力和横琴特色的人才管理体制机制。引进国际职业标准和认证体系，实行珠港澳专业技术人才和技能人才职业（执业）资格互认。建设与国际接轨的技术产权交易平台，加快推进人才与国际资本、技术、产权等要素市场的融合对接。

3. 推进"反腐"的体制机制创新

借鉴香港廉政公署设立和运行经验，创新纪检监察机构体制机制，成立横琴新区廉政办公室，探索建立"派出机构联合体、职能整合试验场、一体化工作新平台"。探索处级领导干部个人财产申报，建立"廉情评估指标体系"和"部门廉情指数"。

4. 知识产权质押融资创新

为了解决中小企业贷款困难，促进企业自主更新和发展，针对不少中小企业只有知识产权，没有固定资产而造成融资难的问题，横琴国际知识产权交易中心创新性地提出了知识产权质押融资的"珠海模式"，采用4∶4∶2的风险分担方式，政府风险补偿基金承担40%的风险，保险机构承担40%的风险，银行和担保机构承担20%的风险。

2017年8月，横琴新区推出《改革创新发展总体方案》，力争率先在法治环境、知识产权、金融创新、服务贸易、人才集聚、监管机制、产业联动等方面实现新的突破。

（四）支持创新的体制机制探索

1. 加强创新战略的顶层设计和规划

珠海把创新驱动发展确立为核心战略，系统谋划创新驱动总体布局和路线图，2015年制定了市、区两级三年行动计划，明确了"8个倍增"目标。学习借鉴深圳经验，出台促进科技创新18条核心政策，形成"1+5"创新驱动政策体系。出台《珠海经济特区科技创新促进条例》，编制自主创新示范区建设实施方案、发展规划纲要、空间调整规划和政策实施意见。

2. 完善科技创新的体制机制

珠海建立市统筹扶持公共平台、区扶持企业和项目的工作机制。成立民商事调解中心和高新知识产权仲裁中心，建立科研诚信"黑名单"。设立横琴国际知识产权交易中心、知识产权巡回法庭和知识产权检察工作站，在横琴新区初步建立起知识产权交易和保护机制。

3. 加快创新载体建设

实施高新技术企业培育专项行动，设立高新技术企业专项扶持资金，加强公共创新平台建设。推进清华珠海创新中心等新型研发机构建设、横琴国际科技创新基地建设。支持驻珠海高校与企业建设创客空间、孵化基地和劳模职工创新工作室。加强与中山大学、吉林大学、暨南大学等院校的合作，推进广东省科学院海洋工程装备、航空航天和生物医药技术这3所研究院建设。加强公共技术服务平台建设，推动创新成果的标准化转换和应用。

三、汕头经济特区的转型与创新实践

金融危机发生以来，汕头市委、市政府认真贯彻党的十七大、十八大、十八届三中全会、十九大精神，强化特区意识和特区担当，以建设美丽幸福汕头为目标，坚持根植性发展、精致型开发、包容性增长的发展理念，深化改革开放，全面统筹城乡发展，加快推进产业转型升级，加强社会管理创新，努力推动经济社会实现较快发展。

（一）扎实推动产业转型升级的实践与探索

1. 大力培育战略性新兴产业

牢抓发展战略性新兴产业的历史性机遇，将战略性新兴产业发展作为转方式、调结构的重要推动力，重点做大做强具有比较优势的锆产业、大数据产业、北斗导航和卫星遥感产业、环境友好型新材料产业4大产业。

积极引进和选择100家战略性新兴产业企业进行培育，实施创新驱动、产业集聚和资源整合战略，推动战略性新兴产业向规模化、集聚化、高端化发展。

第五章　国际金融危机以来广东经济特区的转型与创新

2. 培育发展现代服务业

优先发展金融业，积极引进港澳台及境内各类金融机构入驻；大力发展都市型商贸物流业、电子商务和农村电子商务，积极探索电商新业态；大力培育现代旅游业和文化创意产业。

选择100家信息技术、现代物流、电子商务、商贸流通等生产服务业骨干企业作为现代服务业企业做强、做优工程示范企业，推进示范企业的网络化、信息化、标准化、品牌化的"四化"发展，进一步提升示范企业的发展层次，扩大辐射范围，从而提高全市服务业的现代化水平。

3. 推动传统优势产业高端化发展

搭建产学研合作平台，推动传统优势产业的企业与高校共建研究院，吸引高校、科研机构、大型企业在汕头建立分支机构，加快研发、设计、检测等公共科技创新平台建设。加大工业技改投资，实施工业转型升级攻坚3年行动计划，激发民间技改动力，实施智能化改造和设备更新，推动企业转型升级。

选择100家企业作为推动转型升级的示范企业，以自主创新为动力，以信息化技术为手段，通过技术改造、创意研发、品牌提升、经营方式转变和产业链整合等措施，促进优势传统产业走上创新型、效益型、集约型、生态型发展模式。

（二）以华侨试验区建设为引领的改革创新

1. 深化体制机制改革和制度创新

以建设华侨试验区为契机，推进重点领域和关键环节改革，倒逼和引领汕头体制机制创新，全面提升开放型、服务型政府建设水平，进一步激发市场活力和社会资本内生动力。

创新华侨经济文化合作试验区体制，实施权力清单、责任清单、负面清单制度。建立符合广大海外华侨华人意愿和国际通行规则的跨境投资和贸易规则体系，促进贸易和投资便利化。加强金融与贸易的投资、人员往来便利化，促进现代服务业和新兴产业的用地用海、文化教育、医疗、民政和财税等方面的政策创新。

2. 深化以"简政放权"为核心的行政管理体制改革

加大行政审批事项取消、调整力度，全面推进清理行政职权和编制权责清单工作，公布部门职权目录，为企业打造"一口受理、并联审批、保姆式服务"的高效政务服务模式,推动政府职能转变取得新突破。加快建立、健全与行政审批制度改革相配套的后续监管制度体系。深化乡镇行政体制改革,推进管理服务职能重心下沉。加大政府购买公共服务力度,出台适合汕头实际的政府购买公共服务实施项目。推动全市及各县电子政务建设,拓展完善市、区(县)网上办事分厅和实体大厅建设,并向村居延伸。

3. 深化"宽进严管"的市场准入体系改革

全面推行"先照后证"、注册资本认缴、商事登记联办、注册登记网上验资、市场主体年报备案制度,加快建立"宽进严管"的市场准入体系。加快探索推行工商营业执照、组织机构代码证和税务登记证的"多证合一"登记制度,探索企业注册"一表通"机制,推动电子证照系统建设,进一步方便企业和群众办事。全面推进社会信用体系和市场监管体系建设,加快构建市场主体信用信息公示系统,严格执行经营异常名录和严重违法企业名单制度,强化信用约束。

4. 深化金融改革创新

探索跨境金融服务,促进侨资台资高效有序流动,探索资本项目可兑换和金融服务业全面开放。面向台港澳地区和东南亚国家,支持侨资、台资和外资银行在试验区设立分支机构,创办华侨银行、投资基金。探索试验区内注册企业在香港、台湾地区和东南亚国家金融机构发行人民币债券。创新人民币与新台币和东南亚国家货币的外汇业务,允许在华侨试验区办理新台币和东南亚小币种现钞兑换业务,试点人民币对新台币、新加坡元等货币挂牌交易和直接兑换。

5. 深化土地管理制度改革

建立城乡统一的建设用地市场,在符合规划和用途管制前提下,允许农村集体经营性建设用地出让、租赁、入股,实行与国有土地同等入市、同权同价。创新特区土地规划管理体系,完善公益性项目建设用地优先保障机制。

(三)城市"扩容提质"的实践与探索

1. 高水平建设华侨试验区

完成试验区总体规划以及基础设施、产业引进等专项规划编制工作。加快起步各功能区组团建设。以华侨试验区为引擎,加快推进城市扩容提

第五章　国际金融危机以来广东经济特区的转型与创新

质,打造绿色、低碳、智慧城市,努力提升汕头作为区域中心城市的城市化水平、吸引力和承载力。

2. 统筹推进城乡综合开发

建立健全土地储备经营机制,清理盘活闲置、低效用地,有效破解城乡建设资金瓶颈。大力推进城市更新,建设现代化城区。推进城乡综合运营开发,加强投融资平台建设,发行城投债和企业债,创新城乡发展投融资机制,大力推广公私合营模式(PPP),策划包装一批项目,面向社会资本招商,撬动和推进一批重大基础设施和产业项目建设。加快智慧城市建设,推进城市基础设施智能化。

3. 推进环境综合整治和生态建设

强力推进贵屿镇环境污染整治,按照"统一规划、统一建设、统一运营、统一治污、统一监管"的要求,加快推进贵屿镇循环经济产业园区建设,全力推进练江流域综合整治。加强环保基础设施建设,开展国家环境保护模范城市创建工作。全面开展"绿满家园"全民行动、"国家森林城市"创建活动、千村环境卫生整治行动和"美丽乡村、幸福村居"名镇名村创建活动。

第三节　后危机时代广东经济特区转型与创新面临的挑战

习近平总书记在党的十九大报告中提出:"必须坚持质量第一、效益优先,以供给侧结构性改革为主线,推动经济发展质量变革、效率变革、动力变革,提高全要素生产率,着力加快建设实体经济、科技创新、现代金融、人力资源协同发展的产业体系,着力构建市场机制有效、微观主体有活力、宏观调控有度的经济体制,不断增强我国经济创新力和竞争力。"[①] 在改革开放实践中,广东经济特区在我国对外开放和经济发展中发挥着重要的引领作用,尤其是国际金融危机发生以来,率先推动经济转型升级和改革创新,取得了显著的成就。但这些成就与党的十九大精神的

---

① 习近平:《决胜全面建成小康社会夺取新时代中国特色社会主义伟大胜利——在中国共产党第十九次全国代表大会上的报告》,人民出版社2017年版,第30页。

新要求，与经济特区人民的期望仍有很大的差距，经济转型和改革创新仍存在着诸多的矛盾、问题和挑战。

一、深圳经济特区转型与创新面临的挑战

经过改革开放实践，深圳经济特区创造了举世瞩目的"深圳奇迹"。尤其是国际金融危机以来，深圳率先推动经济发展方式转变，走上了高质量发展之路。但与世界一流城市相比，深圳经济特区在很多领域仍有一定的差距，在国内外宏观经济环境复杂多变，自身资源环境约束趋紧的背景下，深圳在建设现代化经济体系，打造全球城市的道路上，仍面临着诸多挑战。

（一）空间资源约束趋紧，土地改革需要更深入

深圳全市陆地面积约1 998平方千米，不到上海、广州的1/3，相当于北京的1/8，其中，全市陆地面积一半的土地（974.5平方千米）划入基本生态控制线，深圳土地开发强度接近50%，远超过国际警戒线（30%），产业和城市发展严重受到土地空间的制约。土地空间不足问题突显，对科学规划和高效利用城市空间资源提出了更高的要求，以创新思维来破解空间不足的难题，已成为深圳特区产业和城市发展的迫切需要。深圳一直是土地改革的先行者，近些年推进的土地综合试点改革虽然已经取得了丰硕的阶段性成果，但仍有许多难题待解决，"剩下的都是硬骨头"，土地改革已进入深水区和攻坚期，尤其是解决"小产权房"等违法建筑问题，盘活社区土地资源问题，更需要创新的思维和敢于啃下"硬骨头"的勇气和担当。

（二）企业经济成本上升，实体经济增长乏力

国际金融危机发生后，深圳的产业结构加速调整，第三产业比重加速上升，而第二产业增速持续下滑，深圳第二产业增加值占全市生产总值的比重逐年下降，其中，2014—2016年，以每年一个百分点的速度下降。要素成本高、空间制约大，是制造企业普遍感到的两座"大山"。2015年发布的《中国内地城市生活成本排行榜》显示，深圳的生活成本仅次于上海，居全国第二，排世界第16位，尤其突出的是高房价、高房租。生产要素成本上升过快，对产业加快迈向中高端提出更加紧迫的要求。

（三）基础研究机构较少，高端人才不足

近些年来，深圳在科技创新方面取得了显著成就，但基础研究实力弱，高端人才不足对科技创新的进一步提升形成了制约，难以满足国际科技、产业创新中心建设需要。人力资源结构不合理，创新型领军人才、技能型人才相对短缺，难以适应新时期深圳发展对人力资源结构的要求。深圳已经在高等院校、基础研发结构引进等方面做出了布局，但能否加快推进项目落地并产生实效，能否留着人才，仍然是深圳面临的巨大挑战。

（四）教育、医疗短板明显，公共服务供给不足

经济的快速增长带来了人口的膨胀，深圳 2016 年常住人口达 1 190 万，实际管理人口约 2 000 万，人口的大幅增加和高端人才的集聚对教育、医疗的数量和质量提出了更高的要求。高等教育质量不高，没有入选"双一流"的大学和学科，与"双一流"大学和学科聚集的北京、上海、广州相比仍存在较大差距。基础教育学位缺口较大，2017 年公办小学一年级学位缺口为 4.63 万个，2018 年的缺口将达 6.1 万个；据估计，至少有 200 万在深务工人员子女受公办学位申请条件和民办学校的高学费影响而不得不在老家"留守"。医疗资源也严重不足，看病难、看病贵问题突出。2016 年，全市三甲医院不足 10 家，而北京、上海、广州分别为 48、34、29 家；全市医疗卫生人才缺口为 3.5 万人。深圳的公共服务质量水平与城市发展水平已经出现很多大的矛盾。加快完善与城市发展水平相适应的教育、医疗等公共服务供给已成为迫切需要。

二、珠海经济特区转型与创新面临的挑战

珠海经济特区经过改革开放经济社会发展取得了较大成就，走出了一条环境友好型的科学发展之路。但经济体量比较小的珠海特区仍处于爬坡过坎的攻坚阶段，在经济进入新常态的背景下，仍然面临着诸多挑战。

（一）交通基础设施薄弱，对产业、人口的承载力不足

港珠澳大桥建设带来历史性机遇的同时，也给珠江西岸的发展格局带来深刻变化和影响。要真正成为珠江西岸核心城市和交通枢纽，珠海原有的交通基础设施和城市承载力不足，对外通道和主骨干道路网不足、路网

结构存在瓶颈、支路网密度偏低等原因造成主城区交通拥堵比较严重。如果不奋起直追，加快城市交通基础设施建设，加快构建产业、交通、城市新格局，珠海有可能在新一轮区域合作与竞争中处于劣势。

（二）经济体量小，对外依存度过高，经济抗风险能力弱

珠海经济特区 2016 年地区 GDP 突破 2 000 亿元关口，从 2011 年的 1 410.34 亿元增加到 2016 年的 2 200 多亿元，年均增长 9.4%。但与珠江三角洲其他城市相比，经济总量仍相对较小，辐射带动能力还有限，产业集聚效应不明显。2016 年完成外贸进出口总额 2 753.05 亿元，下降 7.0%。其中，出口 1 802.26 亿元，增长 0.5%；进口 950.79 亿元，下降 18.6%。可以看出，珠海经济特区的经济外贸依存度很高，受国际因素影响的波动会比较大，经济总量需要加速提高，扩大内需亟须再发力。

（三）东西发展差距大，城乡发展不平衡的矛盾突出

东西之间、城乡之间的发展不平衡，是当前珠海经济特区社会发展的重要制约之一。人口和城市配套服务功能在东部地区高度集聚，西部、海岛和农村地区基础设施、公共服务历史欠账较多，阻碍了西部地区生活性、生产性服务功能的培育，导致西部地区出现有产无城、城镇化滞后于工业化的现象。相较于珠海东部"移民城市"的特征，珠海西部的金湾区和斗门区的本地人口较多，是珠海行政架构和生活结构较完善的一座"老县城"，农业人口居多，城乡二元制依然存在，出现了城市型社区与农村型社区并行的二元管理体制，加大了城乡管理的混乱和城乡统筹的难度。

（四）市场活力不够，体制机制改革待深入

行政效率不高的问题还比较突出，体制机制改革还需要更加深入，政府职能转变需要加快推进，阳光法治服务政府建设任务艰巨。尤其是西部地区的政府服务意识和效率与经济特区的改革开放地位不相称。国有企业在经济中的比重大，民营企业群体不够强大，市场活力没有充分释放，经济发展动力不强劲。

（五）创新驱动基础薄弱，创新要素集聚不够

2016 年，珠海经济特区高新技术企业只有 788 家，全社会研发投入占 GDP 比重提升到 2.8%，全年申请专利 18 059 件，国际专利申请量只有 239 件。与广州、深圳等珠江三角洲核心城市相比，还存在较大的差距。产业创新能力、人才的总量和结构跟创新驱动经济发展的要求仍有很大差距。高端人才缺乏是珠海改革创新的突出"短板"，不能聚集足够的高端创新人才、高端管理人才和高端技术人才，将影响珠海特区创新驱动经济发展战略的实现。

三、汕头经济特区转型与创新面临的挑战

国际金融危机以来，汕头经济特区努力在危机中寻找发展机遇，加快推进经济转型和跨越式发展，年均经济增长率在 9% 以上，远高于广东省平均水平。但与深圳经济特区相比，仍存在很大的差距。这种差距不仅表现在经济指标上，而且在市场经济改革进程、对外开放水平、城市化水平、政府服务水平等诸多方面都有较大差距。在新的历史条件下，加快经济转型和改革创新，汕头经济特区仍面临着诸多挑战。

（一）经济增长的动力不强、后劲不足

经济总量偏小，产业结构层次偏低，产业集聚度不高，能带动、支撑汕头全市经济社会持续发展的大项目和优势产业少；现代服务业发展偏慢，辐射带动功能未能充分发挥；传统产业转型升级压力大，战略新兴产业和未来产业布局不够，尚未形成新的强劲增长点；企业自主创新能力不强，市场竞争力弱，人均专利水平不仅与深圳、珠海经济特区差距较大，也达不到广东省及全国的平均水平，如图 5-5 所示。

（二）民生改善任重道远

汕头经济特区的城市化水平不高，财政收入总量偏小，可支配财力非常有限，教育、医疗、社会保障等公共事业发展相对滞后，社会保障压力大，部分群众生活还比较困难。民生改善与人民群众的对美好生活的需求差距仍然较大。

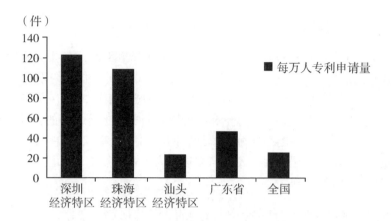

图 5-5　2016 年深圳、珠海、汕头经济特区与广东省、全国的人均专利申请量对比

数据来源：深圳、珠海、汕头历年《统计年鉴》。

（三）城市治理水平亟须提高

汕头经济特区的城市治理虽然取得了一些成就，但整体水平相对比较落后，交通秩序、市容市貌还没有发生根本性的变化；环境治理和生态修复的任务非常繁重，生态环境保护需要加大力度；城市环境卫生需进一步综合治理。

（四）行政管理体制改革还存在不少薄弱环节

政府服务意识、服务水平、办事效率还有很大的提升空间。办事难、办事效率不高的问题尚未得到根治，依法行政执行力度不够，行政效能建设亟待加强。加快行政管理体制改革，优化营商环境是汕头经济特区改革创新的当务之急。

小　　结

2008 年国际金融危机扩散蔓延，对实体经济的影响也日益加深，广东三大经济特区出口依存度高，经济发展受到严重冲击，外需急剧减少，经济运行困难加大，深层次矛盾和问题进一步显现。这些暴露出来的矛盾

第五章 国际金融危机以来广东经济特区的转型与创新

和问题为广东经济特区的转型与创新提供了改革的方向和精准靶点。

国际金融危机给深圳经济特区带来了加快转变经济发展方式、推进经济结构转型升级的机遇和动力。深圳经济特区加快培育优质增量加快转型升级，优化存量推动转型升级，以高质量投资带动转型升级，以扩大内需促进转型升级，以"深圳标准、深圳质量"引领转型升级，推动深圳经济转向高质量发展之路。持续加大科技投入，不断突破核心、关键技术，抢占科技创新制高点，全方位优化创新生态，完善科技创新体制机制，完善人才发展机制，构筑创新人才高地，大力推进"双创"发展，走出了一条以科技创新为动力的新型发展路径。以经济特区的使命和担当，在土地制度、开放型经济新体制、行政管理体制、区域协调发展模式、教育与医疗体制、生态管理体制等方面进行了全方位的改革创新，为广东省及全国的改革提供了"深圳方案"和"深圳经验"。

珠海经济特区在国际金融危机发生后加快推进建设国际宜居城市的探索，打造珠港澳国际都会区，积极参与中欧合作，扎实建设幸福村居，发展低碳经济和循环经济，推进"海绵城市"建设，取得了突出的成效，连续5年问鼎"中国最宜居城市"。针对城乡发展不平衡的突出矛盾，大力实施"乡村振兴战略"，全面深化农村综合改革，全面增强农村产业，全面提升乡村风貌，加强乡村治理，推动城乡协调发展。在改革创新方面，珠海经济特区以横琴新区为改革创新的核心平台，加快金融创新，加快建设"横琴人才特区"，在"反腐"的体制机制、知识产权质押融资、支持创新的体制机制等多个领域大胆创新，累计有230多项改革创新举措落地，其中，多个措施向广东省乃至全国复制推广。

汕头经济特区在国际金融危机发生以后强化特区意识和特区担当，以建设美丽幸福汕头为目标，推进环境综合整治和生态建设，全面统筹城乡发展，大力推动城市"扩容提质"。大力培育战略性新兴产业，培育发展现代服务业，推动传统优势产业高端化发展，扎实推动产业的转型升级。以华侨试验区建设为引领，深化以"简政放权"为核心的行政管理体制改革、"宽进严管"的市场准入体系改革、金融改革以及土地管理制度改革，取得了显著的改革创新阶段性成就。

国际金融危机发生以来，广东经济特区推动经济转型和改革创新的伟大实践，是经济特区使命与担当的生动展现，是对新形势下中国道路的伟大探索，是"改革不停顿、开放不止步"的行动宣言。

第六章 广东经济特区模式的"内涵"深化和"外溢"发展

在党的十九大报告中,习近平总书记阐释了新时代中国特色社会主义思想和基本方略,其中"坚持全面深化改革,坚持新发展理念"为广东经济特区实现跨越式发展奠定了发展基调,指明了前进方向,本章将从广东经济特区对内深化和对外引领的角度进行探讨。

第一节 广东经济特区发展的"内涵"深化

一、从经济特区到自由贸易区

自由贸易区(以下简称"自贸区")是我国平衡改革红利和把握改革机遇的一项制度创新。2013年,上海自贸区的成立标志着中国社会改革的深化,标志着由外向型经济向开放型经济的转型,还标志着法制化的社会主义市场经济体系的营建开始向纵深发展。自上海自贸区试点成功后,2015年4月,国务院又正式批准建立广东自贸区、福建自贸区和天津自贸区,其中广东自贸区涵盖广州南沙自贸区、深圳前海蛇口自贸区和珠海横琴自贸区。先行先试是当年经济特区引领的改革潮流,继往开来则是今日自贸区的要求。作为新时代下中国经济特区发展的新形式,自贸区将继续发扬敢为人先的探索实践精神,肩负起深化中国社会改革、引领制度开放的时代使命。①

---

① 参见陶一桃《特区经济蓝皮书》,社会科学文献出版社2016年版。

第六章 广东经济特区模式的"内涵"深化和"外溢"发展

从概念上讲,广义的"自贸区"(FTA)指2个或2个以上的国家和地区之间为了降低贸易和投资成本、提高贸易和投资效率、促进贸易和投资发展而成立的区域组织形式。而狭义的"自贸区"(FTZ)是根据本国(或地区)的法律法规在当地境内设立的一个或多个区域性经济特区,在该经济特区内实行优惠政策和特殊监管,以降低贸易和投资成本、提高贸易和投资效率。这种方式是一国(或地区)的境内关外行为,即该国(或地区)在其境内划出一块专门区域对外进行贸易、吸引投资,对该区域的经济活动不做过多的干预,税费方面也有较大的优惠。

我国的商务部和海关总署对自贸区的概念进行了界定。根据《商务部、海关总署关于规范"自由贸易区"的函》,自贸区所涵盖的地域是签署协定的所有成员国(或地区)的全部关税领土,而不是像自由贸易园区(FTZ)的一部分领土。广东自由贸易试验区同福建、天津及上海自由贸易试验区均属于我国定义的自由贸易园区范畴。[1]

结合广东毗邻港澳、面向世界的特点,在广东,自贸区的内涵将得到进一步充实。秉承制度创新的核心,广东自贸区将促进内地与港澳经济深度融合,深入推进粤港澳服务贸易自由化,强化粤港澳国际贸易功能集成,探索构建粤港澳金融合作新体制。在政策红利的叠加下,广东自贸区的重要任务则是探索更开放、更便利的国际投资贸易规则。

(一)落实外引内聚,充当国家发展的新平台

经济特区"外引内聚"的经验为广东自贸区的辐射效应提供了根基。"外引"特指经济特区与港澳地区和国外发达国家进行经济技术合作,包括引进资金、技术、设备、人才和管理方法等;"内聚"则特指经济特区在拥有巨大体制优势的情况下,对内地资源包括人才、技术、资金、外汇等实现"洼地式"汇聚。"外引"是中央对经济特区的职能定位,而"内聚"则是经济特区引入稀有资源后必然的内在性要求。

在"外引"方面,广东经济特区初期主要引进"三来一补"。20世纪80年代初,"三来一补"投资额占外商总投资额的88.41%,而合资、合作或独资的情况不多,这种情况一直持续到20世纪90年代初。而作为

---

[1] 参见张钰莹《广东自贸区贸易投资便利化研究》(学位论文),广东外语外贸大学2016年。

南中国的对外桥梁,广东地处亚太主航道,连通东南亚,应充分发挥自身的地域优势,在国家改革发展的历程中起着桥梁性作用。广东经济特区打通了与国外发达经济体的交流渠道,架起了国际经济合作的桥梁。通过这一时期的合作、合资以及引进国外先进的技术、设备、管理方法和观念,中国巨大的转型体真切了解到市场和真正发达的市场经济,帮助国家明确并坚定改革目标,同时为改革学习和改革实践创造了条件。建立自贸区以来,广东省进一步拓展"外引"优势,利用税收优势,鼓励本土企业"走出去"并进一步形成本土跨国公司国际化孵化和培育基地,促进我国企业通过对外投资参与全球资源的配置,充分利用中国在基础设施建设领域的领先技术和成本优势以及富余产能,通过自贸区加快对外输出的速度,为国家争取了重大利益。与之相辅相成的是"内聚"优势,广东自贸区聚集了众多国内优秀企业,产业协作形成规模效应,为广东自贸区的发展注入更鲜活的力量。①

(二)深耕经济效能,争当国家发展的聚宝盆

广东自贸区秉承经济特区发展经济的基本使命,其总体战略定位是:深化粤港澳融合,面向全球,对接东南亚,侧重服务贸易自由化。广东自贸区涵盖广州南沙新区、深圳前海蛇口、珠海横琴新区3大片区,总面积116.2平方千米。3大片区分别属于广东3大城市,构成黄金三角。广州南沙新区片区重点发展生产性服务业、航运物流、特色金融和高端制造业,致力于打造国际性高端生产性服务业要素集聚高地;深圳前海蛇口片区重点发展科技服务、信息服务、现代金融等高端服务业,致力于建设我国金融业对外开放试验示范窗口、世界服务贸易重要基地和国际性枢纽港;珠海横琴新区片区重点发展旅游休闲健康、文化科教和高新技术产业,致力于建设成为文化教育开放先导区和国际商务服务休闲旅游基地,充分开拓促进澳门经济适度多元发展新载体、新高地的作用。②

广东作为对外贸易大省,出口规模大,具有雄厚的外贸基础。广东自贸区的建立,一方面能利用其外贸传统,前移发展的起跑点,构筑风险的

---

① 参见陶一桃、鲁志国《经济特区与中国道路》,社会科学文献出版社2017年版。
② 参见林江、范芹《广东自贸区:建设背景与运行基础》,载《广东社会科学》2015年第3期。

第六章　广东经济特区模式的"内涵"深化和"外溢"发展

"缓冲垫";另一方面能借助港澳巨量的风投资本和完善的知识产权制度,推动经济转型升级,发展环保、生物、材料、光电技术等高新产业。加快与信息技术和互联网技术的对接,推动"互联网＋"时代的全产业升级。①

(三) 加快制度创新,勇当理论改革的试验田

经济特区以先行先试的示范,一方面极大地减少了改革制度的体制内阻力,弱化了制度创新的意识形态,降低了改革的社会成本;另一方面通过使制度变迁的绩效可视化,成功地规避了改革潜在的风险,并迅速在全国范围内形成大规模示范效应。因此,从本质来说,先行先试是创新与学习并进的过程,包含经济体制机制、政治体制、法治环境、政府治理体制机制与能力现代化和文化意识形态等社会诸方面更深层次的制度变迁。这是经济特区的品质使然,更是中国自由贸易区承担新时代下历史使命的责任所在。

经济特区与自贸区相互联系,相互促进。经济特区为自贸区的发展提供可复制、可推广的经验,自贸区为经济特区的深化改革提供新时代下的思考。可以说,自贸区是新的历史条件和发展背景下被赋予了新使命的经济特区。国家对广东自贸区的要求是:"在扩大开放的制度建设上,大胆探索,先行先试,加快形成高标准投资贸易规则体系。"这昭示了自贸区的历史使命很大程度在于推动中国社会改革的进程。

在政策上,国家给予广东自贸区更大的开放性和更多的自主权。中国以审批为主的投资管理制度逐渐向更多区域推广,其具体规范从4个自贸区统一新版的负面清单可见一斑。从数据分析,广东新版负面清单比上海自贸区2014版减少了17项特别管理措施,缩减了12%,其中制造业被大幅缩减,反映出自贸区的建立是以开放倒逼改革创新的前瞻之举。

(四) 实现职能转型,乐当服务人民的好政府

为完成由计划经济向社会主义市场经济的转型,确立社会主义市场经济体系,实现从闭关自守向对外开放的改变,以创新为内在动力,推动政府职能的转变,由此经济特区应运而生。与之不同的是,如今中国自贸区

---

① 参见金新凯《浅析广东自贸区发展的机遇与挑战》,载《经贸实践》2015年第7期。

的建立，则是进一步完善社会主义市场经济体系的要求。经过多年的改革开放，我国社会主义市场经济体制不断完善，经济市场化程度不断提高。习近平总书记指出："经济体制改革的核心问题仍然是处理好政府和市场关系。"随着改革开放的不断深入，社会各界越来越深刻地认识到：不断深化对政府和市场关系的认识，要求社会主义市场经济体制逐步建立和完善；不断提高处理政府和市场关系水平，要求社会主义市场经济体制效果日益增强。处理好政府和市场的关系，既是经济体制改革的核心问题，也是有效引领新常态的突破口。

当前，我国仍然存在市场体系不完善、市场规则不统一、市场秩序不规范、市场竞争不充分的问题，必须大力加强市场体系建设，进一步完善社会主义市场经济体制。与此同时，经济领域政府权力过大、审批烦琐、干预过多、监管不到位等问题要围绕建设法治政府和服务政府深入开展。切实解决政府职能越位、缺位、错位问题，简政放权，大幅度减少政府对资源的直接配置，让市场充分发挥在资源配置中的决定性作用，以更好地发挥政府应当发挥的作用。①

二、从经济特区到粤港澳大湾区

作为改革开放试验田的粤港澳大湾区，充分汲取与借鉴了经济特区发展的经验，肩负着向全国推广先进成熟的经济和金融制度的重任。不同于通过国家政策而确立广东自贸区，粤港澳大湾区的形成更多源于地缘优势。其得天独厚的地理特征逐渐形成在一定区域范围内极具特征的产业集群，又进一步助力粤港澳大湾区的经济发展。加之粤港澳三地皆具备成熟的交通基础设施，发达的物流业成为其显著优势。在历史新形势、新机遇下，粤港澳大湾区必须认清形势，直面挑战，把握机会，发挥地域优势，利用外贸传统，勇敢试、全面改、协调创新，努力探索一条可借鉴、可推广的特色发展新路径。

（一）沟通中外，造发展的桥梁

湾区具有天然的地理优势，依托区域经济发展带动产业集聚以及物流一体化的成熟，形成发达的国际交往网络。2015 年 3 月，国家发展和改

---

① 参见汪同三《在新常态下处理好政府和市场关系》，载《人民日报》2016 年 8 月 24 日。

第六章 广东经济特区模式的"内涵"深化和"外溢"发展

革委、外交部、商务部联合发布了《推动共建丝绸之路经济带和21世纪海上丝绸之路的愿景与行动》,明确指出充分发挥深圳前海、珠海横琴的作用,深化与港澳台的合作,打造粤港澳大湾区。

由此,广东经济特区创造性地提出在新常态下构建区域协同发展新优势的发展理念:一是优化粤港澳大湾区经济发展布局。统筹陆海资源,促进产业集群,以高标准加快前海深港现代服务业合作区、深圳湾总部基地等建设,形成片区协调互动的湾区经济发展形态。二是强化粤港澳大湾区物流功能。牢牢抓住亚洲最大陆路口岸和海港、空港、信息港三港联动的优势,着力增强航运、贸易、金融集聚辐射功能。加强与东盟国家基础设施互联互通,打造21世纪海上丝绸之路枢纽网点。积极发展国际会展业和供应链管理、跨境电子商务等新型业态。三是提升粤港澳大湾区经济国际影响力。全面落实国际化城市建设行动纲要,通过多渠道建设国际化湾区:加强国际语言环境、国际化社区和国际学校建设,在国际知名城市拓展友城网络,全方位开展国际交流合作。①

(二)集聚外溢,制发展的引擎

在国际上,"湾区"一词多用于描述围绕沿海口岸分布的众多海港和城镇所构成的港口群和城镇群,而衍生的经济效应则被称为"湾区经济"。湾区经济具有开放的经济结构、高效的资源配置能力、强大的集聚外溢功能、发达的国际交往网络,是世界一流城市的显著特征。而粤港澳大湾区正是中国接轨世界经济的重要战略部署。随着全球一体化发展不断深入,海、陆、空成不可或缺的资源运输渠道。在其中的互动与分配中,海洋经济逐渐成为主流,并逐步形成以湾区为核心的经济集群中心。加快建设属于自己的新型世界级经济湾区,是广东经济新常态下转型升级的必由之路,更是我国对接国际市场,实现跨越式发展的重要途径。

研究表明,滨海湾区建设浪潮使很多湾区呈现出新面目,许多地区凭借有利的海湾资源条件,实现了城市的科学、合理的发展,达到了整合地区资源、提升地区发展水平的目的。为促进湾区经济更好更快发展,粤港澳大湾区将加快打造高质量的滨海产业集群。以高标准推进前海湾现代服务业集聚区发展,按高品质加快深圳湾超级总部基地建设,借高起点打造

---

① 参见吴克辉《广东经济特区的发展与创新》,载《改革与开放》2015年第11期。

国际生态旅游区和国际生物谷,带动周边区域集聚发展,形成湾区经济不断向纵深拓展延伸的格局。①

而香港作为粤港澳大湾区的核心成员,在拓展贸易渠道、吸引总部经济与现代服务业上具传统优势。香港港口是全球最繁忙和最高效率的国际集装箱港口之一,也是全球供应链上的主要枢纽港。其集装箱吞吐量一直名列世界前茅,仅排在上海、新加坡之后,维持在全球第3位。优越的地理位置使香港具有发展总部经济的优势。加上专业服务支援、低税率和完善的法律制度、良好的金融环境,香港已成为众多跨国公司设立亚太总部的首选。在香港非本土企业注册公司中,20%以上是地区总部,主要以商业和金融服务业企业为主。

湾区经济构成了大珠江三角洲区域经济的主体。据统计,大珠江三角洲地区的地区生产总值,已跻身全球20大经济体系之一;而湾区的地区生产总值占大珠江三角洲地区GDP的83.50%,意味着湾区经济实力相当于包括港澳在内的大珠江三角洲16个市县的4/5。由大珠江三角洲主导的粤港澳地区在中国的地位首屈一指。粤港澳三地生产总值以单一经济体计算,在亚洲紧追日本、印度和韩国之后,排第4位,就世界大都市圈而言,包括港澳在内的大珠江三角洲,仅排在纽约、东京大都市圈之后的第3位。

(三)法治先行,创发展的规章

完善的法律体系和良好的法制环境是粤港澳合作的重要保障。相较于港澳地区较为完整的法律系统,广东经济特区近年来也着力加强法制建设,在制定法、完善法、普及法方面取得了长足进展,以期为粤港澳合作打造更良好的法制氛围。一方面,加强和改进政府立法。通过完善立法项目征集和论证制度,健全公众参与立法机制。制定一系列法律法规与执行办法,推动《法治政府建设条例》《政府立法公众参与办法》相继出台。对规范性文件合法性审查制度、有效期制度、制定主体公告制度和政策解读机制进一步落实。另一方面,依法行政,通过完善法治政府制度建设,推进机构、职能、权限、程序、责任法定化。建立健全重大行政决策程序制度,将公众参与、专家论证、风险评估、合法性审查、集体讨论决定纳

---

① 参见刘艳霞《国内外湾区经济发展研究与启示》,载《城市观察》2014年第3期。

第六章 广东经济特区模式的"内涵"深化和"外溢"发展

入重大行政决策法定程序。严格执行重大执法决定法制审核和备案制度，建立健全行政执法公示制度。广东各地区加快建设法治政府，建立健全法治建设长效机制，全面推进依法行政，各级政府和部门均陆续开始在法治的轨道上进一步开展工作。

在法律法规日益完善的基础上，广东经济特区积极贯彻依法治国的精神，推行一系列健全法制体系的措施。其一，整合立法资源，实行政府规章的集中起草，坚持科学立法、民主立法。积极研究将经济特区范围延伸至全省。大力推进依法行政，在全国率先颁布实施《法治政府建设指标体系》，制定了全国第一个法治政府建设指标体系。其二，强化规则意识，优化法治环境。充分利用经济特区立法权优势，推动建立和完善与国际规则接轨的法规政策体系，努力营造国际化的营商环境。其三，大力弘扬法治精神，加强诚信制度建设，加快完善企业和个人征信系统。通过一系列立法创新，推动建设法治政府。

而港澳地区较为成熟的法治体系则为粤港澳大湾区的法治特色提供更多借鉴与思考。香港和澳门两个特别行政区的政府咨询委员会制度是一项特别的政治制度，它不但是协商式民主的体现，而且已经成为一种社会整合机制，起到沟通民意、协调社会利益的作用。香港政治体制的一大特点是咨询式政治。政府通过设立各个领域的咨询委员会来吸纳社会精英和利益。这种咨询委员会的方式形成了"网罗"与"吸纳"的机制，即香港政府既能"张网"，通过设立各种各样的咨询委员会，将代表多元化社会力量的各路精英网罗麾下；又能通过委任制将多元化利益群体的政治能量进行有序"吸纳"。港澳政府咨询委员会制度实际上也体现了依法治国的思想，它注重广泛吸收公众参与公共事务的讨论，通过多方协商促进利益平衡，有助于实现社会公平。近年来，中国政府提出要转变政府职能，建设服务型政府和法治政府，而要实现这一目标就必须由计划经济时代的管治型行政向公众参与型行政转变，通过咨询机构的平台广泛吸收民意，有助于促成公共治理机制的完善。①

---

① 参见邓剑光《港澳政府咨询委员会制度与良善公共治理——兼论一种作为大国治理的民主机制》，载《湘潭大学学报（哲学社会科学版）》2013年第6期。

三、从经济特区到自贸区、粤港澳大湾区的发展脉络

广东经济特区高举中国特色社会主义的伟大旗帜,牢牢把握深化改革开放和率先基本实现现代化的主题。勇于探索,先行先试。坚定不移调结构,脚踏实地促转变,扎扎实实惠民生,在深化改革开放、构建法治政府、自主创新和产业转型、对外合作、建设自由贸易试验区以及打造粤港澳大湾区等方面取得了新突破。

(一)经济发展模式变革

广东经济特区转变经济发展模式,拉动转型升级,盘活国内资本。改革开放以来的粤港澳区域经济合作,一方面,使珠江三角洲地区实现国际制造与全球服务一体化,跻身世界级加工贸易基地;另一方面,通过港澳的资本和产业、内地的劳动力向珠江三角洲整个地区的空间流动与高度集聚,推进了整体地区的工业化与城市化进程,形成包括港澳在内的大珠江三角洲地区"前店后厂"的合作格局,即大珠江三角洲地区的第一次产业整合。由此,珠江三角洲地区的经济版图进一步扩张、市场腹地拓广,因而带来的产业空间一体化推进工业化,并带动了珠江三角洲地区的城市化发展。

广东经济特区注重把握海外资源,放眼国际市场。从经济特区到广东自贸区再到粤港澳大湾区,其实质意义都超越了简单的粤港澳经济合作。广东自贸区和粤港澳大湾区的意义不仅是面对港澳,还是对接东南亚、连接亚太、进军全球市场的重要战略部署。于国家长远发展而言,广东自贸区以及粤港澳大湾区的建立都有助于重构新的国际贸易规则,自下而上地参与重构对外贸易规则。

(二)政府职能转变

中国改革开放40年的实践证明了政府在改革中的重要作用,毫不夸张地说,没有政府自上而下的强大政治力量推动,就无法完成从计划经济向社会主义市场经济的转型,更不可能实现如今社会主义市场经济的普遍确立和社会经济的繁荣昌盛。特别是中央政府号召全国一心,以强大的举国体制,成功地高效集中资源办大事。其中决策的果断性和高效性为社会经济的发展指明了方向。

第六章 广东经济特区模式的"内涵"深化和"外溢"发展

随着经济不断发展,社会机制体制不断成熟,对政府的职能也提出了更高的要求。发展前期,允许政府以较多干预的形式,通过强制性制度变迁确立市场经济体制,推进市场经济的形成,从而加速由计划向市场的转变;发展中后期则更加强调政府在尊重市场规律的和机制的前提下,矫正市场失灵的现象,建设市场而非主导市场,服务市场而非驾驭市场。

以深圳市为例。2010年,深圳成为国家综合配套改革试验区,全面推进社会领域改革。深圳抓住全面推进综合配套改革的契机,积极稳妥地推进行政体制改革。其一,着力转变政府职能,整合政府机构,完善大部门管理体制。其二,积极探索精简行政层级改革试点,提高行政效率。进一步调整市、区、街道和职能部门之间的事权划分,减少事权的重叠和交叉。其三,积极推进全市行政审批服务体系和"在线审批系统"建设,精简项目,简化程序,全面提高审批效率。其四,积极推进公务员分类改革试点和聘任制公务员制度试点,深入推进公安专业化改革,支持配合法官、检察官职业化改革方案的论证和研究。[1]

(三)社会体制与机制创新

广东经济特区在推进综合配套的改革中,培育发展社会组织,创新基层社区体制机制,社会工作制度初步建立,改革社会组织登记管理体制。通过改进政府管理和服务方式,进一步优化政府组织体系和运行机制,实现政府管理方式向规范有序、公开透明、便民高效转变。随着行政体制改革不断深入,广东各地区试行政府部门权力清单;深化事业单位分类改革,继续推进事业单位法人治理结构试点;开展行政审批制度改革,建立了"集装箱式"并联审批机制,审批效能进一步提高。以汕头为例,通过制定《汕头市电子政务建设管理办法》,规范全市电子政务建设管理工作,对接信息技术,让政务公开与"互联网+"更好融合,既便于政府处理公务、提高行政效率,又便于群众监督,提升了政府形象。此外,汕头深化乡镇行政体制改革,推进管理服务职能重心下沉;加大政府购买公共服务力度,出台符合汕头实际的政府购买公共服务实施项目;完成"汕头政府在线"全面覆盖的建设任务,推动"汕头政府在线"在各区

---

[1] 参见吴克辉、周耀华《新形势下广东经济特区的路径选择》,载《广东经济》2015年第6期。

（县）的推广应用；继续拓展完善市、区（县）网上办事分厅和实体大厅建设，推进向村居延伸，进一步促进区域城乡协调发展。

经济学家诺斯认为："制度创新过程存在着报酬递增和自我强化的机制。这种机制使制度变迁一旦走上了某一路径，它的既定方向会在以后的发展过程中得到自我强化。换言之，人们过去做出的选择决定了他们现在可能的选择。按照既定的路径，制度的变迁可能进入良性循环的轨道。"按照这一理论，开放型经济制度改革应该采取已经被证明成功的中国制度变迁路径，形成与之前改革良性循环的局面。

广东经济特区作为全面开放型经济的试验田，特区本身就意味着全面开放，全新的开放又必然会形成改革的要求。划定区域保证了先在有限范围内试验再复制推广的中国改革模式。从实行家庭联产承包责任制到设立经济特区，到自贸区，再到粤港澳大湾区，中国的经济制度改革采取的是一条"自下而上"再"自上而下"的制度变迁路径。习近平总书记对广东经济特区提出"大胆闯、大胆试、自主改"的要求，经济特区制度创新应采取在自发性制度创新的基础上、政府强有力推动的制度改革路径。

第二节 广东经济特区发展的"外溢"发展

一、从广东经济特区到全国

（一）思想确立

中华人民共和国在成立之初，确立了社会主义的政治经济制度，同时实行计划经济体制。但计划经济体制的弊端显而易见。特别是随着我国经济社会不断发展，对传统计划经济体制的认识进一步深化，人们思想进一步开放，经济体制改革逐渐提上议事日程。在这一特殊的历史发展背景下，经济特区作为开放包容的产物应运而生，承载着突破原有计划经济体制思想束缚并探索出一条"中国特色"发展道路的重任。肩负重任，敢为天下先，经济特区凭借其先行先试的探索精神，在创建之初就建立起以市场为基础的调节机制，形成良好的市场发展生态链以及较完善的市场体系，取得了令人瞩目的成功，为我国的经济体制改革指明了前进方向。

第六章 广东经济特区模式的"内涵"深化和"外溢"发展

试验、摸索、总结、推广是广东经济特区作为改革开放的试验田的"四部曲"。在这个过程中,解放思想、实事求是的思想再一次得到了深化,独树一帜的特区发展思想由此形成。广东经济特区进行改革创新、先行先试、敢破敢立,通过区域思想进步进而带动全国各地深化改革思想,是经济特区在国家战略中的最大价值所在。设立经济特区的本意是通过在特定范围内的试验和探索,让新的制度与体制能在更广范围内实行。特区的设立是思想开放的表现形式,更是深化改革的实践手段。广东经济特区很多做法,已经被许多地区借鉴。当特区不特、特区特有的先进性发展为各地的共性时,恰是它对中国社会贡献最大的时候。由此完成了特区的使命,实现了特区的超越。①

"摸着石头过河"很好地诠释了广东经济特区试验的过程。纵观古今中外的改革,从商鞅变法到戊戌变法,从日本的明治维新到美国的罗斯福新政,只有上下齐心方能取得成功。从群众来讲,要创新,广东经济特区的经验就是敢闯;从领导来讲,要宽容,广东经济特区的经验就是"鼓励创新,宽容失败"。例如深圳在改革过程中,就出现过1988年的"蛇口风波"、1992年的"股票风波"等重大事件。邓小平同志曾说:"不冒点风险,办什么事情都有百分之百的把握,万无一失,谁敢说这样的话?看准了的,就大胆地试,大胆地闯。"② 高层宽容对待改革,并给予"试错"的权力,是广东经济特区取得成功的重要因素之一。

在"改"中"革",既要"改"形式,更要"革"陈弊。具有窗口示范效应的广东经济特区,坚持以问题倒逼改革,以开放促改革,"鼓励创新,宽容失败"氛围由此形成。只有打破常规进行相关配套改革,无惧触及利益集团和权力部门,面对困难,像牛一样继续往前"拱",广东经济特区的改革才能显出成效。深度调整传统利益格局,突破现有秩序,才是改革的真切内涵。

在广东经济特区发展过程中涌现出一系列创新精神,即"敢想敢干、敢闯敢试、敢为人先",催生出一系列新理念,包括"时间就是金钱、效

---

① 参见刘敏、李勇《深圳经济特区发展实践思考——基于辩证法视角》,载《学理论》2014年第17期。

② 深圳商报:《大胆地试 大胆地闯 邓小平和深圳》,载人民网(http://politics.people.com.cn/GB/1026/3647661.html)。

率就是生命""追求卓越、崇尚成功"等,创造出一系列新鲜经验,极大地鼓舞和激励了全国人民,有力地推动了全国改革开放和现代化事业,为从理论上和实践上深化中国特色社会主义的认识起到了重要作用。这种思想上、精神上的巨大作用是不可估量的。

中央兴办经济特区思想的正确性,在广东经济特区的成功实践中得到了充分证明。广东经济特区的成功实践,是邓小平理论和"三个代表"重要思想的光辉结晶,是我国改革开放以来实现历史性变革和取得伟大成就的一个精彩缩影,是中国特色社会主义具有强大生命力的生动反映。

(二)执行推广

广东经济特区成立40年,是广东沿着中国特色社会主义道路开拓前进、迅猛发展的40年,是广大干部群众解放思想、敢于实践、大胆创新的40年。40年来,广东各个方面都取得了举世瞩目的伟大成就,创造了世界工业化、城市化、现代化史上的罕见奇迹。广东创造的物质财富、精神财富,以及对全国做出的贡献,都是巨大的、惊人的,确实值得大书特书。

牢牢把握以经济建设为中心的发展思想。广东经济特区实现经济持续高速增长,发展水平跃居全国前列。广东经济特区紧紧抓住发展这个第一要务不动摇,经济一直保持高速发展的良好势头,经济实力跻身全国大中城市前列。

坚持推进改革和体制创新的发展思路。广东经济特区的改革不断取得新突破,社会主义市场经济体制基本建立。广东经济特区践行把社会主义基本经济制度与发展市场经济相结合的制度,把以公有制为主体与发展多种所有制经济很好地结合起来,敢闯敢试,勇于探索,在许多方面和领域率先进行了创新性的改革,逐步建立起比较完善的社会主义市场经济体制和运行机制。

切实促进对外开放的发展战略。广东经济特区提升开放水平成就显著,全方位开放格局已经形成。广东经济特区始终坚持扩大对外开放,外贸出口连续12年居全国首位。同时,不断加强与周边地区和省市的区域经济合作,促进区域资源整合和优势互补、共同发展。

着力实施创新发展方略。广东经济特区科技创新能力明显增强,高新技术产业蓬勃发展。已涌现出以腾讯、华为、中兴为代表的一批自主创新

第六章 广东经济特区模式的"内涵"深化和"外溢"发展

为特征、具有一定国际竞争能力和全球影响力的高科技企业,形成了以高新技术产业为支柱的高层次产业结构。

努力提升人民生活水平。广东经济特区实现物质文明、精神文明及政治文明共同进步。物质文明上,经济的快速发展提供越来越多的就业岗位,大量外来务工人员在广东安居乐业,人民消费水平和生活质量不断提高,全市形成了多层次的社会保障体系,覆盖面不断扩大,保障能力逐步增强。精神文明上,教育、卫生、文化等各项事业蓬勃发展。政治文明上,通过加强思想政治教育和民主法制工作,实施"两手抓,两手都要硬"的方针,各方面建设不断取得新进展。

加强建设现代化城市管理体系。广东经济特区城市面貌焕然一新。越来越多现代化、国际化标准城市涌现,城市基础设施体系和综合运输体系日益完善,城市管理水平不断提高,区域内大型城市辐射功能提升。[①]

经济特区是先行者,更是指导者。经济特区发展要形成可试验、可推广的道路,以经济特区之路为全国各地区的发展总结可行性经验。其中首要任务之一是推动区域经济协调发展。经济特区作为国家发展根据点,对外可面向亚太开拓广阔的经济腹地,对内可推进珠江三角洲一体化发展,拓展区域合作战略通道,形成粤港澳大湾区经济发展联动效应。据此,广东将因地制宜发挥区域内各地市优势,通过新区、试验区等建设联动区域整体乃至辐射全国。在新区方面,珠海将发挥横琴新区作用,为粤港澳大湾区增添更多内涵。依据"一带一路"的国家倡议,粤港澳大湾区的核心在于深化国际合作,构建与港澳新的合作关系。因此,通过珠海等港口资源的融合,有利于布局卫星港,形成以广深为核心的空间优势。同时,以珠海为落脚点加强协调各港口、保税区,将一线港口打造成国际性航运枢纽,带动建设世界一流的物流中心,将优化广东与海上丝绸之路沿线国家贸易合作的海上通道。此外,珠海具有毗邻澳门发展平台的地缘优势,有助于打通与国外合作的通道。在试验区方面,汕头华侨试验区亦与粤港澳大湾区经济进行积极对接,落实国家"一带一路"倡议,以合作、创新和服务为主题,构建面向全球华侨的集聚发展创新平台。汕头华侨试验区内逐步建立起跨境金融服务、国际采购商贸物流、旅游休闲中心和华侨

---

① 参见温家宝《顺应新形势 办出新特色 继续发挥经济特区作用》,载中华人民共和国中央人民政府网(http://www.gov.cn/gongbao/content/2005/content_91128.htm)。

文化交流基地。通过设立华侨银行、华侨股权投资基金等经济文化合作产业实体,规划建设大型华侨文化展示中心,展现华侨精神、华侨文化,促进华侨文化传承与创新。试验区将打造市场化、法治化和国际化的营商环境,在行政管理体制、投融资体制、财税政策等方面进行优化创新。

40年来,广东经济特区不仅迅速地改变了自身的面貌,还充分发挥了辐射带动和示范作用,为全国改革开放和现代化建设积累了宝贵经验,为探索中国特色社会主义道路做出了重要贡献。一是在体制改革中发挥了"试验田"的作用。在涉及政治、经济、民生等各方面体制改革中走在全国前列,为全国推进改革提供了有益的经验和借鉴。二是在对外开放中发挥了重要的"窗口"作用。广东利用毗邻香港的区位优势,积极吸收和利用外商投资,引进先进的技术和管理经验,发展加工贸易和中外合资合作及外商独资企业,成为我国对外开放、走向世界的重要窗口。三是在现代化建设中发挥了"示范区"作用。广东经济特区发挥原有基础优势,坚持服务全国的大局,大力开展与各地区的经济技术交流与合作,在资金、技术、人才、信息、管理等方面起到了辐射和带动发展的作用。四是对香港、澳门的顺利回归并保持繁荣稳定发挥了重要的促进作用。20年来,粤港澳经济合作日益紧密,形成了经济互补、相互促进、共同发展的格局。广东经济特区为香港、澳门的顺利回归和经济稳定发展做出了积极的贡献。

二、从广东经济特区到"一带一路"

(一)地理优势打造交通枢纽

广东经济特区地理区位条件优越。粤港澳大湾区地处西太平洋——印度洋航线要冲,与马六甲海峡的海上航线距离比环渤海近2 500千米,比长三角近1 500千米,是我国与海上丝绸之路沿线国家海上往来距离最近的发达区域。其中深圳港口的国际集装箱航线达219条,与海上丝绸之路沿线国家航线170条,是国内拥有国际航线最多和东南亚航线最密集的港口。粤港澳拥有世界级海港群和机场群,深圳港、香港港、广州港均居世界集装箱港前八强,年集装箱吞吐量超过7 000万标准箱,是东盟最大港口新加坡港的2倍多;区内机场年旅客吞吐量约1.4亿人次,是东盟最大

第六章 广东经济特区模式的"内涵"深化和"外溢"发展

机场印尼雅加达机场 2 倍多。① 广东参与海上丝绸之路的城市可分为三块：珠三角、东三角和西三角。这些三角地区位于中国大陆的最南端，与东盟、南亚、西亚、北非、南太平洋地区进行经贸合作有天然的地理优势：通达东北印度洋、南亚次大陆的航路最短，到达印度洋西岸、非洲东部沿海国家的距离最近；沿西江、东江、北江可通过航运深入内陆，沿铁路京广线、贵广线、南广线和高等级公路可快捷抵达泛珠三角的广西、江西、湖南、四川、云南、贵州，从而实现与丝绸之路经济带的南线相接。②

交通便捷为粤港澳大湾区物流建设新快车道。粤港澳大湾区内港湾条件优良，海运便利；加之铁路、空港高铁站的兴建将进一步沟通各大城市的联系。公路、铁路以及高速铁路构建一体化的省内、省外交通网，增强了广东对国内辐射的枢纽作用。此外，港珠澳大桥和京九铁路等里程碑式的落成进一步强化了粤港澳大湾区物流对外辐射的能力，形成对内引领发展、对外辐射全球的大格局。

（二）发达产业带动沿线国家经济发展

在新形势下，广东展开了全面产业转型升级，向外转移大量低端劳动密集型制造业，有利于更好地利用"一带一路"地区经济结构的互补性实现共赢。广东产业转型升级需要产业转移提供的市场和空间，沿线国家发展经济也亟须产业转移提供的资本和技术。对于改革开放始终走在全国前列的广东而言，当前其开放型经济的核心已经从重出口轻进口、重吸引外资轻对外投资的单向流动过渡到进口与出口并重、吸引外资与对外投资并重的双向流动，从商品输出向资本输出转型。而"一带一路"沿线国家和地区具有刚性的发展需求，加之要素禀赋和产业基础的市场驱动，双方加强合作与贸易往来成为彼此发展的共识。

广东省国税局的数据显示，2014 年以来新增"走出去"企业 648 户，其中 45% 选择在"一带一路"沿线国家进行投资，民营企业成为投资主力。2016 年在广东全省进出口总额下降的情况下，广东省对"一带一路"

---

① 参见吴思康《深圳发展湾区经济的几点思考》，载《人民论坛》2015 年第 6 期。
② 参见许德友《以"一带一路"广化深化广东开放型经济》，载《汕头大学学报（人文社会科学版）》2016 年第 1 期。

沿线国家进出口仍增长 6.5%，对沿线国家实际投资增长 63.5%，如图 6-1 所示。截至 2017 年 3 月末，到"一带一路"沿线国家投资的广东企业共有 309 家，其中民企境外投资 111 家（占比 35.9%），投资金额为 8.8 亿美元（占比 49.1%）；对"一带一路"沿线国家进出口值达 4 626.50 亿元，占同期我国对沿线国家和地区进出口的 23%，比重较上年提升 2.2 个百分点。广东企业发展势头不断增强，基于自身发展能力外溢"走出去"，帮助"一带一路"沿线国家实现产业优化升级，带动了沿线国家产业数量与质量的同步提升。①

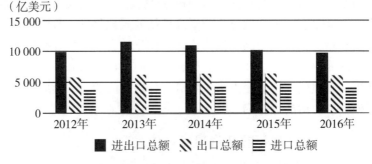

图 6-1　2012—2016 年广东省进出口总额

资料来源：广东省统计局。

（三）观念优势助力包容性发展

共建"一带一路"就是用"丝路精神"推动沿线国家的合作，实现互利共赢。所谓"丝路精神"，指在"丝绸之路"上薪火相传的"和平合作、开放包容、互学互鉴、互利共赢"的精神。《推动丝绸之路经济带和 21 世纪海上丝绸之路能源合作愿景与行动》明确提出，共建"一带一路"将秉承开放的区域合作精神，致力于维护全球自由贸易体系和开放型世界经济；旨在促进经济要素有序自由流动、资源高效配置和市场深度融合，推动沿线各国实现经济政策协调，开展更大范围、更深层次的区域合作，共同打造开放、包容、均衡、普惠的区域经济合作架构。这其实正是"丝路精神"与经济全球化理念的有机结合，是开创包容性全球化道

---

① 参见邱彦昌《领跑"一带一路"，广东再发力》，载《大社会》2017 年第 6 期。

第六章 广东经济特区模式的"内涵"深化和"外溢"发展

路的重要尝试。①

广东是中国海上贸易规模最早最大、移民出洋最早、人数最多的省份，而移民海外的主要目的地即是海上丝绸之路沿线地区。其中，仅在东盟各国的广东籍华侨华人就占广东海外华侨华人总数的60%以上，也占全部东南亚华侨华人总数的近一半。这些华侨华人在当地经济发展中起到重要作用，有较强的社会影响力。心系祖国和家乡的侨胞们努力促进两地沟通。得益于乡缘纽带，广东陆续与外国地方政府建立了近百对友好省州关系。海外粤籍华侨华人起到了桥梁作用，促进了经贸合作和人文交流，传承和发扬了中国文化、岭南文化，坚守了传统中国民俗。很好的例子是许多侨胞在外坚持讲粤语、客家话、潮汕话，不仅通过交际语言传播了广东乃至中国特色，还提高了当地对中国及广东的认知，极大地提升了中国国际软实力。同时由于多年来的侨乡文化，广东具有更为独特的开放性文化，民众思想更包容，由此建立了较好的文化基础，为广东与"一带一路"沿线国家进行经贸合作、人文交流奠定了基础，这成为广东的优势。优越的人文环境特征成为广东企业与沿线国家合作的软资本。以文化血缘作搭台、族群认同为纽带，在"一带一路"建设中充分发挥广东的侨乡优势。

此外，港澳与广东同根同源、血脉相连，粤港澳经济一体化水平高。拥有香港、澳门这两个平台是广东经济特区在"一带一路"经贸合作中的独特优势。香港和澳门中西文化交汇，在人文、经济、政治上与"一带一路"上的东盟国家、英联邦地区和葡语国家有着悠久的交流历史。港澳作为国际性大都市，拥有完善的市场体制、良好的营商环境、完备的法律体系、国际化的生活氛围，为广东与"一带一路"沿线国家进行经贸合作、人文交流提供了最佳平台。港澳与广东间广泛的人缘、地缘、物缘、业缘优势在粤港澳服务贸易自由化后得到了更好的发挥。广东大可紧抓机遇，一方面搭建新的创业创新平台吸引港澳投资者、专业人士来粤；另一方面，借助港澳的大平台、高起点"引进来"和"走出去"，促进广东和沿线国家的经济发展和繁荣稳定。

"一带一路"正在实现传统全球化的扬弃，其方向不是单向度而是包

---

① 参见刘卫东《"一带一路"：引领包容性全球化》，载《中国科学院院刊》2017年第4期。

容性全球化,特点不是资本全球化而是实体经济全球化,路径不是规则导向的全球化而是发展导向的全球化,目标不是竞争型全球化而是共享型全球化。由此而形成的新型全球化将更有活力、更加包容。①

三、从广东经济特区到全球

(一)打造"广东制造"

对外投资合作是广东开放型经济的重要组成部分。现阶段是广东经济结构转型和发展方式转变的关键期。为实现以较低的成本为转变经济发展方式、调整优化产业结构的目标,必须科学筹划实施"走出去"战略,通过引导有实力的在粤企业开展跨国经营,更加充分地利用国际、国内的"两个市场""两种资源",构建高起点及国际化的人才、科技、生产、经营、研发、销售网络。"走出去"战略的升级不但依托于广东经济特区本土产品高质高量的良好声誉,而且进一步在国际上打造"广东制造"的品牌效应。

一方面,广东经济特区致力于提高本土质量,对外直接投资实现跨越式发展。截至 2010 年年底,广东在境外超过 100 个国家和地区投资设立境外企业累计达 2 891 家,协议投资金额 131.78 亿美元。其中,2006—2010 年,广东对外直接投资协议金额从 6.39 亿美元增至 22.78 亿美元,年均增长 35.8%;5 年合计设立企业 1 364 家,协议投资金额 84.46 亿美元,分别占改革开放以来总数的 47% 和 64%。对外直接投资主要有以下 4 个特点。一是延展投资距离,对东盟、欧美地区投资增长迅速。仅仅 5 年时间,广东在美国、东盟、欧盟、非洲投资设立企业的数量和协议投资额均超过去 25 年广东在当地投资的总和。二是新增境外资源开发,权益资源逐步增加。广东省的农垦集团、广晟集团、中金岭南公司、广新外贸集团、粤电集团等省属大企业投资澳大利亚、东南亚的铅锌、金银、煤炭、橡胶等项目均取得良好进展。三是加强境外营销网络建设,直接进入目标市场流通领域。美的集团、格力电器、TCL 集团等品牌家电企业进一步推进在世界目标市场设立销售公司和布控产品销售网络,国际市场占有

---

① 参见王义桅《"一带一路"开创包容联动共享的新型全球化》,载《济南日报》2017 年 5 月 22 日。

第六章　广东经济特区模式的"内涵"深化和"外溢"发展

率不断提高。汕头恺撒、潮州名瑞、广州卡奴迪路公司、珠海华意公司、广州广英公司等企业在中国香港、美国、德国、意大利、英国、加拿大等市场设立服装专卖店。四是扩大境外生产基地，在当地及周边地区的市场份额稳步扩大。珠海格力、美的公司开始在越南、巴西和俄罗斯（现为白俄罗斯）等地设立生产基地。投资距离拉长、境外资源开发、营销网络建设以及生产基地扩大等利好因素的叠加，促进"中国制造"走向更广阔的舞台。

另一方面，广东对外承包工程实现量与质的双提升，对外劳务合作结构实现进一步优化。2006—2010年，广东对外工程承包合同额、营业额分别以年均21.1%和24.3%的速度快速增长，5年合计实现合同额、营业额分别达到370.2亿美元和315.6亿美元，提前超额完成"十一五"规划制定的"对外承包劳务工程营业额年均增长10%，5年累计达到140亿美元"的目标。到2010年，广东对外承包工程新签合同额达98.67亿美元，完成营业额82.08亿美元。高技术、高附加值工程项目比重在不断提高，大项目、品牌工程的带动作用明显增强。同时，对外劳务合作涉及的行业由综合性外经贸行业、建筑业，拓展到高科技、电子通信、设计咨询、酒店管理等高增值行业，实现劳务结构的不断优化，大大提高了对外劳务人员的收入水平。广东对外承包工程的快速增长以及结构优化，实现了"引进来"水平的进一步提升。[①]

（二）书写"广东经验"

理论升华促进广东经济特区建设的经验推广。中国在西方世界整体状态疲软的背景下迅速崛起，国家地位举足轻重。中国在保持独立自主的前提下崛起，走的是一条不同于西方的成功发展道路。因此，中国的发展经验备受发展中国家的关注。其中，中国发展经验令人瞩目的很大一部分在于建设经济特区的典范。为了更好地复制推广中国范例、提炼升华经济特区经验、持续放大改革效应，众多专家学者潜心研究广东乃至全中国发展模式与发展经验，对广东的改革成果进行深度挖掘和提炼，力求把广东做法升华为广东经验，总结出一套可模仿、可复制的中国式经验，致力于实

---

① 参见中共广东省委党校2011年第二期市厅级领导干部进修班第四课题组《加快广东企业"走出去"对策探究》，载《岭南学刊》2012年第1期。

275

现中国及世界各国的共同发展。近年来，一系列关于学习广东经验的图书相继出版，《广东经验》《广东地方治理创新研究丛书：理解中国治理的广东样本——广东经验的理论分析》《对外贸易结构的动态演进广东的经验分析》等的涌现，从不同维度总结并推广了广东经验，其中广东经济特区建设是重要的一笔。结合现阶段经济发展实践，作了进一步理论体系创新，涉及经济体制、政治体制、社会因素、文化水平、技术及意识形态等方面。从中国经济发展的路径与内生发展的机制，深入研究了发展的制度变迁与自由的扩展问题，并结合发展中国家的现状论述了中国经验的现实意义，对经济全球化下中国与世界的发展做了阐释。

援建效果彰显中国经验。40多年来，广东政府积极开展对亚非拉等国家的扶持援助项目，广泛涉及农业、轻工业、重工业以及基础设施建设等方面，先后选派了数以万计的各类工程技术人员出国执行援外任务。在农业领域，广东充分发挥其自然条件、地理环境与"一带一路"沿线国家相似的优势，较多地在当地国发展特色农业，包括甘蔗农场、糖厂、水电站、轻工艺、水产等项目。各项目在当地取得了良好成效，经济效益显著提高，为巩固援建项目成果提供了有益的经验和启示。在基建领域，广东援助了刚果布昂扎水电站和尼日利亚打井工程。在刚果水电站落成仪式上，刚果总理戈马深情地说："水电站的建设是中刚长期合作道路上又一里程碑。"饱尝缺水之苦的尼日利亚群众用上井水时，热泪盈眶表示："饮水不忘给我们打井的中国人！"在交通领域，广东政府援建的重要项目之一是赞比亚共和国塞伦杰—曼萨公路。公路全长335千米，地形复杂，雨季时间长，施工期短，公路沿线又是疟疾发病率高的地区。我国援外人员克服了种种困难，通过长达9年的艰苦努力，工程全部竣工，促进了赞比亚交通和经济的发展。① 广东的援建项目让当地人民看到了发展的成效，也看到了广东经验的可行之处。通过实际项目的建设，让欠发达国家的人民从"要我学"到"我要学"，有助于发展中国家自己的可持续发展，也有利于世界各国共同发展。广东乃至中国经验的推广并非将中国思想强加于他国，而是秉承开放共赢的心态为世界发展贡献一分力量。

---

① 参见陈栋康《广东的对外经济技术援助》，载《国际经济合作》1992年第4期。

四、广东经济特区发展模式的普适性价值

广东经济特区发展的成功因素,大致可分为以下几点:经济自由化战略、企业的国际化战略、有效吸引外资以及政府部门对经济政策的有力指导。其显著特征是投资驱动和出口导向增长。此外,直接投资政策、区域发展增长和对外经济政策等因素都发挥着不同程度的重要作用。中国经济快速增长离不开有效的经济增长政策和一个良好的投资环境。

为了在吸引外资的同时促进本土企业的成长,中国政府采取了一系列措施,包括区域工业政策和出口促进战略、发展导向和适度的外资机制促进了资金的流入和本土企业与外来资本的合资、采取统一的经济特区战略等。

从20世纪80年代开始,我国政府开始试点经济特区,尤其是在广东深圳缔造了传奇故事。深圳从小渔村发展为一个高度现代化的国际城市。这种发展模式在过去的38年里推广到了中国的其他地区,使中国由先前的一个农业国发展成为一个90%产值依靠第二和第三产业的国家。中国亦已开始支援一些非洲国家建设经济特区,期待广东乃至中国的经济特区经验能为这些国家的发展提供一些启示。

(一)政策引领:服务型政府

广东以建设幸福广东为目标,以经济特区扩围和新型城市化为抓手,优化提升城市形态和功能布局,加快推动战略性新兴产业倍增、现代服务业提速、传统优势产业提升和海洋经济综合开发。推进统筹城乡综合配套改革,提高开放合作水平,突出社会发展和民生改善,打造法治政府,促进社会公平正义。全面提升城市综合实力,建设华侨经济文化合作试验区,强化粤港澳中心城市集聚辐射功能,努力把广东建成全国重点湾区和国际性经济区。

(二)地缘优势:产业集聚

广东是全国电子信息产业重镇,年产值突破万亿,是全国乃至全球重要的通信设备、平板显示、计算机等的研发、生产、出口基地。加之广东互联网产业发达,2015年互联网产业增长19.1%,电子商务交易额超过1.7万亿元,互联网金融全国领先,网贷平台的数量领跑全国。

仅深圳从事互联网的主体就超过9万多家，拥有一大批国际一流的互联网品牌企业。以深圳前海跨境电子商务运营模式为例，其不仅具有传统商业优势、产业领先优势，还具有前海保税港区的政策优势；加之与电子物流科技的有机结合，构建跨境电子商务服务平台将为深圳创造更独特的发展优势。一方面，珠江三角洲地区强大的制造业提供了坚实的产业支持；另一方面，物流一体化为供应链管理实现商流、物流、信息流及资金流"四流合一"提供了保障。以深圳为发展先锋的广东省致力于打造一站式跨境电子商务服务平台，使"全球贸易，粤港澳服务"的现代服务业模式成为可能。

全球经济一体化趋势逐渐加强，与之相对应的交通网络平台的要求也越来越高。截至2015年，我国对外投资存量达10 978.65亿美元，其中对亚洲、非洲、欧洲投资存量分别达7 689.01亿美元、346.94亿美元和836.79亿美元。以海港、空港为支撑，以信息港为平台，发挥多港联动综合效应，加快发展供应链管理，进一步提升国际中转能力；同时拓展已有的湾区发展优势，推进重大基础设施建设，参与建设国际物流大通道，积极对接国家陆路骨干网，提升对中亚、南亚等新兴市场拓展能力，为粤港澳大湾区经济发展开辟更广阔的空间。广东将着力强化世界级海港枢纽地位，通过联动珠江三角洲各湾区形成一体化港口群，强化广东远洋集装箱枢纽港功能。加强国际采购、国际配送功能，建设全球化的物流一体化管理平台，与香港合作共建，打造辐射全球的航运中心。同时加强建设广东各港经内陆城市至中亚铁路班线，推动粤港澳成为国际性海陆联运枢纽。

（三）创新先行：立足科技

自主创新是广东经济特区的发展特色。通过全面促进产业转型升级，完善自主创新的体制机制和政策环境，建设以现代服务业和先进制造业双轮驱动的主体产业群，形成结构高级化、发展集聚化和竞争力高端化的现代产业体系。广东经济特区自主创新成效明显，创新驱动发展动力强劲。构建以企业为主体、以市场为导向、产学研结合的开放型区域创新体系，率先建成全国创新型区域，成为亚太地区重要的创新中心和成果转化基地。依托新型研发机构，知识创新、技术创新和产业化将进一步加快。2010年，深圳成为首个国家创新型城市。核心技术自主创新能力得到提

第六章　广东经济特区模式的"内涵"深化和"外溢"发展

升，PCT 国际专利申请量连续 7 年居国内首位，基因研究、通信技术水平达到国际一流。战略性新兴产业迅速崛起，在全国率先出台实施生物、互联网、新能源的产业振兴规划及产业政策。高新区单位面积产值、税收均居全国首位。珠海在产业结构调整方面成效明显。通过制定实施了先进装备制造、生物医药、新能源汽车等一系列重点产业发展规划及扶持政策，推动产业高端集聚发展。初步形成了家电电气、电子信息、精密机械制造、生物医药、电力能源、石油化工、软件和集成电路设计、打印耗材等产业集群。海洋工程装备制造、通用航空等新兴产业发展壮大，产业结构升级加快。现代生态农业和海洋经济迅速发展，斗门生态农业园成为首批国家农业产业化示范基地。同时，"双轮驱动"战略，即坚持现代服务业和先进制造业并重的战略，使珠海的现代商务、会展、旅游等产业加快发展。汕头在自主创新方面也取得不少成果，产业结构调整取得明显成效。2010 年开始，汕头工业产业向集群化、高端化发展，企业自主创新能力明显提高，科技指标和名牌数量居全省前列。总部经济初具规模。特别是现代服务业投资延续高增长态势，新型产业集聚发展。2014 年，汕头电子商务发展迅猛，入选全国电商百佳城市。全市近 90% 的企业开展电子商务应用，淘宝电子商务村在全国名列前茅。①

（四）优化制度：构建法制社会

党的十九大进一步明确了全面推进依法治国的性质和方向，突出了全面推进依法治国的工作重点和总抓手，不仅是对法治中国建设成功经验的深刻总结，更是对未来中国法治建设的科学定位。经济特区依法治区是贯彻依法治国基本方略的区域性的具体体现，是我国建立和发展社会主义市场经济体系和健全法制的内在要求，也是营造良好的法治环境、投资环境和人民群众生活环境的有力保障。

经济特区发展综合了经济结构调整、社会关系变迁、社会利益格局变动，是大量资金、人才、技术结合的体现。为此，法治的保障作用对经济特区发展尤为重要。为经济特区营造一个良好的法治环境和稳定团结的社会环境，要求以法律规范和调整经济社会关系。而创新作为经济特区发展的灵魂元素，经济特区立法创新也应与时俱进。正所谓"法与时转则治，

---

① 参见吴克辉《广东经济特区的发展与创新》，载《改革与开放》2015 年第 11 期。

治与世宜则有功",经济特区在新形势下面临新的历史使命,在经历了以市场经济立法为重点的阶段后,已经进入构建和谐社会的新阶段。

以经济特区立法权为例,其大胆尝试,勇于探索和创新,形成适应特区经济发展需要的、与国家法律相配套的特区法规框架,正是特区作为改革开放窗口所提供的宝贵经验。经济特区充分发挥立法试验田的探索作用,为国家建立和完善社会主义市场经济法律体系积累了宝贵经验。经济特区根据授权决定先行立法,既为国家将来立法开辟了道路,又适应了本地区的发展。

从经济特区法治化建设的经验来看,立法创新应着重强调三点:理论先行、针对性强、适时性佳。其一,立法制度创新应先强调创新的理念。不仅是经济特区,全国各地区立法应贯彻先行性、试验性理念。经济特区在国家相关法律法规尚未制定完善的情况下,结合本地区实际情况,以实践至上的态度,不断完善特区法律体系,进而为国家法律体系建设提供更多鲜活例子和实证思考。其二,立法应具有针对性。立法创新应针对地区应急、应兴、应革的事项以及社会经济生活中的热点难点问题,这样才能把握问题的根本,从根源上解决各类问题。如以立法促进科技和体制创新,从而促进高新技术的发展。针对经济中心工作和社会发展的实际需要,发挥法律法规的引导、推进作用,是立法进程与改革开放和现代化建设相适应的具体体现。特区乃至各地区的法治体系应起到经济社会发展的基础性作用。通过地方立法改善实际民生问题,如优化城市环境、整顿市场经济秩序、规范违法建筑、清除无照经营等乱象。各地区应通过地方立法,强化国家法律法规的实施,在热点、难点问题上取得卓越成效。其三,立法应具有适时性。即符合时代发展需求,契合现代法治理念,切合现代社会管理模式。通过把握立法信息、做好立法预测、制定立法规划,在时间、数量、规模、质量上迎合社会立法需求。法治以民主为前提和基础,各地区立法要加强民主性,以民意为依据,注重民众参与,立法面向民众,加强民众对立法的监督。随着政府职能从管制型向服务型转变,立法乃至施法模式也应当随之改变。

经济特区法治创新促进了依法治区工作更好更快开展,推进了经济特区市场经济体制的进一步完善,重塑了经济特区法治建设的软条件,加速社会的多元化发展。经济特区发展坚持法治统一和先行先试的原则,不与宪法和法律原则相抵触,坚持将改革发展的决策和法治决策相结合,为国

第六章 广东经济特区模式的"内涵"深化和"外溢"发展

家和地方立法提供了试验和借鉴,为中央和地方法治建设开创了新格局。在未来的法治发展中,经济特区将继续发扬其兼容并蓄的特性,借鉴国内外先进的法律构想和成功经验,为本地区乃至全国的发展开拓更广阔的创新空间。①

小　　结

广东经济特区是我国改革开放的窗口,地处粤港澳大湾区和海上丝绸之路战略要冲,与"一带一路"沿线国家交流合作紧密。广东具有经济特区、湾区的叠加优势,在经济特区政策的东风下,融合湾区经济产业发达、功能强大、开放互动、集聚外溢的特点,一方面加强辐射作用,加强与"一带一路"沿线国家的互联共通;另一方面深化地区优势领域,打造最具发展潜力的产业群。

经济特区的创立是对区位优势的肯定,也是从宏观角度对各地比较优势的认可。经济特区的区位优势在于:面向太平洋,毗邻港澳台,最容易对接国际市场、容易在空间上实现与国际分工的顺利接轨。此外,港口优势在资源约束愈加严重的国际背景下,经济特区的港口能以更低的成本大量进口资源、大量出口产品的战略来实现该区域经济的可持续发展。

可见,由于经济特区处于中国改革开放的最前沿,其不仅承担着带动区域发展的任务,还肩负着远大的历史使命。经济特区的发展不仅解决了自身在制度、资本和技术等诸多方面的"瓶颈"问题,更是作为"试验田"担当着改革先锋的重任,推动了此后经济发展的市场化取向,挑战了旧体制的"软肋",进而彻底改变了传统保守的经济理念,促进了外向型经济的发展,明确了中国经济的开放指向;在开放的视角下实现了资源在空间配置效率上的极大提升。经济特区建设核心之处在于以事实为依据,证明了改革方向、改革思想、改革道路的正确性,其"摸着石头过河"的勇气和冒险精神极大地鼓舞了全国人民,为深化改革提供了精神动力。

以改革作为驱动力推动经济发展始于广东经济特区建设初期,并贯穿

---

① 参见范经云《浅议我国经济特区立法的基本原则》,载《法制与社会》2013年第6期。

经济特区发展始终。广东改革发展经历四个阶段,即初创阶段、深化改革阶段、跨越式发展阶段、全面深化改革时期,各阶段各有特色。

第一阶段是初创时期(1978—1985年),主要是为经济特区的发展奠定初步基础。1978年12月,党的十一届三中全会的召开,开启了改革开放发展新时期。1980年8月,全国人大常委会议通过《广东省经济特区条例》,标志着经济特区正式成立。按照中央与广东省的部署,广东经济特区可利用毗邻港澳的区位优势和特区扶持优惠条件,通过发展"三来一补"加工贸易,为经济发展积累资金和管理经验;推进以价格、劳工等计划经济制度向市场经济体制转变,为经济特区发展扫除制度障碍;促进基础建设,实现广东速度,形成我国改革发展的示范效应。

第二阶段深化改革时期(1986—1992年),主要是形成"以工业为主、工贸技结合、综合发展"发展格局,将工业发展和经济体制改革相结合。在工业发展上,通过吸引外资与技术,发展"三资企业",推进与中国科学院合作,创建科技工业园,推进大亚湾核电站等建设,大力发展基础工业,使广东快速形成以工业为主的出口创汇外向型经济。在经济体制改革上,逐步拓展与深化,如率先推进国企股份制,创新金融体制,发展证券业,完善社保制度,实施住房商品化,推进土地拍卖制度等。对外开放,建设保税工业区,促进外向经济发展。

第三阶段跨越式发展时期(1993—2002年),产业转型、建立现代化经济体制、深化对外开放齐头并进。重点推进四大产业发展和扩大对外开放,推进形成社会主义市场经济体制和运行机制。在产业转型上,加快发展现代金融业、现代物流服务、高新技术产业等第三产业,加快推进传统制造业改造,发展先进制造业;在经济体制上,建立现代企业制度,推进依法治市,深化行政体制改革,建设市场交易体制等;在对外开放方面,引进高新技术产业项目,发展总部经济,深化口岸体制改革,简化通关程序,实施走出去战略,开拓国际市场。

第四阶段全面深化改革时期(2003年至今),以2007年为界限,可分为经济危机前阶段和新常态阶段。面对全球经济新常态,广东省政府审时度势,提出发展6大战略性新型产业,发展进一步推进产业转型升级,深化行政管理体制改革,努力创建服务型责任政府,推进粤港合作新局面,推动粤港产业合作进程,打造双赢格局,发展粤港澳大湾区,创新发展平台。

第六章 广东经济特区模式的"内涵"深化和"外溢"发展

总体来看,广东经济特区改革成绩显著,主要有以下几点:制度改革与完善成效显著、实现产业结构转型升级、实现科技创新的跨越式发展、审时度势调整开放政策。制度改革方面,广东经济特区为扫除发展的制度障碍,打破计划价格制度、劳工制度、深化改革时期国企股份制改革、金融体制改革、社保制度改革,并建立起社会主义市场经济体制和运行机制。产业优化升级方面,广东经济特区经历了从初期发展加工贸易产业向深化改革时期出口工业,到跨越期发展四大产业,至新常态下发展六大战略性新型产业。在科技创新发展方面,广东经济特区尤其重视创新在经济发展中的支柱作用,依靠自主创新驱动社会经济发展,实现逐步由"广东速度"向"广东质量"转变。在对外开放方面,广东经济特区注重逐步调整,由初期依靠土地、人力等资源要素优势发展"三来一补"加工贸易推动经济发展,到深化期发展出口工业,并在跨越期提升对外开放服务,实现高水平的对外开放格局。[①]

---

① 参见刘新新、张超《论新变革时代下的深圳特区改革》,载《南方论刊》2015年第1期。

第七章　广东经济特区改革发展的成就与贡献

改革开放是当代中国发展进步的活力之源，是决定当代中国命运的关键一招。建设经济特区是开启中国对外开放的光辉起点。在中国对外开放进程中，广东经济特区对富有中国特色的社会主义实践道路探索、试验和示范的作用功不可没。恰如习近平总书记在党的十九大报告中对中国近百年来中国社会主义实践富有深意的总结道："我们党深刻认识到，实现中华民族伟大复兴，必须合乎时代潮流、顺应人民意愿，勇于改革开放，让党和人民事业始终充满奋勇前进的强大动力。"① 而开辟经济特区，正是推动中国走上以开放促发展、以开放促改革道路的关键环节。广东经济特区成立 40 年来，以令世人瞩目的发展成就向全球昭示，党的十一届三中全会以来形成的中国共产党的基本理论、基本路线、基本纲领、基本经验是完全正确的，中央作出兴办经济特区的决策是完全正确的；改革开放是决定当代中国命运的关键抉择，符合党心民心，顺应时代潮流，只有改革开放才能发展中国、发展社会主义、发展马克思主义，中国特色社会主义道路是实现中华民族伟大复兴的必由之路、成功之路。

第一节　广东经济特区的经济发展成就

改革开放 40 年来，广东人以"勇为天下先"的精神，解放思想，求真务实，锐意创新，加速发展步伐，全省社会经济面貌发生了深刻的变

---

① 习近平：《决胜全面建成小康社会夺取新时代中国特色社会主义伟大胜利——在中国共产党第十九次全国代表大会上的报告》，人民出版社 2017 年版，第 14 页。

第七章 广东经济特区改革发展的成就与贡献

化,从一个社会经济相对落后的边陲省份,一跃发展成为全国的经济大省,国民经济和社会发展都发生了翻天覆地的变化,取得了令世人惊叹的辉煌成就,为中国的改革开放和经济发展做出了突出贡献。而广东经济特区作为广东经济腾飞发展的重要组成部分,在广东改革开放大潮中也留下了光辉灿烂的一笔。

一、经济快速发展,经济实力不断增强

作为全国改革开放的前沿省份,广东一直以卓越的经济发展成就引领中国经济的快速增长。从1978年至2016年,全国生产总值从3 678.7亿元增长至74.11万亿元,经济增长了200多倍,年均增长速度为14.98%;而广东从1978—2016年,以17.29%的年均增长速度高速增长,地区生产总值由185.85亿元快速增长至7.95万亿元,经济增长了近427倍。与此同时,广东经济规模在全国经济总量的占比也由1978年的约5%增长至10.73%,广东作为全国经济大省的地位得到完全确立。

相比而言,广东经济特区经济增长更加显著。从1979年至2016年,广东省内的深圳、珠海和汕头三大经济特区地区GDP由12.76亿元快速增长至2.38万亿元,年均增长21.92%,如图7-1所示。不仅远高于改革开放以来全国经济的年均增长速度,而且高于广东全省平均增长速度近5个百分点。与1979年相比,2016年广东三大经济特区地区生产总值规模增长了1 864倍。在改革开放初期的1979年,广东三大经济特区的地区GDP仅占全省经济总量的6.87%。至2016年,三大经济特区的地区GDP占据全省经济总量规模的29.93%,显示出改革开放以来广东三大经济特区经济发展的辉煌成就。

在广东三大经济特区中,深圳经济特区一马当先。1979—2016年,深圳经济特区地区生产总值年均增长27.4%,2016年地区生产总值的规模是1979年的9 925.96倍;珠海经济特区地区生产总值年均增长20.14%,2016年地区生产总值的规模是1979年的1 066.12倍;汕头经济特区地区生产总值年均增长15.5%,2016年地区生产总值的规模是1979年的238.96倍,如图7-2所示。

按人均GDP统计,以深圳、珠海为代表的广东经济特区在经历改革开放40年的发展后,已经基本达到中等发达国家水平。数据显示,2016年,深圳人均生产总值已经达到167 411元,按2016年平均汇率折算为

25 176 美元,在世界经济体排名中接近第 33 位的水平(马其他,25 214 美元),超越中国台湾省 22 453 美元的人均 GDP 水平。珠海人均生产总值达 13.45 万元,按平均汇率折算为 2.02 万美元,在全球经济体排名中接近第 39 位的水平(沙特阿拉伯,20 150 美元)。

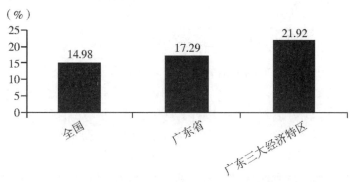

图 7-1　1978—2016 年全国、广东省和广东三大经济特区 GDP 年均增速比较①

数据来源:《中国统计年鉴·2017》《广东统计年鉴·2017》《深圳统计年鉴·2017》《珠海统计年鉴·2017》《汕头统计年鉴·2017》。

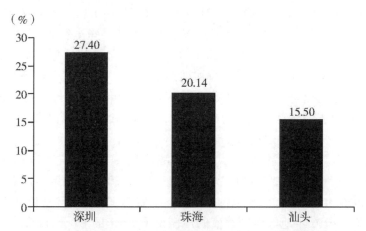

图 7-2　1978—2016 年广东三大经济特区 GDP 年均增速比较

数据来源:《深圳统计年鉴·2017》《珠海统计年鉴·2017》《汕头统计年鉴·2017》。

① 广东三大经济特区的年均增长速度计算方法与全国和广东省的有所不同,前两者均是以 1978 年为基数,后者由于数据缺失,以 1979 年为基数。

从人均 GDP 的增速来看，1979—2016 年，以深圳、珠海为代表的广东经济特区人均 GDP 的年均增速也远超全国和广东省的平均水平，如图 7-3 所示，广东经济特区持续的经济活力对广东乃至中国的经济增长发挥了重要的引领作用。

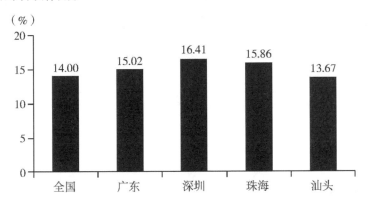

图 7-3　1978—2016 年全国、广东和广东三大经济特区人均 GDP 年均增速比较

数据来源：《中国统计年鉴·2017》《广东统计年鉴·2017》《深圳统计年鉴·2017》《珠海统计年鉴·2017》《汕头统计年鉴·2017》。

从地方财政收入指标来看，改革开放以来，广东三大经济特区的财政收入总量也呈快速发展的态势。仅以 1994 至 2016 年的数据来看，在这 20 多年间，深圳经济特区的财政收入增长了约 41 倍，珠海经济特区增长了 21 倍，汕头经济特区增长了 10 倍。从财政收入贡献来看，三大经济特区的财政收入占据了全省财政收入的近三成，且近年来对全省财政收入的贡献呈不断上升的态势，如图 7-4 所示。其中，广东三大经济特区中发展较为成熟的深圳经济特区，仅 2016 年单个地市的财政收入总额就占据了全省的近 30%，居全省财政收入总额的第一位，见表 7-1。

表 7-1 1994—2016 年部分年份广东省各市财政收入情况比较

单位：亿元

地市	1994年	2000年	2005年	2010年	2015年	2016年
广州	62.87	200.55	371.26	872.65	1 349.47	1 393.64
深圳	74.40	221.92	412.38	1 106.82	2 726.85	3 136.49
珠海	13.16	24.23	48.97	124.53	269.96	292.37
汕头	12.03	18.94	29.44	72.65	131.26	137.09
佛山	20.85	59.53	130.85	306.05	557.55	604.50
韶关	5.61	8.63	19.93	47.81	85.23	85.05
河源	1.31	2.55	8.52	25.09	67.48	68.89
梅州	5.04	7.18	15.18	38.95	103.59	105.46
惠州	7.44	12.94	34.72	131.23	340.02	361.30
汕尾	2.33	4.16	7.09	26.23	28.83	30.78
东莞	7.69	30.22	103.97	277.84	517.97	544.75
中山	6.74	17.46	54.26	139.38	287.51	295.04
江门	13.49	21.24	41.63	104.29	199.01	204.17
阳江	2.85	3.89	8.70	26.77	67.93	57.99
湛江	9.12	12.44	24.01	66.23	121.86	112.94
茂名	5.82	9.08	21.26	51.95	113.92	121.43
肇庆	7.17	10.97	20.44	76.80	143.36	91.70
清远	2.72	4.53	13.25	72.79	108.38	95.64
潮州	3.04	4.60	8.64	23.25	47.20	44.40
揭阳	3.98	9.24	11.19	38.65	77.40	73.64
云浮	0.80	3.65	9.33	23.54	58.70	57.42

数据来源：《广东统计年鉴·2017》。

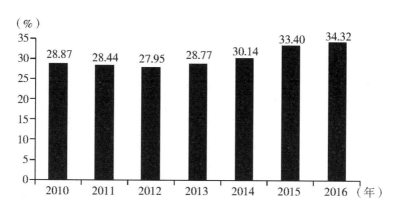

图 7-4　2010—2016 年广东三大经济特区对广东财政收入的贡献

数据来源:《广东统计年鉴·2017》。

二、对外贸易快速扩展,外向型经济贡献快速提高

如图 7-5 所示,1978—2016 年,广东全省对外贸易进出口总额从 16 亿美元,增长到 6 340.5 亿美元,增长了近 600 倍,年均增长 18.86%,进出口总额由 7.75% 增长到 25.92%,连续 30 余年稳居全国首位。而在广东三大经济特区中,以深圳、珠海为代表的广东经济特区对外贸易发展速度更快。1979—2016 年,深圳外贸进出口总额增长了 2.38 万倍,外贸

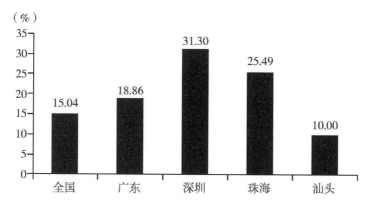

图 7-5　1978—2016 年全国、广东和广东三大经济特区外贸进出口年均增速比较

数据来源:《中国统计年鉴·2017》《广东统计年鉴·2017》《深圳统计年鉴·2017》《珠海统计年鉴·2017》《汕头统计年鉴·2017》。

进出口年均增速达到31.30%；珠海外贸进出口总额增长了4 451倍，年均增长25.49%。均远超全国和广东省外贸进出口增长的平均速度。值得关注的是，尽管汕头在对外开放中外向型经济遭遇较大的挫折，但外贸进出口也获得了年均10%的增长速度。1978—2016年，汕头进出口总额增长了30多倍。

在经济学理论中，外贸出口是拉动经济增长的三驾马车之一。如果按照外贸出口增速测算，1978—2016年，全国外贸出口增长了214倍，年均增长15.62%；而作为改革开放前沿省份的广东省，全国外贸出口增长了373倍，年均增长17.37%，外贸出口成为广东经济增长的强劲拉动力量。在广东三大经济特区中，按外贸出口总额测算，深圳2016年的外贸出口是1979年的2.55万倍，而珠海2016年的外贸出口也是1979年外贸出口的近3 000倍，外贸出口对经济特区经济增长的拉动作用更为显著。需要说明的是，除了商品贸易出口以外，如果加上劳务出口、旅游收入等，对外开放对广东经济特区经济增长的直接贡献率则更大。此外，对外开放对经济增长的间接促进作用也不容忽视，如引进先进技术和管理方法、培训员工、现代企业的示范效用等都对经济特区的快速腾飞产生了显著的推动作用。

除了大力发展对外贸易以外，积极吸引外资和大力促进对外经济合作也是广东打造外向型经济的重要组成部分。2016年，广东全年新签外商直接投资项目8 078个，比上年增长14.9%；合同外资金额866.75亿美元，比上年增长54.5%。全年经核准境外投资新增中方协议投资额282.76亿美元，比上年下降5.7%；新增中方实际投资额206.84亿美元，比上年增长94.3%。对外承包工程完成营业额181.64亿美元，比上年下降8.6%；对外劳务合作新签劳务人员合同工资总额6.55亿美元，劳务人员实际收入总额8.92亿美元，承包工程和劳务合作年末在外人员共8.48万人。

在广东外商直接投资中，2016年，深圳、珠海和汕头三大经济特区外商直接投资签订项目共计4 956个，占同年广东省签订项目总量的61.35%；协议利用外资共计615.18亿美元，占同年广东协议利用外资金额的70.98%；实际利用外资91.18亿美元，占同年广东实际利用外资金额的39.05%，见表7-2。

第七章 广东经济特区改革发展的成就与贡献

表7-2 2016年广东三大经济特区外商直接投资情况

经济特区	签订项目个数（个）	协议利用外资金额（万美元）	实际利用外资（万美元）
深圳经济特区	4 132	5 219 268	673 221
珠海经济特区	803	905 590	229 465
汕头经济特区	21	26 937	9 086
合计	4 956	6 151 795	911 772
占全省比重	61.35%	70.98%	39.05%

数据来源：《广东统计年鉴·2017》《深圳统计年鉴·2017》《珠海统计年鉴·2017》《汕头统计年鉴·2017》。

外资企业的大量引入为广东经济特区的快速腾飞发挥了重要作用，见表7-3。2000年以来，深圳、珠海外商直接投资出口占据本市出口总额的比重一度超过60%，珠海甚至在某些年份超过80%。汕头外商直接投资出口占本市的比重尽管相对较低，但在部分年份也曾接近50%。

表7-3 2000—2016年广东三大经济特区外商直接投资对本市出口的贡献

年份	深圳		珠海		汕头	
	外商投资出口（亿美元）	占本市出口比重（%）	外商投资出口（亿美元）	占本市出口比重（%）	外商投资出口（亿美元）	占本市出口比重（%）
2000	194.97	56.41	26.24	71.97	7.10	27.36
2005	675.85	66.57	89.05	82.70	15.33	48.18
2010	1 207.70	59.15	166.03	79.59	20.74	42.04
2011	1 384.31	56.41	186.36	77.73	22.83	38.36
2012	1 401.59	51.65	160.13	74.01	23.16	37.58
2013	1 458.41	47.71	168.36	63.34	23.10	35.00
2014	1 414.10	49.73	157.64	54.33	20.38	29.26

（续表 7-3）

年份	深圳		珠海		汕头	
	外商投资出口（亿美元）	占本市出口比重（%）	外商投资出口（亿美元）	占本市出口比重（%）	外商投资出口（亿美元）	占本市出口比重（%）
2015	1 291.43	48.91	150.19	52.13	15.17	22.45
2016	1 065.18	44.88	125.74	46.01	13.40	20.85

数据来源：《广东统计年鉴·2017》《深圳统计年鉴·2017》《珠海统计年鉴·2017》《汕头统计年鉴·2017》。

三、产业结构逐步优化，经济发展质量稳步提升

改革开放 40 年来，广东经济特区产业结构优化的主要表现体现在两个方面：一是从三大产业划分的角度来看，工业化进程快速推进，服务业比重快速提升，见表 7-4。1978—2016 年，全国第二产业比重由 47.71%下降至 39.81%，而服务业比重则由 24.60%上升至 51.63%，第一产业的比重大幅下降，工业化中后期的特征较为明显。而在广东以及广东下辖的三个经济特区中，产业结构调整优化的速度则更快。从 1978 年至 2016 年，广东第一产业的比重快速下滑至 4.65%，三大经济特区中深圳经济特区的第一产业比重甚至逼近 0，说明改革开放 40 年来，以广东三大特区为代表的区域产业结构调整进程迅速加快。在第一产业比重快速下降的同时，标志现代经济发展水平的第三产业比重在快速上升，其中以深圳经济特区为代表的广东经济特区第三产业比重甚至已经超过 60%。尽管三大经济特区中产业结构调整的进程并不均衡，但三大产业结构不断优化是不同特区之间产业结构调整的共同趋势。

体现广东产业结构优化的第二个特征是广东先进制造业、高技术制造业、生产性服务业和现代服务业等业态的快速发展。以深圳经济特区为例，2016 年，深圳先进制造业占规模以上工业比重已经超过 70%，位居全省第一位；高技术制造业增加值排全省首位，高技术制造业增加值占本市规模以上工业比重也超过 65%，见表 7-5。除此以外，深圳还形成了以 4 大支柱产业、7 大战略性新兴产业、4 大未来产业和相关现代产业为支撑的现代产业体系。

第七章 广东经济特区改革发展的成就与贡献

表7-4　1978与2016年全国、广东省及广东三大经济特区的产业结构比较

年份	产业门类	全国 总量(亿元)	全国 占比(%)	广东省 总量(亿元)	广东省 占比(%)	深圳 总量(亿元)	深圳 占比(%)	珠海 总量(亿元)	珠海 占比(%)	汕头 总量(亿元)	汕头 占比(%)	广东三大特区 总量(亿元)	广东三大特区 占比(%)
1978	第一产业	1 018.5	27.69	55.31	29.76	0.73	37.04	0.81	38.64	2.10	24.07	3.63	28.45
1978	第二产业	1 755.2	47.71	86.62	46.61	0.40	20.46	0.64	30.60	3.31	38.00	4.35	34.09
1978	第三产业	905.1	24.60	43.92	23.63	0.83	42.51	0.64	30.76	3.30	37.93	4.78	37.46
2016	第一产业	63 670.7	8.56	3 694.37	4.65	7.17	0.04	43.53	1.96	107.23	5.15	157.93	0.66
2016	第二产业	296 236.0	39.81	34 001.31	42.76	7 780.45	39.91	1 079.89	48.50	1 051.03	50.51	9 911.37	41.64
2016	第三产业	384 220.5	51.63	41 816.37	52.59	11 704.97	60.05	1 102.96	49.54	922.72	44.34	13 730.64	57.69

数据来源：《中国统计年鉴·2017》《广东统计年鉴·2017》《深圳统计年鉴·2017》《珠海统计年鉴·2017》《汕头统计年鉴·2017》。

表7-5 2016年广东各市先进制造业和高技术制造业增加值与占比

地市	先进制造业（亿元）	先进制造业占规模以上工业比重（%）	高技术制造业增加值（亿元）	高技术制造业增加值占规模以上工业比重（%）
广州	2 436.11	55.5	508.30	11.6
深圳	5 274.73	74.2	4 637.75	65.2
珠海	472.31	46.2	292.77	28.6
汕头	107.14	13.6	43.45	5.5
佛山	1 570.29	33.6	361.39	7.7
韶关	106.07	31.7	17.49	5.2
河源	170.70	48.6	101.91	29.0
梅州	49.25	22.2	33.78	15.2
惠州	1 080.25	61.2	708.68	40.2
汕尾	63.90	25.9	50.21	20.4
东莞	1 505.20	50.7	1 103.20	37.2
中山	480.49	36.4	243.29	18.4
江门	458.46	43.0	83.51	7.8
阳江	58.60	14.3	8.09	2.0
湛江	311.30	39.9	7.71	1.0
茂名	471.69	55.0	26.59	3.1
肇庆	300.52	32.6	82.06	8.9
清远	76.03	17.3	17.72	4.0
潮州	36.18	9.6	28.34	7.5
揭阳	183.68	17.3	99.27	9.3
云浮	47.98	20.4	19.77	8.4
全省合计	15 260.88	48.7	8 475.25	27.1

数据来源：《广东统计年鉴·2017》。

除了深圳以外，珠海、汕头的产业结构调整也呈现出较好的态势。如

2016年,珠海经济特区航空、航天器及设备制造业增长4.7%,电子及通信设备制造业增长3.0%,医疗仪器设备及仪器仪表制造业增长16.1%,信息化学品制造业增长22.2%。①

与产业结构优化调整同步的是经济质量的稳步提升。以深圳为例,2016年,深圳规模以上工业企业主营业务收入比上年增长4.6%;实现利润总额增长7.0%;全员劳动生产率23.76万元/人,增长17.3%;工业经济效益综合指数244.3%,比上年提高21.0个百分点。与此同时,全市地均产出、人均产出水平都呈现出明显的提升,而能耗、电耗水平均呈现出稳步下降的良好态势。

四、民营经济快速发展,创新主体地位突出

民营经济的迅速崛起是改革开放以来广东经济特区发展的共同特征。在广东三大经济特区中,深圳是民营经济发展最充分的地域。得益于国家改革开放政策以及深圳自主创新基因,深圳民营经济拥有得天独厚的厚植土壤,实现了从改革开放之初依赖出口加工制造贸易的一般工业集聚区,到拥有大批世界级本土高新企业的全球创新型门户城市的巨大跨越,形成具有鲜明中国特色的民营经济发展新特征。②据统计,2016年,深圳市民营商事主体达到260.88万户,同比增长24.4%。

改革开放以来,珠海民营经济的发展也是本地经济发展一道靓丽的风景线。尤其在近年来,随着珠海市颁布《关于加快民营经济发展的若干措施》《珠海市民营经济发展"十三五"规划(2016—2020)》等文件,珠海民营经济发展氛围活跃起来。截至2015年年底,珠海经济特区共有民营经济单位191 507户,与2011年相比增长了49.5%,占全市各类市场主体93.2%;民营经济增加值685.20亿元,占全市GDP的33.8%,比2011年提高9.2个百分点。③

作为潮汕文化的重要发源地,汕头改革开放以来同样也是民营企业的重要聚集地。截至2016年,汕头市民营经济单位27.06万户,占全市经

---

① 资料来源:《2016年珠海市国民经济和社会发展统计公报》。
② 参见《民营经济成深圳创新发展重要支撑》,载《深圳特区报》2017年10月17日。
③ 参见《上半年全市民营经济同比增长12.2%,走上发展快车道》,载《珠海特区报》2016年8月1日。

济单位的 99.1%；完成民营经济增加值 1 480.88 亿元，增长 10.4%，占全市 GDP 的 71.2%；民间投资 1 333.28 亿元，增长 26.8%，占全部投资的 84.4%。

民营经济是改革开放以来推动经济特区创新发展的主体力量。根据深圳市《2016 年度知识产权统计分析报告》，截至 2016 年年底，深圳市企业总共获得 166 个"中国驰名商标"，其中 151 个为民营经济获得，占比为 91%；共获得 25 项中国专利金奖，其中民营企业获得 16 项，占比为 64%；共获得 185 项中国专利优秀奖，其中民营企业获得 131 项，占比为 70.8%；共获得 4 项中国外观设计金奖，其中民营企业获得了 3 项，占比为 75%；共获得 29 项中国外观设计优秀奖，其中民营企业获得了 23 项，占比为 79.3%；深圳市 14 家企业获得国家知识产权优势企业荣誉称号，其中民营企业 13 家，占比为 92.9%；77 家企业获得广东省知识产权优势企业荣誉称号，其中民营企业 72 家，占比为 93.5%；38 家企业获得广东省知识产权示范企业荣誉称号，其中民营企业 34 家，占比为 89.5%。民营经济的快速崛起不仅成为推动广东三大经济特区发展的重要力量，而且成为应对国际金融危机、保持经济旺盛活力的中流砥柱。加快发展民营经济是改革开放以来广东三大经济特区取得伟大成绩的共同经验。

五、居民收入水平显著改善，人民生活更加殷实

从 1978 年至 2016 年，中国城镇居民可支配收入从 343 元快速提高至 33 616 元，增长了 97 倍。其中，广东作为东部省份，人民生活获得率先一步的提高。截至 2016 年，东部省份人均可支配收入达到 30 654.7 元，较中部地区和西部地区分别高约 10 000 和 12 000 元。2016 年，全年广东居民人均可支配收入 30 295.8 元，接近东部地区的平均水平。

在广东各市中，以深圳、珠海为代表的经济特区居民人均可支配收入水平尤其高，见表 7-6。截至 2016 年，广东省各市平均人均可支配收入为 26 289.14 元①，三大经济特区居民可支配收入为 36 520.7 元，较全省平均水平高约 10 000 元。其中，深圳和珠海经济特区约是广东各市平均居民可支配收入水平的 2 倍和 1.5 倍。

---

① 由于各市人口数量不相等，此数据不等于全省居民人均可支配收入。

表7-6　2014—2016年广东省各市居民可支配收入

单位：元

地市	2014年	2015年	2016年
广州	39 229.12	42 718.20	46 667.00
深圳	40 948.00	44 633.30	48 695.00
珠海	33 234.86	36 157.90	40 154.10
汕头	17 266.30	18 996.00	20 713.00
佛山	35 139.80	38 501.30	41 940.70
韶关	16 622.70	18 143.10	19 977.50
河源	13 283.14	14 548.10	16 077.45
梅州	14 893.80	16 404.40	17 986.60
惠州	22 901.65	25 219.60	28 061.40
汕尾	15 211.60	16 473.50	17 936.70
东莞	35 711.90	38 650.60	41 901.90
中山	32 847.39	35 712.20	40 012.40
江门	20 585.67	22 364.40	24 426.74
阳江	16 311.20	17 777.30	19 513.20
湛江	15 301.80	16 631.70	17 934.40
茂名	15 266.20	16 847.30	18 402.70
肇庆	17 333.50	18 991.40	20 579.80
清远	15 636.99	17 070.00	18 859.25
潮州	15 242.50	16 815.60	18 060.50
揭阳	14 953.20	16 308.40	17 654.10
云浮	14 061.29	15 212.40	16 517.60
全省平均	21 999.17	24 008.41	26 289.14
三大经济特区平均	30 483.05	33 262.40	36 520.70

数据来源：《广东统计年鉴·2017》。

居民收入水平的不断提高带来了居民消费水平的不断提高和人民生活

的更趋殷实。从表7-7可以看出，2014—2016年广东省各市居民消费的平均水平之中，三大经济特区的常住居民消费支出不仅明显高于非经济特区的地市，而且差距呈加速扩大的趋势。其中，2014年，三大经济特区比全省居民消费的平均水平高6 565元，2015年该差距扩大至7 537元，2016年进一步扩大至8 640元。分经济特区来看，2016年，深圳居民消费水平约是广东居民消费平均水平的1.87倍，珠海居民消费水平约是广东居民消费平均水平的1.56倍。

表7-7 2014—2016年广东各市常住居民消费支出情况

单位：元

地市	2014年	2015年	2016年
广州	30 578.67	32 886.70	35 387.99
深圳	28 852.77	32 359.20	36 480.61
珠海	25 125.80	27 199.00	30 479.26
汕头	14 562.51	16 181.30	17 532.60
佛山	24 849.14	27 713.10	30 561.60
韶关	12 221.00	13 383.30	14 804.08
河源	9 977.95	10 765.20	12 236.85
梅州	11 223.21	12 394.30	13 823.90
惠州	16 985.79	18 314.90	20 461.31
汕尾	11 596.3	12 728.90	14 166.97
东莞	26 532.36	28 255.60	29 905.60
中山	22 013.35	23 399.10	26 636.90
江门	14 257.66	15 610.90	17 281.91
阳江	13 144.70	14 013.90	15 793.89
湛江	11 438.84	12 273.80	13 303.57
茂名	11 238.66	12 427.50	13 480.14
肇庆	11 492.11	12 554.70	13 927.60
清远	11 763.72	12 811.90	14 403.02

(续表 7-7)

地市	2014 年	2015 年	2016 年
潮州	11 899.38	12 749.90	13 752.11
揭阳	11 527.06	12 440.40	13 248.73
云浮	10 636.90	11 432.20	12 323.91
全省平均	16 281.80	17 709.32	19 523.46
三大经济特区平均	22 847.03	25 246.50	28 164.16

数据来源：《广东统计年鉴·2017》。

居民消费水平的提高和居民消费结构的改善是同步的，如图 7-6 所示。以深圳经济特区为例，2016 年，在居民消费结构中，深圳用于食品烟酒的消费比例为 30.47%，显著低于广东的平均水平 34.20%。国际上通常将食品占居民消费的比例（恩格尔系数）作为评价一个地区经济发展水平的重要指标，深圳经济特区食品烟酒消费比例较低，也从某种程度上说明特区在改革开放过程中获得了领先一步的发展，人民生活更加殷实。

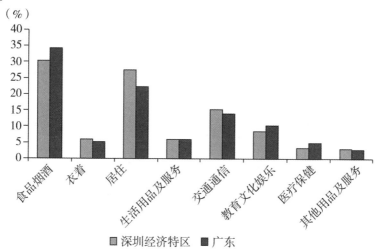

图 7-6 2016 年深圳经济特区与广东居民消费结构的比较

数据来源：《广东统计年鉴·2017》《深圳统计年鉴·2017》。

第二节 广东经济特区的社会发展成就

改革开放以来,从党的十六大报告中的经济建设、政治建设、文化建设"三位一体",到党的十七大报告中提出经济建设、政治建设、文化建设和社会建设的"四位一体",再到党的十八大报告中增加生态文明建设成为"五位一体",社会建设逐步成为中国特色社会主义建设的重要组成部分。广东经济特区的创立不仅具有经济改革示范的价值与意义,在社会发展方面同样也积累了丰富的经验,取得了巨大的成就。

一、人口发展质量持续优化

人口发展质量的持续优化体现两个特点:一是人口的活力稳步提升。改革开放以来,以深圳、珠海为代表的广东经济特区呈现出人口迅猛增长的态势。深圳常住人口从1979年的31.41万人一跃成为超千万的特大城市,人口增长了32倍;珠海常住人口从1979年的36.07万人快速上升至167.53万人,人口增长了约4倍。

人口的机械迁入激增构成了广东经济特区人口发展的主要特点,同时也是经济特区保持旺盛人口活力的重要动力来源。以深圳、珠海为代表的经济特区呈现出对外地人口强大的吸引能力。2016年,深圳经济特区户籍人口省内和省外户籍人口净迁移总量超过20万人,居全省首位;珠海经济特区户籍人口省内和省外户籍人口净迁移总量近1万人,也是全省人口净流入较高的地市,见表7-8。

表7-8 2016年广东省各市户籍迁移人口数

单位:人

地市	迁入		迁出		净迁移	
	省内迁入	省外迁入	迁往省内	迁往省外	省内	省外
广州	56 285	62 368	21 172	24 988	35 113	37 380
深圳	74 087	145 998	3 943	14 685	70 144	131 313
珠海	6 955	11 214	3 608	5 958	3 347	5 256

(续表7-8)

地市	迁入		迁出		净迁移	
	省内迁入	省外迁入	迁往省内	迁往省外	省内	省外
汕头	6 728	3 618	19 319	4 372	-12 591	-754
佛山	46 454	37 456	4 857	5 482	41 597	31 974
韶关	12 952	8 237	29 583	7 997	-16 631	240
河源	11 477	3 759	25 463	8 243	-13 986	-4 484
梅州	13 896	6 083	37 578	6 624	-23 682	-541
惠州	38 752	24 674	33 481	8 985	5 271	15 689
汕尾	16 094	4 167	23 980	7 287	-7 886	-3 120
东莞	16 126	27 612	3 062	3 568	13 064	24 044
中山	7 744	10 156	2 349	3 724	5 395	6 432
江门	11 548	8 607	15 021	9 169	-3 473	-562
阳江	6 526	2 372	12 069	1 842	-5 543	530
湛江	11 074	7 586	30 598	11 067	-19 524	-3 481
茂名	31 783	9 703	46 001	13 351	-14 218	-3 648
肇庆	19 993	4 951	28 243	5 679	-8 250	-728
清远	27 526	10 342	24 760	4 048	2 766	6 294
潮州	3 242	1 740	9 583	8 303	-6 341	-6 563
揭阳	47 919	8 728	136 760	47 623	-88 841	-38 895
云浮	12 887	3 669	18 303	5 688	-5 416	-2 019

数据来源：《广东统计年鉴·2017》。

在人口总量不断增长的态势下保持人口素质的不断改善使以深圳、珠海为代表的广东经济特区人口发展质量持续优化。根据2015年全国1%人口抽样调查的数据显示，在深圳全市6岁及以上常住人口中，具有大学（指大专及以上）教育程度的人口为257.93万人，具有高中（含中专）教育程度的人口为287.76万人，具有初中教育程度的人口为378.53万人，具有小学教育程度人口为130.24万人；在珠海全市常住人口中，具有大学(指大专及以上)教育程度的人口为35.17万人,具有高中(含中专)教育程度的人口为39.75万人,具有初中教育程度的人口为46.60万人,具有小学教育程度人口为27.07万人(以上各种受教育程度人口包括各类学校的毕业生、肄业生和在校生)。与2010年第六次全国人口普查相比,深圳每10万人中具有大学教育程度的人数由17 644人上升为22 668人;珠海每10万人中具有大学教育程度的人数由18 389人上升为21 523人。无论是与改革开放初期的人口素质状况比较,还是与广东全省人口素质改善的速度相比较,广东两个典型经济特区的人口素质均呈现出较快的上升态势,人口发展质量持续优化的态势明显。

二、公共服务能力显著跃升

改革开放初期,1978年中央和地方的一般公共预算支出总额仅为1 122.09亿元,但到2016年,仅深圳经济特区一年的公共预算支出就超过4 000亿元。在这4 000亿元的财政支出预算中,有2 600亿元用于公共服务领域之中,保障了深圳公共服务能力的不断提升。与深圳经济特区类似,珠海和汕头的公共服务能力近年来也呈较快提升态势。2016年,三大经济特区一般公共服务领域财政支出共计282.99亿元,占全省财政支出总额的24.66%;教育支出548.01亿元,占全省财政支出总额的23.64%;科学技术支出444.39亿元,占全省财政支出总额的59.81%,见表7-9。

表7-9 2016年广东三大经济特区的财政支出项目及金额

财政支出项目	全省政府支出额(亿元)	深圳政府支出额(亿元)	珠海政府支出额(亿元)	汕头政府支出额(亿元)	三大特区政府支出额合计(亿元)	三大特区占全省同类支出比重(%)
一般公共服务	1 147.35	214.38	34.98	33.62	282.99	24.66
教育	2 318.47	414.73	57.26	76.03	548.01	23.64
科学技术	742.97	403.52	35.24	5.63	444.39	59.81
文化体育与传媒	229.71	54.79	6.30	4.13	65.22	28.39
社会保障和就业	1 146.31	105.45	39.14	35.83	180.42	15.74

（续表 7-9）

财政支出项目	全省政府支出额（亿元）	深圳政府支出额（亿元）	珠海政府支出额（亿元）	汕头政府支出额（亿元）	三大特区政府支出额合计（亿元）	三大特区占全省同类支出比重（%）
医疗卫生与计划生育	1 121.83	201.27	22.31	42.25	265.84	23.70
节能环保	297.45	140.24	10.13	8.70	159.08	53.48
城乡社区	1 515.29	558.49	94.42	25.37	678.29	44.76
农林水	715.44	61.25	16.82	19.38	97.45	13.62
交通运输	1 014.52	450.89	8.11	8.85	467.86	46.12

数据来源：《广东统计年鉴·2017》。

民生投入的持续增加保障了社会公共事业的较快发展。以深圳经济特区为例，"十二五"时期，深圳全市财政用于九大类民生领域的支出6 737亿元，是"十一五"期间的3.4倍。幼儿园学位新增14.8万个、中小学学位新增13.2万个，分别是"十一五"期间的1.4倍和2倍。南方科技大学、香港中文大学（深圳）建成，深圳北理莫斯科大学、哈尔滨工业大学（深圳）获批筹建，中山大学深圳校区获批建设，清华伯克利深圳学院等9个特色学院项目签约。三级医院从8家增加到25家，其中三甲医院从3家增加到10家。医院病床新增1.53万张、执业医生新增7 776名，分别比"十一五"期末增长67%、36.6%。拥有养老床位8 359张，新增4 762张，新增养老床位数超过前30年之总和。

三、社会保障水平稳步提高

改革开放以来，广东三大经济特区社会保障事业从无到有，从小到大，至2016年，三大经济特区参与城乡基本医疗保险参保人数将近2 000万人，覆盖了广东全省约20%的人口；在养老保险、失业保险、工伤保险等领域，三大经济特区也形成了较大的覆盖面。如深圳经济特区自开展社会保险事业以来，总参保人数累计已超过5 200万人次，各险种参保人数位居全国前列，见表7-10。

表 7-10　2016 年广东三大经济特区的社会保险参保人数

单位：万人

	深圳	珠海	汕头	三大经济特区合计
养老保险参保人数	1 029.63	124.22	361.35	1 515.21
失业保险参保人数	1 026.13	92.19	72.32	1 190.64
城乡基本医疗保险参保人数	1 291.80	164.16	501.30	1 957.26
工伤保险参保人数	1 083.37	94.35	70.01	1 247.73
生育保险参保人数	1 090.65	93.91	70.24	1 254.80

数据来源：《广东统计年鉴·2017》。

改革开放以来，除了基础的社会保障以外，广东三大经济特区还在保障就业、努力增强人民收入等多方面着力，积极营造良好的社会发展氛围。以深圳为例，"十二五"时期，深圳城镇登记失业率控制在 3% 以内，累计新增就业 49.4 万人；2016 年，深圳最低工资标准 2 030 元，比 2010 年年末增长 84.5%，位居全国前列。珠海经济特区 2016 年全年城镇新增就业人数 46 968 人，13 106 名城镇失业人员实现再就业，就业困难人员实现就业 2 273 人，农村劳动力转移就业 2 203 人；年末城镇实有登记失业人员 1.12 万人，城镇登记失业率 2.28%。汕头经济特区"十二五"时期累计新增城镇就业 34.98 万人，农村劳动力转移就业 28.67 万人，城镇登记失业率控制在 2.5% 以内。

四、社会管理能力明显增强

一是充分利用好经济特区立法权，强化社会管理领域的特区立法。例如为便于流动人口管理，深圳经济特区最早出台《深圳经济特区居住证条例》。截至 2017 年，在深圳经济特区累计制定的 220 项法规中，先行先试类 105 项、创新变通类 57 项，仅此两类占比就达 73.63%。而在 105 项先行先试类法规中，有 41 项早于国家法律、行政法规出台，有 64 项是国家尚无法律、行政法规规定的，填补了国家立法空白。[①] 1996 年，全国人大授予汕头经济特区立法权。2000 年颁布实施的《中华人民共和国立法

---

① 参见《深圳授权立法 25 年，半数法规先行先试》，载《南方日报》2017 年 7 月 13 日。

第七章 广东经济特区改革发展的成就与贡献

法》又赋予经济特区所在地的市较大市立法权。据统计，汕头运用经济特区立法权，20 年制定了 59 件法规，富有地方特色。仅在"十二五"期间，汕头经济特区用好经济特区立法权和较大市立法权，提请市人大常委会审议法规草案 23 件，制定政府规章 47 件。① 在珠海经济特区中，截至 2016 年 7 月 29 日，珠海市人大及其常委会共通过法规及有关法规问题的决定 122 件，其中法规 91 件，包括经济特区法规 58 件、设区的市法规 33 件；废止 30 件，现行有效 61 件。现行有效法规中，经济特区法规 37 件、设区的市法规 24 件；按调整事项分类，经济类法规 12 件、城市建设和资源环境类法规 15 件、社会建设类法规 17 件、政治类法规 14 件、文化类法规 3 件。②

二是在社区治理方面，改革开放 40 年来，深圳经济特区经过不断的探索实践，逐步建立起社区党建、社区服务、社区管理、社区自治"四位一体"协调发展的治理模式。"十二五"时期，深圳落实社会建设"风景林工程"和"织网工程"，创新构建政府主导、社会参与、民间运作的社区服务运行机制，建成社区服务中心 668 家，社会组织超过 1 万家，注册志愿者超过 120 万人，专业社工超过 7 000 人。③ 珠海大力推动社会组织建设。截至 2016 年年底，全市拥有社会组织数量为 2 104 个，增长 9.8%。注册志愿者人数 312 387 人，增长 3%。注册志愿者人均参与志愿服务时数 62 小时，增长 1%。④

三是在城市安全管理方面，改革开放 40 年来，经济特区总体呈现出城市公共安全不断改善、城市综合应急管理能力显著提高的基本态势。以深圳经济特区的生产安全事故为例，从 2000 年以来，深圳每亿元 GDP 生产安全事故死亡率快速下降，至 2016 年，深圳每亿元 GDP 生产安全事故死亡率仅为 0.02%，位居全省最低水平。珠海和汕头每亿元 GDP 生产安

---

① 参见张伟炜《汕头拥有特区立法权 20 年制定法规 59 件，多部地方法规填补国内空白》，载南方网（http://static.nfapp.southcn.com/content/201603/01/c50624.html）。

② 参见珠海市人大常委会法工委《在新形势下继续发展完善经济特区授权立法》，载中国人大网（http://www.npc.gov.cn/npc/lfzt/rlyw/2016 - 09/18/content_1997674.htm）。

③ 参见深圳市人民政府《深圳市人口与社会事业发展"十三五"规划》，载深圳政府在线（http://www.sz.gov.cn/zfgb/2017/gb987/201701/t20170111_5879219.htm）。

④ 参见珠海市统计局、国家统计局珠海调查队《2016 年珠海市国民经济和社会发展统计公报》，载珠海市统计局公众网（http://www.stats - zh.gov.cn/tjzl/tjgb/201703/t20170328_359811.htm）。

全事故死亡率在2016年也显著低于全省平均水平,见表7-11。

表7-11 2009—2016年广东各市亿元GDP生产安全事故死亡率

单位:%

地市	2009年	2010年	2011年	2012年	2013年	2014年	2015年	2016年
广州	0.13	0.10	0.08	0.07	0.06	0.06	0.05	0.03
深圳	0.09	0.07	0.05	0.04	0.04	0.03	0.03	0.02
珠海	0.13	0.11	0.09	0.09	0.08	0.07	0.06	0.04
汕头	0.22	0.18	0.15	0.15	0.13	0.11	0.11	0.04
佛山	0.15	0.13	0.11	0.10	0.07	0.06	0.06	0.03
韶关	0.43	0.36	0.28	0.26	0.22	0.20	0.17	0.12
河源	0.30	0.26	0.22	0.20	0.18	0.17	0.14	0.09
梅州	0.39	0.29	0.23	0.22	0.21	0.18	0.18	0.06
惠州	0.26	0.20	0.16	0.13	0.11	0.10	0.10	0.07
汕尾	0.40	0.30	0.25	0.19	0.23	0.20	0.19	0.14
东莞	0.15	0.14	0.11	0.10	0.10	0.09	0.08	0.05
中山	0.22	0.19	0.15	0.13	0.12	0.11	0.11	0.07
江门	0.29	0.26	0.22	0.20	0.20	0.17	0.16	0.08
阳江	0.36	0.28	0.21	0.18	0.16	0.14	0.14	0.12
湛江	0.21	0.17	0.14	0.11	0.11	0.09	0.09	0.07
茂名	0.24	0.19	0.15	0.12	0.12	0.11	0.10	0.04
肇庆	0.30	0.24	0.18	0.16	0.15	0.13	0.13	0.09
清远	0.26	0.20	0.17	0.22	0.18	0.15	0.16	0.20
潮州	0.20	0.17	0.13	0.13	0.11	0.16	0.16	0.07
揭阳	0.25	0.21	0.16	0.13	0.11	0.11	0.10	0.04
云浮	0.42	0.38	0.24	0.22	0.20	0.20	0.17	0.16
全省	0.19	0.15	0.13	0.11	0.10	0.09	0.09	0.05

数据来源:《广东统计年鉴·2017》。

第七章　广东经济特区改革发展的成就与贡献

第三节　广东经济特区的文化发展成就

在建党95周年庆祝大会上，习近平总书记指出："文化自信，是更基础、更广泛、更深厚的自信。"① 文化建设作为建设有中国特色社会主义理论的重要组成部分，改革开放40年来，广东经济特区在经济超常发展的同时，文化也超常发展。在这40年中，广东经济特区塑造了全新的城市文化形象，实现了从所谓的"文化沙漠"到名副其实的"文化绿洲"的历史巨变。

一、文化地位不断提高

在广东三大经济特区中，深圳经济特区的各项事业发展最成熟。回顾深圳经济特区40年文化建设的历程，大致分为3个阶段②。

第一阶段是从深圳经济特区建立到20世纪80年代末，可以称为深圳"文化立市"的探索期。在这个阶段中，深圳文化建设的问题焦点集中在：深圳作为经济特区，要不要大力进行文化建设？在经济特区应当如何进行文化建设？针对这些问题，深圳经济特区制定了《关于深圳特区思想文化建设的初步意见》《深圳特区精神文明建设大纲》等一系列重要文件；提出了"坚持改革开放，两个文明一起抓"的指导思想，确定了"有所引进，有所抵制""排污不排外"的方针；提出了"时间就是金钱，效率就是生命""空谈误国，实干兴邦"等一系列新思想、新观念，初步打下了文化发展的硬件基础。

第二阶段是起飞阶段，大致是从20世纪90年代初至21世纪初。这个阶段中问题的焦点集中在：在经济特区文化建设的发展目标是什么？如何开辟一条文化建设的新路？针对这些问题，深圳经济特区制定了《深圳精神文明建设"八五"规划》《深圳精神文明建设"九五"规划》《深圳市文化事业发展 战略规划（1998—2000年）三年规划及2010年远景目标》《中共深圳市委、深圳市人民政府关于加快实施科教兴市战略推进教

---

①　习近平：《习近平在庆祝中国共产党成立95周年大会上的讲话》，载中国共产党新闻网（http://cpc.people.com.cn/n1/2016/0702/c64093-28517655.html）。

②　参见吴灿新《30年来深圳经济特区文化建设之反思》，载《岭南学刊》2010年第6期。

育现代化的决定》等一系列重要文件。提出了"增创深圳文化优势,建设现代文化名城"。创建有深圳特色的社会主义文化的战略目标,努力把深圳建设成为富裕、民主、文明的社会主义精神文明建设"示范区",实施"科教兴市"战略和文化建设工程,塑造文化形象。

第三阶段为腾飞阶段,大致从21世纪至今。问题的焦点是:经济特区文化建设的价值是什么?如何实现文化建设的重大价值?针对这些问题,深圳经济特区制定了《深圳市文化发展规划纲要(2005—2010)》《深圳市实施文化立市战略配套经济政策》《中共深圳市委、深圳市人民政府关于大力发展文化产业的决定》《深圳市进一步完善公共文化服务体系实施方案》《深圳市文化事业发展"十一五"规划》等一系列重要文件。确立"文化立市"发展战略,建设高品位国际化文化城市;加大文化建设力度,构建公共文化服务体系,创造实现公民文化权利的实施条件;大力发展文化产业,把文化产业、高新技术产业、金融业和现代物流业并列为深圳四大支柱产业;加强城市人文精神建设,进一步弘扬以改革创新为核心的"深圳精神";建设"两城一都一基地"("图书馆之城""钢琴之城""设计之都"和"动漫基地"),把"文化立市"战略落到实处。

经过三个阶段的发展演进,深圳经济特区终于确立了"文化立市"的战略方向,文化在深圳经济特区发展中的地位也在不断提高。相较深圳,珠海、汕头经济特区在改革开放初期就有较好的文化发展基础。如在16世纪前期,珠海(当时香山县的一部分)是唯一与外国文化、外国人有长期联系的地区,在这一时期,珠海人就普遍接受了西方先进的思想和文化理念。改革开放以来,珠海先后获得"国家园林城市""国家环保模范城""国家卫生城市""中国优秀旅游城市""国家级生态示范区""中国魅力城市"等一系列称号。近年来,珠海和汕头纷纷提出"文化立市"的战略方向,优质的自然生态和文化资源为其发展文化产业、实施"文化立市"战略奠定了坚实的基础。

二、产业规模不断壮大

在广东的三个经济特区中,深圳经济特区在"文化立市"的战略指导下,把文化发展摆在现代化发展战略全局的突出位置;文化体制改革和文化产业的发展,则是文化发展的突破口。通过文化体制改革,解放和发展文化生产力,文化产业的发展突飞猛进。截至 2016 年,深圳文化创意产业增加值 1 949.70 亿元,文化产业产值占 GDP 的比重在 10% 以上。

珠海经济特区的文化产业在改革开放以后也取得了长足的进展。"十二五"期间,珠海市文化创意产业总量持续稳定增长,2014 年珠海市文化及相关产业增加值为 90.4 亿元,占 GDP 比重为 4.84%,增加值和所占比重均处于广东省中上水平。

汕头经济特区在改革开放以来,充分挖掘自身地域特色,融合了时代元素,一直保持着良好的发展态势。近年来,汕头市文化产业体系更加完整,逐步形成涵盖新闻出版业、广播电视电影业、文化演艺业、文化旅游业、文化娱乐业、会展业、包装印刷业、光盘音像业、动漫玩具业、文具业、文化创意服务业等在内的综合性、多层次发展格局。2013 年起,汕头市设立文化产业发展专项资金,每年安排专项资金 500 万元,引导和支持重点文化行业和项目加快发展。根据第三次全国经济普查的数据,汕头市共有 3 453 个文化产业法人单位,平均每家单位的从业人数为 44 人,创造税收总额约 6.6 亿元人民币,产业内从业人员人均 GDP 为 38.32 万元。而 2014 年,汕头文化产业增加值达 143 亿元,居广东省第五位。①

三、文化设施不断健全

改革开放以来,广东经济特区的文化设施从无到有,文化设施建设取得了辉煌的成就。截至 2016 年,深圳全市有各类公共图书馆 623 座,公共图书馆总藏量 3 604.25 万册(件),比上年增长 9.8%;全市拥有博物馆、纪念馆 46 座,拥有广播电台 1 座,电视台 2 座,广播电视中心 3 座,广播、电视人口覆盖率达 100%;全年报纸出版印数 28 003 万份,杂志 1 106 万册,图书 1 380 万册。②

截至 2016 年年底,珠海全市共有各类专业艺术表演团 6 个,群众艺术馆、文化馆 4 个,县级及以上公共图书馆 3 个,博物馆、纪念馆 2 个,美术馆 1 个,电影城 24 家,文化站 24 个;广播电视台 2 座,广播综合人

---

① 参见李岱娜《汕头文化产业振翅欲飞》,载南方网(http://st.southcn.com/content/2016-10/15/content_157608938.htm)。

② 参见深圳市统计局、国家统计局深圳调查队《2016 年深圳市国民经济和社会发展统计公报》,载深圳政府在线(http://www.sz.gov.cn/cn/xxgk/zfxxgj/tjsj/tjgb/201705/t20170502_6199402.htm)。

口覆盖率和电视综合人口覆盖率均达 100%；有线电视用户 63.63 万户，比上年年末减少 3.6%，其中有线数字电视用户 63.63 万户，比上年年末增长 25.1%；公共图书馆藏书量 186 万册；文艺作品创作获国家级奖项 1 个、省级奖项 29 个；建成"农家（社区）书屋"316 个，每万人公共文化设施面积 1 679 平方米；全市共有综合档案馆 4 个，馆藏 55 万卷。①

截至 2016 年年底，汕头全市有文化事业机构 112 所，艺术表演团体 7 个，艺术表演场所 6 所，演出 821 场次，观众 443 万人次；档案馆 10 座，已开放各类档案 2.39 万卷（件）；公共图书馆 8 个，公共图书馆藏书总藏量 147.18 万册；博物馆 7 座；电台 1 座，电视台 5 座；广播人口覆盖率和电视人口覆盖率分别达到 99.1% 和 98.3%；全年地方报纸发行量 4 128 万份，邮局杂志发行量（持全国统一刊号）139.05 万份。②

四、文化精品不断涌现

与文化设施、文化氛围同步提升的是文化精品。以深圳为例，改革开放以来，每逢历史重要时刻，深圳总是推出与时代脉搏同步跳动的原创文艺精品：改革大剧《命运》引发热议，电视政论片《风帆起珠江》摘得电视艺术最高奖——第 21 届星光奖电视纪录片大奖，《兵峰》《天地民心》等一系列"深圳制造"影视精品陆续在中央电视台播出。在第九届中国艺术节上，由深圳基层和民营文艺团体创作并演出的舞蹈《走山》《快乐建筑工》《围屋女人》与小品《守候》《大话环保》《成长》等优秀作品成功入围第十五届"群星奖"决赛，数量在全国名列前茅。

第四节 广东经济特区的改革创新成就

改革创新是经济特区的根与魂。习近平总书记在党的十九大报告中指出："只有改革开放才能发展中国、发展社会主义、发展马克思主义。必

---

① 参见珠海市统计局、国家统计局珠海调查队《2016 年珠海市国民经济和社会发展统计公报》，载珠海市统计局公众网（http://www.stats-zh.gov.cn/tjzl/tjgb/201703/t20170328_359811.htm）。

② 参见汕头市统计局、国家统计局汕头调查队《2016 年汕头市国民经济和社会发展统计公报》，载汕头统计信息网（http://www.tjcn.org/tjgb/19gd/35081.html）。

须坚持和完善中国特色社会主义制度,不断推进国家治理体系和治理能力现代化,坚决破除一切不合时宜的思想观念和体制机制弊端,突破利益固化的藩篱,吸收人类文明有益成果,构建系统完备、科学规范、运行有效的制度体系,充分发挥我国社会主义制度优越性。"在广东经济特区的发展历程中,习近平总书记的论断在广东经济特区的伟大实践中获得了印证。

一、政府职能加快转变

加快政府职能转变是广东经济特区试行改革的重要组成部分。改革开放以来,广东经济特区坚持改革不停顿、开放不止步,坚定地贯彻中央和省赋予经济特区的改革任务,尤其在政府职能转变方面更是常抓不懈。

党的十八届三中全会以来,深圳主动承接中央和省242项改革试点,重点抓好39项年度改革任务,努力种好改革开放"试验田"。在政府职能转变工作上,一是做好强区放权。2016年,深圳经济特区下放城市更新、产业用地出让等重点领域事权,调整规划国土、交通等驻区部门为市、区双重管理,下放充实基层编制2 374名。全面推广罗湖城市更新改革试点经验,审批时间缩短2/3。二是在重点领域强化改革突破力度。2016年,深圳经济特区制定深化医药卫生体制改革实施意见和社会办医政策措施,优化调整公立医院医疗服务价格。推广罗湖医改试点,组建基层医疗集团。与此同时,新一轮国资国企改革启动,教育、户籍制度、地税征管方式、国有文化集团、警务辅助人员管理等改革加快推进,"深港通"正式开通。三是以前海蛇口自贸片区为试点,加快推动制度创新。2016年,深圳经济特区新推出制度创新举措106项,其中36项全国领先,23项全省复制推广。新增企业5.3万家,累计达12.5万家,注册企业增加值增长38%。四是认真贯彻党的十八届六中全会精神,加大"放管服"力度。取消转移下放293项市级行政职权,清理规范53项行政职权中介服务事项。推行"双随机、一公开",加强事中、事后监管。五是创新政府服务模式,在企业设立、人才服务、民政等领域推行"一窗式"服务,将网上办事大厅延伸至街道、社区,行政审批事项网上全流程办理率和办结率均超过97%。①

珠海经济特区在推动政府职能转变过程中突出抓好政府治理现代化工作。一是大力推进简政放权，实施部门权责清单制度。2016年，珠海经济特区压减行政审批事项129项、压减率达到47.6%，全面取消非行政许可事项，下放市级事权310项，向社会转移政府职能77项。二是全面启动"一门式一网式"政务服务改革，线上、线下办事大厅覆盖全部村居。2016年，珠海经济特区行政审批事项网上全流程办理率达到99.15%。三是加强政府立法。2016年，珠海经济特区提请市人大审议法规草案28部，制定政府规章33部。四是坚持依法行政，制定实施重大行政决策程序规定和专家咨询论证办法，市、区、镇政府全部建立法律顾问制度。②

在加快政府转变职能方面，2016年汕头经济特区也出台有力举措。一是简政放权优化服务改革深入推进，出台政府部门权责清单管理办法，取消、调整74项市级行政审批事项和50项中介服务事项，清理市政府规章、规范性文件588件。二是完成行政审批标准化建设，公布市级行政许可和公共服务事项目录，实现审批办事时限提速50%以上。三是完成"汕头政府在线"建设，实现后台审批、前台服务全程电子化。四是深入推进"一门式一网式"政府服务模式改革，分类整合服务窗口，市网上办事大厅进驻单位45个、进驻事项829项，行政审批事项网上全流程办理率达69%。五是全面推进财政预决算、"三公"经费和重点领域信息政务公开。③

二、科技创新成效显著

改革开放以来，广东三大经济特区一跃成为中国科技创新的领头羊，科技创新对经济增长的拉动作用突显。全社会研发投入占GDP比重，是国际通行的反映一国或一个区域科技研发实力、竞争力的评价指标。截至

---

① 参见许勤《2017年深圳市人民政府工作报告》，载深圳在线（http://www.sz.gov.cn/zf-bgt/zfgzbg/201703/t20170303_6026804.htm）。

② 参见郑人豪《2017年珠海市政府工作报告》，载南方网（http://static.nfapp.southcn.com/content/201701/17/c254039.html）。

③ 参见刘小涛《2017年汕头市人民政府工作报告》，载汕头市人民政府网（http://cn.chinagate.cn/reports/2017-02/21/content_40329092.htm）。

2016年,广东三大经济特区全社会R&D(研究与实验发展)经费合计达到913.03亿元,见表7-12,占同期GDP总量的3.84%。横向比较来看,经济特区该指标已经位居全球中等发达国家行列。在三大经济特区中,深圳经济特区该指标已经达到4.32%,同期只有以色列和韩国超过4%。

表7-12 2016年广东省市全社会R&D经费

单位:万元

地市	科研机构	高校	企业	其他	总计
广州	629 438.40	848 017.70	2 961 436	135 686.50	4 574 578.20
深圳	45 676.70	105 573.00	8 200 635.00	77 808.20	8 429 692.80
珠海	1 824.90	5 597.70	544 231.00	623.90	552 277.50
汕头	319.60	9 738.70	136 368.30	1 907.30	148 333.90
佛山	23 555.30	17 058.60	1 960 352.00	2 924.60	2 003 890.40
韶关	174.30	2 392.90	125 159.90	4 353.60	132 080.70
河源	0	168.20	24 841.90	223.70	25 233.80
梅州	411.00	3 156.00	25 016.80	549.50	29 133.30
惠州	4 090.50	3 161.40	690 068.60	1 483.60	698 804.10
汕尾	0	60.20	59 707.60	385.50	60 153.30
东莞	4 736.20	44 465.40	1 568 824.00	30 318.60	1 648 344.30
中山	232.70	1 863.00	754 798.80	2 777.90	759 672.40
江门	4 648.20	9 351.60	410 140.60	6 114.90	430 255.30
阳江	386.00	58.60	92 230.70	1 075.30	93 750.60
湛江	12 550.40	14 885.20	67 643.30	3 158.70	98 237.20
茂名	354.80	6 034.20	153 722.00	1 412.30	161 523.30
肇庆	190.80	4 103.40	215 478.10	377.90	220 150.20
清远	7 500.00	127.50	54 529.60	191.10	62 348.20
潮州	200.00	4 646.30	58 642.30	476.80	63 965.40
揭阳	517.00	290.50	118 228.30	531.00	119 566.80
云浮	625.80	46.80	37 268.20	1 507.20	39 448.00
全省合计	737 432.60	1 080 796.70	18 259 323.00	273 888.10	20 351 440.00

数据来源:《广东统计年鉴·2017》。

与研发投入同步增长的是专利成果数量的快速上升。截至2016年，广东三大经济特区合计发明专利授权19 817件，占全省发明专利授权总量的51.31%；实用新型专利42 066件，占全省实用新型专利授权总量的35.62%；外观设计专利30 371件，占全省外观设计专利授权总量的29.71%。在三大经济特区中，深圳经济特区的专利授权占据绝对主导地位，见表7-13。2016年，深圳经济特区的发明专利授权量就占据全省发明专利授权总量的45.73%，占广东三大经济特区中发明专利授权总量的近90%。在实用新型专利领域，深圳一个经济特区的实用新型专利授权就占据全省实用新型专利授权总量的29.07%，占广东三大经济特区实用新型专利授权总量的81.62%。

表7-13 2016年广东省各市知识产权授权情况

单位：件

地市	发明	实用新型	外观设计
深圳	17 666	34 336	23 041
广州	7 668	22 910	17 735
东莞	3 682	16 454	8 423
中山	1 207	7 003	13 918
惠州	1 242	4 560	4 089
珠海	1 796	5 953	1 538
汕头	355	1 777	5 792
江门	544	2 714	3 505
潮州	95	483	3 218
揭阳	68	531	2 441
湛江	172	1 354	1 038
韶关	117	814	1 156
肇庆	210	1 180	555
茂名	142	556	895
清远	81	942	549

(续表 7-13)

地市	发明	实用新型	外观设计
梅州	74	792	678
阳江	33	262	1 161
河源	52	762	480
云浮	31	430	346
汕尾	42	233	366

数据来源：《广东统计年鉴·2017》。

值得关注的是，除了专利申请总量以外，在 PCT 专利、有效发明专利等重点领域，广东经济特区也占据举足轻重的地位，见表 7-14。在 PCT 专利领域，广东三大经济特区占全省 PCT 专利申请总量的近 85%，而仅深圳一个经济特区的 PCT 专利申请数量就占据全省总量的 83.35%。在有效发明专利领域，深圳经济特区每万人发明专利拥有量指标在全省名列榜首，2016 年达到每万人发明专利拥有量 83.81 件，是排名第二的广州市的近 4 倍。除此以外，在 PCT 专利、有效发明专利领域，排名前十位的企业悉数被广东经济特区所获取，其中深圳经济特区的华为、中兴以及珠海经济特区的格力都是广东申请发明专利的佼佼者，见表 7-15、表 7-16。

表 7-14　2016 年广东省各市有效发明专利及 PCT 专利申请情况

地市	有效发明专利数量（件）	每万人发明专利拥有量（件）	PCT 专利数量（件）	PCT 专利数量占比（%）
深圳	95 369	83.81	19 648	83.35
广州	30 306	22.45	1 643	6.97
东莞	11 154	13.51	876	3.72
佛山	10 014	13.48	470	1.99
珠海	5 470	33.47	239	1.01
中山	4 035	12.57	153	0.65

（续表 7-14）

地市	有效发明专利数量（件）	每万人发明专利拥有量（件）	PCT 专利数量（件）	PCT 专利数量占比（%）
惠州	3 645	7.66	310	1.32
江门	2 137	4.73	76	0.32
汕头	1 620	2.92	49	0.21
肇庆	792	1.95	16	0.07
湛江	694	0.96	2	0.01
潮州	528	2.00	5	0.02
韶关	453	1.55	29	0.12
揭阳	438	0.72	16	0.07
茂名	402	0.66	9	0.04
清远	399	1.04	8	0.03
梅州	376	0.87	8	0.03
汕尾	185	0.61	2	0.00
河源	177	0.58	7	0.03
云浮	167	0.68	5	0.02
阳江	119	0.47	0	0.01

数据来源：《2016 广东省专利统计数据》，广东省知识产权局制。

表 7-15　2016 年广东省企业有效发明申请前十名

名称	数量（件）	所在地市
华为技术有限公司	22 957	深圳
中兴通讯股份有限公司	16 677	深圳
比亚迪股份有限公司	3 031	深圳
腾讯科技（深圳）有限公司	2 859	深圳
鸿富锦精密工业（深圳）有限公司	2 425	深圳
海洋王照明科技股份有限公司	2 274	深圳

第七章 广东经济特区改革发展的成就与贡献

(续表 7-15)

名称	数量（件）	所在地市
深圳市华星光电技术有限公司	1 927	深圳
华为终端有限公司	1 921	深圳
珠海格力电器股份有限公司	1 737	珠海
群康科技（深圳）有限公司	992	深圳

数据来源：《2016 广东省专利统计数据》，广东省知识产权局制。

表 7-16　2016 年广东省企业 PCT 国际专利申请排名前十名

名称	数量（件）	地区
华为技术有限公司	3 726	深圳
中兴通讯股份有限公司	3 398	深圳
深圳市华星光电技术有限公司	600	深圳
深圳市大疆创新科技有限公司	522	深圳
宇龙计算机通信科技（深圳）有限公司	502	深圳
广东欧柏移动通信有限公司	497	东莞
腾讯科技（深圳）有限公司	446	深圳
深圳 TCL 数字技术有限公司	244	深圳
深圳市柔宇科技有限公司	216	深圳
努比亚技术有限公司	206	深圳

数据来源：《2016 广东省专利统计数据》，广东省知识产权局制。

三、新兴动能强劲迸发

改革开放以来，通过一系列自主创新的推动，广东经济特区的发展模式逐步实现了由外资企业为主向内资高新技术企业为主、出口由加工贸易为主向一般贸易为主的转变。近年来，随着"双创"的兴起，广东三大经济特区的新兴动能也在强劲迸发。

以深圳为例，近年来随着加大新兴产业的培育力度，以战略性新兴产业和未来产业为代表的现代产业体系快速建立，并成为引领深圳经济快速发展的重要引擎。以航空产业为例，自深圳将航空航天作为未来产业予以打造以后，深圳航空航天产业规模保持着年均 20% 以上的增速，已经形成了覆盖适航取证研发、航空电子元器件、机载模组、无人机、机场地面设施制造等领域的产业链。在航空电子、无人机、航空物流、航空航天、微小卫星研制等细分领域，崛起了国微电子、深南电路、大疆创新、顺丰快递、深圳东方红等一批声名远播的公司。除了航空航天以外，深圳还结合产业实际，围绕 5G、新型显示、集成电路、机器人、增材制造、石墨烯、新能源汽车、航空航天装备、海洋工程装备、精准医疗等新兴产业领域，规划建设 10 个制造业创新中心，并出台专项政策予以扶持。这些产业已经成为新兴产能活力迸发的重要组成部分。

先进技术装备产业是珠海新产能培育的重要支点。2016 年，以先进装备制造业为重点振兴实体经济，珠海累计引进亿元以上先进装备制造业项目 77 个，完成工业投资超 1 000 亿元，一批龙头项目建成投产，先进制造业和高技术制造业增加值占规模以上工业增加值比重分别达到 48% 和 25%，高栏港区海洋工程装备基地成为国家新型工业化产业示范基地。①

汕头市新产能的崛起主要体现在高新技术企业的培育和"互联网+"的应用上。2016 年，汕头市高新技术企业，净增 175 家，总量增长 117%，培育成效显著。新增省级工程技术研究中心 10 家、省级新型研发机构 4 家。加强知识产权保护与应用，发明专利申请量和授权量分别增长 34.9% 和 12%，中国汕头（玩具）知识产权快速维权中心揭牌。获批创建"全国质量强市示范城市"和"全国服装（内衣家居服）产业知名品牌示范区"，国家玩具质量监督检验中心大楼封顶。与此同时，汕头市"互联网+"新业态蓬勃发展，电子商务交易量增长 30%，淘宝镇、淘宝村数量分别增至 11 个、58 个，列全省第一、第二位，连续两年进入全国"电商百佳城市" 30 强。②

---

① 参见郑人豪《2017 年珠海市政府工作报告》，载南方网（http://static.nfapp.southcn.com/content/201701/17/c254039.html）。

② 参见刘小涛《2017 年汕头市人民政府工作报告》，载汕头市人民政府网（http://cn.chinagate.cn/reports/2017-02/21/content_40329092.htm）。

第七章 广东经济特区改革发展的成就与贡献

在市场引导和政策的有力推动下,广东经济特区新兴产业发展动力强劲。2016年,广东三大经济特区合计实现新产品产值1.21万亿元,占全省新产品总额的20.81%;新产品销售收入共计1.176万亿元,占全省新产品销售收入总额的20.51%;其中,对外出口新产品0.49万亿元,占全省新产品出口销售的26.47%,见表7-17。

表7-17 2015年和2016年广东各市工业企业新产品产出情况

单位:万元

地市	2015年			2016年		
	新产品产值	新产品销售收入		新产品产值	新产品销售收入	
		总额	对外出口额		总额	对外出口额
广州	33 191 838	33 524 272	2 844 457	39 893 409	39 041 841	4 652 496
深圳	88 719 507	87 134 304	44 740 272	104 986 925	101 883 636	45 264 597
珠海	11 035 182	10 292 624	2 153 180	14 411 329	13 436 491	3 090 715
汕头	1 655 227	1 708 504	278 528	2 278 937	2 277 269	507 538
佛山	25 330 515	24 782 405	6 344 438	30 277 451	29 610 947	7 628 060
韶关	649 437	629 975	80 379	1 032 645	977 769	123 876
河源	645 023	620 923	381 576	827 974	856 880	183 342
梅州	373 429	260 614	18 769	579 548	472 972	60 101
惠州	18 426 563	18 390 244	4 338 694	21 032 772	20 968 536	7 828 346
汕尾	1 519 438	1 519 343	777 361	2 199 452	2 205 393	855 234
东莞	24 746 366	24 215 567	7 917 504	45 756 078	46 427 486	16 506 231
中山	9 132 007	8 719 675	2 511 742	8 753 863	8 304 444	2 552 042
江门	5 137 711	4 852 213	1 726 722	7 510 552	7 324 623	1 820 957
阳江	999 985	9 941 277	20 364	142 536	141 441	34 106
湛江	872 689	816 611	25 433	849 170	857 233	130 625
茂名	1 116 429	1 100 510	20 701	878 466	880 226	84 129
肇庆	3 058 897	2 970 007	193 661	6 103 902	6 318 725	266 280

(续表 7-17)

地市	2015 年			2016 年		
	新产品产值	新产品销售收入		新产品产值	新产品销售收入	
		总额	对外出口额		总额	对外出口额
清远	1 679 666	1 636 273	227 576	1 978 686	1 949 502	303 479
潮州	477 728	475 596	145 073	775 506	771 247	265 381
揭阳	1 595 900	1 591 584	64 725	1 837 100	1 807 952	91 139
云浮	198 581	189 633	30 204	197 681	199 495	67 144

数据来源：《广东统计年鉴·2017》。

第五节　广东经济特区的生态文明建设成就

在党的十九大报告中，习近平总书记曾深刻地提出"人与自然和谐共生"的发展理念。在生态文明建设领域，习近平总书记指出："建设生态文明是中华民族永续发展的千年大计。必须树立和践行绿水青山就是金山银山的理念，坚持节约资源和保护环境的基本国策，像对待生命一样对待生态环境，统筹山水林田湖草系统治理，实行最严格的生态环境保护制度，形成绿色发展方式和生活方式，坚定走生产发展、生活富裕、生态良好的文明发展道路，建设美丽中国，为人民创造良好生产生活环境，为全球生态安全作出贡献。"① 在改革发展伟大进程中，生态文明建设也是广东经济特区改革发展的重要组成部分。通过改革开放 40 年的努力，以深圳为代表的广东经济特区在全国率先形成了绿色发展的生态文明发展理念，对全国各地的生态文明建设形成了良好的示范意义。

一、生态文明观念深入人心

保持生态文明发展定力是广东三大经济特区发展的共同特点。深圳市

---

① 习近平：《决胜全面建成小康社会夺取新时代中国特色社会主义伟大胜利——在中国共产党第十九次全国代表大会上的报告》，人民出版社 2017 年版，第 23~24 页。

第七章 广东经济特区改革发展的成就与贡献

较早提出生态立市的经济特区。自建市以来,深圳市始终将生态环境保护和生态文明建设摆在突出位置。1989年,《广东内伶仃岛——福田国家级自然保护区总体规划》公布,在深入调查保护区内动植物资源的基础上,广东决定对内伶仃岛进行保护而不是开发。2001年,深圳市在修订城市总体规划时明确指出,土地资源、水资源和生态环境已成为制约深圳发展的主要因素,必须实现发展方式从外延式向内涵式的转变。同年,全国城市绿化工作会议提出将深圳市作为试点加强城市绿化工作,深圳市随即出台《深圳市绿地系统规划》,将林地、园地、水域作为生态改善积极因素纳入绿地规划,以扩展绿地空间。2005年,基于"四个难以为继",即土地、空间有限难以为继,能源、水资源短缺难以为继,人口不堪重负难以为继,环境承载力严重透支难以为继,深圳市将"生态立市"纳入全市"十一五"发展规划。2006年,出台并实施《深圳生态市建设规划》,将生态立市上升到城市发展的战略高度,提出"构建自然宜居的生态安全体系、循环高效的经济增长体系、集约利用的资源保障体系、持续承载的环境支撑体系和环境友好的社会发展体系"五大体系,打造最具活力的可持续发展的生态城市。2007年年初,深圳市印发《关于加强环境保护建设生态市的决定》,在五大体系建设的基础上,为生态市建设提供了一系列保障。①

珠海生态环境优美,山水相间,陆岛相望,气候宜人,是全国唯一以整体城市景观入选"全国旅游胜地四十佳"的城市。改革开放以来,珠海不断创新生态文明体制机制法制,率先开展生态文明立法,构建了以《珠海经济特区生态文明建设促进条例》为核心的生态文明法规体系,出台广东省内首部生态文明建设地方性法规,实施《珠海市生态文明建设规划》,先后制定了生态环境相关的17件地方性法规和12件政府规章。除此以外,珠海在生态文明建设方面有多个"率先",这些"率先"包括:建立了生态环境指数发布机制,率先发布生态环境指数,创新生态补偿机制,积极开展排污权有偿使用和交易,率先探索"五规融合",率先实施生态文明考核,借鉴国际先进模式,引入第三方评价,确保考核客观、公正。考核结果与干部选拔任用挂钩,初步形成了以生态制度管人的

---

① 参见黄娟、许媛媛、詹必万《深圳市生态文明建设道路探析》,载《当代经济》2014年第15期。

环保治理新常态。①

汕头经济特区改革开放以来经济发展方式相对粗放，生态环境保护工作的历史欠账多。近年来，汕头市充分汲取教训，从"十一五"以后连续多次提出环境保护发展规划，并从环境基础设施建设、环境管理能力建设、环保责任考核等多方面着手，积极营造汕头良好的生态发展环境。在汕头市环境保护"十三五"规划中，汕头市正式提出：以生态文明建设为统领，以改善环境质量为核心，实施最严格的环境保护制度，深入实施大气、水、土壤污染防治行动，补齐环境基础设施和监管能力短板，以新理念、新道路、新标准、新突破、新面貌不断提升环境治理能力，提高环境管理的系统化、科学化、法治化、精细化和信息化水平，为全面建成小康社会和建设天蓝、地绿、水净的"美丽汕头"奠定坚实环境基础的发展目标，并将贯彻党的十八大以来生态文明建设的国家战略作为统筹经济社会发展的重要工作来抓，生态文明建设在经济社会发展中的地位显著提高。②

在诸多政策、法规和规划的引领下，在市场和市民意识的自发推动下，生态文明建设已经成为广东经济特区发展的一种观念深入人心，广东经济特区逐步形成齐抓共管、共创生态文明的良好局面，生态建设文明的效果也较为显著。

二、环境治理力度不断加大

在生态立市、环境保护等观念和精神的直接引领下，广东三大经济特区的环境治理工作都取得了显著的成效。改革开放以来，尤其是近些年来，以深圳、珠海为代表的广东经济特区在城市污水处理率、城市生活垃圾无害化处理率等多方面的指标方面获得显著改善。其中，深圳经济特区城市污水处理率在2016年已经达到97.6%，在全省21个地市中稳居前列；城市生活垃圾无害化处理率连续多年保持100%，见表7-18。

珠海则不仅在诸多环境监测指标上获得了显著改善，还在1990年以来十次荣获全省城市环境综合整治定量考核第一；先后荣获"国家园林

---

① 参见杨文俊《这几点让珠海成为了生态文明领跑者!》，载深圳新闻网（http://v1.hizh.cn/yaowen/326174.jhtml）。

② 参见《汕头市环境保护"十三五"规划》。

城市""国家环保模范城市""国家卫生城市""国家级生态示范区""中国优秀旅游城市"和联合国人居中心授予的"国际改善居住环境最佳范例奖"。连续多年被评为"国家环保模范城市""国家优秀旅游城市",曾荣获联合国"国际改善居住环境最佳范例奖",这无疑是对珠海经济特区环境保护工作的最大首肯。

汕头经济特区尽管环境保护工作实施较为滞后,但随着近年来诸多环保政策的实施,汕头生态环境也呈逐步好转的态势。2016 年,汕头市加强生态环境治理,组建环保警察,出台奖励公众举报环境违法行为办法及系列追责措施,严厉打击各类环境违法行为。市区区域环境噪声平均值(昼间)56.4 分贝,比 2015 年增长 0.4%;市区 PM_{10} 与 $PM_{2.5}$ 年平均浓度分别为 48 微克/立方米和 30 微克/立方米,下降 7.7% 和 9.1%。空气质量级别为优的天数 169 天,增长 6.3%;空气质量级别为良的天数 186 天,增长 1.6%。这些成绩的取得无疑也是汕头经济特区环境治理力度不断加大的基本体现。

表 7-18 2014—2016 年广东各市环境保护基本情况

地市	城市污水处理率(%)			城市生活垃圾无害化处理率(%)		
	2014 年	2015 年	2016 年	2014 年	2015 年	2016 年
广州	98.7	93.2	94.3	86.8	95.2	96.1
深圳	96.6	96.6	97.6	100.0	100.0	100.0
珠海	90.1	95.7	96.3	100.0	100.0	100.0
汕头	92.1	90.2	90.3	76.9	92.6	89.8
佛山	79.7	94.4	96.7	94.2	100.0	100.0
韶关	81.4	86.2	87.1	100.0	100.0	100.0
河源	93.1	92.9	92.5	100.0	100.0	100.0
梅州	85.0	88.6	96.6	100.0	100.0	100.0
惠州	97.5	97.6	97	96.2	100.0	100.0
汕尾	88.1	89.1	91.2	100.0	100.0	93.8
东莞	95.6	96.5	93.5	66.4	100.0	100.0
中山	90.6	96.0	96.3	100.0	100.0	100.0

(续表7-18)

地市	城市污水处理率（%）			城市生活垃圾无害化处理率（%）		
	2014年	2015年	2016年	2014年	2015年	2016年
江门	91.2	91.6	92.1	100.0	100.0	100.0
阳江	68.7	85.5	87.9	100.0	100.0	100.0
湛江	96.7	88.5	91.1	97.4	100.0	100.0
茂名	88.2	88.4	94.3	—	100.0	100.0
肇庆	93.2	85.1	89.5	100.0	100.0	100.0
清远	85.6	87.6	81.5	100.0	100.0	80.6
潮州	63.1	79.7	81.0	100.0	79.3	76.8
揭阳	77.1	89.8	78.3	90.0	95.0	96.4
云浮	75.5	93.1	77.9	100.0	100.0	100.0

数据来源：《广东统计年鉴·2017》。

三、绿色发展质量不断提升

绿色发展方式的转变是生态文明建设的重要环节。改革开放以来，经济特区的发展道路表明，绿色发展方式的确立核心在于实施两种路径：一是从生产方式入手，大力发展资源节约型产业。2008年以来，深圳、珠海和汕头经济特区无论在单位GDP能耗还是电耗方面都呈现出不断下降的态势，大力发展资源节约型产业的作用功不可没，见表7-19。在三大经济特区中，截至2016年年底，深圳淘汰转型低端落后企业1 400多家。产业结构凸显"三个为主"：经济增量以新兴产业为主，新兴产业对GDP增长贡献率提高至53%左右；工业以先进制造业为主，先进制造业占工业比重超过75%；三产以现代服务业为主，服务业占GDP的比重为60.5%，现代服务业占服务业比重提高至70%以上，其中金融业增加值增长14.6%，新增玉山银行等持牌法人金融机构13家。[1] 珠海经济特区在高新技术产业方面着力，2016年，珠海市医药制造业增长3.0%，航

---

[1] 参见林玟珊《从深圳速度到深圳质量，深圳是这样抓落实的》，载深圳新闻网（http://www.sznews.com/news/content/2017-03/03/content_15571982.htm）。

第七章 广东经济特区改革发展的成就与贡献

空、航天器及设备制造业增长4.7%，电子及通信设备制造业增长3.0%，医疗仪器设备及仪器仪表制造业增长16.1%，信息化学品制造业增长22.2%，新兴产业发展精彩纷呈。汕头则狠抓新技术、新产业、新业态。2016年，关停取缔印染企业210家、造纸企业20家。与此同时，汕头高新技术企业培育成效显著，净增175家，总量增长117%。

表7-19 2008—2016年广东三大经济特区单位GDP能耗和电耗增长速度

单位:%

类别	特区	2008年	2009年	2010年	2011年	2012年	2013年	2014年	2015年	2016年
能耗	深圳	-2.90	-2.76	-2.94	-4.39	-4.51	-5.12	-4.35	-3.26	-4.21
	珠海	-3.31	-3.60	-3.67	-3.93	-4.75	-4.98	-4.12	-2.80	-3.94
	汕头	-2.54	-3.85	-3.19	-3.44	-4.48	-3.99	-3.85	-6.81	-3.00
电耗	深圳	-7.44	-9.33	1.00	-4.69	-3.28	-8.30	-0.65	-5.01	-4.17
	珠海	-2.21	-3.92	-1.21	-1.05	-2.49	-6.23	0.04	-1.61	-3.10
	汕头	-4.44	-3.19	-0.62	-2.27	-5.87	-5.37	-0.79	-5.78	-1.33

数据来源：《广东统计年鉴·2017》。

实施绿色发展的第二条关键路径是构建绿色生活方式，建设环境友好型社会。2016年，深圳全面禁行黄标车，淘汰老旧车及黄标车近7万辆。新推广应用新能源汽车2.9万辆，总量超过6.7万辆，新建充电桩超过7 000个。绿色建筑面积增长61%，总量达5 320万平方米。经过多年的发展，以深圳经济特区为代表的城市已经成为公交线路最密集、人均公共绿地面积最高的城市之一，见表7-20。诸多绿色生活方式的构建都是广东经济特区绿色发展的典型体现。

表7-20 2014—2016年广东各市公交事业和城市绿地发展情况比较

地市	城市公共交通车辆标准运营数（标台）			城市人均公园绿地面积（平方米）		
	2014年	2015年	2016年	2014年	2015年	2016年
广州	16 750	16 179	16 960	20.19	21.82	22.09

(续表 7-20)

地市	城市公共交通车辆标准运营数(标台)			城市人均公园绿地面积(平方米)		
	2014年	2015年	2016年	2014年	2015年	2016年
深圳	17 797	17 943	18 899	16.84	16.91	16.45
珠海	2 266	2 349	2 486	18.75	19.50	19.70
汕头	1 085	1 253	1 740	14.41	15.01	15.19
佛山	5 915	6 783	6 915	12.95	14.69	13.91
韶关	535	635	848	12.36	12.50	12.52
河源	320	330	388	12.50	12.55	12.61
梅州	443	925	1 632	15.80	16.70	17.00
惠州	2 000	2 446	2 709	17.27	17.75	17.85
汕尾	265	344	821	12.66	13.48	14.08
东莞	6 286	5 346	5 960	17.28	19.36	22.99
中山	2 395	2 436	2 685	17.80	18.39	18.41
江门	1 502	1 524	1 674	17.60	17.75	17.78
阳江	189	242	323	11.07	11.17	12.57
湛江	1 061	1 167	1 744	12.97	13.94	13.99
茂名	498	511	493	12.54	13.74	16.46
肇庆	703	814	846	21.17	20.73	20.39
清远	818	778	749	16.18	13.03	10.00
潮州	231	192	374	10.55	10.57	9.70
揭阳	272	387	403	8.39	8.65	12.10
云浮	357	362	329	13.17	12.70	19.22

数据来源:《广东统计年鉴·2017》。

四、人居生活环境显著改善

坚持久久为功，建设绿色家园，广东经济特区的人均生活环境的营造走在了全国的前列。2016年，深圳大力实施大气质量提升40条、治水提质40条等系列政策措施，宜居宜业的环境优势不断彰显。"深圳蓝"成为靓丽名片。空气优良天数提高至354天，居内地城市最优水平。与此同时，绿色生态空间持续增加。新建、改造公园61个，罗湖体育休闲公园等投入使用，国际友好城市公园、坝光银叶树湿地公园等加快建设。建成绿道"公共目的地"380个，规划建设300公里"远足径"，推进深圳湾滨海休闲带西段等建设，打造海滨最美风景线。深圳人均生活环境得到显著改善。

2016年，珠海全市水环境质量处于较好水平，集中式饮用水源质量达标率100%。全市8个水质监测断面中，Ⅰ～Ⅱ类水质的断面比例为25%；Ⅲ类水质的断面比例为37.5%，Ⅳ类水质的断面比例为37.5%，无Ⅴ类水质和超过Ⅴ类水质的断面。全年有178天空气质量级别Ⅰ级（优），占48.6%；168天的空气质量级别Ⅱ级（良），占45.9%。酸雨发生率为46.8%，比上年上升了22.7个百分点。环境空气中污染物二氧化硫、二氧化氮、可吸入颗粒物和细颗粒物、降尘的年均值分别为0.009毫克/立方米、0.032毫克/立方米、0.042毫克/立方米、0.026毫克/立方米和2.98吨·平方公里/月，分别较上年持平、上升10.3%、下降17.6%、下降16.1%和下降7.7%。全市共有国家级自然保护区1个，面积4.6万公顷。全市灰霾天气日数24天，比上年减少21天；全年日照时数1 729.4小时，降雨量2 537.8毫米，平均气温23.1摄氏度。

2016年，汕头经济特区市区区域环境噪声平均值（昼间）56.4分贝，比上年增长0.4%；市区PM_{10}与$PM_{2.5}$年平均浓度分别为48微克/立方米和30微克/立方米，下降7.7%和9.1%。全年空气质量级别为优的天数169天，增长6.3%；空气质量级别为良的天数186天，增长1.6%。诸多指标的改善都是广东经济特区人均生活环境改善的有力体现。

第六节　广东经济特区改革发展的历史贡献

党的十八大以来，习近平总书记离京视察"第一站"就来到深圳，郑重宣示中央继续坚持改革开放的坚定决心，高度肯定了深圳经济特区所作的历史贡献，并就经济特区肩负新使命、新任务发表了一系列重要论述。2018年10月，习近平总书记再次来到广东经济特区，重温改革历程，发表改革宣言，释放出改革新信号。习近平总书记指出："党的十八大后我考察调研的第一站就是深圳，改革开放40周年之际再来这里，就是要向世界宣示中国改革不停顿、开放不止步，中国一定会有让世界刮目相看的新的更大奇迹。"① 回顾改革开放40年的发展历程，广东经济特区的发展是中国改革开放时代发展的缩影。从这里，世界可以触摸到中国改革发展的时代脉搏；从这里，中国开启了彰显道路自信、理论自信、制度自信、文化自信的磅礴力量。40年来，广东经济特区没有辜负党中央的重托，没有辜负全国人民的厚望，特区建设者坚持实事求是的态度，艰苦创业，实干敢闯，取得了重大的成就，真正杀出了一条血路。论及经济特区的历史贡献，早在2010年，长期研究特区问题的经济学家苏东斌教授就曾对此问题做了深刻的总结。站在新的时代背景下，这些深邃精炼的论断对总结改革开放40年广东经济特区的贡献仍有深刻的启迪意义。

一、贡献了一个新体制

恰如苏东斌教授的论述，改革的目标是要建立市场经济体制。1992年邓小平斩钉截铁地判断：深圳就是社会主义市场经济。经济特区对中国改革的贡献，就是探索出一条从计划经济走向市场经济的转型模式，为社会经济发展提供了制度变迁上的基础性保障。②

我国的经济体制改革是一个十分艰巨而复杂的系统工程，必须进行一系列超前性试验，然后在取得试验成果的基础上逐步向全国推广，从而减少改革中的失误，降低改革的风险，舒缓改革的阵痛，减轻改革引发的震荡，才有利于树立起全国人民的信心。40年来，广东经济特区在经济体制改革方面进行了一系列大胆的探索，进行了一系列发展以社会主义市场经济为取向的试验，真正发挥了"实验区"和"排头兵"的作用，以经

---

① 《习近平在广东再谈改革开放，这十句话旗帜鲜明》，载人民网（http://cpc.people.com.cn/n1/2018/1026/c64094-30363600.html）。

② 参见丁立连《中国经济特区的时代使命——访深圳大学教授苏东斌》，载深圳特区报（http://finance.sina.com.cn/china/dfjj/20100322/13297607370.shtml）。

第七章 广东经济特区改革发展的成就与贡献

济特区的大改革带动了全国的大改革。短短40年来，在中国这样一个泱泱大国，成功地"杀出了一条血路"，初步实现了经济体制的转换，从传统的计划经济向市场经济体制迈出了坚定的一步。在这样一个重大的历史性转换过程中，广东经济特区进行了十分可贵的试验和探索，功不可没。围绕市场机制的确立，广东经济特区开展了包括企业经营体制、所有制结构等一系列改革，这些改革一方面为全国的改革提供了示范和借鉴，避免走更多的弯路；另一方面则为中国共产党逐步形成了社会主义市场经济的理论，并最终确立社会主义市场经济的改革目标，做出了历史性贡献。①如果没有广东经济特区的改革试验，就无法想象在全国范围内进行一场以社会主义市场经济新体制为目标的伟大改革。广东经济特区作为中国经济特区发展的主战场，其最大的历史性贡献在于不断进行以市场经济为取向的改革实践，在我国经济体制改革的转换过程中进行了不懈的努力，为全国的社会主义现代化探路。

二、贡献了一条新道路

20世纪80年代，以深圳为代表的广东经济特区快速起飞，拉开了经济腾飞的序幕。邓小平在1984年第一次视察深圳渔民村时就赞许地预言：全国农村要达到这个水平恐怕要100年。特区对中国发展的贡献，就是寻找到一条从一般小城镇走向区域性现代化中心城市的发展道路。通过非均衡发展能够比较迅速地实现从普遍贫困达到共同富裕的根本目标。②

然而，回溯经济特区的发展历程，对经济特区的创办并非就完全达成共识。经济特区的创立一开始就受到各方面的质疑：在国内，干部群众和党内有疑虑；在国外，有来自资本主义国家的关注和疑问，也有来自一些社会主义国家的责难。经济特区创办初期，举办外资企业，把国外先进的管理经验引入经济特区，进行观察、学习、试验。对经济特区的这些做法，以至于应不应该举办经济特区，都在党内形成巨大的争议。有个人根据特区建设引进资金以外资为主的方针，认为特区的经济基础是资本主义，上层建筑不可能是社会主义；有人干脆说特区除五星红旗之外完全成

---

① 参见盘美昌《我国经济特区的历史性贡献》，载《特区理论与实践》1995年第9期。
② 参见丁立连《中国经济特区的时代使命——访深圳大学教授苏东斌》，载深圳特区报（http://finance.sina.com.cn/china/dfjj/20100322/13297607370.shtml）。

了资本主义。有人担心经济特区会成为新的租界，成为殖民地。有的外国记者和香港一些报道也做了这样的渲染：经济特区搞开放就是社会资本主义化；苏联《经济报》则强调：北京自动地将中国纳入资本主义世界的轨道，通过建立"合营企业"或"经济特区"的形势千方百计地吸引外国资本，所有这一切都对中国的独立构成威胁。当经济特区建设取得重大成就，"三资企业"蓬勃发展的时候，还有人认为"'三资企业'是和平演变的温床"。①

对来自各个方面的压力，经济特区的建设者没有陷入无休止的争论中去，这为经济特区的建设赢得了宝贵的时间。40年来，以深圳、珠海为代表的广东经济特区以雄辩的事实证明，经济特区的社会主义不仅没有被削弱，相反，经济特区的整体素质提高了，经济实力明显地增强了，党的组织在发展，党的队伍在扩大，精神文明建设也取得重大的成就。广东经济特区用实践消除了国内外对建设经济特区和建设中国特色社会主义道路的疑虑。

三、贡献了一种新精神

习近平总书记指出，任何一个民族、任何一个国家都需要学习别的民族、别的国家的优秀文明成果。中国要永远做一个学习大国，不论发展到什么水平都虚心向世界各国人民学习，以更加开放包容的姿态，加强同世界各国的互容、互鉴、互通，不断把对外开放提高到新的水平。从中国历史长河的发展上看，中国经济特区的兴办使开放达到了一个新高度。②

在我国历史上，有过开放带来的繁荣时期，但自明朝中叶到鸦片战争前，中国的大门一直关闭，尘封300余年。1840年，帝国主义的重炮轰开了中国古老的大门，清朝被迫开放，但那时是被侵略、被掠夺、丧权辱国的开放。中华人民共和国成立后，我们在某种程度上闭关自守，特别是"文化大革命"几乎迫使中国与世界隔绝。中国在历史上落后，就是因为闭关自守，拒绝接受一切外来的东西，拒绝接受人类共同创造的文明成果，拒绝接受科学技术和管理经验，这严重阻碍了中国商品的出口，阻碍

---

① 参见盘美昌《我国经济特区的历史性贡献》，载《特区理论与实践》1995年第9期。
② 参见习近平《在同外国专家座谈时强调：中国要永远做一个学习大国》，载《人民日报》2014年5月24日。

第七章 广东经济特区改革发展的成就与贡献

了生产力的发展,扼杀了中国人民的生机和进取精神。历史经验告诉我们:关起门来搞建设不行,闭关自守只能把中国搞得贫穷落后,愚昧无知。

"文化大革命"结束后,中国实际面临两种艰难的选择:一种是在原有的体制下,按传统的思路搞经济现代化,其优点是不用触动传统文明的根基,其缺点是低速度、低效益、高消耗,而在实践上证明是失败的、不成功的;另一种是遵循人类文明发展的共同规律,把中国汇入世界性的现代化潮流,大胆吸收和借鉴人类社会创造的一切文明成果,探索一条符合中国国情的社会主义现代化建设的道路。以邓小平为代表的中国共产党的第二代领导集体实际上做出了第二种选择,即通过改革开放,使整个社会向现代文明转型。中国经济特区的建立成功地打开了被历史尘封了的国门,成为中国了解世界和让世界了解中国的"窗口",随着特区的大开放带动了全国的大开放。从举办经济特区到沿海开放城市,又从沿海开放城市发展到沿海开放地带,全国对外开放的规模越来越大,开放区域越来越广,开放的层次越来越高,经济特区的开放是引领全国开放的"先手棋"。

40年来,经济特区在吸收、消化和转移外来的先进技术、管理经验和外资等多方面取得了可喜的成就。深圳经济特区甚至已经形成了以高新技术为主导的现代产业体系。40年来,以深圳、珠海为首的中国经济特区坚持进行大胆的探索和试验,在发展经济的同时,培养和提高了特区人的素质,培育了特区人的精神风貌,造就了一代观念新、知识面广、勇于开拓和具有实干精神的特区人。从"时间就是金钱,效率就是生命"到"空谈误国、实干兴邦"的口号,从昔日荒凉的海滩发展成为今天瞩目的经济特区。邓小平多次总结"深圳的重要经验就是敢闯"。当年袁庚在蛇口那句响彻全国的口号"时间就是金钱,效率就是生命"则是这种精神的集中体现。经济特区对时代精神的贡献,就是在状态上形成了一种勇于创新、善于创新的品格。经济特区的发展使一个对外开放、坚持社会主义道路的中国以全新的姿态出现在国际政治经济的舞台上。经济特区这扇窗口使全世界更多地了解中国。通过建立经济特区,在国际上改善了中国的形象。

四、验证了一个大理论

新加坡资政李光耀1992年说:"中国不能没有深圳,因为它是中国改革试验田,深圳经验如果成功了,说明邓小平的中国特色的社会主义路子是走得通的。"这就透彻地点出了中国经济特区的功能、地位和作用。中国经济特区的创办是邓小平一个伟大的理论发明,是开启中国社会全方位转型的关键之举,是最具"中国特色"的伟大的创造性实践。中国经济特区的发展是邓小平理论充分而光辉的实践,特区的历史步伐又极大地丰富了邓小平理论的科学内涵,这种内在联系构成了中国经济特区在理论上的巨大贡献。①

在经济实践方面,广东经济特区基本上都建立在沿海地理位置优越、交通便利但城市基础设施比较薄弱的地方,因此,在特区建设初期需要大量的资金投入。在此方面,特区创建初期得到了全国人民的支持,中央在政策上也给予扶持。例如允许特区银行吸收的存款全部用作贷款,深圳、珠海两市的财政收入头10年不上交,汕头上缴的财政收入由广东省政府核减。特区的外汇收入单列,超1978年基数的增收部分头10年不上缴,用于特区建设。所有这些都是十分必要的。然而,40年过后,广东经济特区已经发展成为新的经济增长级,不仅向其他省份输出资金,而且形成了庞大的固定资产,同时还向国家提供了巨额的财税,为国库拓展了财源。截至2017年,仅深圳经济特区一个地市的一般公共预算收入达8 624亿元,地方的收入3 331.6亿元。横向比较,2016年广东省除广州、深圳、珠海之外的18个地市地方级一般公共预算收入之和为3 330亿元,而深圳一地就相当于省内18个地市之和。深圳以全国约万分之二的国土面积、不到千分之一的人口,贡献了全国近5%和全省31%的收入份额,对全国地方级和全省收入增长的贡献分别达8.2%和39.4%。经济特区在原来空旷落后的土地上创造了经济奇迹,为国家创造了财富,这不仅仅是一份最好的答卷,更是最直接的重大贡献。

---

① 参见丁立连《中国经济特区的时代使命——访深圳大学教授苏东斌》,载《深圳特区报》2010年3月22日。

第七章 广东经济特区改革发展的成就与贡献

小　　结

本章基于广东经济特区发展的数据和基本史实，从经济、社会、文化、改革创新、生态文明和历史贡献六个维度总结了广东经济特区改革发展40年来的成就和贡献。

在经济发展方面，广东三大经济特区勇立潮头，坚定担当改革开放经济体制改革试验田的光荣使命，不负全国人民的重托，广东三大经济特区不仅成为观察中国经济腾飞的时代窗口，而且成为引领全国产业升级转型的一面旗帜；在社会建设方面，广东三大经济特区不忘初心，始终将增强人民福祉作为经济发展的根本落脚点和创建宏伟事业的出发点，在人口活力、公共服务保障、社会管理等诸多领域成就显著，不仅显示出强大的社会发展活力，还成为引领全国内陆地区走向社会共建共享共治的一个标杆；在文化建设方面，广东三大经济特区虽然经历了中西方文化、资本主义和社会主义文化、市场经济和计划经济诸多文化的激烈碰撞，文化建设的道路曲折而又艰辛，但最终建设有中国特色的社会主义文化在广东经济特区形成，中国特色的社会主义文化建设随着时代的发展也越来越显示出强大的生命力；在改革创新方面，广东三大经济特区肩负改革使命，在中国改革开放40年来不断适应新形势，瞄准新目标，开辟新方向，按照"特别能改革、特别能开放、特别能创新"的特区内涵，不断为建设有中国特色社会主义理论提供改革创新标本，不断为丰富和完善中国特色社会主义理论提供实践源泉；在生态文明建设方面，经过改革开放40年的光辉实践，"绿水青山就是金山银山"的生态文明建设观念深入人心，生态文明建设已经成为特区经济社会各项事业发展的重要组成部分，围绕转变经济增长方式，广东三大经济特区开辟了一条绿色、可持续发展的新道路，生态文明建设不断迈上新台阶；在历史贡献方面，在中华文明五千年的历史长河中，广东经济特区的创建虽然是一段短暂的历史，但其是中华文明从封闭走向开放、从落后走向强大的起点，同时从这里，也奏响了中华民族伟大复兴的历史篇章。

改革开放40年来，广东三大经济特区的伟大实践雄辩地证明，始终坚定走中国特色社会主义的道路是完全正确的，只有不忘初心，坚持不断改革开放，坚持不断为人民谋福祉，社会主义事业就会不断从一个胜利走向另一个胜利，创造让世界刮目相看的新的更大奇迹。

第八章　广东经济特区的新使命

在新的历史基点上,党的十九大提出了建设"新时代中国特色社会主义"的宏大命题和"实现中华民族伟大复兴中国梦"的远大目标部署。新时代、新方位,新期待、新考验。中国特色社会主义进入新时代,广东经济特区也站在了新的历史方位上。只有不忘初心再出发、勇担重任立潮头,广东经济特区才能在全面建成小康社会、加快建设社会主义现代化新征程上走在最前列,奋力谱写新时代中国特色社会主义中广东经济特区发展的新篇章。

第一节　党的十九大以来经济特区建设面临的新形势

党的十九大,是在全面建成小康社会决胜阶段、中国特色社会主义发展关键时期召开的一次十分重要的大会。承担着谋划决胜全面建成小康社会、深入推进社会主义现代化建设的重大任务,事关党和国家事业继往开来,事关中国特色社会主义前途命运,事关广大人民根本利益,同时也直接决定着新时期广东经济特区改革发展的方向和历史使命。接下来以党的十九大报告内容为观测点,对未来中国特色社会主义现代化建设所面临的新形势做如下分析。

一、中国特色社会主义建设进入新时代

党的十九大做出"中国特色社会主义进入了新时代"的重大判断,标明了我国发展新的历史方位。纵观中国特色社会主义建设的发展历程,以毛泽东同志为核心的党的第一代中央领导集体为新时期开创中国特色社

会主义提供了宝贵经验、理论准备、物质基础。早在20世纪50年代中期，毛泽东同志就提出要走自己的路，独立自主地探索适合中国国情、具有中国特点的社会主义建设道路，实现马克思列宁主义基本原理同中国实际的"第二次结合"，并领导开展了大规模的社会主义建设实践。这一时期的探索为中国特色社会主义奠定了制度前提、思想保证、物质基础、理论准备和外部环境，是中国特色社会主义形成的历史和逻辑起点。以邓小平同志为核心的党的第二代中央领导集体成功开创了中国特色社会主义。邓小平同志领导全党全国人民，紧紧围绕建设中国特色社会主义这个主题，成功开辟了中国特色社会主义道路，中国在改革开放和社会主义现代化建设中走上了新的伟大征程。以江泽民同志为核心的党的第三代中央领导集体成功把中国特色社会主义推向21世纪。新世纪新阶段，以胡锦涛同志为总书记的党中央成功在新的历史起点上坚持和发展了中国特色社会主义。①

以习近平同志为核心的党中央，开启了坚持和发展中国特色社会主义的新阶段。中国共产党的十八大以来，习近平同志带领全党全国人民，全面加强党的领导，大大增强了党的凝聚力、战斗力和领导力、号召力；坚定不移贯彻新发展理念，有力推动我国发展不断朝着更高质量、更有效率、更加公平、更可持续的方向前进；坚定不移全面深化改革，推动改革呈现全面发力、多点突破、纵深推进的崭新局面；坚定不移全面推进依法治国，显著增强了中国共产党运用法律手段领导和治理国家的能力；加强党对意识形态工作的领导，巩固了全党全社会思想上的团结统一；坚定不移推进生态文明建设，推动美丽中国建设迈出重要步伐；坚定不移推进国防和军队现代化，推动国防和军队改革取得历史性突破；坚定不移推进中国特色大国外交，营造了我国发展的和平国际环境和良好周边环境；坚定不移推进全面从严治党，着力解决人民群众反映最强烈、对党的执政基础威胁最大的突出问题，形成了反腐败斗争压倒性态势，党内政治生活气象更新，全党理想信念更加坚定、党性更加坚强，党自我净化、自我完善、自我革新、自我提高能力显著提高，党的执政基础和群众基础更加巩固，为党和国家各项事业发展提供了坚强的政治保证。

---

① 参见中国社会科学院中国特色社会主义理论体系研究中心《深刻理解中国特色社会主义进入新的发展阶段》，载《人民日报》2017年8月17日。

第八章　广东经济特区的新使命

从经济上看，党的十八大以来，中国经济保持中高速增长，在世界主要国家中名列前茅，国内生产总值从54万亿元增长到80万亿元，稳居世界第二，对世界经济增长贡献率超过百分之三十。与此同时，经济结构不断优化，数字经济等新兴产业蓬勃发展，高铁、公路、桥梁、港口、机场等基础设施建设快速推进，"一带一路"建设、京津冀协同发展、长江经济带发展成效显著，创新型国家建设成果丰硕。

二、习近平新时代中国特色社会主义思想形成

党的十八大以来，以习近平同志为核心的党中央，面对国际经济复苏乏力，世界恐怖组织日益猖獗，美国实施亚太再平衡战略的大背景和国内经济经过30多年高速增长后传统发展方式难以为继，"中等收入国家陷阱"现象日益显露的巨大压力，坚持社会主义初级阶段这个最大国情，牢牢立足社会主义初级阶段这个最大实际，准确把握我国社会主要矛盾的新变化和时代脉搏，运用马克思主义基本理论和方法，围绕改革发展稳定，治党治国治军，中国、世界及其相互关系等，提出了推动中国、世界发展的系列主张和倡议。这些主张和倡议高屋建瓴，肩负着厚重的时代责任和使命意识，展示了新时代中国走向强盛的新见解，开拓了打造世界命运共同体的新思路，形成了马克思主义发展史上具有里程碑意义的习近平新时代中国特色社会主义思想。①

概括地说，习近平新时代中国特色社会主义思想反映了马克思主义中国化的最新成果，凝聚了中国特色社会主义理论体系最新发展成果，充满了浓厚的时代气息和丰富的思想内涵，是新时代实现中华民族伟大复兴和构建中国与世界命运共同体的思想武器和理论指引。② 从架构上讲，新时代中国特色社会主义思想，明确坚持和发展中国特色社会主义，总任务是实现社会主义现代化和中华民族伟大复兴，在全面建成小康社会的基础上，分两步走在21世纪中叶建成富强民主文明和谐美丽的社会主义现代化强国；明确新时代我国社会主要矛盾是人民日益增长的美好生活需要和

---

① 参见王骏《论习近平新时代中国特色社会主义思想的两大架构》，载《探索》2017年第5期。

② 参见王骏《论习近平新时代中国特色社会主义思想的两大架构》，载《探索》2017年第5期。

不平衡不充分的发展之间的矛盾,必须坚持以人民为中心的发展思想,不断促进人的全面发展、全体人民共同富裕;明确中国特色社会主义事业总体布局是"五位一体"、战略布局是"四个全面",强调坚定道路自信、理论自信、制度自信、文化自信;明确全面深化改革总目标是完善和发展中国特色社会主义制度、推进国家治理体系和治理能力现代化;明确全面推进依法治国总目标是建设中国特色社会主义法治体系、建设社会主义法治国家;明确党在新时代的强军目标是建设一支听党指挥、能打胜仗、作风优良的人民军队,把人民军队建设成为世界一流军队;明确中国特色大国外交要推动构建新型国际关系,推动构建人类命运共同体;明确中国特色社会主义最本质的特征是中国共产党领导,中国特色社会主义制度的最大优势是中国共产党领导,党是最高政治领导力量,提出新时代党的建设总要求,突出政治建设在党的建设中的重要地位。① 这些内容有机的构成了新时代中国特色社会主义思想的理论体系。

习近平新时代中国特色社会主义思想,是对马克思列宁主义、毛泽东思想、邓小平理论、"三个代表"重要思想、科学发展观的继承和发展,是马克思主义中国化最新成果,是党和人民实践经验和集体智慧的结晶,是中国特色社会主义理论体系的重要组成部分,是全党全国人民为实现中华民族伟大复兴而奋斗的行动指南。同时,这也是广东经济特区改革发展的根本遵循。②

三、新时代中国特色社会主义基本方略实施

围绕新时代中国特色社会主义建设,党的十九大报告中提出了十四个坚持:坚持党对一切工作的领导;坚持以人民为中心;坚持全面深化改革;坚持新发展理念;坚持人民当家作主;坚持全面依法治国;坚持社会主义核心价值体系;坚持在发展中保障和改善民生;坚持人与自然和谐共生;坚持总体国家安全观;坚持党对人民军队的绝对领导;坚持"一国两制"和推进祖国统一;坚持推动构建人类命运共同体;坚持全面从严

---

① 习近平:《决胜全面建成小康社会夺取新时代中国特色社会主义伟大胜利——在中国共产党第十九次全国代表大会上的报告》,人民出版社2017年版,第19~20页。

② 习近平:《决胜全面建成小康社会夺取新时代中国特色社会主义伟大胜利——在中国共产党第十九次全国代表大会上的报告》,人民出版社2017年版,第20页。

治党。这十四个"坚持"构成了新时代坚持和发展中国特色社会主义的基本方略,同时也勾勒出未来中国特色社会主义建设的主要任务。

以改革发展为己任,"坚持全面深化改革"和"坚持新发展理念"将对广东经济特区的发展形成深远影响。其中,"坚持全面深化改革"重点强调:只有社会主义才能救中国,只有改革开放才能发展中国、发展社会主义、发展马克思主义。必须坚持和完善中国特色社会主义制度,不断推进国家治理体系和治理能力现代化,坚决破除一切不合时宜的思想观念和体制机制弊端,突破利益固化的藩篱,吸收人类文明有益成果,构建系统完备、科学规范、运行有效的制度体系,充分发挥我国社会主义制度优越性。

"坚持新发展理念"则强调:发展是解决我国一切问题的基础和关键,发展必须是科学发展,必须坚定不移贯彻创新、协调、绿色、开放、共享的发展理念。必须坚持和完善我国社会主义基本经济制度和分配制度,毫不动摇巩固和发展公有制经济,毫不动摇鼓励、支持、引导非公有制经济发展,使市场在资源配置中起决定性作用,更好发挥政府作用,推动新型工业化、信息化、城镇化、农业现代化同步发展,主动参与和推动经济全球化进程,发展更高层次的开放型经济,不断壮大我国经济实力和综合国力。

对于以改革发展为己任的广东经济特区,"坚持全面深化改革"和"坚持新发展理念"势必成为影响未来广东经济特区改革发展任务的一条主线。

四、全面建设社会主义现代化目标确立

党的十九大报告指出,改革开放之后,我们党对我国社会主义现代化建设做出战略安排,提出"三步走"战略目标。解决人民温饱问题、人民生活总体上达到小康水平这两个目标已提前实现。在这个基础上,我们党提出,到建党一百年时建成经济更加发展、民主更加健全、科教更加进步、文化更加繁荣、社会更加和谐、人民生活更加殷实的小康社会,然后再奋斗三十年,到中华人民共和国成立一百年时,基本实现现代化,把我国建成社会主义现代化国家。

从现在到 2020 年,党中央进一步提出,是全面建成小康社会决胜期。与此同时,党的十九大又提出了开启全面建设社会主义现代化国家新征程

的发展目标。具体是：第一个阶段，从2020年到2035年，在全面建成小康社会的基础上，再奋斗十五年，基本实现社会主义现代化。到那时，我国经济实力、科技实力将大幅跃升，跻身创新型国家前列；人民平等参与、平等发展权利得到充分保障，法治国家、法治政府、法治社会基本建成，各方面制度更加完善，国家治理体系和治理能力现代化基本实现；社会文明程度达到新的高度，国家文化软实力显著增强，中华文化影响更加广泛深入；人民生活更为宽裕，中等收入群体比例明显提高，城乡区域发展差距和居民生活水平差距显著缩小，基本公共服务均等化基本实现，全体人民共同富裕迈出坚实步伐；现代社会治理格局基本形成，社会充满活力又和谐有序；生态环境根本好转，美丽中国目标基本实现。第二个阶段，从2035年到21世纪中叶，在基本实现现代化的基础上，再奋斗十五年，把我国建成富强民主文明和谐美丽的社会主义现代化强国。到那时，我国物质文明、政治文明、精神文明、社会文明、生态文明将全面提升，实现国家治理体系和治理能力现代化，成为综合国力和国际影响力领先的国家，全体人民共同富裕基本实现，我国人民将享有更加幸福安康的生活，中华民族将以更加昂扬的姿态屹立于世界民族之林。

作为在改革开放进程中始终走在前列的尖兵，广东经济特区承载着更加艰巨的历史使命，全面建设社会主义现代化国家新征程的发展目标将成为广东经济特区未来发展新的发展方向。

五、新发展理念全面统领经济社会发展

坚定不移贯彻创新、协调、绿色、开放、共享的发展理念是党的十九大报告中新时代中国特色社会主义思想的基础组成部分。在党的十九大报告中，将贯彻新发展理念和建设现代化经济体系相融合，构成了发展理念和实施方略的有机统一。从新发展理念和现代化经济体系建设来看，未来中国特色社会主义的经济社会发展将面临以下形势：

一是供给侧结构性改革将会深入推进。党的十九大报告指出，建设现代化经济体系，必须把发展经济的着力点放在实体经济上，把提高供给体系质量作为主攻方向，显著增强我国经济质量优势。加快建设制造强国，加快发展先进制造业，推动互联网、大数据、人工智能和实体经济深度融合，在中高端消费、创新引领、绿色低碳、共享经济、现代供应链、人力资本服务等领域培育新增长点、形成新动能。支持传统产业优化升级，加

快发展现代服务业,瞄准国际标准提高水平。促进我国产业迈向全球价值链中高端,培育若干世界级先进制造业集群。加强水利、铁路、公路、水运、航空、管道、电网、信息、物流等基础设施网络建设。坚持去产能、去库存、去杠杆、降成本、补短板,优化存量资源配置,扩大优质增量供给,实现供需动态平衡。激发和保护企业家精神,鼓励更多社会主体投身创新创业。建设知识型、技能型、创新型劳动者大军,弘扬劳模精神和工匠精神,营造劳动光荣的社会风尚和精益求精的敬业风气。

二是创新驱动战略实施力度将会进一步加强。党的十九大报告指出,加快建设创新型国家。创新是引领发展的第一动力,是建设现代化经济体系的战略支撑。要瞄准世界科技前沿,强化基础研究,实现前瞻性基础研究、引领性原创成果重大突破。加强应用基础研究,拓展实施国家重大科技项目,突出关键共性技术、前沿引领技术、现代工程技术、颠覆性技术创新,为建设科技强国、质量强国、航天强国、网络强国、交通强国、数字中国、智慧社会提供有力支撑。加强国家创新体系建设,强化战略科技力量。深化科技体制改革,建立以企业为主体、市场为导向、产学研深度融合的技术创新体系,加强对中小企业创新的支持,促进科技成果转化。倡导创新文化,强化知识产权创造、保护、运用。培养造就一大批具有国际水平的战略科技人才、科技领军人才、青年科技人才和高水平创新团队。

三是区域协调发展战略将会加快实施。党的十九大报告强调,加大力度支持革命老区、民族地区、边疆地区、贫困地区加快发展,强化举措推进西部大开发形成新格局,深化改革加快东北等老工业基地振兴,发挥优势推动中部地区崛起,创新引领率先实现东部地区优化发展,建立更加有效的区域协调发展新机制。以城市群为主体构建大中小城市和小城镇协调发展的城镇格局,加快农业转移人口市民化。以疏解北京非首都功能为"牛鼻子"推动京津冀协同发展,高起点规划、高标准建设雄安新区。以共抓大保护、不搞大开发为导向推动长江经济带发展。携手港澳,建设粤港澳大湾区,打造高质量发展示范区,支持资源型地区经济转型发展。

除此以外,在新发展理念和加快现代化经济体系建设框架下,加快完善社会主义市场经济体制和推动形成全面开放新格局也是未来影响广东经济特区改革发展的有利形势。

六、深化改革和民生福祉建设地位突出

深化改革是加快完善社会主义市场经济体制的主要手段。党的十九大报告指出，经济体制改革必须以完善产权制度和要素市场化配置为重点，实现产权有效激励、要素自由流动、价格反应灵活、竞争公平有序、企业优胜劣汰。要完善各类国有资产管理体制，改革国有资本授权经营体制，加快国有经济布局优化、结构调整、战略性重组，促进国有资产保值增值，推动国有资本做强做优做大，有效防止国有资产流失。深化国有企业改革，发展混合所有制经济，培育具有全球竞争力的世界一流企业。全面实施市场准入负面清单制度，清理废除妨碍统一市场和公平竞争的各种规定和做法，支持民营企业发展，激发各类市场主体活力。深化商事制度改革，打破行政性垄断，防止市场垄断，加快要素价格市场化改革，放宽服务业准入限制，完善市场监管体制。创新和完善宏观调控，发挥国家发展规划的战略导向作用，健全财政、货币、产业、区域等经济政策协调机制。完善促进消费的体制机制，增强消费对经济发展的基础性作用。深化投融资体制改革，发挥投资对优化供给结构的关键性作用。加快建立现代财政制度，建立权责清晰、财力协调、区域均衡的中央和地方财政关系。建立全面规范透明、标准科学、约束有力的预算制度，全面实施绩效管理。深化税收制度改革，健全地方税体系。深化金融体制改革，增强金融服务实体经济能力，提高直接融资比重，促进多层次资本市场健康发展。健全货币政策和宏观审慎政策双支柱调控框架，深化利率和汇率市场化改革。健全金融监管体系，守住不发生系统性金融风险的底线。

增进民生福祉是改革发展的根本目的。党的十九大报告强调："中国共产党人的初心和使命，就是为中国人民谋幸福，为中华民族谋复兴。"这一强调彰显了党始终不变的初心——"以人民为中心"，彰显了中国特色社会主义是改革开放和继续前进不变的主题，彰显了我们党永远不变的性质、宗旨和奋斗目标，凸显了中国共产党人始终不变的心系人民的初心和情怀。"为中国人民谋幸福"贯穿于党的十九大报告始终，也是以习近平同志为核心的党中央治国理政的目标指向。可以预见，未来中国特色社会主义现代化建设的过程，不仅是经济社会各项事业全面推进的过程，也是民生福祉不断提升的过程。

第八章 广东经济特区的新使命

第二节 新时期广东在社会主义现代化建设中的新定位

广东经济特区是中国改革开放的试验田，蕴含着注解中国改革开放40年发展腾飞的成功基因。在经济特区建立30年之际，国务院通过了《珠江三角洲地区改革发展规划纲要》，明确了包括经济特区在内的珠三角五大战略定位。第一，探索科学发展模式试验区。赋予珠三角地区发展更大的自主权，支持率先探索经济发展模式转变，为全国科学发展提供示范。第二，深化改革先行区，继续承担全国改革"试验田"的历史使命，大胆改革，先行先试，在重要领域和关键环节率先取得突破，为发展中国特色社会主义创造新鲜经验。第三，扩大开放的重要国际门户。与港澳共同打造亚太地区最具活力和国际竞争力的城市群，完善内外联动、互利共赢、安全高效的开放型经济体系。第四，世界先进制造业和现代服务业基地。打造若干规模和水平居世界前列的先进制造业基地，培育一批具有竞争力的世界级企业和品牌，发展与香港国际金融中心相配套的现代服务业体系，建设与港澳地区错位发展的航运、物流、贸易、会展、旅游和创新中心。第五，全国重要的经济中心。建设成为带动环珠江三角洲和泛珠江三角洲区域发展的龙头，成为带动全国发展更为强大的引擎。这五大战略定位，明确了广东经济特区在未来的发展中引领广东示范全国的新使命——深圳被正式确定为国家综合配套改革试验区；珠海被确定为科学发展示范市、生态文明新特区。党的十八大以后，习近平总书记多次视察广东，并对新时期广东在社会主义现代化建设中的新定位提出了殷切嘱托。

一、从"三个定位、两个率先"到"四个坚持、三个支撑、两个走在前列"

党的十八大以后，习总书记第一次到地方考察就选择了广东。2012年年末，习近平总书记在视察广东重要讲话中对我们提出了殷切希望：广东要努力成为发展中国特色社会主义的排头兵、深化改革开放的先行地、探索科学发展的实验区，为率先全面建成小康社会、率先基本实现社会主义现代化而奋斗，即"三个定位、两个率先"。2017年4月4日，习近平总书记对广东工作做出重要批示，充分肯定党的十八大以来广东各项工作，希望广东坚持党的领导、坚持中国特色社会主义、坚持新发展理念、坚持改革开放，为全国推进供给侧结构性改革、实施创新驱动发展战略、构建开放型经济新体制提供支撑，努力在全面建成小康社会、加快建设社会主义现代化新征程上走在前列，即"四个坚持、三个支撑、两个走在前列"①。

为什么相隔4年后，习总书记再次对广东提出新要求、新使命，新期望？从"三个定位、两个率先"到"四个坚持、三个支撑、两个走在前列"首先源于广东经济社会发展的历史背景。2012年，广东实现地区生产总值5.71万亿元，人均GDP达到54 095元，按平均汇率折算为8 570美元，已迈进中高收入国家或地区的门槛。全年农村居民人均纯收入10 542.84元，农村最高20%收入组人均纯收入21 578.37元，最低20%收入组人均纯收入4 099.49元。全年城镇居民人均可支配收入30 226.71元，城镇最高20%收入组人均可支配收入60 858.98元，最低20%收入组人均可支配收入11 909.79元。地方公共财政预算收入6 228.20亿元。医院、卫生院拥有床位32.5万张；全年城市医疗救助39.7万人次，农村医疗救助131.1万人次。

广东虽然在经济社会发展取得了很大的成绩，但是发展也面临的严峻现实：一是后面的追兵越来越近。区域经济发展百舸争流，你追我赶，长江三角洲、环渤海经济圈发展迅猛，对广东形成巨大竞争压力。一些兄弟省份比如江苏的地区生产总值去年只与我们相差约3 300亿元，地方财政收入只与我们相差368亿元，而固定资产投资则超过我们12 400亿元，规模以上工业增加值超过我们4 618亿元。二是广东区域发展不协调的矛盾愈加凸显。珠三角一带经济领先全国水平，粤东西北地区却相当的落后，人均GDP仅为全国平均水平的56.4%，有13个市的人均生产总值还低于全国平均水平，区域发展差距有越来越大的趋势。三是外贸推动作用弱化。国际经济形势正在经历深刻而复杂的调整，作为中国第一外贸大省，外贸对广东的拉动作用越来越小。四是民生保障缺位。身为首屈一指的经济大省，反成底线民生保障弱省，多项救助指标全国倒数。在此背景

---

① 参见姚意军《对广东"三个定位、两个率先"到"四个坚持、三个支撑、两个走在前列"学习与思考》，载梅州党史网（http://www.mzsds.com/experience/list01/2018 - 05 - 10/283.html）。

第八章 广东经济特区的新使命

下,"三个定位、两个率先"成为2012年后广东工作的前进方向、行动指南和总目标,成为广东各级党委政府担职履责的总抓手。

"三个定位、两个率先"提出4年后,2016年全省GDP达到7.95万亿元,比2012年增长39.2%,人均GDP达到72 787元,比2012增长34.6%,按平均汇率折算为10 958美元。按世界银行公布的人均收入4 036~12 475美元为中高收入经济体来衡量,广东已处于中高收入经济体的上部。全年农村常住居民人均可支配收入14 512.2元,比2012年增长37.6%;农村最高20%收入组人均可支配收入30 204元,比2012年增长40%,最低20%收入组人均可支配收入5 453元,比2012年增长33%。全年城镇常住居民人均可支配收入37 684.3元,比2012年增长24.7%;城镇最高20%收入组人均可支配收入74 437元,比2012年增长22.3%,最低20%收入组人均可支配收入15 920元,比2012年增长33.7%。地方公共财政预算收入10 390.33亿元,比2012年增长66.8%。全年城乡医疗救助116.76万人次,比2012年下降了54.04万人次;拥有医疗床位47.3万张,比2012年增长45.5%。

通过4年多的努力,省委省政府向党中央交出一份出色亮彩的答卷,但仍然存在不少困难和问题:一是产能过剩和需求结构升级矛盾仍较突出;二是区域发展不平衡问题仍然突出、农村建设发展仍然滞后;三是自主创新能力不够强,重点领域改革攻坚难度加大,新旧动能接续转换有待加强;四是率先全面建成小康社会特别是民生社会事业仍存在一些短板,基本公共服务均等化有待加强;五是政风建设、廉政建设任重道远,政府职能转变有待深化等。

在此背景下,2017年4月,习近平总书记对广东工作再次提出"四个坚持、三个支撑、两个走在前列"的定位要求,这是广东于2018年率先全面建成以及全国将于2020年全面建成小康社会的关键冲刺时期,提出的前进新目标和行动新指南,继续赋予广东在新的历史时期,重大理念创新和先行实践的新使命、新重任。

从"四个坚持、三个支撑、两个走在前列"三者之间的逻辑关系来看,"四个坚持、三个支撑、两个走在前列"内部之间既有区别,又有联系，共同成为引领广东未来发展的行动纲领①。

首先，"四个坚持"是广东改革发展的旗帜、方向和原则。"四个坚持"是坚持党的领导、坚持中国特色社会主义、坚持新发展理念、坚持改革开放。要坚持党的领导，就是要坚决维护以习近平同志为核心的党中央权威，始终在思想上政治上行动上同党中央保持高度一致，按中央的要求做好广东工作，确保中央决策部署在广东得到不折不扣的贯彻落实。要坚持中国特色社会主义，就是要确保广东始终沿着正确方向前进，切实增强"四个自信"，以坚定政治立场书写中国特色社会主义事业的广东新篇章。要坚持新发展理念，就是要引领新常态下的新发展，崇尚创新、注重协调、倡导绿色、厚植开放、推进共享，努力破解发展面临的深层次问题，实现更高质量、更有效率、更加公平、更可持续的发展。要坚持改革开放，就是要始终高举改革开放旗帜，保持改革开放这个广东最大特点，向改革开放要动力、要空间，努力增创体制新优势，构建开放新格局。

其次，"三个支撑"是广东必须担当好的历史责任和光荣使命。广东作为经济大省、外经贸大省，要把供给侧结构性改革作为经济工作的主线，在振兴实体经济、推动制造业转型升级等方面做出表率、发挥支撑作用。要把创新驱动发展战略作为经济社会发展的核心战略，打造国家科技产业创新中心，建设珠三角国家自主创新示范区，加快形成以创新为主要引领和支撑的经济体系和发展模式。要把加快构建开放型经济新体制作为经济改革的主要方向，服务国家外交战略，提高把握国内国际两个大局的自觉性和能力，推动外经贸向更高层次跃升，当好代表国家参与国际竞争的主力军。

最后，"两个走在前列"是广东改革发展的奋斗目标。作为改革开放前沿的广东，要保持奋勇争先的精神状态，各方面工作都走在前列，不仅在时间节点上体现率先，更要在发展质量和结构效益上引领示范。要对照全面建成小康社会目标要求，集中力量补齐短板，确保如期高质量全面建成小康社会。同时，要以更高的目标动员和引领全省人民，加快建设社会主义现代化，在实现"两个一百年"目标进程中走在前列，为实现中华

---

① 参见姚意军《对广东"三个定位、两个率先"到"四个坚持、三个支撑、两个走在前列"学习与思考》，载梅州党史网（http://www.mzsds.com/experience/list01/2018 - 05 - 10/283. html）。

第八章　广东经济特区的新使命

民族伟大复兴的中国梦做出应有贡献。

四个坚持、三个支撑以及两个走在前列不是静态的独立存在,而是相互影响的动态过程。广东实践是联系四个坚持、三个支撑和两个走在前列的纽带,它们是三者相互发生作用的平台。广东经济社会的发展历程与中国特色社会主义现代化建设的发展进程紧密相连,习近平总书记的重要批示精神反映了这种发展历程的阶段性特征,具有承前启后、再创辉煌的激励意义。

二、改革开放 40 年广东经济特区再出发

2018 年 10 月,习近平总书记再次莅临广东,查看广东经济特区的发展。习近平总书记在深圳参观"大潮起珠江——广东改革开放 40 周年展览"时指出:"今年是改革开放 40 周年。40 年来,中国发展成就令世界刮目相看。既然是越走越好,为什么不继续走下去呢? 即便我们存在这样那样的一些困难和问题,也要在继续走下去中加以解决、加以克服。我们要坚定沿着改革开放之路走下去,同时要向更深更广的领域中不断开拓,不断提高水平。"①同时,习近平总书记在考察广东自由贸易试验区深圳前海蛇口片区时也深有感触地指出:"要研究出一批可复制可推广的经验,向全国推广。深圳、珠海等经济特区的成功经验要坚持并不断完善。实践证明,我们走改革开放这条路是一条正确道路,只要锲而不舍、一以贯之、再接再厉,必然创造出新的更大奇迹"②。在改革开放 40 年广东经济特区巡防过程中,习近平总书记不仅进一步提出了寄希望于广东经济特区率先发展、垂先示范的殷切希望,而且从开放发展、关切经济转型和生态建设、民生发展等诸多方面寄予了深情嘱托。

在寄语改革开放上,习近平总书记指出"党的十八大后我考察调研的第一站就是深圳,改革开放 40 周年之际再来这里,就是要向世界宣示中国改革不停顿、开放不止步,中国一定会有让世界刮目相看的新的更大

---

① 习近平:《中国改革开放永不停步》,载新华网(http://www.xinhuanet.com/politics/leaders/2018 - 10/25/c_1123611131.htm)。
② 习近平:《中国改革开放永不停步》,载新华网(http://www.xinhuanet.com/politics/leaders/2018 - 10/25/c_1123611131.htm)。

奇迹。"① 借广东经济特区考察之机,习近平总书记强调,"总结好改革开放经验和启示,不仅是对40年艰辛探索和实践的最好庆祝,而且能为新时代推进中国特色社会主义伟大事业提供强大动力。要掌握辩证唯物主义和历史唯物主义的方法论,以改革开放的眼光看待改革开放,充分认识新形势下改革开放的时代性、体系性、全局性问题,在更高起点、更高层次、更高目标上推进改革开放。"②

在关切经济转型上,习近平总书记在强调"自主创新"的核心作用时,还特别强调了对实体经济和民营经济的关切。在强调"自主创新"时,习近平总书记指出:"中华民族奋斗的基点是自力更生,攀登世界科技高峰的必由之路是自主创新,所有企业都要朝这个方向努力奋斗。"③ 在关切实体经济和民营经济时,习近平总书记强调:"实体经济是一国经济的立身之本、财富之源。先进制造业是实体经济的一个关键,经济发展任何时候都不能脱实向虚。……民营企业对我国经济发展贡献很大,前途不可限量。党中央一直重视和支持非公有制经济发展,这一点没有改变、也不会改变。"④

在关切生态建设和民生发展上,习近平总书记对广东经济特区乃至整个广东省提出了工作要求:"要深入抓好生态文明建设,统筹山水林田湖草系统治理,深化同香港、澳门生态环保合作,加强同邻近省份开展污染联防联治协作,补上生态欠账。要切实保障和改善民生,把就业、教育、医疗、社保、住房、家政服务等问题一个一个解决好、一件一件办好。"⑤

纵观经济特区创办30年以来的时代轨迹,无论从"三个定位、两个率先"到"四个坚持、三个支撑、两个走在前列",还是从经济特区建立30年至改革开放40年,广东经济特区改革发展的每一步都凝聚着党和国

---

① 参见《时隔六年再赴广东,习近平行程全纪录》,载人民网(http://cpc.people.com.cn/xuexi/n1/2018/1023/c385474-30358038.html)。

② 参见《习近平在广东再谈改革开放,这十句话旗帜鲜明》,载人民网(http://cpc.people.com.cn/xuexi/n1/2018/1026/c385474-30364904.html)。

③ 参见《习近平在广东再谈改革开放,这十句话旗帜鲜明》,载人民网(http://cpc.people.com.cn/xuexi/n1/2018/1026/c385474-30364904.html)。

④ 参见《习近平在广东再谈改革开放,这十句话旗帜鲜明》,载人民网(http://cpc.people.com.cn/xuexi/n1/2018/1026/c385474-30364904.html)。

⑤ 参见《时隔六年再赴广东,习近平行程全纪录》,载人民网(http://cpc.people.com.cn/xuexi/n1/2018/1023/c385474-30358038.html)。

第八章　广东经济特区的新使命

家的深情重托。回顾广东经济特区这些年的发展历程，每到重要节点关键时期，党和国家都会及时为广东经济特区把舵定向，寄予殷切期望，注入强大动力。

第三节　新时代广东经济特区的历史使命

改革开放40年来，广东经济特区每每在关键时刻，总会成为党的重大理论创新与实践的沃土。综观党的十九大以来中国特色社会主义现代化建设面临的新形势和新时期广东在社会主义现代化建设中的新定位，新时代广东经济特区的发展将重点完成以下使命：

一、引领对外开放

中国经济自对外开放以来取得了举世瞩目的成绩。创办"三资"，积极参与"两头在外"的国际分工，成为40年来中国经济持续高速增长的重要推动力。毫无疑义，中国的对外开放取得了辉煌的成就，世界银行也认为中国是经济全球化进程中少有的几个发展中"赢家"之一。但随着中国对外贸易的快速发展，中国对外开放发展中面临着新的问题。这些问题突出的表现在：一是外贸发展不平衡。货物贸易顺差持续扩大，而服务业国际竞争力低下，服务贸易持续逆差。二是与主要贸易伙伴的双边贸易不平衡日益加剧。周边经济体大多对中国享有贸易顺差，而中国对美、欧盟等主要贸易伙伴的顺差持续扩大。三是中国与贸易伙伴的贸易摩擦持续上升。四是出口产品附加价值低，结构升级受制于知识产权。五是对外部资源能源依赖程度快速上升。①

在新形势下，中国未来的对外开放战略目标必然会面临重大调整，对内从以往的"出口创汇"转变为利用全球资源推动经济发展模式，从粗放型经济切实转变到以创新和效率推动经济增长；对外则需要持续改善与国际社会的关系，矢志不渝地坚持互利共赢的对外开放战略，为中国的和平发展创造良好的外部环境。以深圳为代表的广东经济特区都是对外开放

---

① 参见隆国强《中国对外开放面临的挑战与新战略展望》，载《宁波经济：三江论坛》2009年第7期。

度较高、外向型经济较为发达的城市,如何率先打造开放型经济"升级版",成为参与全球竞争合作的先行区,有效破解当前中国对外开放中面临的诸多困境也是广东经济特区的重要使命。

二、突出深化改革

全面深化改革是以习近平同志为核心的党中央在新的历史起点上做出的重大战略决策,对实现"两个一百年"奋斗目标和中华民族伟大复兴的中国梦有着决定性意义。过去几年来,广东经济特区围绕制度创新,已经做了大量卓有成效的工作。如深圳前海、珠海横琴自贸区正式挂牌,"三证合一""一照一码""互联网+易通关"等改革措施有力推进。自贸区内跨境电商等新业态迅速集聚、迅猛发展。2017年,深圳经济特区印发《深圳市2017年改革计划》,安排推动经济体制、生态文明体制、民主政治等领域的27项改革。①

但纵观全国众多省市乃至广东经济特区的改革,总体仍呈现诸多问题:一是在实施力度上,中国的改革在完成顶层设计、施工图设计后,处于全面落实的施工高峰期,几百项重大改革全面铺开,其中虽然部分改革举措得到了落实,并取得了阶段性成果,但绝大多数的改革项目尚在落实中,改革的任务非常繁重,从施工进度来看,很多并没有达到进度目标。虽然中央强化了落实机制,但由于大部分党政官员缺乏20世纪80年代官员的改革锐气,除了口头上、形式上的政治表态外,改革实际工作中不作为成为普遍现象,以会议落实会议、以文件落实文件成为改革工作的常态,而且处于自我评估、孤芳自赏的麻木陶醉之中。这种状况如果没有根本性改变,几百项重大改革不能落地或不完全落地,会使很多改革产生空转,不能达到或不完全达到党的十八届三中全会预期的目标,并且有可能在某些改革方面使前一段的努力前功尽弃,甚至发生倒退。

二是党的十八届三中全会出台全面深化改革的顶层设计后,社会广大群众对新时代全面深化改革热情很高,抱有极大的期待,对改革带来的获得感预期也很高,但经过几年的实践,虽然改革也取得了进展,人民群众也分享了部分改革带来的成果,但总的说来,由于大部分改革举措尚处于

---

① 参见张东方《"改革之城"新推27项改革 深圳2017年改革计划出炉》,载《南方日报》2017年7月18日。

第八章 广东经济特区的新使命

落实之中，一些领域的重大改革还没有取得重大突破，广大群众对改革的获得感不强，对改革的信心有所降低，对改革的前景表示担忧，对全面深化改革的悲观情绪在社会上蔓延。因此，如果十九大后在全面深化改革的关键环节和重要领域，尤其是民生、社会领域的改革不能得到突破，将使人民群众逐渐对新时代的全面深化改革失去信心，使以人民群众作为主体的改革逐渐失去重要动力。

三是全面深化改革中，虽然有少数领域的改革取得了突破，但对经济、社会、政治、生态等大多数领域而言，大量的改革举措到了突破的重要节点，在未来几年如果稍微松懈和动摇，重点领域、关键环节的改革就难以取得实质性突破，不仅不能实现改革的预期目标，还会使经济、政治、社会、生态等领域的矛盾日益突出，未来改革的难度越来越大。①

以深圳为代表的广东经济特区，承担着为全国范围的改革提供经验的重要使命。在新的历史时期，以深圳为代表的广东经济特区深化改革再出发，最为关键的探索如何实现制度变革由模仿借鉴的"舶来品式"制度创新向以"自主性"制度创新的变革转变。在以往的改革中，制度变革的重要内容是建设市场经济运行机制，其主要途径是借鉴别人的做法，引进若干市场手段并对其进行试验、推广，因此，制度改革的关键内容为制度的选择与引进。到现阶段，如果只是简单的学习、引进、模仿，显然已经难以完成制度创新任务，制度创新已经进入了高一级阶段——更需要在现有制度基础上建立一套适合自己的制度内容，因此必须强调制度的自主性创新。这里的"自主性"强调"创造性"，当然，自主性的制度创造绝不仅仅是从无到有的生产，当然可以借鉴国际上的有效体制机制，然后结合现实进行制度的再造，形成符合需要的新体制。必然地，这样的制度变革自然要比"引进型"的制度创新来得困难。② 现在全面深化改革进入攻坚期和深水区，以深圳为代表的广东经济特区唯有转换改革模式，率先在改革重要领域和关键环节取得决定性成果，才算不辱使命。

---

① 参见深圳创新发展研究院《2016年中国改革报告》，载深圳创新发展研究院网站（http://www.cxsz.org/index.php/Project/project_detail/id/43/category_id/2.html）。
② 参见袁易明《经济特区对中国三个重大发展问题的实践回答》，载《深圳特区报》2015年8月25日。

三、强化创新驱动

较长时期以来,我国处于经济发展的追赶期,主要的任务是发展基础设施、能源、基础原材料、基本生活品和基础制造业,目的是构筑工业化的铺底经济存量,其间的特点:一是重复以工业化国家经历的过程,有现成的模板可以效仿;二是同质化的基础性产品和服务的刚性需求可以预测;三是所需要的是成熟技术,可以从国际市场多渠道购买;四是这些产业和服务业的发展涉及国土资源规划与政府的基本职能有很强的关联性,政府有一定的信息优势;五是这些产业和产品具有特别强的规模效应。在这些特点之下,政府主导举国体制依托国企大规模投资的发展方式发展,可以说用到了极致,使我们较快的跃过了经济发展的追赶期。由于向创新驱动转型相对迟缓,许多产业出现了两个问题:一是在既有的产业持续过量投资造成超常规的产能过剩;二是很多产业逐渐进入前沿,已经没有太多的东西可以引进和模仿,继续前进找不到方向,但是很多企业没有以自主创新来弥补技术引进和模仿的缺口,像华为那样的挺身以自主创新来引路。这就是他们或者进入了过度投资的泥潭而不能自拔,或者开始远离制造业转而投向房地产、虚拟经济等等。创新驱动的经济增长与追赶型经济增长有很大的不同,总体而言它也有一些特点:一是创新是基于市场导向,由企业家精神推动的增长,创新存在很大的不确定性和风险性,政府无法预知未来,不是以规划审批集中决策的范畴,只能由市场主体分散决策,独立地决定自己想做什么和怎么做。二是竞争性市场是创新的平台。市场为创新提供导向,激励和议价变现的通道,市场还会消化试错成本,并分散失败的风险,尽管创新可能面临巨大的失败风险,但企业一旦成功,就会获得竞争优势和扩大经济收益。这种巨大的收益预期吸引越来越多的创业者和投资者,甘愿冒失败的风险而倾心于创新。三是创新是试错的过程,应该鼓励而不是限制新的进入者,创新的方向无法准确预判,结果也无法预知,只能在大量进入者竞相探索中日渐明朗,并使成功者脱颖而出。四是新的创新会冲击旧的创新,从而引发新旧替代,它既会加速企业的兴衰,也会加速劳动力的流动,因此它对生态环境有更高的要求。五是中小企业是创新的生力军,大公司试错的成本高,他们本能的追求成功率和稳定性,而中小企业试错的成本低、决策机制灵活,他们更敢于冒险,在新技术、新产品中承担探路者的角色,为大公司的技术集成提供技

第八章 广东经济特区的新使命

术要素。六是创新的风险性使它更加依赖直接投资,而非间接投资,因此灵活的融资方式是创新的助推器。对于政府来说,向创新驱动的转型不是在要求企业做什么和不做什么,而是加速推进国家治理体系和治理能力的现代化,完善创新驱动的产业生态。①

改革开放40年来,以深圳为代表的广东经济特区在发展民营经济、加快创新驱动转型方面积累了经验,但未来如何引领中国制造向中国创造转变,中国速度向中国质量转变,中国产品向中国品牌转变,并最终推动中国由制造业大国向创新型国家转变,以深圳为代表的广东经济特区将面临更大的挑战。

四、加快产业升级

种种情况表明,传统增长方式已经走到尽头,我国已经站到一个新的更高起点,新的比较优势正在显现,并展现出了良好前景,其中最重要的:一是生产要素结构升级,创新要素日益充裕,特别是教育程度的提高,职业培训逐渐普及,产业工人队伍整体素质提升,本科生、研究生规模扩大,知识型人力资源的优势开始显现。二是企业的组织和管理能力有了很大的提高,企业家队伍逐渐成熟。三是技术和产品的配套能力大大增强,创新的成功率不断提高。四是市场需求旺盛,需求层次提高,多样化市场格局逐渐形成。相应的中国产业的比较优势已经由低成本一般制造转化成低成本研发和低成本复杂制造的"双低"优势。其中,智力密集程度一般发展中国家做不到,而技能劳动密集程度发达国家又做不起的领域,是我国产业放手发展的广阔空间,是中国产业和企业挤入全球领先地位的亮点。这是分析国内外因素可以做出的一个重要判断。它在今后较长时期将会对所有产业和企业产生影响。

经历多年积累,我国高技术含量的技术集成中国制造正异军突起,如通信技术装备、高铁、发电、输变电、成套装备、工程机械、光伏等产业在全球已经有了一定的竞争优势。正在改变我国出口产品的国际分工。而华为、中兴、腾讯、阿里巴巴、展讯等企业正是利用中国廉价、聪明、勤奋的工程师所创造的研发优势,奠定了自己国际竞争力的地位。在我们这

---

① 参见陈清泰《向创新驱动转型的几个问题》,载新浪网(http://city.sina.com.cn/city/t/2014-09-26/112946226.html)。

样一个欠发达国家,这些公司可以拥有几千甚至几万名研发工程师在发达国家也是难以想象的。而三一重工、比亚迪等则在智力和劳动双密集的行业形成了产业优势,跨国公司纷纷在中国设立研发机构,正是看重了中国廉价的知识型人力资源优势。所谓大学毕业难、就业难,意味着我国有庞大的知识型人力资源后备,比较优势的变化对既有增长方式形成了压力,也为经济转型实现产业升级创造了有利条件。

如何以供给侧结构性改革为切入点,推动我国在现有的经济规模之上,冲破一系列瓶颈约束,实现经济中高速稳定增长与中高端水平发展相结合,为中国经济步入新常态提供一个成功范例,以深圳为代表的广东经济特区必须交出一份高质量的答卷。

五、实现共享发展

中华人民共和国成立以来,尤其是改革开放至今,发展中国特色社会主义,确立和完善社会主义市场经济,其最终目的就是实现共同富裕。共同富裕必然要求共享发展,没有共享发展也就谈不上共同富裕。共享发展理念回答了"发展目标是什么和发展成果如何共享"的问题,再次指明了共同富裕这一社会主义本质要求。可以说,共享发展理念的提出,在中国特色社会主义建设过程中具有必然性。历经几十年艰苦奋斗,今日之中国已是全球第二大经济体,综合国力大幅提升,人民生活水平、居民收入水平、社会保障水平持续提高。同时也要看到,处于全面建成小康社会决胜阶段的中国依然面临贫富差距较大、区域发展不平衡、公共产品供给不均、部分群众生活比较困难等各类问题和矛盾,甚至在广东省内乃至特区与特区之间,区域之间的发展也存在巨大的差距。

在公共服务领域,改革开放40年来,中国基本公共服务体系建设虽处于政策推进和制度完善中,基本公共服务制度框架已形成,但依然存在不少突出问题。比如,公共服务产品的供给(如教育、医疗)存在分配不均;东中西部之间、城市与农村之间基本公共服务水平差距较大。中国公共设施的存量约为西欧国家的38%、北美国家的23%,服务业水平比同等发展中国家还要低10个百分点,而城镇化率则比发达国家低20多个百分点。广东经济特区内部也存在特区内外公共服务不能均等化、户籍市民和非户籍市民公共服务差异化的突出问题。

在时代发展的今天,如何能率先解决上述问题和成功实现共享发展,那么不仅对于广东经济特区有着巨大的现实意义，而且对于中国其他城市也有着更大的示范价值。

六、加强生态文明建设

21世纪的中国，环境的日益恶化已成为一个不能忽视的事实，经济社会的健康发展面临着严峻的考验，已经严重影响到了人类的生存和发展。人们开始渐渐地意识到，人类要继续生存和发展，急需寻求另一个发展模式，建立一种新型的文明社会发展形态，由此生态文明应运而生。在中国共产党的正确领导下，在其十七大报告的号召下，我国坚定地走上了生态文明的发展道路，并积极推动世界各国共建人类生态文明。中国共产党的十八大也把生态文明建设加入了"五位一体"的格局，生态文明建设正式进入了国家重点建设的目标和规划。①

当前我国正处于经济社会快速发展的重要战略机遇期，也正处于全面建成小康社会的关键时期，虽然我国生态文明建设在党和国家的支持下，人民的努力配合下取得了明显的成效，但是生态环境面临的诸多问题依然十分严峻。这些问题集中地体现在：一是一些地方党政领导干部对环境保护和生态文明建设的认识不到位；二是监管监察不严厉，执法松软现象普遍存在；三是一些环境问题依然突出甚至环境质量恶化，环境保护基础设施建设缓慢；四是一些地区传统的粗放式发展方式没有根本改变。

以深圳为代表的广东经济特区作为率先发展、较早承受环境压力的城市，较早就意识到了生态文明建设的重要性，也较早地开展了生态文明建设领域的探索工作②，但不排除当前经济特区的生态环境治理仍存在多方面的问题，如何积累经验、在全国率先创建生态文明建设示范城市也是广东经济特区面临未来创新发展的一大历史使命。

---

① 参见姬振海《生态文明论》，人民出版社2007年版，第45页。
② 参见《深圳力争2020年创建成为国家生态文明建设示范市》，载《深圳特区报》2016年6月15日。

小　结

　　本章结合党的十九大以来中国特色社会主义现代化建设面临的新形势和新时期广东在社会主义现代化建设中的新定位，从改革创新、创新发展、产业升级等多个维度分析了改革开放40年来广东三大经济特区的历史使命。总体来看：

　　从历史形势上看，国家和广东三大经济特区虽然都已经站在了更高的发展起点上，但距离完成决胜全面建成小康社会、深入推进社会主义现代化建设的重大任务仍有一定差距，特区与特区之间、特区与非特区之间不平衡不充分发展的矛盾依然突出，人民日益增长的美好生活需要和特区内部不平衡不充分发展之间的矛盾依然显著。党的十九大以来，指引中国发展的新时代中国特色社会主义思想已经形成，新时代中国特色社会主义方略稳步实施，广东三大经济特区面临着践行新时代中国特色社会主义思想、深入实施新时代中国特色社会主义方略的战略使命。

　　从历史方位上看，在改革开放40年即将到来之际，习近平总书记对广东工作做出重要批示，充分肯定党的十八大以来广东的各项工作，希望广东坚持党的领导、坚持中国特色社会主义、坚持新发展理念、坚持改革开放，为全国推进供给侧结构性改革、实施创新驱动发展战略、构建开放型经济新体制提供支撑，努力在全面建成小康社会、加快建设社会主义现代化新征程上走在前列，并结合深圳等经济特区的工作，对经济特区的历史使命做了更加全方位的论述。习近平总书记针对广东发展"四个坚持、三个支撑、两个走在前列"以及对经济特区的一系列批示反映了当前广东以及经济特区的建设已经站在了一个新的、更高的起点上，在新的历史方位上，广东三大经济特区还应该保持"特别能改革、特别能开放、特别能创新"的精神气概，不断引领中国改革开放进入一个新的历史阶段。

　　从具体使命上看，在新的历史时期，以深圳为代表的广东经济特区深化改革再出发，最为关键的探索是如何实现制度变革由模仿借鉴的"舶来品式"制度创新向以"自主性"制度创新的变革转变。在深化改革的同时，以深圳为代表的广东经济特区还肩负着强化创新驱动、加快产业升级、实现共享发展、引领对外开放和发展生态文明的诸多现实使命。党的

第八章 广东经济特区的新使命

十九大提出了建设"新时代中国特色社会主义"的宏大命题和"实现中华民族伟大复兴中国梦"的远大目标部署。新时代、新方位、新期待、新考验。中国特色社会主义进入新时代，只有不忘初心再出发、勇担重任立潮头，广东经济特区才能把改革开放的旗帜举得更高更稳，才能有不断奋发有为的历史成就，才能不断谱写新时代中国特色社会主义建设中广东经济特区发展的新篇章。

参考文献

[1] 陶一桃. 从特区到自贸区：中国自贸区的特殊使命特区 [J]. 新华文摘，2016（6）.

[2] 陶一桃，鲁志国. 经济特区与中国道路 [M]. 北京：社会科学文献出版社，2017.

[3] 汪同三. 在新常态下处理好政府和市场关系 [N]. 人民日报，2016-08-24（7）.

[4] 王义桅. "一带一路"开创包容联动共享的新型全球化 [N]. 济南日报，2017-05-22（A8）.

[5] 林江，范芹. 广东自贸区：建设背景与运行基础 [J]. 广东社会科学，2015（3）.

[6] 温家宝. 顺应新形势办出新特色继续发挥经济特区作用 [N]. 人民日报，2005-09-20（2）.

[7] 金新凯. 浅析广东自贸区发展的机遇与挑战 [J]. 经贸实践，2015（7）.

[8] 吴克辉. 广东经济特区的发展与创新 [J]. 改革与开放，2015（11）.

[9] 刘艳霞. 国内外湾区经济发展研究与启示 [J]. 城市观察，2014（3）.

[10] 邓剑光. 港澳政府咨询委员会制度与良善公共治理——兼论一种作为大国治理的民主机制 [J]. 湘潭大学学报（哲学社会科学版），2013（6）.

[11] 吴克辉，周耀华. 新形势下广东经济特区的路径选择 [J]. 广东经济，2015（6）.

[12] 刘敏，李勇. 深圳经济特区发展实践思考——基于辩证法视角 [J]. 学理论，2014（17）.

[13] 吴思康. 深圳发展湾区经济的几点思考 [J]. 人民论坛，2015（6）.

[14] 许德友. 以"一带一路"广化深化广东开放型经济 [J]. 汕头大学学报（人文社会科学版），2016（1）.

[15] 邱彦昌. 领跑"一带一路"广东再发力 [J]. 大社会，2017（6）.

[16] 刘卫东. "一带一路"：引领包容性全球化 [J]. 中国科学院，2017（4）.

[17] 中共广东省委党校2011年第二期市厅级领导干部进修班第四课题组. 加快广东企业"走出去"对策探究 [J]. 岭南学刊，2012（1）.

[18] 陈栋康. 广东的对外经济技术援助 [J]. 国际经济合作，1992（4）.

[19] 吴克辉. 广东经济特区的发展与创新 [J]. 改革与开放，2015（11）.

[20] 范经云. 浅议我国经济特区立法的基本原则 [J]. 法制与社会，2013（2）.

[21] 刘新新，张超. 论新变革时代下的深圳特区改革 [J]. 南方论刊，2015（1）.

[22] 张钰莹. 广东自贸区贸易投资便利化研究 [D]. 广州：广东外语外贸大学. 2016.

后 记

《广东经济特区改革发展40年》是对广东经济特区改革开放的历史性梳理、总结与思考,更是对中国改革开放40年的历史回顾与总结。它展示的是广东经济特区40年改革发展的震撼人心的历程与辉煌的成就,同时也是对中国改革发展40年具有说服力的美丽展现。因为在中国改革开放的历史进程中,许多历史性的开端和标志性的事件均发端于广东:最早向中央要求特殊政策的是广东,最早向中央建议设立经济特区的是广东,中国最早的5大经济特区有3个在广东,中国最成功的经济特区——深圳在广东。从某种意义上说,《广东经济特区改革发展40年》不仅反映、折射了中国经济特区改革发展40年的历史脉络与成就,也反映、折射了中国社会改革发展40年的历史进程与光明前景。

本书共八章三十一节,沿着历史与逻辑相统一的原则梳理、记载广东经济特区改革发展40年来的历史发展脉络与时代轨迹。时间跨度从1978年到2018年,即从酝酿中国改革开放的党的十一届三中全会到党的十九大。贯串全书的主线是,中国共产党不同历史时期的领导集体对中国改革开放的重大的历史性决策和制度变迁的重大方针。例如,党的十一届三中全会确立改革开放总目标和"发展是硬道理"的指导思想,邓小平南方谈话和党的十四大正式确立社会主义市场经济改革方向,科学发展观和经济发展方式转型,"四个全面""五位一体"发展理念及全面建成小康社会和建设创新型国家与全面实现现代化,等等。从结构上来看,既有对每一个经济特区发展历程的梳理与记载,又有对改革开放不同历史时期所面临与所要解决的问题的总结与分析。如社会主义市

后　记

场经济体系的建立、政府职能的转变、社会治理体制机制完善、劳动力要素自由流动与人的全面发展、经济发展方式转变与可持续发展、社会保障体系的营建与共享社会、以开放促改革与开创改革开放新格局、创新发展与创新型国家建设等。从研究的视野来看，不仅研究了传统的经济特区形态，还研究了经济特区伴随着深化改革、承担更深刻使命的拓展形态——自贸区。从根本上说，对经济特区和经济特区拓展形态——自贸区的改革开放史意义上的研究，是对中国制度变迁路径的研究，也是对中国道路的研究。

参与《广东经济特区改革发展40年》一书撰写的还有以下学者。第一章是由魏建漳、张得银、唐媚完成的。魏建漳是深圳大学理论经济学的博士，现为"一带一路"国际合作发展（深圳）研究院的研究员；张得银是深圳大学理论经济学的博士，现为淮海工学院物流管理系副主任、副教授；唐媚是深圳大学理论经济学的硕士研究生。第二章是由魏建漳、张得银、李靖文完成的。李靖文是深圳大学理论经济学的硕士研究生。第三章是由乐小芳、姚佳完成的。乐小芳博士是教育部人文社会科学重点研究基地——深圳大学中国经济特区研究中心的副教授；姚佳是深圳大学理论经济学博士研究生。第四章是由赵文强完成的。他是深圳大学博士，现在中共深圳市宝安区市委党校工作。第五章是由伍凤兰、马忠新完成的。伍凤兰为深圳大学经济系教授；马忠新是深圳大学理论经济学博士研究生。第六章是由李凡、莫琳琳完成的。李凡博士毕业于美国佛罗里达大学，是教育部人文社会科学重点研究基地——深圳大学中国经济特区研究中心的副教授，深圳市"孔雀计划"和深圳大学"荔园优青"称号获得者；莫琳琳是深圳大学经济学院学生。第七章是由闫振坤完成的。他是深圳大学理论经济学博士，现为山西财经大学经济学院教师。第八章是由闫振坤博士与伍凤兰教授完成的。

由于时间和认知的约束，这本书无论在史料的发掘还是在分析的深度上都存有提升、完善的空间。但是，作为庆祝改革开放40年的一本具有历史意义的书，它的价值或许更在于时间的节点上。许多遗憾和不足正是我和我的团队进一步研究和自我提升与完善的课题。

一个民族能向后看多远，就能向前走多远。对历史的回顾不仅仅是记住历史，更在于从历史中获得前行的智慧、奋斗的动力和通往未来的热情与理性的思考。

2018 年 11 月于北京